NEGOTIATING THE NONNEGOTIABLE

BY DANIEL L. SHAPIRO

ハーバード国際交渉プログラム
ディレクター **ダニエル・L・シャピロ**=著

田村次朗｜隅田浩司=監訳
金井真弓=訳

ネゴシエーション 3.0

決定版 Signature Edition

解決不能な対立を心理学的アプローチで乗り越える

ダイヤモンド社

Negotiating the Nonnegotiable

Copyright © 2016, 2017, Daniel L. Shapiro
All rights reserved.

ミア、ノア、ザッカリー、リアム、
父と母、マディとマイク、スティーヴとシャイラ、
マーガレット、ベッツィとピーター、そしてスーザンへ。
人生で交渉不能なものを教えてくれたあなたたちに本書を捧げる。
愛について教えてくれたあなたがたへ。

挑戦

どの世代の人間も、自分たちが昔の人間よりもさらに進化し、
さらに洗練され、さらに"現代的である"と信じている。

しかし人々よ、社会の進歩がどれほど早くても、
対立する人々は存在しているし、これからも常に存在するだろう。

難題なのは、自分の最も根本的な価値観が危険にさらされているとき、
見解の相違にどうやって折り合いをつけるか、である。

交渉不能なことについて、
どうやって交渉したらいいのだろうか?

はじめに

なぜ、本書を勧めるのか？

　本書『決定版 ネゴシエーション3.0』は、コンフリクトを解決するための新しいパラダイムを——頭と同様に、心についても取り上げて——紹介する本である。科学者が物質世界における内部構造を発見してきたように、コンフリクト（対立）解決の分野における私の研究は、人間をコンフリクトへと駆り立てる感情の影響を明らかにしてきた。その影響力は目に見えないが、衝撃は強く感じ取れるだろう。

　感情の影響によって親友との友情は引き裂かれ、結婚生活は破綻し、ビジネスは壊れ、宗派間抗争は煽り立てられる。感情の影響力に対抗する方法を学ばない限り、人は同様の苛立たしいコンフリクトに何度も繰り返して関わることになり、同じように苛立たしい結果に行きつくことになる。本書は、最も感情的なコンフリクトを、双方が利益を得られる機会へと変えながら、こういったダイナミクスを克服して協力関係を育むために必要なツールを提供する。

　新しいパラダイムが必要だという思いに駆られたのは25年前、分裂状態にあったユーゴスラビアのあるカフェでのことだった。私は1週間にわたる、10代の難民（セルビア人、ムスリム系ボスニア人、クロアチア人）向けのコンフリクト解決のワークショップを支援し始めたところで、何人かがユーゴスラビアの生活とアメリカの生活の違いについて議論していた[1]。

　その1人である、髪が長くて青い目をした17歳のヴェロニカは、不安をかきたてられそうなほど強いまなざしでじっと前を見つめていた。ワークショップの間ずっと、ヴェロニカは口数が少なかったから、おしゃべりがふと途切れた途端、彼女がだし抜けに話し始めたのは驚きだった。

「9カ月前に起こったことなんだけれど」

ヴェロニカは、視線を目の前の皿に据えたまま話し始めた。

「私はボーイフレンドの家で一緒にランチをとっていたの。するとドアにノックの音がした。そして銃を持った男が3人、中に入ってきた」

　ヴェロニカは話を続けたものかどうかと迷っているそぶりで、ちらっと目を上げた。

「奴らは私の彼を壁に押しつけた。彼は抵抗したけれど、奴らの力のほうが上だった。私は叫ぼうとした。でも、声が出てこなかったの。私は走って行って助けを呼びたかった。何かしなくちゃと思ったけど、身動きひとつできなかった」

　ただでさえ抑揚のないヴェロニカの声は、今やさらに単調になっていた。目は大きく見開かれている。

「奴らは私の両肩をつかんで押さえつけ、彼の頭を私の目の前に突きつけた。彼の目に恐怖心が浮かんでいた。彼はもがいて逃れようとしたけれど、きつく押さえつけられていたの」

　ヴェロニカは再び口をつぐみ、また話した。

「男たちの1人がナイフを取り出し、彼の喉を切り開くのを私は見ていた」

　カフェの中はしんと静まり返った。私は愕然としてヴェロニカを見つめていた。ヴェロニカを慰めたかったし、どうにかして助けになりたかったが、何を言ったらいいかわからなかった。

　私や同僚がユーゴスラビアにいられるのはあと一晩だけで、明け方にはブダペスト行きの列車に乗ることになっていた。ワークショップの参加者と別れるのは悲しかった。参加者たちと親しくなっていたし、彼らはこの悪夢のような紛争地帯で私たちを信じて秘密を打ち明けてくれたのだ。だが、悲しさ以上に、私は罪悪感を覚えていた。自分はアメリカの快適さや安心感の中に戻っていくのに、このティーンエージャーたちは絶望の中に取り残されるのだから。

　翌朝早く、私たちの車が駅に近づいていくと、仰天した。ワークショップの24人のティーンエージャー全員が手を振りながら線路の脇に立っていたのだ。ヴェロニカもその中にいた。彼女はお別れを言いにこちらへ歩いてきた。

「支援のために来たほかの人たちみたいにはならないで」と彼女は言った。「私たちのことを絶対に忘れないよと言いながら、思い出しもしなくなるなんてことはやめてね」

そんなことにはならない、と私はヴェロニカに約束した。

▶ 欠けたパズル

破滅的なコンフリクトへと人間を駆り立てるものは何だろうか？ 人は心理的に、同じダイナミックスを何度も何度も繰り返すようにできているのだろうか？──しばしば悲惨な結末になるにもかかわらず？ 自分が最も大切にしている信念や価値観が危機に瀕したとき、人は感情によるコンフリクトをどうやって解決できるのだろう？ こうした疑問は私の仕事の核心に欠かせない。

ヴェロニカのような恐怖を一度も経験したことがなくても、感情によるコンフリクトを避けることはできない。コンフリクトは人間であることの一部なのだ。あなたは恋人に腹を立てているかもしれないし、同僚に恨みを抱いているかもしれない。民族間の関係悪化に絶望しているかもしれない。次の例はこういうコンフリクトが生じる、数えきれないほどの状況の一部を明らかにしている。

感情によるコンフリクトの実例

- 共同生活を大きく左右する、さまざまな価値観をめぐって言い争うカップル。家計や家事、あるいは政治をめぐって食い違う見解に、彼らはどうやって折り合えばいいのだろうか？

- 文化の違いによって分かれ、誰がチームを率いるかをめぐってピリピリした空気の職場。どちらの側も相手を信用せず、陰で互いの悪口を言い、悲惨な結果が生まれる。

- 予算配分の問題をめぐって行き詰まり、会社を代表すべき価値観をめぐって意見が分かれる企業の上級幹部たち。彼らは短期的な利益を優先すべきか？　それとも、長期的な評判を優先すべきか？　または地域社会への奉仕を優先させるべきだろうか？

- 地元の慣習や価値観が損なわれかねない、より大きな"グローバル文化"に飲みこまれそうだと思っているコミュニティ。

- 反対グループを、自分たちの集団的アイデンティティを定義する助けとなる資源と見なしている、政治グループの一員。自分たちの権利を勝ち取るため、彼らは武器を手に取るだろう。

- 外国の文化的、宗教的、あるいは現世的な影響が入ってくる真っただ中で、国民のアイデンティティの崩壊をめぐる、価値観を担った議論に直面している国家。

　根本的な原因に取り組むまでは、こうしたコンフリクトを解決することはできない。問題の根幹は、合理的な行動を超えたところまで伸びているどころか、感情すらも超えて、あなたという人間の核となる部分にまで伸びている。すなわち、あなたのアイデンティティにまで伸びているのだ。ほかに方法がないので、論争する人々は自分のアイデンティティを相手との対比で定義しがちである。私VSあなた、私たちVS彼らというように。そして相手を名指しで非難し、相手のせいだと決めつけ、「あなたが悪い」と主張する。

　しかし、こうしたアイデンティティの衝突は、コンフリクトをエスカレートさせるだけだ。もっといい取り組み方は、協力し合って差異を解決することである。各自の利益を明らかにし、双方にとって効果的な同意に達するように努力することだ。それでも、感情によるコンフリクトでは、結婚生活での口論から国家間の衝突に至るまで、なかなか協力し合って問題を解決することができない。なぜだろうか？

第一に、感情を「解決する」ことはできないからである。怒りや恥ずかしさを自分から取り除くことは、数学の問題を解くこととはまったく異なる。感情とは独特なものである。どんな数学の方程式を用いても、相手がどのような反応をするかを正確に割り出すことはできない。夫や妻に今日謝ったら裏目に出るかもしれないが、明日だったら効果があるかもしれないのだ。

第二に、たとえ相手との（配偶者や上司との）関係を理性的に修復したいと思ったとしても、感情的な衝動に駆られて喧嘩を続けるという場合がよくあるからだ。感情によるコンフリクトでは、協力し合って問題解決することを妨げる何かが自分の中にある。それは恨みだったり、相手があなたをやっつけようとしているという直感だったり、"奴らを信じるな"とささやく声だったりするだろう。愛する人間とのコンフリクトであろうと、嫌っている人間とのコンフリクトであろうと、協力を拒みたいという内心の衝動が解決の邪魔をするのだ。

最後に、相手の信念を、単に自分の信念として受け入れることができないからである。激化したコンフリクトでは、自身のアイデンティティが危険にさらされている。だが、アイデンティティは簡単に取り引きできる商品ではない。自分が信じているものは、自分自身という存在なのである。

では、感情によるコンフリクトをどうやって解決したらいいのだろうか？

まさにその疑問を調べるため、私は何十年も費やしてきた。そして、これまでにいくつか重要な発見をしている。その結果がこの本である。

ここケンブリッジで、また世界中を回り——カイロからサンパウロ、チューリヒからダルエスサラームまで、シドニーから天津まで、東京からニューデリーまで——調査する旅の間、いくつものカフェで過ごした夜に本書を執筆してきた。この本は、交渉不能なように感じられるかもしれない、感情によるコンフリクトでも解決することができるという認識から始まった。そして、ヴェロニカが耐えたような責め苦を誰も経験すべきではない、という確信のもとに生まれたのである。

方法

　私は最も手ごわい感情的な分断に橋を架けるための実践的な方法を開発した。この方法は、絶えず見過ごされてきたコンフリクトの独特な性質、つまり対立している両者の間にある空間を活用したものである。コンフリクトは二者択一の概念——私VSあなた、私たちVS彼ら——として見なされるのが普通だし、自分自身の利益を満足させることに注意を向けるのが一般的である。しかし、コンフリクトはまさに私たちの間、つまり人間関係の中に存在するものであり、その空間には協力を妨害するような複雑で感情的なダイナミックスが存在している。感情によるコンフリクトを、双方が利益を得る機会へと変える方法を学ぶためには、この空間を効果的に進んでいく方法を知ることが必要である。

　私の目標は、論争している人たちの間にある空間を解読し、非妥協的な感情や意見が分かれるダイナミックスや衝突する信念に彼らが取り組む手助けをするために、そのプロセスを設計することだ。結果として、私が「関係性のあるアイデンティティ理論」と呼ぶ方法が生まれた。これは、ダイナミックな効果を生む実践的なステップである。積み重ねた薪に火をつけて力強い炎を燃やさせるために必要な、いくつかの簡単な行動と同じようなものだ。

　コンフリクト解決の最大の障害となるものは、私が「トライブ効果」と呼ぶものである。これは、あなたと相手が必ず敵対するようにさせる、不和を生じさせる考え方だ。この考え方に囚われているかぎり、コンフリクトからは逃れられない。

　解決策は、そんな見方をさせてしまう5つの隠れた力、すなわち「トライブ思考の5つの誘惑」に対抗することだ。そして、統合されたダイナミックスの過程を通じてポジティブな人間関係を育んでいくことである。その過程で、対立しているという感情を勝ち目のないものにしかねない、避けられない緊張状態である「相関的な弁証法」に直面するだろう。こういった明らかに交渉不能な障害をどのようにして乗り越えるかという方法を、本書は示す

つもりである。

　この方法にたどりつくため、私は室内実験を行い、何千もの調査記事に目を通し、政治やビジネスにおける指導者の意見を求め、苦闘している家族やカップルに助言を与え、政治の交渉役から市民活動家や国家元首や事業経営者にいたるまで何百人もの専門家にインタビューした。さらに、「ハーバード国際交渉プログラム」を設立して、その指導も行った。このプログラムは、コンフリクト解決の感情やアイデンティティを基礎とした本質を探るための、調査や教育の基盤となっている。

　こうしたさまざまな経験から学んだ多くのことを、本書を通じてみなさんにも伝えたい[2]。本書は最も困難な意見の相違を解決するのに役立つことを想定したものだが、私は自分の言葉に誠実でいたいとも思った。私は、ワークショップにいたヴェロニカやほかの23人の若者たちに敬意を払いたい。また、コンフリクトのどちら側にいるにせよ、アイデンティティの問題で苦しんでいる世界中の同じような人々にも。きっと、より良い道があると私は信じている。あるに違いないのだ。

　本書は、そうした考え方を証明するものである。

ダニエル・L・シャピロ
マサチューセッツ州ケンブリッジにて

監訳者はじめに：『ネゴシエーション3.0』の世界へようこそ

　毎年恒例のダボス会議に参加した私は、まさに「世界の崩壊」を目の当たりにした。もちろん、本当の崩壊ではない。それは本書の著者、ハーバード大学交渉学研究所のダニエル・シャピロ博士が主催する「トライブ演習（部族意識の演習）」での出来事である。

　ダボス会議とは、世界のリーダーがスイス・ダボスに集まり、グローバルな課題について自由に議論する国際会議である。ここに集まる人たちは、高度な専門性、高いリーダーシップスキルを有する、まさにグローバル・リーダーだ。

　シャピロ博士と私との縁は、ダボス会議のGlobal Agenda Councilにおける「交渉と紛争解決」委員会に始まった。彼が委員長を、私は委員を務めていた。そこで彼は日本の交渉に興味と理解を示してくれ、以来、互いにハーバード・慶應間を行き来し、共同研究を行っている。

　このダボス会議のあるセッションで、シャピロ博士は参加者たちに、まず小さなグループ、いわゆる「トライブ」をつくるように指示した。最初の演習では、死刑制度の是非といった深刻な価値観のコンフリクト（対立）を生む課題について、トライブの中でコンセンサス（合意）を形成するように求められる。さすがに各界で活躍している参加者たちは、トライブの中で建設的な議論を交わし、次第にコンフリクトや意見の違いを乗り越え、コンセンサスを形成していく。

　しかし、この演習の真骨頂はこれからだ。それは、各グループに与えられる次の課題——すべてのトライブが、1つのトライブの価値観に同意すること——で明らかになる。もし失敗すれば世界が崩壊する——と、シャピロ教授は告げる。すなわち、各トライブは、せっかく形成したコンセンサスを崩し、1つの価値観を受け入れなければならないのである。

　一見、これは簡単な演習のように見える。なぜなら、各トライブがつくり

上げたそれぞれのコンセンサスは、それほど強固に見えないからだ。ごく短時間で築かれたものでしかなく、何十年にもわたって堅持された確固たる価値観ではない。まして、これはダボス会議の「演習」である。現実の政治的、または宗教的対立を解消する会議ではない。したがって、各トライブはそれほど抵抗せず、時間内に効果的にコンセンサスをつくり出せるだろう——私はそう思っていた。むしろ私は、各メンバーの素晴らしいリーダーシップスキルを間近で見る良い機会だと思い、議論の推移を見守っていた。

　ところが、である。各トライブの代表者は、一向に建設的な方向に向かうことはなかった。ほんのわずかな時間で形成した自分たちの見解に固執し、強引な主張を繰り返したり、ほかのトライブの意見や態度に我慢できず、感情的な批判・非難を繰り返した。その結果、世界は崩壊——すなわち、何ら合意できずに演習は終わってしまったのである。

　この結果に、参加者たち自身が驚き、落胆していた。各界で活躍し、リーダーとしての経験と実績豊富な参加者が、まさにシャピロ博士の狙いどおり、自分の意見や価値観に固執し、最悪の結果をもたらしてしまったのである。このトライブ演習によって、参加者、そして周りで見ていた私でさえ、人がいかに「アイデンティティ」に固執するか、そしてそのアイデンティティの罠から抜け出すことがどれだけ難しいかを実感したのである。

　本書は、このトライブ演習の考案者であるシャピロ博士による「*Negotiating the Nonnegotiable: How to Resolve Your Most Emotionally Charged Conflicts*」の邦訳である。本書の特徴は、政治信条や宗教的な対立、そして民族紛争といった、交渉不可能なほどに深刻なコンフリクトの根底にあるアイデンティティへの固執という構造を心理学的に解明するところにある。本書を読めば、夫婦の不和や親子関係のトラブルから、政治や企業の権力闘争、さらには民族紛争や宗教的対立に至るまで、このアイデンティティへの固執という構造がその背後に隠されていることがよく理解できるのである。

　では、本書のポイントはどのようなところにあるのか、ここから整理してみよう。

第1部の第1章・第2章では、トライブ演習を通じて、人間が、アイデンティティ的な存在（ホモ・アイデンティティカス）であることを明らかにする。アイデンティティとは、主義、信条、価値観など自分自身の存在を支える複雑な自己認識である。アイデンティティは自分だけで完結するものではなく、他者との関係の中で形成される。

　では、このアイデンティティにはどのような特徴があるのか。第3章では、①信念、②習慣や社会の慣習等から形成される儀式、③特定の組織・集団に対する忠誠、④価値観、⑤個人が経験した感情的に意味のある体験という、5つのアイデンティティの柱のいずれかが危険にさらされるとき、コンフリクトが激化することを明らかにする。さらに、アイデンティティの本質として、他者との感情的なつながりを求める欲求と、他者とは異なる自分自身のあり方を維持したいという自律性を求める欲求という2つの側面があることを理解する。アイデンティティの脅威が、つながりの欠如に起因するのか、自律性の喪失に起因するのか、見極める必要があると指摘する。

　加えてシャピロ博士は、アイデンティティを固定的であり流動的、意識的であり無意識的、そして個人的（心理的）であり社会的であるなど、矛盾をはらむものだという。これは東洋的には陰陽思想、西洋的には弁証法的な考え方である。アイデンティティは、つながりを求めつつ自律的でありたいという緊張の中で形成、維持、強化されるのである。

　第4章では、アイデンティティが脅かされると、アイデンティティ・ポリティックスが作用し、シャピロ博士の用語で言えば「トライブ効果」が発生するメカニズム、すなわち、簡単にトライブ思考に陥る5つの誘惑が紹介されている。①感情的なエネルギーが制御不能になるバランス喪失、②反復強迫、③タブーを侵害されることによる激しいコンフリクト、④対立する相手のアイデンティティの最も神聖な部分への攻撃、⑤政治的利益のためにアイデンティティをコントロールするアイデンティティ・ポリティックスという5つの誘惑によって、人は簡単に不寛容で非生産的なコンフリクトに陥るのである。

＊　　　　　＊　　　　　＊

第2部の冒頭、第5章は、まず分別を失ってしまうバランス喪失のメカニズムに鋭くメスを入れる。ここで興味深いのは、バランス喪失は、お決まりのシチュエーションで繰り返し発生するということである。たとえば、夫婦やパートナー同士の言い争いは大抵、同じようなシチュエーションから発生する。そして、このコンフリクトを何度も繰り返している愚かさに気づかず、必死で相手を説得しようとする。そのような状態に陥ると、自分を客観視することができない。すべてを相手の責任にしようとして、相手を安易なステレオタイプに当てはめてしまうのである。このコンフリクトはお互いの関係を傷つけるだけでなく、ネガティブな記憶のみを増幅させる。

第6章は、反復強迫の構造を明らかにする。私たちは、同じ相手との口論やコンフリクトであっても、それは常に「新しいコンフリクト」だと思いこむ。しかし、客観的に見ればその大半はお決まりのコンフリクト、昔からのコンフリクトの儀式の繰り返しに過ぎず、解決することはない。それでも、過去のコンフリクトのパターンを繰り返そうとするのである。この状態から脱却するため、コンフリクトの誘因（Trigger）、不和のサイクル（Cycle of discord）、そしてその負の影響（Impact、こんなコンフリクトがなんのためになるのかという問い）を、TCIメソッドによって克服することをシャピロ博士は提唱する。このTCIメソッドは驚くほど効果的だ。実際、組織の中でのコンフリクトや不和が起きたとき、一度立ち止まってこのTCIメソッドを使ってみると、自分自身が反復強迫の罠に陥る寸前だったことに気づくことができる。

第7章は、タブーについて取り扱う。宗教、人種、信条など特定のトライブ（部族）には、触れてはいけない、あるいは、してはいけない禁忌（タブー）がある。うっかり相手のタブーに触れてしまうと不必要なコンフリクトや感情的な軋轢を生むのだ。

そこで、シャピロ教授は興味深い解決策を提示する。それは、タブーをいたずらに避けるのではなく、タブーと向き合い、タブーのどの部分まで受け入れるのか（Accept）、タブーのうち減らすことができるものはどれか（Chisel）、タブーを壊すことはできるのか（Tear Down）、タブー分析表をつ

くり整理するACTシステムの活用である。社会には、多くのタブーがある。しかし私たちは、タブーだと「思われること」を過度に意識するあまり、本当にそれはタブーなのか、それともあえて触れ、タブーとして意識せず議論すべきか、さらにはタブーをあえて壊すべきかを真剣に考えることは驚くほど少ない。シャピロ博士は、タブーという曖昧な言葉で思考停止状態に陥ることに強く警鐘を鳴らしている。

ただし、シャピロ博士は、タブーは存在しないとは言っていないことに注意が必要だ。対立する相手のアイデンティティにおける最も神聖な部分、犯すことが許されないもの（宗教コンフリクトなどでは最も重要）については、攻撃することは絶対に避けるべきである。これはタブーではなく、相手の神聖さに対する敬意ゆえだ。シャピロ博士は、相手に対する敬意を重視する。私たちは、タブーとしてACTシステムを使うことができる領域と、アイデンティティの根幹にある神聖な部分とを区別しなければならないのである。

第9章では、アイデンティティ・ポリティックスが紹介される。アイデンティティ・ポリティックスとは、政治的な目的達成のため、自分のアイデンティティを特定の集団と結びつけ（位置づけ）、その結果生み出される他集団とのコンフリクトや摩擦を引き受け（代償）、コンフリクトを激化させるメカニズムを意味する。いわゆる組織の中の権力闘争では、さまざまな集団が目的達成のため、他集団に譲歩案を提示して取引しようとする。しかし、個々の利益集団の利益を達成するための部分最適は、全体最適とはかけ離れたものになりがちである。さらに、このアイデンティティ・ポリティックスでは必ず犠牲者が出る。犠牲者は犠牲に甘んじることなく、さらなるアイデンティティ・ポリティックスによる反撃が始まる。このような組織の権力闘争をいかに止揚することができるか。

シャピロ博士は、まず、アイデンティティ・ポリティックスの構造を理解することから始めるべきだと主張する。その核となるのは、ヒエラルキー構造（はしご）と非公式なネットワークである。ヒエラルキー構造は、固定的なものではない。制度上、最高権力者であったとしても、ある特定の状況において解決能力のある立場の人間がヒエラルキーの頂点に立つ。すなわち、

状況に応じて現在どのようなヒエラルキー構造が存在するのか、冷静に見極める必要があるのだ。次に、非公式なネットワークの重要性を認識することである。その上で、シャピロ博士は「妨害者」について踏みこんだ分析をする。妨害者とは、問題の解消・和解によって自分のアイデンティティが脅かされる存在と定義する。したがって、妨害者は単なる変人ではなく、ネガティブなアイデンティティ・ポリティックスを展開する集団なのである。この認識は重要だ。私たちは妨害者について、まさにステレオタイプなラベリングを行い、無視や軽蔑の目を向けがちである。しかし彼らもまた、アイデンティティ・ポリティックスのプレイヤーだと考えることができれば、より建設的な対応ができるようになるのである。

＊　　　　　＊　　　　　＊

　第3部が始まる第10章からは、交渉不可能な状況を転換するための方法論を提示する。まず第10章では、亀裂に架け橋を架けるための手法を紹介する。ここでシャピロ博士は、きわめて有益な視点を提供する。それは、歴史的な加害者、被害者となった人々のコンフリクトの根底にある過去へのまなざしと未来志向というコンフリクトである。

　まず、自分たちが被害を受けたと感じる人々は、過去の被害に目を向け、その被害に対する補償を要求する。そして補償は決して満たされることがなく、繰り返し要求されることになる。被害者なのだから補償は正当な権利だという理論は、コンフリクトが続くことを、むしろよしとする傾向がある。これに対して、加害者として責められる側は、済んでしまったことを蒸し返すことを嫌い、未来志向で問題を解決しようとする。これは、建設的な意見のように見える。しかし、この未来志向の罠は、過去を時として正当化し（あのときは仕方なかった、時代の流れでやむを得なかったと考え）、問題に向き合うことを過度に回避してしまうことにある。過去にこだわる集団も、過去を忘れるように主張する集団も、いずれも問題に向き合うことよりも、自分たちの居心地の良い主張の中にとどまり続けているだけである、とシャピロ博士は分析する。

　そこで第11章では、アイデンティティをあおり立てる「神話」に焦点を合

わせる。神話とは、第10章で登場した過去を基軸に補償を永遠に求める集団と、未来志向の名の下に過去を忘れるように暗に要求する集団が、それぞれみずからの深い感情を絶対的な真実だと思いこむことができる1つの物語のことである。この神話のイメージがいかにコンフリクトに根深く影響するか、シャピロ博士は神話研究や心理学など、持ち前の博覧強記の知識を駆使して説明する。

　まず、お互いの神話の構造を理解し、その神話のメカニズムを把握したうえで、コンフリクトを解消しなければならない。しかし、これが難しい。コンフリクトの中にあると、義憤や屈辱を感じることが多く、感情が邪魔をして相手の本当のメッセージを聞き逃してしまうからだ。

　ここでシャピロ博士は、メタファー（隠喩）という手法の有効性を提案する。本書に登場するシーア派とスンニ派のコンフリクトを、きょうだい間の競争意識だというメタファーで再構成したときに互いの議論が劇的に変化したというエピソードは、紛争解決における言葉の力、そしてイメージ、神話の威力を思い知らされるエピソードだ。ただし、安易にメタファーを変えても意味がない。そこには「感情的な共鳴」を生み出す深い洞察がなければならない。安易に隠喩を押しつけたり、自分の神話を真実だから受け入れるように相手に強要せず、互いが共有しうる紛争のメタファーを形成すること。これは、仲裁や和解・調停交渉において大きな威力を発揮する手法と言えるだろう。

　第12章では、復讐・報復という人間の本質がテーマである。私たちは危害を受けたと感じると、相手に報復したいと感じる。報復の代償は大きく、報復が合理的でないことがわかっていても、報復への誘惑を断ち切ることは難しい。これは民族、宗教コンフリクトなどにおいて、紛争解決を困難にさせる最大の課題である。単に報復の不合理性について説明し、説得しても無駄に終わる。ではどうすべきか。実は、報復への誘惑は麻薬のような効果、それは、苦痛や喪失感に向き合わずに済むという効果があるとシャピロ博士は分析する。したがって問題の解決のためには、いかにこの苦痛や喪失感と向き合うよう支援するかがカギになると言える。この段階を経て「許すこと」、

許しによる報復からの解放を促す段階に至る。

　しかし、シャピロ博士は許すことの困難さも理解している。そこで、「許す」「許さない」の二分法ではなく、「許す」「許すことを保留する」「この問題を後で考える」という3段階での対応を提案する。ただし、この問題は非常に難しく、即効性のある処方箋は提示されていない。それでも、報復という根源的な誘惑の持つ影響力の強大さを理解することこそ問題解決のスタートラインである、というメッセージは極めて重要である。

　第13章では、新しい関係を構築すること、「つながり」をテーマに具体的なアプローチが紹介されている。その中でも、イスラエルとパレスチナのリーダーたちのディスカッションの変容が興味深い。互いに批判とコンフリクトの応酬になりそうなワークショップの中で、シャピロ博士は、20年後のお互いの関係について、具体的なビジョンを描くように、と指示する。この新しい視点によって、議論は建設的な具体策の意見交換に転換した。ほんのわずかな視点の変更が、議論を進展させることを示唆する興味深いエピソードである。

　このように紛争は、問題を再定義し、人間関係を再構築することによって、真の解決に至る。これを論じたのが第14章だ。アイデンティティの脅威の中では、ゼロサムゲーム、すなわち、いかに相手に勝つかばかりに焦点が当たってしまう。ここでアイデンティティの脅威を自己認識し、克服するためのSASシステムが紹介されている。SASシステムとは、1) Separation（分離）、すなわちアイデンティティを他者のそれから分離して考えること、2) Assimilation（同化）、相手のアイデンティティのうち受け入れ可能なものを受け入れること、そして 3) Synthesis（統合）、互いのアイデンティティが共存できるように関係を再定義することを通じて、関係性の再構築を図るというものである。

　SASシステムは、アイデンティティを傷つけず、しかし、安易に妥協しないためのシンプルかつ興味深いツールだ。多くのアイデンティティの脅威が引き起こすトラブル、たとえば親子関係のトラブルでは、親は子供と自分のアイデンティティの分離ができていない。このようにSASシステムを意識す

ると、驚くほど人間関係の罠に気づくことができるのである。

＊　　　　　　＊　　　　　　＊

　そして、第4部に入る第15章では、人間の複雑な心理、ありのままの自分を受け入れてほしいという需要と、自分は変化せず、相手の態度変容による課題解決を求めるという変化への抵抗という2つの葛藤が取り上げられる。まさに、これこそトライブ演習で参加者が経験したジレンマだ。自分の意見を受け入れてほしい、しかし自分は変わりたくない、ただしそれを続けていると世界は崩壊する、でも止められない——この状況こそ、冒頭示したトライブ演習で多くの参加者が陥った心理状況である。シャピロ博士は、このジレンマ（彼の用語では弁証法）を取り上げ、その解消に向けた和解への道を探っている。

　この分析を通じて第16章では、和解の持つ意味が簡潔な言葉でまとめられている。ここでは、和解においても、完全な和解か決裂によるコンフリクトの蒸し返しの二分法ではなく、ほんのわずかな和解も前進につながる、というシャピロ教授の視点が強調される。一見すると当たり前のような話だ。しかし、紛争やコンフリクトの中に身を置くとき、和解内容は完全なものではなく、双方にとって不満の多いものになりがちである。そのような状況では、二分法的な発想に安易に陥る。激しいコンフリクトや流血を乗り越えて和解を模索する実際の交渉や調停の現場を経験したシャピロ博士の言葉には、非常に深い重みがある。

　最後になるが、本書では、シャピロ博士の紛争解決に対する熱い情熱が随所に現れる。彼は、紛争は、流血によらず対話によって解決すべきだ、という理想のために世界中を駆け回っている。その意味ではまさに理想主義者だ。しかし同時に、冷静な現実主義者でもある。紛争の基本構造であるアイデンティティの作用について、彼は、決して理想主義に陥ることなく、心理学、精神医学の専門知識を活用しながら科学的に解明しようとしている。本書の魅力はまさに、そうした冷静さの背後にある彼の平和への熱い情熱にある。

　本書を読み進めるうちに、私は、ハーバード大学交渉学研究所の創設者で

ある故ロジャー・フィッシャー教授もまた、自身の第二次大戦の従軍経験から、戦争による破滅的な結末を回避し、平和のために貢献するため交渉学を構築したことを幾度となく思い出した。フィッシャー教授はその教えを『ハーバード流交渉術［知的生きかた文庫］』（三笠書房）として著し、さらにそのあと、愛弟子のシャピロ博士とともに『新ハーバード流交渉術 論理と感情をどう生かすか』（講談社）を記した。これはフィッシャー教授の最後の著書となったが、この本を通じてシャピロ博士は、フィッシャー教授の平和への思いを、本書の中でより洗練された形で継承したとも言えるだろう。そしてこの2冊はそれぞれ、ハーバード流交渉学のVer. 1、Ver. 2と呼ばれ、ついにVer. 3に当たる本書で、解決不能な対立をも乗り越えるハーバード流交渉学として結実した。それこそが、『ネゴシエーション3.0』という本書邦訳タイトルの企図するところである。

　本書の内容は、今、地政学的に見て、最も困難かつ複雑な状況の中にある日本の交渉戦略を考えるうえで多くの示唆を与えてくれるだけでなく、日本企業がグローバルに展開する中で、交渉不可能とも思える状況を打開するためのヒントが数多く含まれている。交渉学では、困難な交渉の解決を研究する領域を「コンフリクト・マネジメント」と呼ぶ。本書は、コンフリクト・マネジメントに新しい視点を提供するものとして、ビジネスパーソンのみならず、政府関係者、さらには地域や家族や友人同士のアイデンティティのコンフリクトに悩むすべての人に、一読の価値があると言えるだろう。

決定版ネゴシエーション _____ 目次

はじめに：なぜ、本書を勧めるのか？──iii

監訳者はじめに──x

第1部
Why Do We Get Stuck in Conflict?

なぜ、コンフリクトから
抜け出せないのか？

第1章 3
Emotionally Charged Conflicts Are Hard to Resolve

感情によるコンフリクトの解決は難しい

第2章 5
Identity Matters (More Than You Think)

アイデンティティのわな

「コンフリクト」がもつ根本的な力 ·· 6

コンフリクト解決のカギとなる要素 ··· 7

アイデンティティの力を解放する ·· 10

第3章 11
Is Identity Negotiable?

アイデンティティの2つの側面

解決方法：アイデンティティの二重の性質 ·································· 12

アイデンティティとは何か ·· 13

アイデンティティに気づくようになる ··· 14

関係性のあるアイデンティティの力を認識する ……………………………… 18

結論：2つのものから1つを選ぶ ……………………………………………… 22

第4章
How to Avoid Getting Lured into Conflict

27

コンフリクトに引きこまれるのを避ける方法

トライブ効果を警戒せよ ……………………………………………………… 28

トライブ思考の5つの誘惑に対抗する ……………………………………… 31

第2部
How to Break Free

自由になるための方法

第5章
Stop Vertigo Before It Consumes You

37

バランス喪失

分別を失ってしまうバランス喪失 …………………………………………… 38

さまざまな障害 ………………………………………………………………… 39

バランス喪失から解放される ………………………………………………… 47

第6章
Resist the Repetition Compulsion

63

反復強迫に抵抗する

反復脅迫を解剖する …………………………………………………………… 64

解放を妨げるもの ……………………………………………………………… 68

解放される ……………………………………………………………………… 70

再発に備える …………………………………………………………………… 82

第7章
Acknowledge Taboos
87

タブーを認識する

タブーとは何か? ···································· 87
なぜ、われわれはタブーにつまずくのか? ···································· 90
タブーをうまく操る方法 ···································· 92
ACTシステムを利用する ···································· 104
力を取り戻す:有害な行動を抑えるためのタブーをつくる ···································· 105

第8章
Respect the Sacred —— Don't Assault It
109

神聖なものに敬意を払い、
攻撃してはならない

神聖なものの世界へようこそ ···································· 110
神聖なものへの強い信念は人によって異なる ···································· 112
神聖なものに折り合いをつける際の障害 ···································· 113
神聖なものと交渉するための戦略 ···································· 116

第9章
Use Identity politics to Unify
137

アイデンティティ・ポリティックスを用いて
統一する

アイデンティティ・ポリティックスとは何か? ···································· 138
ポリティックスの落とし穴 ···································· 141
1. 政治的な状況をはっきり描く ···································· 141
2. ポジティブなアイデンティティをつくる ···································· 149
3. 包括的な意思決定プロセスをつくる ···································· 151
4. 搾取されることから身を守る ···································· 155

第3部
How to Reconcile Relations
人間関係を調和させるには?

第10章　163
Bridging the Divide: A Four-Step Method
コンフリクトを解決する架け橋:4つのステップ

コンフリクト解決の従来型の方法では不十分だ………………………… 164
統合されたダイナミックスの原理……………………………………… 169
山を築く………………………………………………………………… 172

第11章　173
Uncover the Mythos of Identity
アイデンティティの神話を解明する

神話の無意識のパワー………………………………………………… 174
神話はどのように働くか………………………………………………… 175
戦略:創造的な内省…………………………………………………… 178
もし、相手の力のほうが上だったら?………………………………… 195

第12章　201
Work Through Emotional Pain
感情の苦痛を克服する

克服に当たって………………………………………………………… 202
準備はできているか?「あなたのBAG」をチェックしよう……………… 202
ステージ1:感情の苦痛を見ることに耐える…………………………… 203
ステージ2:喪失を嘆く………………………………………………… 207
ステージ3:許すことを検討する……………………………………… 210

xxiii

謝罪：許しのもう1つの面 ………………………………………………………213

第13章
Build Crosscutting Connections
217

横断的なつながりをつくる

分野横断的なつながりの力 ………………………………………………………218
ステップ1：現在のあなたのつながりのレベルを診断する
　　　　　（REACHフレームワークを用いる）………………………………219
ステップ2：もっと良い人間関係を思い描く ……………………………………224
ステップ3：あなたの人間関係に変化を起こすべきかどうかを決める ………227
ステップ4：3つのツールを利用して、人間関係を強める ……………………229

第14章
Reshape the Relationship
241

人間関係を再構築する

問題はその内側から解決することはできない ……………………………………242
人間関係をつくり直す ……………………………………………………………243
パーク51に話を戻そう ……………………………………………………………252

目次

第4部
How to Negotiate the Nonnegotiable
交渉不可能なものを交渉する方法

第15章
Manage Dialectics
259
弁証法を操る

弁証法の簡単な歴史 ·· 260
矛盾だらけの問題の舵取りをする ··· 261
弁証法その1:受容VS変化 ·· 262
弁証法その2:贖罪VS復讐 ·· 267
復讐ではなく、贖罪に焦点を合わせる ·· 272
弁証法その3:自律性VS所属 ··· 277

第16章
Foster the Spirit of Reconciliation
285
和解の精神を育てる

1. 和解は1つの選択である ··· 285
2. 小さな変化が大きな違いを生む ··· 286
3. 待ってはならない ··· 286

別表──288

注釈──293

謝辞──347

監訳者謝辞──354

参考文献──355

第1部

Why Do We Get Stuck in Conflict?

なぜ、コンフリクトから
抜け出せないのか？

第1章

Emotionally Charged Conflicts Are Hard to Resolve

感情によるコンフリクトの解決は難しい

　感情によるコンフリクトには、誰もが苦しんできた。家庭や職場で、あるいはコミュニティの中で、コンフリクトは途方もない負担を、人々に強いる。離婚する夫婦。意見が割れる家族。ストレスがたまる職場での駆け引きや訴訟問題に直面して瓦解する会社。崩壊して暴力の犠牲になる国家。このようなコンフリクトはあまりにも強烈なので、人は生活を支配され、徹底的なストレスを与えられて、とても乗り越えられないという気持ちにさせられてしまう。

　しかし、コンフリクトは解決できるのである。本書では、心理学における新しい考えや、人間関係の亀裂に橋を架けるための方法であるコンフリクト解決（コンフリクト・リゾルーション）を活用することによって、解決方法を示していく。

　どんな手法をとっても解決できないように思えてしまうから、感情によるコンフリクトは非常に苛立たしいものに感じられるだろう。こちらが自分の見解を主張すれば、相手は反論し、議論はエスカレートする。相手の要求を受け入れたなら、腹立たしい思いをするだろう。不一致についての議論をすっかりやめてしまえば、コンフリクトはひそかに進むはずだ。問題を解決しようとする努力さえ無駄になってしまう。家族や同僚とのコンフリクトに取り組んで徒労に終わった経験は、何度となくあるのではないだろうか？

　そんなわけで、人間関係の苦痛をすばやく修復する方法を探してしまいがちである。まるで問題を解決するための魔法の薬でも存在するかのように。

だが、人生はそんなふうには運ばない。機能不全に陥った人間関係の根幹にあるパターンをなくすためには、時間も労力もかかるのである。

本書では、コンフリクトの根本にたどりついてうまく対処するために、誰もが適用できる方法を示す。相互の関係におけるアイデンティティの役割を知るには、実質的な問題（お金や方針、資源など）の裏側を見なければならない。自分という存在や自分が支持するものが脅かされそうだと感じた途端、情緒的な力は急降下し、人はコンフリクトへと誘惑されてしまう。そして、相手に敵対心を抱く状態にはまりこむのである。そんな誘惑に対抗できれば、怒りをなだめて相手との絆を再び結ぶための心のゆとりが生まれる。

これから、そのための方法を詳しく探っていく。各章は前の章を踏まえて話を進める。また、ほぼ全章末には、そこで述べた方法をどのように適用すべきかを実践的に示した「自己診断用ワークシート」をつけてある。このワークシートはプロセスを変えるために欠かせないものであり、フレームワークと併用すれば、最も緊迫した人間関係を調整するための包括的な方法を生み出すだろう。

では、アイデンティティにはどんな人も支配してしまう、途方もない力があることを示す事例を見てみよう。この状況は突飛に思えるかもしれないが、ダイナミックスは特殊なものではない。事例を読みながら、あなた自身の生活や自分たちを取り巻く騒然とした世界におけるさまざまなコンフリクトが、どのように映し出されているかについてじっくりと考えてほしい。

第2章

Identity Matters (More Than You Think)

アイデンティティのわな

「ダボス会議は、世界を破滅させた」[1]

　もちろん現実ではない。これは毎年スイスで開催されるダボス会議での出来事である。私は、グローバルに活躍するリーダーたちにある演習をすることになった。

　演習の参加者が集まったところで、私は、簡単にこの演習について説明を始めた。私の背後のスクリーンには、「トライブ（部族）」[2]という言葉が表示されている。「グローバルなコミュニティが進展すればするほど、人間は、その本質である私たちのトライブ（コミュニティ）を守り、それを維持しようとする方向に戻ろうとするのです」

　参加者たちは、興味をそそられたようだった。私は続けた。

「私たちは、たくさんのトライブに所属しています。トライブは、自分と似たような人たちが集まる集団です。人は、トライブに血縁のようなつながりを感じ、そこに感情移入します。それは、宗教、国家、そして多国籍企業でさえ同じなのです」

「そこで、今日は、このトライブの力を皆さんに体感していただきます」

　その後、参加者はいくつかのトライブに分かれ、そこでたとえば死刑制度は維持すべきか、廃止すべきか、人工妊娠中絶を認めるべきか、禁止するべきかなど、根本的な価値観に関わる問題について各トライブの中で意見を一致させるよう求められた。各トライブは、50分で意見統一を図る必要がある。

　このような難問についてグループ全員の意見を、しかも極めて短時間でま

とめることができるのだろうかと、多くの参加者が戸惑っていた。しかし、各トライブはそれぞれのやり方でこの課題に取り組み、意見は次第にまとまっていった。

やがて50分が経過し、この演習の本番はここからである。参加者は、今度はトライブの中から1つを選び、その選ばれたトライブの価値観に全員が同意するよう求められる。そうしなければ、侵略してきた宇宙人に地球を滅ぼされてしまうという設定だ。

早速、話し合いが始まる。各トライブの代表者は部屋の中央の椅子に座り、1回目の交渉が開始された。交渉経験豊富な各界のリーダーたちは、いつもの調子でこの問題も解決できると思っていた。ある企業のCEOは「まずは交渉の進め方を議論しよう」と極めて建設的な提案から始めようとしたが、その思いはすぐに打ち消された。ほかのトライブのリーダーが自分の話を聞いてくれない、と不満を言い始めたためだ。このような議論が続き、あっという間に1回目の交渉は終わった。

2回目の交渉では、さらに感情的な交渉が始まった。1つのトライブが他のトライブを引き入れることに成功し、プレッシャーをかけた。さらに3回目の交渉になると、リーダーたちは興奮した様子で、人道主義と慈悲心のどちらがより根本的な価値観なのかなど、激しい論争を続けた、しかし、意見はまとまらない。

そして数分後、世界は崩壊したのである。

「コンフリクト」がもつ根本的な力

過去20年以上にわたって、私はこの演習を何十回となく行ってきた。法学やビジネス、心理学、政治学を専攻する学生たちと、ヨーロッパや中東、北アメリカ、オーストラリア、アジアの政治やビジネスの重要なリーダーたちと。ほんのわずかな例外[3]を除いて、演習では世界がいつも崩壊してきた。

こういったトライブのダイナミックスはあまりにも強力なので、参加者はわずか50分間でつくられたアイデンティティの利益のために、世界を救うという目的を見失ってしまうのだ。

世界中で調査した結果わかったのは、「トライブ演習」が、現実世界のコンフリクトに備わっている感情的な力学を呼び起こすということである。離婚しようとしている夫婦や、競争している事業部門やライバル同士の派閥では、その世界がどれほど簡単に崩壊しかねないか、考えてみてほしい。世界は安全や気候変動、世界貿易をめぐる共通の危機に直面しているので、みずからのトライブのみを守ろうとする行動はますます全人類を危険にさらすようになっている。

しかし、こうしたダイナミックスに囚われているときに、その存在に気づくことは難しい。

コンフリクト解決のカギとなる要素

本書は、感情によるコンフリクト[4]を解決するための重要なアドバイスを提供する[5]。リーダーたちがコンフリクト解決の重要な要素に取り組んでいれば、ダボス会議で世界は救われていただろう。

カギとなるのは、合理的行動、感情、そしてアイデンティティである。学者はこうした特徴をそれぞれ独立したものとして扱うことが多いが、神経科学はそれらが相互に関係するものだと述べている[6]。この3つすべてに取り組んだ場合だけ、感情によるコンフリクトを十分に解決できるのである。

▶ ホモ・エコノミクス（合理的な人間）

コンフリクト解決[7]における第1の要素は、人を合理的な演者と見なし、「ホモ・エコノミクス」のモデルを人間の行動と捉えることだ。このモデル

では、人間の主なモチベーションができるだけ効果的に利益を得ることにあると主張されている。自分の利益を満足させる一方で、他人の利益も満たせれば、ますます好都合だろう。このパラダイムの決定的な特徴は、互いの利益を最大限にする合意を探ることだ。または、少なくとも相手の利益を損なうことなく、自分の利益を満たすことである。

明らかな魅力があるにもかかわらず、ダボス会議での世界の崩壊はこのモデルに限界があることを示している。ある企業のCEOが、交渉の進め方を決めようと全トライブを促したとき、ほかのリーダーは自分たちの利益のために理性の力を用いようとしていた。彼らには、世界を救うため、そして努力が無駄になって人前で恥をかくことから逃れるため、という強力な動機もあった。しかし、こうしたリーダーたちが、合理的な手段を通じて世界を救うことにこれほどまでに賛成していても、結局、彼らの目の前で世界は崩壊してしまったのだ——まさしく彼らの言葉と行動の結果として。

▶ ホモ・エモティカス（感情的な人間）

コンフリクト解決の第2の要素は、感情だ。人はシンプルに合理的な意思決定ができるものではない、ということである。感情の領域には理性を超えたものが存在し、それが人間の行動や思考に生気を与えている。別の言い方をすると、あなたは「ホモ・エモティカス」と呼ばれるものかもしれない。

このモデルによれば、感情がコンフリクト解決を促進するということになる——もし、あなたが相手の言葉に耳を傾けるのならば。食物を摂らなければならないことを空腹が警告するように、満たされていない心理的な欲求を感情が警告する。たとえば、欲求不満は自分が進む道に障害があることを告げている。罪悪感は不正な行動を正してくれる。感情とはいわばメッセンジャーで、ある状況があなたに有利に展開するかどうかを知らせているのだ。必要に応じて自分の進む道を修正するために、そういった合図を利用するかどうかはあなた次第である。

しかし、感情はコンフリクト解決の妨げにもなりうる。ダボス会議ではリ

ーダーたちが自分のトライブにほかの人々を引きつけるために感情に訴えかけようとしたが、その努力は失敗に終わった。怒りやプライド、恨みがトライブ間の違いを増幅し、交渉が暗礁に乗り上げる地点にまで達してしまった[8]のだ。もし、建設的に感情に取り組むことができなければ、人類は破滅するだろう。

ホモ・アイデンティカス（アイデンティティを重視する人間）

ダボス会議で世界が崩壊した理由や、あなた自身の生活でも世界が崩壊しかねない理由を理解するには、単に原因を探るだけでなく、感情すらも超えて、アイデンティティの領域にまで踏みこんで考えなければならない。行動のこの３番目の要素は、私が「ホモ・アイデンティカス」と呼ぶ人間の行動のモデルで示されているが、これは人が存在意義を求めるものだという原理に基づいている。

感情によるコンフリクトが"激化する"のは、人のアイデンティティの根本に影響を与えられるからである。つまり、あなたは誰なのか、何を重視しているか、人生の意味をどう考えているかということに。言い換えれば、感情によるコンフリクトはあなたという存在を脅かしているのである。

感情によるコンフリクトは、宗教や政治、あるいは家族の忠誠心のように、価値観を担った差異に左右されることが多いが、人間はさまざまな問題と密接に関わりながら、それに大きな意味を持たせる。もう一度、ダボス会議での教訓を考えてみよう。会議に出ていたリーダーたちは新しくつくったアイデンティティにとても熱心にしがみつき、世界を犠牲にしてまでそれを守ったわけだが、そこに至るまでにかかった時間はたったの50分だった。長年にわたる信念や価値観が脅かされそうなとき、現実の世界では協力的に交渉することがもっと難しいであろうことを考えてほしい。

たとえば、多国籍企業は中国やドイツ、南アフリカ、アメリカの従業員たちの間に起こる文化的衝突にどう対処すべきだろうか？　それぞれが母国への帰属意識を持ち、会社の文化と地元の慣習との折り合いをつけようとして

いるのである。国連で働くケニア人の調停役が、エルサレムにおける政治的コンフリクトの中で近隣のイスラム教徒のコミュニティやユダヤ教徒のコミュニティ間で手助けするには、どうするのが最も生産的だろうか？　そういったコンフリクトはアイデンティティを考慮しなければ、解決するのがほぼ不可能である。

「ホモ・アイデンティカス」には、あなたという個人のアイデンティティだけでなく、あなたと相手との関係性も含まれている。あなたの人間関係の性質はどんなものだろうか？

　感情のダイナミックスはあなたと相手側を引き離したり、結びつけたりできる。宇宙で、瞬いている2つの星の間の空間は意味のないものではない。そこには2つの星の関係を形づくる[9]引力があるのだ。同様に、あなたと他人との感情的な空間は、2人の人間関係が友人であるのか、または敵や恋人、あるいは裏切り者同士であるのかをはっきりさせている。

アイデンティティの力を解放する

　本書では、アイデンティティという複雑な世界を航行する強力な道しるべを明らかにしたい。おそらくあなたは"事実"をはっきりと把握できる一方で、自分自身を完全に知ることはできないはずだ。最も自分に近い姿を知ることができるのは、熟考を通じてである。よく考えれば考えるほど、いっそう自分を知ること[10]になる。だから、本書を読みながら、最も困難なコンフリクトにおけるアイデンティティの果たす役割を考えてみよう。解決に向けた新しい可能性と同時に、破滅的な人間関係を煽り立てる隠れた力に気づくだろう。

第3章

Is Identity Negotiable?

アイデンティティの2つの側面

　ルイス・キャロルの『不思議の国のアリス』という風変わりな物語の中で、かわいらしい少女アリスは水パイプを吸う謎めいた芋虫と出会う。そして芋虫は、一見したところ簡単そうな質問をアリスにする。

「おまえは誰だ？」

　アリスは、ためらいながら答える。

「よくわからないんです……。今のところは——今朝起きたときは、少なくとも自分が誰だったかはわかっていたんですけど、それから何回か、私は変わってしまったみたいで」[1]

　アリスは、アイデンティティに関する答えにくい質問にまごついている。自分は誰なのか、今の自分にどうやってなったのか、そして自分だと思っている自分であることがそもそもどうやってわかるのか、といった質問に。朝から何度か自分が変わったに違いないとアリスが思いをめぐらせていたのは、アイデンティティが流動的なものだという彼女の確信を示している。しかし、哀れなアリスを悩ませているのは、アイデンティティの変わりやすさを信じているにもかかわらず、それまでの経験が一貫したものだと彼女が感じていることだ。アリスは自分が変わっても、感情は変わっていないことを知っているのである。

　この矛盾は、コンフリクト解決の核心に迫っている。もし、アイデンティティが不変のものであるなら、コンフリクトを解決するには自分のアイデンティティを変えて妥協するか、相手にアイデンティティを変えさせるしかな

い。そんなわけで、コンフリクトは勝つか負けるかの問題となる。だが、アイデンティティが流動的なものなら、合意したところで、どちらの側もそれを守るという保証はない。今日は別の人格に変わっているのに、昨日の自分の行動に責任を負わされる必要などあるだろうか？

解決方法： アイデンティティの二重の性質

アリスは、コンフリクト解決に不可欠な洞察力で、この難問を切り抜ける。アリスのアイデンティティには変化する面もあるが、変わらない面もあるのだ。彼女のアイデンティティは、流動的であるとともに固定的でもある[2]。

しかし、コンフリクトの状況ではこの事実が簡単に見落とされてしまう。アイデンティティが脅かされたとき、人は自己防衛へと逃避し、唯一の変わらない統一体としてアイデンティティを考えるのだ。私はこれを「固定化したアイデンティティの誤り」と呼んでいる。この誤りのせいで、人は相手に対して、自分の視点や善悪の感覚、価値観に同意することを要求する。もし、相手もこれと同様の利己的な前提を抱いていたら、果てしない袋小路に双方がはまってしまい、ついにはコンフリクトが解決不能なものだと感じるだろう。

しかし、それは幻覚である。コンフリクトは解決できないものだ、と初めから思いこんでしまったら、和解の可能性を地中深くに埋めたも同然だ。感情によるコンフリクトの解決は難しいが、不変だと思われるアイデンティティの側面よりも、影響を与えられるアイデンティティの側面に注意を向けるほうが、はるかに有益だろう。事実、変わりやすさの程度は違って[3]も、アイデンティティのほぼすべての部分はある程度の流動性を備えている。

本章では、後段の準備も兼ねて、固定化されたアイデンティティの誤りを打破するための基本となるツールを挙げる。アイデンティティの影響が広範にわたるにもかかわらず、争う人々はアイデンティティが何なのか、またア

イデンティティにどう対処すべきかを、ほとんど知らない。そこで本章では、コンフリクトの土台となっている最も重要なアイデンティティの側面を発見し、それを活用する助けとなる枠組みを示したい。

アイデンティティとは何か

アイデンティティは、「自分を定義する、永続的かつ一時的なあらゆる特徴」から成り立っている。こうしたいくつもの特徴が結びついて、あなたという1人の人間がつくられる。すなわち、あなたという存在は体と心、神経組織と社会的地位、無意識のプロセスと意識的な思考、一時的な観察結果に加えて永続的に存在するという感覚などが統合されたものなのである。

このような性質があなたを定義している[4]のだが、あなた自身もこういった性質を定義している。あなたは分析の対象であるとともに、分析している主体でもある。この相互的な関係性を生き生きと描いたのがM・C・エッシャーのスケッチ、「ドローイング・ハンズ（描く手）」だ。これはある画家の片手が、自分のもう一方の手を描いているという絵である。そのころ6歳だった息子のザッカリーに私がこの絵の感想を聞くと、こう答えた。「この人、自分をつくってるんだね！」アイデンティティに関しても、あなたは自分自身をつくっていることになる。

この自分を反映する気づきにおいて、交渉学の学者の中には、アイデンティティのことを「自身について自分で述べる[5]物語」だと説明する者もいる。この定義は洞察に富んでいるが、不完全でもある。あなたという存在はただ語られるだけの物語ではなく、感じられる物語でもあるのだ。あなたは物語を体現しているとともに、その物語の語り手[6]でもある。心理学の先駆者であるウィリアム・ジェームズは、自分自身について語る物語をmeとし、体現された自分の経験をⅠとした[7]。コンフリクトの中であなたが経験するすべて、次々に押し寄せる恥ずかしさ、逃げ出したいという欲求、叫びたくな

る衝動——はあなたによって経験され、感じられるだけではない。リアルタイムで、あなたによってあなたに向かって語られるのだ。

　感情によるコンフリクトを解決するには、アイデンティティの2つの側面が重要だ。核となるアイデンティティと、関係性のあるアイデンティティである。次項ではこれらの2つのアイデンティティについて述べ、どうすればコンフリクト解決に活用できるのかを示したい。

アイデンティティに気づくようになる

　アイデンティティとは、あなたを個人として、または集団として定義する一連の性質である。そこには、身体的特徴や性格、職業から、精神的な信条や文化的習慣[8]に至るまですべてが含まれている。アイデンティティを持つ人が1人もいなければ、世界は混沌状態に陥るだろう。国家は憲法も国旗も持たないだろうし、ビジネスはブランドを持たず、人々には名前も個性もないだろう。

　アイデンティティは、連続性と明確な理想とともに、自分の経験を一貫した自己意識に統合するプラットフォームである。アイデンティティに困惑を感じると——自分が誰なのかわからない、あるいは、何のために生きているのかわからないなど——あらゆる決断が難しくなってしまうだろう。

▼ アイデンティティの多様性

　アイデンティティには、個人的に優先されるものや人格の特性に加えて、社会集団との同一化も含まれている。あなたは自分をアメリカ人や日本人、レバノン人、ヒスパニック、プロテスタントやイスラム教徒、ユダヤ教徒、ヒンズー教徒、あるいは無神論者と見なすだろうか？　学生、親、企業の幹部、自由主義者や保守主義者と見なすだろうか？　人はさまざまな集団に所

属しているので、さまざまなアイデンティティを持っている。中国系アメリカ人で、プロテスタントで、教師で、保守主義者であるという人がいるかもしれない。

コンフリクトにおいては、社会的アイデンティティのどれを優先するか[9]決める必要がある。信仰や民族性、政治的信条、国籍に基づいた忠誠心が競合しているように感じられるかもしれない。もしかしたら、あなたにとっては宗教的アイデンティティが最も重要かもしれないが、ご近所とうまくやっていくために国家的アイデンティティを強調しているかもしれない。友人との気の置けない会話でさえ、政治や宗教、職務について話すかどうかを決めなければならず、1つ1つの決定があなたのアイデンティティを形成しているのである。

あなたがある集団の一員だと自分を見なしているように、周囲の人々もあなたをどういう人間かと分類している。文化の多様性についての会議の席で、あなたが会社で唯一の中国系アメリカ人の重役だとしたら、同僚はあなたにそのアイデンティティを意識させる。カフェで親友と雑談しているときはそんなアイデンティティを意識しないとしても。

アイデンティティの最も重要な側面は、私が「アイデンティティの5本の柱」と呼ぶものである。それは信念、儀式、忠誠、価値観、感情的に意味のある経験だ。この柱は感情によるコンフリクトで、何が危険にさらされているか[10]を判断するための骨組みを与えてくれる。

アイデンティティの何よりも重要な機能は、単に生き続けることや遺伝子を後世に残すことだけではなく、人生に意味[11]を見出すことだ。存在に意味を与えるのが、この5本の柱なのである。脳や心臓や肺が身体の生存の中心であるように、5本の柱はアイデンティティ存続の中心となっている。それはまさに、あのダボス会議の「トライブ演習」で、世界が崩壊する結果になった理由である。つまり、参加者は世界を救うことよりも、自分のトライブにとって重要だと思うものを守ることを大事にしたのだ。

自分自身のどの柱が危険にさらされているかに気づくのが早いほど、弱い部分に対処し、コンフリクトの解決に再び関心を向ける心の準備ができるよ

うになる。5本のアイデンティティの柱はそれぞれの頭文字を取って
BRAVEと言い表せる。

5本のアイデンティティの柱

1. 信念 (Belief) とは、真実だとあなたが思っている特定の考えである。

2. 儀式 (Ritual) とは、個人的に意味のある慣習や儀礼的な行動である。たとえ
   ば、休日、通過儀礼、定期的に捧げられる祈り、家族との夕食など。

3. 忠誠 (Allegiance) とは、ある個人や集団に感じる忠義の心である。たとえば、
   家族や友人、権力者、国家、祖先などに。

4. 価値観 (Value) とは、あなたを導く指針や重要な考えである。正義や慈悲、
   自由といった一語だけで伝えられる場合が多い。

5. 感情的に意味のある経験 (Emotionally meaningful experiences) とは、強烈
   な出来事のことである。ポジティブなものであれ、ネガティブなものであれ、
   あなたの一部をその出来事が定義している。それは結婚した日から最初の子
   どもが生まれたときまで、両親に叩かれた瞬間から自分の集団に組織的な暴
   力が振るわれたという記憶まで、すべてが含まれているのだ。

　感情によるコンフリクトを経験したら、5本のアイデンティティの柱をす
ばやく思い返して、どれが危険にさらされていると感じるのかを見つけてほ
しい。中心となる信念が危うくなっているのか？　相手は家族や宗教への忠
誠心を脅かしているのか？　どの柱なのか判断したら、相手にとって危険に
さらされているものが何なのかを想像してみよう。あなたも相手も、個人的
に重要な柱が危険にさらされかねないものには合意しないだろう。

▶ アイデンティティは完全に固定化されていない

　最近、私の息子の10歳になるノアは、サッカーの試合に出て7点を入れた
が、相手チームは0点だった。試合終了まで残り時間がたった1分になった
とき、コーチたちはノアを相手チームに入れることにした。ノアは相手のた

めに２ゴール決めたが、試合は７対２で「負けた」ことになってしまった。その晩、ずっとノアは苛立っていた。なぜなら、相手チームに入ったわずかの間、ノアの忠誠心は元の自分のチームから新たに入ったチームに移ってしまったからだ。

しかし、ノアのアイデンティティが完全につくり変えられたわけではなかった。彼がプレーしたのはサマーキャンプでのことで、どちらのチームにもそれほど強い愛着心を持ってはいなかったのだ。もしもこれがワールドカップでの出来事で、相手チームに移された場合、ノアは忠誠心を再定義するために大いに苦しんだだろう。アイデンティティはある程度までは流動的なものだが、最も奥にそびえ立つアイデンティティの柱は非常にしっかりと固定されている。

ある集団のアイデンティティは、変えることができる[12]。必要な信念を政党が変更しても“同じ”政党であるように、指標となる価値を会社が再定義しても、“同じ”会社であり続けることは可能だ。それどころか、集団というものはアイデンティティの境界線をめぐって絶えず交渉している。誰が“内”で誰が“外”であるか、そもそも“内”であるとは何か[13]といったことを決めているのだ。ある集団を代表するサークルがあって、メンバーはそのサークル内で価値観や信念がどうあるべきか、どんな儀式が伴うかといったことを交渉しているかのようだ。政治的、宗教的、社会的集団は伝統的な社会的レッテルの根本の意味を再定義しているにもかかわらず、そうしたレッテルを保ち続けていることが多い。

アイデンティティは、なかなか変化しない場合が多い。しかし、アイデンティティのある側面はもっと影響を受けやすく、最も感情が高ぶったコンフリクトさえも解決する強力な方法を提供してくれる。

関係性のある アイデンティティの力を認識する

　関係性のあるアイデンティティとは、ある個人の特定の人間や集団[14]との関係を定義する特徴のスペクトラム（領域）のことだ。伴侶と接するとき、距離を感じるだろうか、それとも親密さを感じるだろうか？　あるいは緊張感を覚えるだろうか、それとも自分らしくいられる自由な気持ちを感じるだろうか[15]？　核となるアイデンティティが存在に意味を求めているのに対して、関係性のあるアイデンティティは共存に意味[16]を求めている。人間関係の性質について交渉するとき、関係性のあるアイデンティティは絶えず変化している。つまり、関係性のあるアイデンティティを形づくる途方もない力[17]があなたにある、ということだ。

　関係性のあるアイデンティティの概念を説明するため、以下の図を見てみよう。この先を読む前に、AとBのどちらの四角のほうが濃い色をしているか、決めてほしい。

Edward H. Adelson

正解を言おう。どちらの四角も同じ濃さなのだ。Ｂの四角よりもＡの四角のほうが濃く見えるが、実際のところ、両方同じである。（まだ疑問に思うなら、ＡとＢの四角以外の部分を全部隠して、見てほしい）目の錯覚が起きるのは、四角形の客観的実在ではなく、１つ１つの四角形をほかの四角形と比べて見ているからである。

アイデンティティの違いについても、これと同じ知覚のダイナミックスが当てはまる。あなたには他と異なるアイデンティティがあるが、コンフリクトを和解させるためには、核となるアイデンティティだけでなく、関係性のあるアイデンティティも重要だ——他者との関係においてあなたが自分をどう見るか、相手に自分がどう見られているかということである。

量的な測定では、自分と相手とのつながりの程度を正確には測れない。いちばんいいのは、どんな人間関係でも自分がどう感じるかを意識することだ。しかし、核となるアイデンティティを定義する特徴が具体的なのに対して（「私は心理学者で、信憑性を重視している」）、関係性のあるアイデンティティを定義するものはもっと曖昧である（「私たちの関係は弱まってきている[18]気がする」）。

関係性のあるアイデンティティはなんとなく漠然としたものに思えるかもしれないが、実を言えば、具体的な面を２つ備えている。つながりと自律性[19]である。この２つを認識するようになり、どう機能するかがわかれば、コンフリクトにおいて協力関係[20]を築くのに役立つだろう。

▶ つながりをつくる

つながりとは、ある人間や集団との感情的な結びつきを意味する。安定して建設的なつながりからは、戦争のさなか[21]でさえもポジティブな感情や協力したいという気持ちが生まれる。

イラクのタルアファルで当時は第三装甲部隊の大佐だったＨ・Ｒ・マクマスター中将にインタビューしたところ、イラクの一部を安定させるために最も成功した点は、アメリカの軍隊がイラクの人々[22]と連携を取る能力がもと

になっていたと報告した。実を言えば、マクマスターはある訓練プログラムを導入した。それによると、兵士はまず住民と腰を下ろして一緒にお茶を飲み、相手の文化に敬意を払う質問[23]をいくつかするなどしたからこそ望んでいた情報を手に入れられるというのだった。一見すると単純な、相手とのつながりを示すこうしたしるしが、お互いを支え、情報を分かち合い、相互の安全に向けて努力するという程度にまで影響を及ぼしたのだ。

つながりの逆は、拒絶である。もし、上司が重要な社内会議に同僚をすべて呼んだのに、あなたが呼ばれなかったとしたら——その課題についてあなたは権限があるにもかかわらず——腹立たしいだろう。そして社内での地位を失うようなことを何かしただろうかと不安に思ったり、周りのみんなが自分に背を向けているのではと恐れたりするかもしれない。拒絶されたという苦悩は、職場以外でも同様に深刻である。一族の休日のパーティに親戚一同が招かれるのに、あなたが声をかけられなかったとしたら、心が傷つくだろう。

神経学者の発見によると、社会的な拒絶による痛みが残るのは、肉体の痛み[24]を感じるのと同じ、脳の前帯状皮質である。脳は腹にパンチを食らったときと同じ反応を、拒絶に対して示すのだ。人は一旦攻撃されたら、協力することに抵抗を示す。協力しないことが、合理的な利益に反し、コンフリクトを解決しようとする試みがさらに難しくなる[25]としても。

▶ 自律性を尊重する——または監視する

"自律性"とは、あなたの意思を働かせる能力である——他人から過度に強制されずに、みずから考え、感じ、行動し、存在することだ。私は最近、カフェである夫婦の喧嘩を目撃した。「落ち着けよ！」と夫のほうが声をひきつらせて言った。妻は夫をにらみ返してぴしゃりと言った。

「落ち着けなんて指図しないで！　あなたこそ落ち着きなさいよ！」

喧嘩のきっかけが何だったにしろ、この夫婦のコンフリクトは、今や自律性が働かない喧嘩にまで悪化していた。どちらも、何かをしろと命じられた

くなかったのだ。誰かに自律性を踏みつけにされたと感じた途端、かっと怒りが湧きあがる——そしてやり返したくて[26]たまらなくなるのだ。

　国名のようにごく基本的なものさえも、深刻な国際紛争の原因となりかねない理由を解き明かすためには、自律性の概念が役に立つ。ユーゴスラビアが分裂しつつあった中で、6つの共和国のうちの1つが「北マケドニア共和国」という名のもとに独立を宣言したときに緊張が急に高まった。国の北部が長い間マケドニアと呼ばれてきた隣国のギリシャとの間に多くの問題を引き起こしたのだ。この地域はマケドニア人の祖先がいると主張し、「マケドニア」という名を独占的に使っている約300万人の市民の故郷である。

　ギリシャのあるリーダーがコンフリクトについて説明した。「隣の民族が、アレキサンダー大王の彫像を主な広場などに立てることによって、われわれの文化的遺産を侵害しているような気がする。こうした彫像はギリシャの歴史的な象徴なのだ。彼らはわれわれの文化を、われわれの魂を盗み取ろうとしている」彼の意見に対して、隣の共和国のトップリーダーが反論した。「われわれには自分の国の名も運命も決める権利がある。どこの国も同じ権利を持っているのではないか？　われわれはギリシャを威圧してはいない。その逆だ。われわれの文化はあらゆる文化を称賛している。マザー・テレサはここ、スコピエに住んでいた。教会やモスクやシナゴーグから100フィートしか離れていないところに。われわれは多様な遺産[27]を称賛しているのだ」

　関係性のあるアイデンティティの観点から解釈すると、一方の側はこう言っていることになる。「主な広場にアレキサンダー大王の彫像を立てて、マケドニアという国名を主張するなんて、われわれの自律性に挑戦しているのも同然だ！」

　もう一方の側はこう言い張る。「われわれの国名や、多様性を称賛する姿勢を変えろと要求するなんて、われわれの自律性を侵害しているじゃないか！」

　コンフリクトの核であるものが実質的なものだけでなく、地理的な境界線や歴史や文化や統治権といった要素をめぐる自律性への戦いでもあることに注目してほしい。

マケドニアという名をめぐる論争であれ、日々の暮らしの中であれ、どれくらいの自律性が適切であるか、またどれくらいの自律性が求められているかについては意見の相違がある。どの程度のつながりが適切かについてさまざまな考えがあるのと同じように。カーレーサーはスピード感を愛しているため、地元の道を時速100マイルで運転したいだろう。一方、その地域に住んでいる家族はゆっくりと慎重に運転したいと思うかもしれない。ある少女は学校に髪飾りをつけて行きたいと思う。一方、学校の監督者は全員が制服を着用することを要求する。社会という生地を1つに織り上げるためにと考えられた同じ法律や方針や規範が、フロイトが「文化への不満」と呼んだものを生み出しながら、その生地を縫い目のところで裂くことにもなりかねないのだ。

結論：2つのものから1つを選ぶ

コンフリクトにおいて中心となる相関的な課題は、相手とともにいたい（つながりたい）というあなたの欲求を満足させると同時に、相手から離れたい（自律性）という欲求を満足させる方法を見つけることである。根本的に、「2つのもの」という状態と、「2つで1つのもの」という状態の両方で共存することなどできるだろうか？

自律性もつながりも、あらゆる人間関係に本来備わっているものだ。そして、その両方の釣り合いを保つ能力は、円満な人間関係にとって最も重要[28]である。たとえば、子どもは家族になじもうとしながら、成長するにつれて自分独自の声を見つけていこうとする。恋人同士の2人はちょっとした"1人の時間"を守りながらも、自分たちの関係を育みたいという欲求のバランスをとろうとする。企業の合併では、上級管理職は個々の部門が文化的、また政治的な自律性を維持できるように奮闘しつつ、唯一の組織体をつくる方法を探す。もっと広く考えると、国連のような国際組織はグローバルな平和

の精神を促進させようと活動すると同時に、一員である各国家の独自の価値観に敬意も払っている。

より深いレベルで考えると、自律性とつながりの緊張状態を超える能力は、人生の核心をなす倫理的な課題を表している——それは孔子がよく理解していた点である。孔子は天と地と人間を、1つの宇宙である「大いなる全体」の一部として考えていたと言われている。孔子は、みずからの生を生きている人間には存在の領域を深めていく機会がある、と見なしていた。最も浅い領域は、本能のみに支配される自然界に生きることだ。

自我に気づけば、人には世界に自分の場所を広げるための自律性があることがわかる。つまり自己実現できるということだ。やがて人は自分の自我だけでなく、より大きな社会秩序にも気づくようになる。存在の道徳的領域に入っていき、慈悲を与えたいという気持ちになる。最後に、社会秩序そのものが「大いなる全体」の一部にすぎないことを悟る。「大いなる全体」とは、自律性やつながりを超越して、すべてのものにとっての利益[29]を追求するものだ。

まとめ
summary

　アリスが、水パイプを吸っている芋虫に自分が誰であるかを説明しようとして、とても困惑したのも無理はない。アイデンティティは複雑な問題なのである。固定されていると同時に流動的であり、心理的でも社会的でもあり、意識的でも無意識的でもある。

　「不思議の国」が自分自身という感覚をアリスに失わせたように、感情によるコンフリクトはあなたのアイデンティティを混乱させる。双方のアイデンティティがどのように危険にさらされているかをもっとよく理解することによって、隠れた願望や恐れ[30]と同じように、固定化されたアイデンティティの誤りを克服し、不満の根本的な原因を明らかにできるだろう。関係性のあるアイデンティティを協力的なものに修正することによって、あなたはより強固な絆をつくることができる。

　しかし、そんな場合でも、アイデンティティはプラスよりもマイナスに作用するものであることが証明されるだろう――コンフリクトの中で相手を圧倒する大きな力から身を守るすべを知らない限りは。今後の章ではこの課題に挑むための具体的な方法を示していく。

図表 3-1 ｜ 自己診断用ワークシート

コンフリクトの中心を解決するためには気づきが重要である。
あなたの人生で困難な対立を思い浮かべ、以下の質問をよく考えてみよう。

1. コンフリクトにおいてあなたが個人的に危険にさらされていると感じるものは何だろうか？ あなたの信念、儀式、忠誠、価値観、感情的に意味のある経験を考えてみよう。

2. 相手にとって個人的に危険にさらされていそうなものは何だろうか？

3. あなたはどの程度、自分が拒絶されたと感じているか？

　——そして、その理由は？

4. 相手はどの程度、拒絶されたと感じているだろうか？

（少し拒絶された　1　2　3　4　5　6　7　8　9　10　大いに拒絶された）

　——そして、その理由は？

5. 相手は自分が決断を下す際に、あなたがどのように意見を押しつけていると感じているか？

第4章

How to Avoid Getting Lured into Conflict

コンフリクトに
引きこまれるのを
避ける方法

ばかげたことをやろうと試みる者だけが、不可能な物事を成し遂げられる。
そうした資質は私の地下室にあると思う……私を階上へ行かせて確かめさせ
てくれ。

——M・C・エッシャー

　物の見方というのは重要である。コンフリクトが交渉可能なものだと信じ
るなら、あなたは相手とつながって解決のための創造的な道を見出す機会に
心を開くだろう。しかし、アイデンティティへの脅威は、不和を生じさせる
考え方を招くことが多い。そうした考え方は、不一致を解決可能な問題から、
克服不可能に見える問題[1]へと転換させてしまう。私はこういう態度と考え
方を「トライブ効果」と呼んでいる。

　トライブ効果に屈するのを避けるため、本章ではトライブ効果の主な性質
と、あなたを誘いこもうとする感情的な力に注意を促す。注意を払うことに
よってこのような力学を避けられるし、協調的な心の状態を受け入れ、根本
的には自分が変わらずに、基本的な変化を引き起こすことができるだろう。

トライブ効果を警戒せよ

　アイデンティティが脅かされると、トライブ効果、つまりあなたのアイデンティティを相手のアイデンティティと対抗させる敵対的な考え方が生じかねない。それは「私VSあなた」、「私たちVS彼ら[2]」という考え方である。この考え方は、部族が外部の脅威からみずからの血筋を守ろうとするのを助けるために働く場合が多かった。今日では、きょうだいや夫婦の場合でも、外交官同士の場合でも、あらゆる二者間のコンフリクトにおいてトライブ効果が容易に活性化する。

　トライブ効果は、ただそれが"彼らの観点"だというだけで、相手の観点を全体的に引き下げたくなる気持ちを駆り立てるものだ。そんなわけで、トライブ効果は一時的な闘争・逃走反応ではすまないものになっている。トライブ効果の考え方は、あなたを何時間も何日も、あるいは何年も、偏った感情に囚われたままにしてしまう。学習やモデリング、そして物語を話すことを通じて、トライブ効果は何世代にもわたって次の世代に伝えられさえする。変化することには頑なに抵抗[3]しながら。

　トライブ効果の狙いは、あなたのアイデンティティを危害から守ることである。しかし、それは裏目に出てしまいがちだ。心理的な境界線をしっかりと引いて自己防衛的な状態に入っていくと、協力関係の可能性は減少[4]してしまう。恐怖心のせいで、長期的な協力関係よりも、短期的な自己利益を優先するほうへと駆り立てられる。結果として、あなたも相手もこうした考え方だった場合、無限の衝突へ通じる、2つの自己強化的なシステムをつくり出してしまうのだ。あなたたちはいわば共謀して、解決しようとしていたコンフリクトをかえって強めてしまうことになる。これがトライブ効果の中核となる矛盾である。

▷ トライブ効果にはまったときは、どうしたら気づくだろうか？

トライブ効果は基本的に敵対的で、独善的で、閉鎖的な考え方[5]である。

(1)敵対的

トライブ効果は、敵対的なレンズを通してお互いの違いを増幅させ、共通点を小さくさせて[6]、人間関係を相手とともに見るようにさせる。相手に親しみを覚えたとしても、トライブ効果は人間関係に一種の健忘症のようなものを起こさせるので、お互いの関係についての良い点をすべて忘れて悪い点だけを覚えていることになる。たとえば、ダボス会議でのリーダーたちは多くの共通点を持つ仲間としてワークショップに参加したが、たちまち敵同士となって、コンフリクトを生む性質から離れられなくなった。哲学者のマルティン・ブーバーはこれを「我と汝」の関係から「我とそれ」の関係への変容と表現している。相手はもはや同類の人間ではなく、獰猛な「それ」にすぎないのである。

(2)独善的

トライブ効果は、自分のものの見方が正しいだけでなく、道徳的にもより優れているという、利己的な確信を生む。正当性は自分たちの側にあり、われわれはその正当性を守るための[7]論理的根拠を用意しているのだ。たとえ虐殺と同じくらい暴力的な行動をとったとしても、「虐殺者は明確な良心を持っている場合が多く、自分が犯罪者だと表現される[8]のを聞くと驚く」のである。実際、私はトライブ効果を学ぶフォーラムで、こんなふうに軽蔑をこめてほかの集団を責める集団を始終目にしたものだ。「世界を滅亡させないためには、あなたのトライブを選ぶわけにはいかないでしょう？」と。他人が独善的だということは容易に見分けがつくが、自分自身の行動はなかなか明確にわからないものである。

(3)閉鎖的

　トライブ効果は、固定化した統一体へと、アイデンティティを形づくる。人はこの閉ざされた仕組みの中で、自分も相手側も不変の存在だと特徴づけるようになる。相手の関心事を知るために耳を傾けるのではなく、彼らの考え方を批判し、性質を非難する。しかし、自分自身の考えを批判しようとはしない。というのも、人は自身のアイデンティティ[9]に不実になることを恐れているからだ。

▼ トライブ効果を引き起こすものは何か？

　自分のアイデンティティが危険にさらされそうだと感じると、人は神経科学が「脅威反応」[10]と呼ぶ、一連の頑なな反応を示す傾向がある。この反応は、ヘビが目の前を滑るように進んできたときには本能的に飛びのいてしまうといった単純なものも、トライブ効果自体のようにもっと複雑なものもあるが、体だけではなくて心や精神[11]も守ることが目的だ。

　トライブ効果は、自分のアイデンティティに意味のある面が脅威にさらされそうだと感じるときに引き起こされる。つまり、ごく些細な意見の相違であっても、強烈な感情の反応、フロイトが「小さな差異のナルシシズム」[12]と名づけたダイナミックスを生じさせるということだ。人はほかの人間――きょうだいだろうと、隣人や同じ宗教を信じる仲間であろうと――と似れば似るほどお互いを比較して、些細な違いに脅かされそうになる。

　たとえばダボス会議では、各トライブの代表者たちが「人道主義」と「思いやり」のどちらがより重要で本質的な価値かについて議論していた。部外者からすれば、この２つの違いはごくわずか[13]に思えたかもしれないが、当事者はこれを存亡にかかわる脅威と見なした。ほかのトライブに妥協することは自分のトライブの意味を低下させることになるからだ。

　これと同じダイナミックスが働いて、夫婦は"些細な"違いをめぐって絶えず腹を立てることになる。内戦できょうだい同士が争うのと同じように。人間の無限の共通性は、並はずれて重要だ[14]と思えるたった１つのわずかな

違いをめぐって弱まってしまう。要するに、些細な事柄が、単に些細な懸案事項ではすまなくなるのである。

アイデンティティへの脅威がトライブ効果を引き起こす一方で、アイデンティティへの敬意は調和の取れた人間関係[15]を生み出す。われわれは自分がなりたい人間になれるという自由を感じ、まわりの人との感情的なつながりを楽しむのだ。しかし、自律性や人とのつながりが危険にさらされていると感じると、自分を守ろうとする情緒的な力が急に入りこんできて、協力しようという気持ちよりも自己防衛の感情が勝る[16]のである。

トライブ思考の5つの誘惑に対抗する

トライブ効果を克服するには、ギリシャの英雄のオデュッセウスが取ったような戦略が必要である。オデュッセウスは10年以上にもわたってトロイ戦争で戦ったあと、船で故郷へ向かっていたときに女神キルケーに出会った。キルケーは旅の途中で直面するはずの危険について彼に警告した。美しいセイレーンが魅惑的な声で船乗りをとりこにし、自分たちの島へと舵を切らせようとするため、船は海岸の尖った岩にぶつかって、残るのは"死体の山"だろう、と。オデュッセウスは出帆する前に、耳に蠟を詰めるようにと乗組員に命じ、自分をマストに縛りつけさせた。もし、オデュッセウスが自由にしてくれと懇願しても、その命令を拒んでさらにきつくマストに縛ってくれと命じたのだ。この計画を実行したおかげで、オデュッセウスと乗組員はセイレーンのいるところを無事に通過できた。

セイレーンと同じように、トライブ効果はあなたを自分のほうへと引きつける。感情的にトライブ効果に取りこまれれば取りこまれるほど、そこから逃れるのが難しくなる。感情によるコンフリクトでこのように引きつけられるのは、強力で感情的なダイナミックスが原因である。それを私は「トライブ思考の5つの誘惑」[17]と呼んでいる。図表4-1はその概要を示すものだ。

図表4-1 | トライブ思考の5つの誘惑

1. バランス喪失：意識がゆがんだ状態を指し、そこでは感情的なエネルギーが人間関係によって消耗させられてしまう。
2. 反復強迫：繰り返さねばならないという気持ちにさせられる、行動の自己破壊的なパターン。
3. タブー：協力関係を阻害する社会的な禁止項目。
4. 神聖なものへの攻撃：アイデンティティの最も意味のある柱への攻撃。
5. アイデンティティ・ポリティックス：他者の政治的利益のためにあなたのアイデンティティが操作されること。

　ここに挙げた誘惑は、あなたをトライブ効果のほうへ引っ張っていったり、さらにその中へ深く入りこませたりしながら、人間関係を敵対的なものにしてしまう"感情的な力"である。あなたの意識に独善的な感情を詰めこみ、悲惨な感情を消して無意識のものにさせ、逆の行動をとらせるのだ。さらに、このような誘惑はコンフリクトの過程において、さまざまな点で人間関係に影響を及ぼす傾向がある。アイデンティティ・ポリティックスのように、しばしばコンフリクトを煽るものもある。ほかの誘惑、たとえばタブーなどはコンフリクトの最中に現れる。さらに、バランス喪失のように、コンフリクトの心理的な結果を生じさせるものもある。

　誘惑は、アイデンティティを非難や変化や搾取から守ることを狙いとしているが、その衝撃は逆効果になる場合が多い。トライブ効果自体のように、誘惑は協力の可能性[18]を低くする、自己防衛的な考え方を強めてしまうのだ。図表4-2は、私が「リレーショナル・マトリックス」と呼ぶものを通じたダ

図表4-2 | リレーショナル・マトリックス

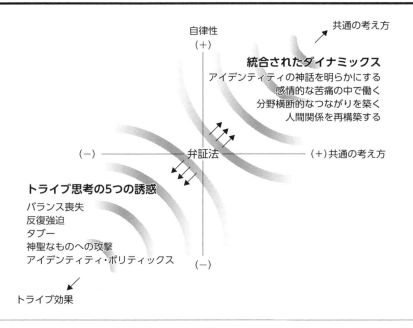

イナミックスを表現している。これは、5つの誘惑があなたをどうやってトライブ効果に引きつけるかを図で表したものだ。慎重に誘惑を遠ざけないかぎり、あなたはトライブ効果へと引っ張っていかれるだろう。そして、セイレーンの歌声に抵抗できなかった船乗りたちと同じ運命をたどることになってしまうのだ。しかし、その一方で、ほかのいろいろな力——統合されたダイナミックスは、より生産的な考え方にあなたを引っ張っていく。

まとめ
summary

　私は最近、子どもたちと『スター・ウォーズ』を見て、この映画のカギとなるテーマに魅了されてしまった。そのテーマは、感情によるコンフリクトで登場するさまざまな問題を正面から取り上げている。ジェダイ・マスターであるオビ＝ワン・ケノービは"フォース"を、銀河系を1つに結びつける、あらゆる生き物によってつくられたエネルギーのフィールドとして描写する。フォースには暗黒面（ダークサイド）があって、これは憎悪や怒りや恐怖によって増幅される。また光明面（ライトサイド）もあり、これは思いやりによって増幅する。これらの2つのエネルギーは常に緊張関係にあり、銀河系に生きるものを永遠に引きつけているのだ。

　自分のアイデンティティが危険にさらされていると感じたとき、どう反応すべきかという選択肢はある。トライブ効果はあなたをダークサイドへと誘惑し、不和を生じさせるダイナミックスにおいて人間関係を分裂させる。その一方、共通の考え方はあなたをライトサイドへと引きつけ、統合されたダイナミックスを通じてお互いを親密にさせようとする[19]。

　次の第2部（第5〜8章）では、あなたをコンフリクトのダークサイドへ引っ張っていくダイナミックスである、「トライブ思考の5つの誘惑」への反撃方法を検討する。誘惑はあなたが意識していない部分で働くことが多いが、自分を支配する、そうした力から逃れることはできるので、誘惑からの逃れ方を示す。続く第5章では、あなたをライトサイドへと導く、統合されたダイナミックスを積極的に育むのに役立つ助言をしたい。

第 **2** 部

How to Break Free

自由になるための方法

第5章

Stop Vertigo Before It Consumes You

バランス喪失

　私が大学1年生のとき、ある変わり者の国語の教授が、ショッピングセンターで高価な花柄のベッドカバーの購入をめぐって妻と口論したことを話してくれた。

「これはうちの寝室にぴったりよ！」彼の妻は大声で言った。

「ベッドカバーなら、もうあるじゃないか」教授は言った。

「ずいぶんボロボロだって気づいていないの？」妻は聞いた。

「あれで毎晩寝ているんだ。十分だよ！」

「まったくもう！」と、彼女は答えた。「あなたとはなんでもかんでも言い争わなくちゃならないってこと？」

「また始まった」と、教授はため息をついた。「喧嘩になるといつでもぼくが悪いってことになるんだ」

「私はベッドカバーを買いたいだけよ！」と、彼女は文句を言った。「一度くらい、賛成できないの？」

　教授はつくづく考えた。どうして妻はこんなに支配的なんだろう？　教授は妻の目をじっと見て冷ややかに言った。「このベッドカバーよりひどいものなんて想像できないよ！」

　こう言った途端、状況は劇的にエスカレートした。「そもそもなぜ、あなたとなんか結婚したのかわからないわ！」と、彼女は言い返した。

　腹を立てて言い返そうとした瞬間、教授は口論を眺めている人だかりに気づいた。彼は恥ずかしくなり、腕時計に目をやって驚いた。20分が過ぎてい

たのだ。口論していたのはせいぜい数分だと思っていたのに。友人とのランチの時間に遅れていることに気づき、2人の怒りは心配へと変わった。彼らは戸惑いながらレストランへ急いだ。ベッドカバーをめぐる議論が、人前で怒鳴り合うほどの喧嘩になったのはなぜだろう、と。

分別を失ってしまうバランス喪失

　教授夫妻をトライブ効果へ引っ張った心理的な力は、私がバランス喪失と呼ぶものである。つまり、人間関係で感情的なエネルギー[1]を消耗させられる、意識がゆがんだ状態だ。教授夫妻はバランス喪失に陥るにつれて、催眠状態を経験したようになってしまった。どちらも相手が腹を立てて発した言葉にこだわり、口論を解決するのではなく、喧嘩に勝ってやろう[2]と決意したのだった。

　"バランス喪失（vertigo）" という言葉は、「回る」という意味を持つラテン語のvertereに由来している。アルフレッド・ヒッチコックの映画『めまい（Vertigo）』でこの言葉を知っている人がいるかもしれない。この映画でvertigoは、高所への恐怖から生まれるめまいとして描かれる。現代医学では、頭が回転するような状態[3]の不調をさまざまに区分している。私は、めまいがするような敵対的な人間関係[4]に追いこまれたと感じる人の独特な状態を描写するため、この言葉を借りた。教授と妻との口論は、穏やかそのものの状態から始まった。しかし、自我が傷つけられると、夫も妻も感情的な境界を超えてしまい、急激にバランス喪失[5]へと陥ったのだ。

　あなたや相手を取り巻くバランス喪失を、竜巻として思い描いてみよう。ぐるぐる回っている竜巻の壁のせいで、あなたは対立している人間関係の境界の向こうを見ることができない。教授夫妻に激しい口論の向こう側が見えなかった[6]のと同じように。一陣の強い風があなたと相手に吹き、感情的な経験を強めて、怒りを激怒へと変え[7]、悲しみを絶望へと変貌させる。こん

な竜巻の真ん中に立つと、上のほうに空が見え、未来への最大の恐怖が鮮やかにイメージできる。同時に、あなたが引き離されてしまった足元の地面には、苦痛に満ちた過去がありありと現れているのだ。この竜巻は何時間も何日も、それどころか何世代にもわたってあなたをトライブ効果に閉じこめることができる。

　この章では、バランス喪失という誘惑を探る。バランス喪失が大きなダメージを与える理由や、そこから自由になるための方法を説明したい。

さまざまな障害

バランス喪失の克服を特に難しくしている要因がいくつかある。

▶ 1.バランス喪失は意識の外で影響を与える

　バランス喪失は、実際には行動に影響を与えていないとあなたに思いこませるとき、とりわけ力を発揮する。あなたはぐるぐる回るような感情に囚われすぎて、バランス喪失によって戦いへと駆り立てられていることにすら気づかない。そして自分が理性的で冷静だと思い続ける。制御不能なほどに回っているように見えるのはまわりの世界で、自分の中の世界ではないだろうと。

　バランス喪失の影響下では、見るからに無害な状況も、たちまちもっと緊迫したものに変わる。ベッドカバーをめぐるつまらない口論は、一方の側が「夫は（妻は）私をこんなふうにいつまでもコントロールするつもりだろうか？」と自問するまでに悪化してしまうのだ。そして、もう一方の側は、過去の苦悩をふるいにかけている。「あなたとは何でもかんでも言い争わなくちゃならないってこと？」と。

　バランス喪失は弱まるように見えても、長い間持続し、強度が変わってい

第5章　バランス喪失

39

く。そしてしばらくするとすっかり目につかなくなるかもしれない。しかし、背景に溶けこんでわからなくなっても[8]、バランス喪失は人間関係に微妙に害を与え続け、あなたと他者との感情的な空間に暗い影を落としかねないのである。

2. バランス喪失は内省する能力を弱める

人間ならば、ただ考えたり感じたりする能力だけでなく、こういう思考や感情について振り返る能力も持っているだろう。しかし、バランス喪失は感情的なエネルギーを消耗させるため、内省のための潜在能力を著しく弱めてしまう。行動の習慣的なパターンや相手についての思いこみに頼ってしまうのである。その結果、3つの著しい結論[9]が導かれる。

ろくに考えずにコンフリクトの筋書きを再演する

前述した教授の妻は、ショッピングセンターでの口論を単独の出来事と見なさなかった。単純な会話を喧嘩に変える夫の行動の一例だと思ったのだ。その結果、彼女は何度も繰り返してきた同じ不満をまた言いながら、習慣となっている反応を反射的に示してしまった。

逆効果になるコンフリクトの筋書きには、いとも簡単に陥りがちだ。交渉について軍人たちを訓練していたとき、私は彼らがこの傾向を痛切に理解していることに気づいた。

ある軍の高官は、イラクで9カ月にわたって日常的に死と向かい合ったあとで帰還したのだが、両親がどのビデオを見るかで口論しているのを耳にした夜のことを話してくれた。ビデオのことなんかで言い争っているのが信じられず、彼はこう叫びながら部屋に飛びこんでいった。「どのビデオを見るかなんて、どこのクソ＊＊が気にするんだ？」と。めまいがしそうなほどの憤りに駆られて5分ほど経つと、彼は冷静になって両親に謝った。のちに、彼は気がついた。死と隣り合わせの生活を長く経験し、戦いに参加して仲間が死んでいくのを見たあとで、彼はバランス喪失の状態に陥るのにすっかり

慣れてしまい、比較的無害なコンフリクトへの反応すら大げさになったのだと。コンフリクトの筋書きがあまりにも彼の心に組みこまれたので、厄介なことに今では容易に再演されてしまうのである。

自意識の感情への許容力が弱まる

バランス喪失のもう1つの不運な結果は、罪悪感や恥ずかしさ[10]といった自意識を経験する能力が弱まることだ。

たとえば、前出の兵士は怒って両親と対決したとき、それほど心の痛みを感じていなかった。自意識は普通、自分に対する周りの考えをどう感じるかということと、自分についてあなたが人々にどう感じてもらいたいかということが食い違ったときに起こる。

しかし、この兵士はバランス喪失の状態に陥っていたので、現在のことに注意を払わず、自分の行動の道徳性を観察することができなかった。一旦バランス喪失が弱まると、彼はこう自問する羽目になった。「いったい、おれはどうしたんだ？　本当におれはこんな人間だったのか？」

他人を既成概念に当てはめてしまう

バランス喪失のせいで自分の行動を振り返る力が低下するだけでなく、他者を明確に見る力も弱まってしまう。スーザン・フィスク教授とスティーブン・ニューバーグ教授は、誰もが自動的に人を既成概念に当てはめてしまうことに気づいた。自覚しているにせよいないにせよ、人は他人を年齢や性別、人種、そのほか一目瞭然の要素[11]を元にして分類している。ごく普通の環境ではこうした思いこみ[12]を見直して、本当はどんな人だろうかと判断することができる。しかし、バランス喪失の状態にあると、画一的なものの見方が正確かどうかを見極めるために、最低限のエネルギーしか使わない。

教授と妻は口論していたとき、どちらも相手を単純化しすぎた風刺漫画的な存在として見なすようになった。彼女のほうは、浪費癖のあるコントロール魔の妻。そして彼のほうは、喧嘩腰のケチな夫として。2人は互いの特異な行動や習慣や価値観や願望や恐れについて、これまでの歳月の中で累積さ

れた知識を無視した。それどころか、2人で分かち合ってきた愛からも目を
そらしたのだ。互いの理にかなった意図を見つけようとするのではなく、な
んとしても相手の考えの不合理さを裏づけようとした[13]。たとえ混雑したショ
ッピングセンターで怒鳴り合うことになっても。既成概念は、自分だけが
正しいと思っている彼らの考えを強化したのだった。

「既成概念（stereotype）」という言葉は「固い」という意味のギリシャ語の
「stereos」と、「印象」という意味の「tupos」に由来する。既成概念はある
人物の性質の壮大な交響曲を、たった1つの音符程度にまで下げてしまう。
相手のネガティブな印象にしがみつけば——ある人を1枚の絵程度にしてし
まい、その人の細かな差異を正当に評価しようとせず、思いこみに疑問を投
げようともしなかったら——あなたはバランス喪失の渦の中に自分を追いや
ることになるのだ。

既成概念はフィスクとニューバーグによるさらなる研究の中で探られ、次
のように指摘された。つまり、人は誰かを分類すると、自分の見解を裏づけ
るための確証を探し、それに異を唱える矛盾した情報を無視するというのだ。
教授の妻は夫がケチであることの例を求めて記憶の保存場所を探しまわり、
一致した例をいくつか確認すると、自分の判断の裏付けとして用いた。

一方、教授は妻と同じ心の働きを用いて、彼女の浪費ぶりの証拠を見つけ
ていた。教授がケチでないとか、妻が浪費家でないという数え切れないほど
の例は無視された。なぜなら、こうした事例は教授も妻も全力を傾けた、固
定化された見解の助けとなるものではなかったからだ。彼らはそういう例を
反射的に脇へ追いやった[14]のである。

▶ 3.バランス喪失は時間と空間の認識を妨げる

バランス喪失は、文字どおりの意味で、時間と空間の感覚をゆがませる。
あなたの焦点は狭くなり、今目の前にある状況以外のものを締め出してしま
うのだ——そんなことが起こっているのだ[15]と認識しない限りは。教授夫妻
はコンフリクトに注意を奪われすぎたため、集まっていたやじ馬にも、時間

がずいぶん経ってしまったことにも気づかなかった[16]。意識の状態は、世界がぐるぐる回って混乱している間、自分が正しい方向にいる[17]と信じ続けるほどまでにバランス喪失の影響を受けるのだ。

時間のゆがみ

　バランス喪失は、スカイダイビングを初めて経験した場合と同じように、時間の感覚に二重の影響を与える。初めてスカイダイビングをする人が飛行機から飛び降りると、時間はスリル感の中で拡張[18]する。最初は、何秒間という時間がとてもゆっくりと過ぎ、スカイダイビングをしている人はあらゆる音とイメージ[19]に気づく。しかし、落下し続けているうちに、そういう感覚に慣れてしまう。相変わらず恐怖心はあるが、意識は過度に用心深い状態から、スリルによるトランス状態へと変わり、時間は収縮する。スカイダイビング中の人は、腕時計が告げる時間よりも速く時が過ぎていると感じる[20]。地面に降り立ったときにはこう思うのだ。「もう終わってしまったの？[21]」と。

　バランス喪失を経験する中で、コンフリクトの最初の危険な兆候が表れると、時間の感覚がゆっくりになり、人は相手のあらゆる言葉や行動や感情に非常に気を配るようになる。だが、バランス喪失に慣れると、時間の感覚はスピードアップするので、数時間がほんの数分に感じられてしまう。このような心のトランス状態の中で、あなたは事実上、自動操縦の状態で動き、行動の指針として[22]昔のコンフリクトの筋書きを利用し始める。

　ウィリアム・ジェームズの言葉によると、自己の認識（I）が人に経験をさせる一方で、アイデンティティ（me）はこうした筋書きを再演する背景に集まっているというのだ。離婚の決着をつけたり、同僚と和解したり、親戚と再び連絡をとるようになったりといった行動を起こして、バランス喪失から解放されれば、どれほどの時間が経っていたか[23]に気づいて驚きを覚えるだろう。

空間のゆがみ

　バランス喪失の状態にいるとき、あなたと相手との感情的な空間は圧縮さ

れ、凝縮されていると感じるだろう。教授と妻は自分たちの空間を怒りや絶望感や孤独でいっぱいにしていた。そしてさらに不満を加えていき、もはや耐えられない時点まで達してしまった。何が不幸な結果だったかって？　もはや夫と結婚した理由が思い出せないという、妻の辛辣な主張だ。

　バランス喪失は心の状態なので、傍観者はそのような態度をわけのわからないものだと見なすだろう。傍観者は対立する両者を消耗させている感情の強さを理解できないのだ。私は紛争地帯で働いていたとき、コンフリクトがない地域で暮らしている人々がよくこう尋ねるのを耳にした。「なぜ、彼らはうまくやっていけないのだろう？」しかし、バランス喪失に囚われている人たちは、とても強力な感情の真っただ中にいることに気づいていない。これはバランス喪失の矛盾である。バランス喪失は本人が気づかないうちに、時間と空間の知覚に影響を及ぼしているのだ。

　他人との感情のコンフリクトに関わるようになると、人は無意識のうちに相手の感情の一部を自分の中に取りこむだろう。あなたは竜巻のようなバランス喪失という相手の感情の渦に入りこんでいる。夫婦喧嘩が絶えない家庭で育った子どもが被る情緒的苦しみを考えてみてほしい。または、論争者が互いに侮蔑の言葉を浴びせるとき、場を落ち着かせようとする仲裁役が直面する難題を想像してみよう。国際的なレベルですら、簡単にバランス喪失の感情に巻きこまれてしまう。

　1990年代、ユーゴスラビアでの戦争の間、私はセルビアの郊外にある街でセルビア人とクロアチア人とボスニア人の難民と働いていた。そしてその地域の、バランス喪失に突き動かされた緊張状態にたちまち慣れてしまった。アメリカでこの地域の紛争に関するニュース報道を定期的に見ていた母に電話すると、私の無事を案じられたものだ。「心配しないでくれよ、母さん」と、私は母に言い聞かせた。「何もかも大丈夫だよ」

　本当に大丈夫だと信じていたのだが、自分が事実上はそこに慣れてしまったからだと気づいたのは、業務が完了したあとだった。列車でセルビアからブダペストへ行く途中、私は肩から重荷が取り去られるのを感じた。列車が国境を越えると、胸や腕が楽になった。筋肉がリラックスし、不思議に落ち

着いた気分になったのだ。セルビアにいた間はバランス喪失に囚われた地域にいたため、それにどれほど影響されていたかは、その地を離れるまでわからなかったのである。

◢ 4. バランス喪失は人をネガティブな記憶に固執させる

おそらくバランス喪失が生じさせる最大の難題は、人の注意をネガティブな記憶に縛りつけてしまうことだろう。ネガティブな記憶とは、自分が正しくて善であり、相手が間違っていて悪であるという"根拠"を提供する回想のことだ。バランス喪失を克服するには、このような強迫観念を克服しなければならない。

しかし、これは途方もなく困難な課題だ。なぜなら、バランス喪失は過去のネガティブな記憶も、また未来のネガティブな思考も増幅させるからである。

過去の苦悩にさいなまれる

北アイルランドの血なまぐさい紛争中、アイルランドに飛行機が着陸するときにこんな冗談を乗客に言ったパイロットがいた。「ベルファストへようこそ。腕時計の針を300年前に戻してください」彼が理解していたように、この地域の争いは現代まで続く、長い間のさまざまな不満の結果だった。アイルランドが受けた傷は時が経っても癒えることなく、いまだに強く感じられていたのだ[24]。

バージニア大学のヴァミク・ヴォルカン教授はこうした現象に関する有力な学説を立てた。多くの集団が「選択されたトラウマ（過去からの[25]痛みを伴う、癒えない傷）」を通じて現在のアイデンティティの一部を定義していることを観察したものだ。ユダヤ人にとってのホロコーストの重要性を考えてほしい。パレスチナ人にとって、強制的に移住させられることになった大虐殺、ナクバがどれほど重要かを考えてみよう。あるいはアフリカ人にとってのヨーロッパ人の植民地化や、キリスト教徒にとっての、キリストの受難を考えてほ

しい。

　もし、トラウマを抱えた集団が、恥辱や屈辱の感情や無力感を十分に克服できないと、感情的な苦痛は長年にわたって伝えられることになるだろう。ヴォルカン教授はこれを「世代を超えたトラウマの伝達」と呼んでいる。過去からの感情や思考が「時空崩壊」を通じて現在と結びつくようになり、集団をはるか昔[26]の"そのときに"起こった出来事のせいで"今"犠牲となっているという感覚にさせるのである。学者のマイケル・イグナティエフが書いたように「バルカン紛争での記者たちは、戦争時の残虐行為の話を聞かされるとき、こうした話が昨日起こったのか、それとも1941年か1841年に起こったのか、または1441年[27]に起こったのかわからなくなる場合がときどきあると気づいた」ということなのだ。

　バランス喪失は、現在に積み重なった過去のトラウマのこうした投射の源である場合が多い。バランス喪失が集団全体に働くとき、表面化していなかったトラウマや深く染みついた苦痛を覚醒させ、和解を非常に難しくさせる。個人の間のコンフリクトにおいてさえ、バランス喪失は時空崩壊を促し、解決を複雑化してしまう。ショッピングセンターで教授の妻は過去の不満を呼び起こして現在の状況へ持ちこみ、何十年も前にさかのぼる些細なあれこれをめぐる憤りを煽り立てたのだった。

不安な未来への記憶で消耗させられる

　未来のことを記憶するなんて可能なのだろうか？　記憶というものは過去の経験によってつくられたものではないのか？　いや、いつもそうだとは限らない。感情によるコンフリクトでは、相手が将来、あなたにやりかねないことについて最悪のシナリオを描いてしまいがちだ。あなたを辱めるとか、攻撃するとかいったことを。

　もし、そのような想像上のシナリオのせいで感情がかなり高ぶってしまえば、それはあなたの記憶に刷りこまれる。時が経って、そんなシナリオは自分がつくり出したものだということを忘れるまで。その結果、脳はやがて独立した記憶を恐怖心としてとどめ、あなたは覚えている物語を、実際に起こ

ったことであるかのように経験する羽目になる。不安な未来は事実上の過去となり、この"事実"のせいであなたはトライブ効果に引き寄せられる。今やあなたには、相手は信じられないんだ[28]という"証拠"が手に入ったわけである。

　心理学的に見れば、過去から選択されたトラウマは不安な未来とまったく変わらないものだ。どちらも同じ影響を及ぼす。というのも、感情的に重要なシナリオを現在のコンフリクトに組み入れようとするからだ。ある民族の集団は、もしかしたら500年前からの選択されたトラウマに基づいて戦争へ赴くかもしれない。または、今から500年後に起こりそうなもののために戦うのかもしれない。衝撃的なことに、彼らの誰ひとりとして過去と未来のどちらの出来事も経験していないのである。しかし、彼らにとっては武器を取るきっかけになるほど十分に強力な反応を、そうした物語が呼び起こすのだ。

　バランス喪失は、ネガティブな心情のいわば反響室をつくり出す。有害な記憶の閉ざされた状況に深く没頭すると、取るに足らない出来事の重要性が増幅されてしまうからだ。たとえば、「トライブ演習」では排除されたと感じるトライブが出るせいで、世界が崩壊する結果になるのが普通である。地球の存続がまさしく危機に瀕しているとき、自分の部族が締め出されることへの心配など、さほどの重大事であるはずがない。

　しかし、バランス喪失のゆがんだ領域の中では、排除はトライブのアイデンティティへの強力な脅威なのである。ベッドカバーをめぐる口論も同じように些細なことだったが、バランス喪失のゆがんだ視点からすると、教授はアイデンティティを打ちのめされたように感じ、問題の反響が高まったのだ。

バランス喪失から解放される

　バランス喪失の本質的な問題が、人の思考や感情や行動の範囲を狭めることだとしたら、そこから解放されるには意識の状態を拡大させる戦略が必要

図表5-1 | バランス喪失から解放されるためのステップ

障　害	戦　略
1. バランス喪失は 意識の外で影響を与える	**1.** バランス喪失の症状を よく知る
2. バランス喪失は 内省する能力を弱める	**2.** トランス状態から 人間関係を引き戻す
3. バランス喪失は 時間と空間の認識を妨げる	**3.** 視野を広げる
4. バランス喪失は 人をネガティブな記憶に固執させる	**4.** ネガティブなものを 客観化する

だろう。そのためにはいくつかのステップを踏むことになるが、それを上の表にまとめてみた。

▶ ステップ1：バランス喪失の症状をよく知る

　大学院にいたころ、私は親友とボストンからニューヨークへドライブしたことがあった。道中では、世界平和から幼稚園時代に好きだった子のことまで、ありとあらゆる話をした。あまりにも話に没頭していたため、正確に案内が出ていたにもかかわらず、高速道路の出口を見落としてしまった──しかも、10分も経つまで、見落としたことに気づかなかったのだ。バランス喪失はそれと同様に働く。内省する能力を減らしてしまうので、自覚している意識から現在の事実が滑り落ちるのだ。意識を取り戻すことが重要であり、それには3つの段階を要する。

①バランス喪失の症状を自覚する

　次の3点がはっきりしている。

"あなたはコンフリクトにのめりこんでいるか？"生活の中で何よりもまずコンフリクトについて自分が考えているかどうかに注目してみよう。相手にやられた悪事についてこだわっているだろうか。または相手に批判されたことにあまりにも敏感になっていないだろうか。

"相手[29]を敵と見なしているか？"コンフリクトを意見の相違というよりは感情的な戦いであると見なしていたら、危険だということに注意を払ってほしい。

"ネガティブなことにこだわっているか？"コンフリクトのせいで過去の苦痛を覚える出来事や、未来の不安な出来事についてあれこれ考えていないか、気をつけて見てみよう。

②立ち止まる

　バランス喪失に陥っている自分に気づいたらすぐ、深呼吸しよう。そしてもう一度深く息を吸う。気持ちを落ち着けること。まともな視野を取り戻すまで待ってから、議論を続けよう。

③「バランス喪失」と名指しで言う

「バランス喪失」と名指しで言う単純な行動によって、影響力をかなり減らすことができる。バランス喪失にレッテルを貼ることで、抽象的な感情の渦を、内省する能力を活性化させながら議論して克服するための控えめな"それ"へと変えられるのだ。最近、妻と私が方向を見失いそうなほどの口論をしたとき、彼女は言った。「私たちはバランス喪失に陥っているような気がするわ。本当に、口論して午後を過ごしたいと思う？」バランス喪失の始まりを認識しただけで、混乱した状況に迷いこむまいとすることに役立ったのだ。私たちはあと数分だけ議論し、解決にいたらなければ休憩をとろうということで意見が一致した。

ステップ2：トランス状態から人間関係を引き戻す

　トランス状態になってしまった意識から解放されるには、ショックを与えられるしかない場合もある。いきなり動揺を与えられることで、相手との関係に対するあなたの視点は別の方向に向くのだ。それを成し遂げる方法をいくつか挙げよう。

①目的を思い出す

　バランス喪失のせいで人は感情をかき立てられ、コンフリクトの中心にある具体的な問題に取り組むよりも、自分を守ろうとする気持ちに迷いこみがちだ。人間関係を引き戻すための強力な方法の1つは、こう自分に尋ねることである。「このコンフリクトでの私の目的は何か？」相手をあざけることなのか、それともうまくやっていくためのもっといい方法を見つけることなのか？　議論を展開しながら、共通の願望を強調しよう。たとえば、離婚しようとしている夫婦の場合、子どもたちの体や心や精神を必ずや幸福にすることが共通の目的だ、と思い出すことは有益かもしれない。

②サプライズの力を用いる

　人間関係を引き戻すための2番目の戦略は、サプライズの力を利用することだ。ショッピングセンターでの醜悪な場面で、教授がコンフリクトの筋書きをいきなり脇へ置いて妻を驚かせ、怒りから解放させたらどうなったか想像してみよう。たとえば、なぜ結婚したのかもうわからなくなったと妻が言い放ったあと、教授はこう答えるとする。
「ぼくの場合、結婚したのはきみを愛していたからだ。そして今もきみを愛している。引き返して、あのベッドカバーを見ないか？」
　夫の心遣いへの反応として、妻の怒りは弱まり始めるだろう。間もなく、彼らはまともな視点が戻ってきたと感じるはずだ。合理的で寛大に考えられる能力も。こんな口論をしたことをばかばかしいと、2人で笑うかもしれな

い。ベッドカバーなんかのせいで、私たちがこんなに引っ掻き回されたのは
おかしいわね、と。

サプライズを上手に用いれば、国際関係にも同様の効果をあげることがで
きる。エジプトのサダト大統領の有名なイスラエル訪問について考えてみよ
う。1977年まで、ユダヤ系の国家を訪れたアラブ諸国のリーダーは１人もい
なかった。イスラエルとエジプトは４度の戦争を経験し、イスラエルは1967
年の紛争で獲得したエジプトの地域であるシナイ半島の支配を続けていた。
イスラエル人は、エジプトとの間に和平が築かれるという望みを持っていな
かった。

そのとき、サダト大統領は世界を仰天させる行動をとったのだ。彼はベ
ン・グリオン国際空港に降り立つと、イスラエルに36時間滞在し、イスラエ
ルの立法府であるクネセトと接触し、重要なリーダーたちと会談した。サダ
トの訪問はイスラエルの大衆に衝撃を与え、エジプト人を敵ではなくパート
ナーだと見なすきっかけになり、二国間[30]の和平合意へとつながった。

思いがけない謝罪は、最も強力な驚きを引き起こすものかもしれない。シ
ョッピングセンターで夫婦喧嘩していたとき、教授は深呼吸して間を置き、
妻にこう言うこともできたはずだ。「いろいろといじわるなことを言ってし
まった。すまなかったよ。考えなしに話してしまったんだ」そう認めれば、
この出来事の急変に驚いて、妻は口論をやめるだろう。夫の謝罪が心からの
自責の念を示したものだと彼女が感じたら、２人の間の空間は前向きな会話
のために開かれるに違いない。

③合法的な権力を求める

何年か前、ハーバード大学近くのあるカフェで、権力者の力を活用すれば
バランス喪失からどれほどうまく抜け出せるかを、私は目の当たりにした。
晩冬の夕方、私はテーブルについてホットチョコレートをおいしく飲みなが
ら、ノートパソコンに身をかがめて記事を書いていた。そのとき、２人の店
員が互いを押し合っているのが目に入った。初めはふざけてやり合っている
ものと思ったが、そのうち片方の男性が相手に一撃を加え、２人は殴り合い

を始めた。いつもは平和な場所がボクシングのリングに変わったせいで、私は心臓がどきどきした。

"どうやって止めたらいいだろう？"と私は思った。割りこんでいってやめさせるのか？　店長に知らせる？　無意味だが、2人の注意をそらせそうなことを叫ぶとか？　あれから何年も経つが、いまだに私は覚えている。どれほど奇妙でも、こう叫びたい衝動に駆られたことを。

「見ろよ、ジェリー・サインフェルドが店に入ってきたぞ！」

サインフェルドは当時、最も人気があったテレビのスターだった。私は争っている2人を驚かせて、バランス喪失から抜け出させようというつもりだったのだ。だが、私は何も言わなかった。

その間も、店員たちは常連客のまさに目の前で殴り合っていた。ほかにどうすべきかわからず、とうとう私は大声をあげた。「やめろ！」そして彼らの間に割って入ろうとした。しかし、猛り立った雄牛さながらの2人は私を無視し、パンチを振り回した。

それから数分後、2人の警官がカフェに入ってくると、まるで魔法のように店員たちの動きは止まった。制服姿の警官を目にしただけで、たちまち店員は法律絡みのあれこれや、法を破った結果について思い出したのだ。彼らは明らかに恐怖の表情で警官を見た。その恐怖心は、店員たちがバランス喪失から抜け出すのに十分すぎるほどの働きをした。警官は店員たちにこの出来事のことを質問し、3分もしないうちにさっきまでの敵同士は握手をしていたのだった。

バランス喪失から脱出するために、双方が敬意を抱いている権力者の助けを求めよう。宗教的助言者や調停人や弁護士やセラピスト、あるいは一家の長の助けを。裕福な未亡人だった母親が亡くなって曖昧な遺言[31]を残したあと、対立することになった中年のきょうだいという事例を考えてみよう。これは部族の災厄への対処法だろう。母さんの指輪をもらうのは誰になるのか？　ダイニングルームの絵をもらうのは？　子ども時代を過ごした家をもらうのは誰か？　このきょうだいと会ったとき、仲裁者は彼らがすでにバラ

ンス喪失の典型的な例にどっぷりとはまりこんでいることに気づいた。

　そこで仲裁者は利用できる唯一の権威ある人間を引き合いに出した。つまり、きょうだいの母親を。仲裁者はきょうだいに尋ねた。「もし、お母さまがここにいらしたなら、何を望まれるでしょうか？」きょうだいの母親は家族の団結を大事にしていた。一旦そのことを思い出させられると、きょうだいは母親の価値観を尊重したがった。仲裁者は何度もその質問を投げて、きょうだいがバランス喪失に陥りそうになるたびにそこから引っ張り出したのだった。

④課題を変える

　かつて元国家元首が外交的危機に対処する方法を私に教えてくれたことがあった。「人々の考えを変えてはならない。課題を変えなさい」それが、ショックを与えてバランス喪失から抜け出させるための4つ目の戦略である。

　1996年、イスラエル人がエルサレムの旧市街にトンネルを開通させたあと、激しい暴動が起きた。パレスチナ人は、その行為が聖なるアル・アクサのモスクでのアラブ人の支配権を弱めさせ、東エルサレムを将来の首都にするという主張を弱体化するものだと主張した。

　当時、国務省の米中東特使だったデニス・ロスは、この状況のバランス喪失の兆候に気づき、「物事が手に負えない状況になっている」ことを悟った。当事者たちは現在の状況に反応しただけでなく、選択されたトラウマや不安な未来にも反応していたのだ。そのせいで、お互いを敵としてさらにレッテル付けすることになっていた。

「彼らには、事態を一歩離れて見て落ちついて考えるスペースが必要だ[32]」

　ロスはこう言って、アメリカでパレスチナ人のヤーセル・アラファトとイスラエルのベンヤミン・ネタニヤフ首相との首脳会議を画策した。この会談は報復的な暴力から注意をそらし、互いを合意の可能性へと向けさせた。両者を苦しめていたバランス喪失は手際よく緩和されたのだった。

▶ ステップ3：視野を広げる

バランス喪失は、感情的な閉所恐怖症を生み出す。それは空間や時間の感覚を狭めるネガティブな感情であり、人間関係を妨害する。バランス喪失から逃れるためには、空間や時間の感覚[33]を広げることが必要である。

①空間の感覚を広げる

協力関係を促進するために、他者への体や心の姿勢を見直してみよう。

②物理的環境を変える

交渉する部屋のデザインは、その中で進行する事柄にかなりの影響を与える。簡素な白のオフィスでの交渉は、居間での議論とまったく違った経験である。国際関係における重要な交渉にも、子供たちが走り回っている、グローバルなリーダーたちの家庭で行われるものがある。こうした人間的な要素はバランス喪失を防ぐことに役立っている。くだけた環境で問題を議論すると、部族への忠誠心という狭い制約を受けていないことを感じさせられる。

環境におけるもっと小さな要素も、同じように重要だ。あなたと相手はテーブルで向かい合って座っているだろうか？　それとも、あなたたちがどちらも同じ問題に向き合っていることを暗示しながら、並んで座っているだろうか？

③新しい視点からコンフリクトを見る

バランス喪失においては、目の前のさまざまな問題が非常に重要な性質を帯びているので、今の立ち位置から引き下がることは壊滅的な敗北のように感じられるかもしれない。しかし、もっと広い視点から自分の状況をあらためれば、こんな気持ちに打ち勝てる。

月へ向かう宇宙船に自分が乗っている、と想像してみよう。地球を見下ろしながら、広大な宇宙の仕組みの中では自分のコンフリクトなど取るに足ら

ない小さなものだと悟るだろう。ハーバード大学で私の同僚だったフランク・ホワイトは、宇宙飛行士の心理を研究し、彼らの共通点として、地球帰還後に人間関係の見解における認識が大きく変わったことを発見した。宇宙飛行士にとっては世界のどんなトラブルも、地球を１つのものとして受け入れるという目標に比べれば二次的だと思えたのだ。ホワイトはこの大きな視点を "概観効果[34]" と呼んでいる。たとえ宇宙に行った経験はなくても、この演習を見解に取り入れることはプラスになる。

さらに、もっとささやかな方法でも視点を変えられる。あなたのコンフリクトの場が12階建てのビルで、相手もあなたもそこの最上階にいると想像してみよう。状況は緊迫していて、大きな苦痛を伴い、感情が揺さぶられる。さて、対立している相手に数分間、12階で待っていてほしいと告げたとしよう。あなたはエレベーターに乗る。エレベーターが階から階へと下降していく中で、あなたは深呼吸し、息を吐くたびに穏やかな気持ちになるのを感じる。そして相手が不安定な感情であることを感じ、自分の感情をもっとよく理解できるようになり始める。１階にエレベーターが着くころには、コンフリクトの原因に両者がどう関わっているかが、もっと明確にわかるようになっている。今度は、12階へ戻るためにエレベーターのボタンを押そう。そして話し合いを完了させるのだ。

④時間の感覚を改める

視野を広めるための最後の方法は、もっと大きなやり方で時間に取り組むことだ。

⑤ペースを緩める

バランス喪失は反射的な動きを次々に引き起こすので、会話の速度を落とし、ただ話に耳を傾けることが効果的かもしれない――受ける攻撃を心に留めるためではなく、攻撃の根底にある感情を見抜くために。コミュニケーションをとるペースも遅くしていい。腹が立ったメールに返事をするまで、何時間か待とう。もっとゆっくり話し、少し間を置いてから答えるのだと自分

に言い聞かせる。または、さらに長い会話をすることになるなら、定期的に休憩をとり、コンフリクトと自分の感情との間にいくらか距離を保ち続けよう。

⑥早送りする

ショッピングセンターでの口論の事例で考えるなら、教授は妻にこう言ってもいい。「今から10年後、ベッドカバーについての喧嘩をぼくたちが振り返っていると仮定してみてくれ。今よりも年をとって、もっと賢くなったぼくたちが、どんな助言をしてくれると思うかい?」

何年か前、イスラエル人とパレスチナ人の交渉担当者に対するプライベートな交渉についてのワークショップを企画して共同で進めていたとき、私はこの早送りのテクニックを使った。行き詰まりを解消する方法を論じるようにと求めるかわりに(そうすれば、参加者をたちまちバランス喪失の状態にしてしまっただろう)、今から20年後の平和な共存状態がどんなふうか、経済的、社会的、政治的な視点から想像してみるように、と課題を出したのだ。その質問によって、戦場になりそうだった状況は、協力的なブレインストーミングの集まりへと変わった。具体的な将来を思い描くことで、未来はバランス喪失によってもたらされた漠然とした恐れよりも、もっと目に見えるものになったのだ。そのセッションは大きな平和構想の種をまくものとなった。

⑦巻き戻す

妻と私がコンフリクト状態になるとき、バランス喪失のせいで、短期的な口論が長期的な大失敗に変わりそうになる局面がよくある。そんなとき私は、自分たちの関係が最高に幸せだったころを思い出すことにしている。私が初めて妻を口説いたとき、ロードアイランド州のブロック島で結婚した日や、3人の息子たちのばかばかしい冗談に声をあげて笑っていたときの気持ちを。このようなことを思い出すと、バランス喪失への道を歩きたいのかどうかを決める心の余裕が生まれる。そしてほぼ必ず、私はそんな道を選ばないことになるのだ。

"ほぼ必ず" と表現する理由は2つある。

第一に、私は人間なので、バランス喪失へ引っ張られる力が強すぎて抵抗できない場合があるからだ。第二に、適切にコントロールされる場合は、ときとしてバランス喪失も効果的だからだ。たとえば、あなたはこんなふうに自分に言い聞かせるかもしれない。「私は今バランス喪失の状態だが、自分を表現するのは気分がいい」ただ、どんなにそのときは価値があっても、バランス喪失を終わりにするための具体的な時間制限を設けるようにと私は勧める。「時計を見てみよう。10分後には休憩をとることを提案したい」というふうに。そんなふうに目的をじっくり考えることは不自然に聞こえるかもしれないが、バランス喪失によって時間の感覚がなくなることから解放されるための重要な仕組みをつくるのに役立つ。

ステップ4：ネガティブなものを客観化する

バランス喪失が、ネガティブなものに焦点を当てることに対抗する戦略を立てなければならない。つまり、辛い感情に浸るのではなく、それをさらけ出せるように。だが、そんな戦略をどのように立てればいいのか？

対立的な感情に名前をつける

かつてオスカー・ワイルドはこう述べた。「人間は素顔で語るとき、最も本音から離れる。仮面を与えれば、真実を語る[35]だろう」コンフリクトにおいては、辛い感情についてまともに語ることが闘争的に感じられてしまう。とりわけ自分の苦痛の原因が、相手の言葉や行動のせいだと思っている場合は。感情について具体的に話さずに、感情的な障害について話せるテクニックが必要である――別の言い方をすれば、間接的な方法で、直接的な会話をする助けとなるものが必要だということだ。ネガティブなものを客観化することである――つまり、象徴的なコミュニケーションをとって、人間関係を圧迫している感情的な力について話し合うのである。

会話の中の対立的な状況に反応したり、バランス喪失にまともに立ち向か

ったりするよりも、こうしたダイナミックスを明らかにして、それに対処するためのベストな方法について声に出して戦略を練るほうがいい。主体的な経験を客観化することにより、コンフリクトを煽る[36]漠然とした力に名前を与えて現実を具体化できる。

事例：ザッカリーとダークサイド

　私のいちばん下の息子のリアムが、赤ん坊から幼児へと成長していた頃のことだ。当時6歳だった真ん中の息子のザッカリーは、兄弟のヒエラルキーの中で自分の場所を見つけるのに苦労していた。ザッカリーは感情をあらわにするようになり、兄にも弟にも攻撃的な行動を次々ととるようになった。私は叱るのではなく、真の感情的な不満を表しているザッカリーがもっとよく対処できるように、感情的な経験を客観化する手助けをしようとした。ある日曜日の朝、私はザッカリーとソファに腰を下ろした。

　「ママとパパは、おまえがお兄ちゃんのノアや弟のリアムをずっと大事にしてきたことに気づいているよ」と、私はザッカリーに言った。

　「それに、ここ何日か、おまえがノアや小さなリアムを押していることにも気づいていた。パパたちが知っているザッカリーらしくないことだったな。お兄ちゃんや弟を押したくなる気持ちをどう呼んだらいいだろう？　そんな気持ちを言い表す、おまえが知っているアニメのキャラクターはいるかな？　何色の気持ちなんだろう？　ほかに何か呼び方はあるかい？」

　ザッカリーはしばらく考えていたが、『スター・ウォーズ』の本を読んだばかりだったので、こんなことを口にした。「ダークサイドだ！」

　「いいね！」と私は言った。「じゃ、ダークサイドにコントロールされそうになったら、どんなことをすればいいのかな？」

　「ライトセーバーを取り上げるんだ……で、それで戦うの！」

　「いい考えだね。どんなふうにやるのかな？」

　ザッカリーはにっこりして、ライトセーバーを振り回す仕草をした。「こんなふうにだよ！」ザッカリーはにやっと笑って、兄や弟と遊ぶために外へ駆け出していった。私は窓から子どもたちの様子を見ていた。すると間もな

く、ザッカリーがまたしても弟を押すのが目に入った。

　私は裏庭へ歩いていって尋ねた。「ザッカリー、今、何が起こったのかな？」

「何も」と、ザッカリーは後ろめたそうに言った。

「リアムを押したんじゃないかい？」

「うん」ザッカリーは認めた。

「おまえはダークサイドにつかまってしまったのかな？」

　私は息子の感情をこんなふうに言い表すことで、攻撃されたとか叱られた、と彼に感じさせないで問題に対処できた。

「うん、そうだよ」ザッカリーは静かに繰り返した。

「もっと頑張って、ダークサイドに負けないようにしないか？」と、私は言った。

「うん」ザッカリーは、恥ずかしそうにほほ笑みながら言った。

　その日、あとになってザッカリーが私のところへ走ってきた。「パパ、ちょっと聞いて！」とザッカリーは言った。

「ダークサイドはぼくにリアムを押させたがったんだけど、ちゃんと我慢したんだ！」

　懲罰に値する状況が、物事を学ぶ機会に変わったのだ。ザッカリーにとってプラスになっただけでなく、家族みんなのためにいい結果になった。

　ネガティブなものを客観化することは、対立的な状況において広範囲で有効なテクニックである。プロセスは、4つの部分からなる。第一に、コンフリクトの典型的な場面を思い描くことだ。ザッカリーが兄弟喧嘩をしていた場面のように。第二に、敵対的な関係に自分を引っ張りこむ有力な感情を思い出すことだ。正確な感情を指摘する必要はない──あなたの全体をとらえる大まかな感情を思い出すだけでいい。ザッカリーの場合、攻撃的な衝動に打ち負かされていた。第三に、ザッカリーが「ダークサイド」と表現したように、そんな感情を言い表す比喩を探そう。

　最後に、近くの椅子にダイナミックスが腰を下ろしているところを想像してほしい。そのダイナミックスとの関係の戦略を練るのだ。ダイナミックスが現れるきっかけになるのは何かを考え、それにどうやって取り組むかを判

断してほしい。ザッカリーはダークサイドが現れるのが、兄弟から仲間外れにされたときだと気づいた。そしてダークサイドに抵抗するために、自制心を用いようと決めた。ザッカリーの戦略はうまくいった。ダークサイドはザッカリーの外にある明らかな力となったので、今や彼はそれと格闘し、負かすことができたのだ。

まとめ
summary

　バランス喪失によって、夫婦喧嘩が人前でわめき合うほどのものになる理由や、白熱した議論の中で同僚がたちまち反目し合う理由を理解できる。この感情の状態は人の精神にあまりにも劇的な衝撃を与えるため、非常に些細な出来事さえ、深刻なコンフリクトへと膨れ上がってしまう。しかし、バランス喪失の症状に気づくようになれば、それを防ぐことができる。もしも自分がバランス喪失に陥っているとわかったら、衝撃を与えて、もっと協調的な気持ちに戻るようにすることを忘れてはいけない。そうすれば、感情によるコンフリクトへの取り組みがとても簡単になるだろう。

　もちろん、これで問題が終わったわけではない。ほかの4つの誘惑も同様に、トライブ思考をコントロールしようと競い合っているのだ。

図表 5-2 ｜ 自己診断用ワークシート

1. あなたは対立で感情をどれくらい消耗しているか？

少し　　1　2　3　4　5　6　7　8　9　10　大いに
消耗した ◄─────────────────────────► 消耗した

2. どんな考えや感情によって消耗しているか？

3. バランス喪失に消耗されるのを止めるにはどうしたらいいか？
たとえば、目的を思い出すとか、人間関係に衝撃を与えるのか？
あるいはネガティブなものを客観化するのか？

4. 相手がバランス喪失に陥るのを止めるため、どんな言動をとればいいのか？

第6章

Resist the Repetition Compulsion

反復強迫に抵抗する

われわれはみな反復脅迫の生き物[1]である。

——ダニエル・シャピロ

『モダン・タイムス』という映画には、壊れかけた小屋に足を引きずって入っていったチャーリー・チャップリンが玄関のドアを閉めた途端、落ちてきた厚板が頭に強くぶつかる場面がある。同じシーンが毎日のように繰り返される。チャップリンは足を引きずって中に入っていき、ドアを閉め、板がぶつかる。すると、天気がいいある日、チャップリンが入っていっても、厚板が落ちてこないことがあった。彼は上を見て苛立ち、もう一度ドアを開け、音をたてて閉める。厚板は激しく彼にぶつかる。これでようやく彼は自分の仕事に取り組める[2]というわけだ。

チャップリンの経験は、人々をコンフリクトへと駆り立てる、最も強い力の1つを示している。つまり反復脅迫である。この力は同じ行動パターンを何度も何度も[3]再現することを強いる。問題そのものは変わるかもしれない（おそらく今日は家計をめぐって配偶者と意見が合わず、明日は家事の分担をめぐって意見が対立するかもしれない）。しかし、背後にあるダイナミックスは腹立たしいほど変化がないのである。国際的なレベルでは、反復脅迫が、敵対する民族の集団を決して終わらない衝突に引きこみ、「彼らは絶対に変わらないだろう」と世界はただ傍観して嘆き悲しむのだ。

もっと気がかりなのは、反復脅迫が無意識に人を駆り立てて、何度も繰り

返すコンフリクトを生む状態を再現することだろう。反復強迫のせいで、あなたは自己妨害する方向へ向かい、過去の苦痛を再現したいという抵抗し難い欲求を植えつけられ、チャップリンのように、あの厚板がまた頭にぶつかる必要があると納得させられてしまうのだ。

しかし、なぜ、われわれはそのような行動をとらずにはいられないのだろうか？ そしてもっと重要なことだが、どうすればこんな衝動から逃れられるのだろう？

本章では、コンフリクト解決と関連した反復脅迫の性質――精神分析学、神経科学、認知行動学、社会認知学、行動学、そして関係理論からの洞察を利用しながら――と、人を反復脅迫から解放するのを助けるためにつくられた4ステップの方法の両方を探っていく。

反復脅迫を解剖する

反復は、人間の生活での基本的な特徴である。毎朝同じ時間に起き、同じタイプの食事をとって、同じ種類のジョークに笑う。反復的な行動の中には役立つものもあるだろう。だが、反復強迫のように害を与えかねないものもある。

ジークムント・フロイトは当初、人間が根本的に「快楽原則」に動かされるせいで、苦痛を避けながら喜びを求めるのだと推測した。この理論は筋が通っていた――フロイトがいくつもの矛盾に突き当たるまでは。彼は考えた。なぜ、"不快"な結果に終わる[4]人間関係に、繰り返し魅了される人がいるのだろうか？ 結局は友人に裏切られる人がいるのは、単なる偶然なのか？ 弟子たちがみな腹を立てて、見捨てられる人がいるのは偶然なのか？ 恋愛関係がいつも勢いよく始まっては3カ月目に立ち消えてしまう人がいるのは偶然なのだろうか？ フロイトはこの"悪魔のような力"を説明する方法として、反復強迫を思いついた。「反復強迫のほうが、優位に立つ[5]快楽原則よ

りもさらに原始的で、さらに初歩的で、さらに本能的である」と。

　私は反復強迫を、「繰り返したいという衝動に駆られる、機能不全な行動パターン」と見なしている。それは習慣よりも複雑な形式で、望ましい反応[6]を刺激が生み出すときに突然現れる（たとえば、あなたがカフェインを求めているとしよう。そこで何も考えずにカフェへ行き、カフェラテを注文する。刺激は願いどおりの反応を生み出してくれる。間もなく、あなたはエスプレッソを飲む習慣にどっぷりとはまるだろう）。反復強迫はより深く浸透し、むしろやらない[7]ほうがよいものを繰り返すようにとあなたを誘惑する。あなたは心ならずも自滅的な状況に身を置くことになり、長年の行動パターンを無意識に繰り返すだろう。これは現在の状況[8]から生まれたものだ、と思いこみながら。

　反復強迫から抜け出すためには、まずは反復強迫のせいで、コンフリクトの間、あなたの視点がどのようにゆがめられているかを理解することが重要である。

1：あなたは心の傷を負っている

　アイデンティティが攻撃や虐待、あるいは環境の壊滅的な変化によって侵害されたと感じると、その経験は痛みを伴う心の傷を残す。私の友人のジェンの経験を考えてみよう。

　ジェンが7歳のとき、父親は家を出ていって二度と帰らなかった。父親に捨てられたことがジェンにかなりの影響を及ぼし、消えない心の傷を生じさせた。成長していく間、ジェンは友達と外で遊んでいても、絶えず通りの向こうに目をやった。父の車がやってくるのではないかと期待して。だが、そんなことは一度も起こらなかった。

2：あなたは辛い感情を無意識の領域に押しやっている

　人は心の奥の通路にある小部屋に、こういう辛い感情を閉じこめてしまう。二度とそんなものを見ないようにと思いながら。私と初めて会ったとき、ジェンは30歳だったが、父に捨てられたことは人生で最も辛い出来事として残っていた。とはいえ、ジェンはセラピーを受けたことがなく、子ども時代に

ついて友人と話すことも稀だった。その代わりに、悲しみや屈辱感や憤りを無意識の中にある小部屋に閉じこめ、そんな感情が存在したこともないというふりをしていた。

3：あなたは同じような心の傷になりそうな要因を用心深く調べている

　ジェンは抑えていたつもりだったが、感情が閉め出されたままでいることを無意識のうちに拒んでいた。感情は壁を激しく打ち、音を立てて天井を叩き、ひっきりなしに叫んだ。捨てられそうなことを少しでも暗示するような、人生でのコンフリクトの状況を無意識に察すると、ジェンは知っている唯一の経験をいつも参考にした。証拠は逆の事実を示しているにもかかわらず、彼女は夫にいずれ裏切られるだろうし、上司にクビにされるに違いない、そして親友は自分との付き合いを終わりにするだろう、と固く信じていたのだ。どんな状況でも、ジェンは自分を見捨てられる犠牲者に仕立ててしまうのだった。子ども時代に受けた苦痛が耐えず姿を現し、無関係なコンフリクトさえも、おなじみの辛いシナリオに変えてしまった。

4：あなたは辛い感情を無意識のうちにやわらげようとしている

　辛い感情に対処するのに最も効果的な方法は、それを明るみに出して真っ向から取り組むことだが、立ち向かうのは怖いものだ。そこで、反復強迫は別の方法を提案している。直接取り組まず[9]に、辛い感情を抑えようというのである。

　しかし、こういう方法の有効性には限界があるだろう。行動の種類を制限してしまうからだ。一方、反復強迫は辛い感情を無意識のうちに"態度に表す"ように勧めるかもしれない。今度こそ長年のトラウマを"克服する"という、当初の望みをみずから打ち砕く状況を繰り返しながら。夫が出張に出かけるたびにジェンは見捨てられたという気持ちを強く感じ、彼が帰ってきたときは、普段の彼女らしくないほど激しく喧嘩を吹っかけた。今度こそ自分の状況[10]をコントロールしたいという、ひそかな願いを抱きながら。しかし言うまでもなく、ジェンがわめけばわめくほど、夫の心は彼女から離れて

図表6-1

		話し方に何を用いるか		
		不安	嫉妬	遺棄
状況	夫との喧嘩			✖
	友人との喧嘩			✖
	母親との喧嘩			✖
	同僚との喧嘩			✖

いった。そしてジェンが心の底から恐れていた、見捨てられるという状態を繰り返して促進することになったのだ。

　一方、抑えた感情が現れない状況にすることもあり得る。たとえば、ジェンは誰かに見捨てられそうな状況を、ことごとく警戒している。そんな可能性を見つけたと思ったら、先手を打って行動し、ほかの人が自分から離れる前にこちらから距離を置いてしまう。早まって身を引いた結果は、予想通りのものだった。ジェンの友人たちは、拒絶されたと感じた。そして、彼女から離れたのだ。ジェンはまたしても、見捨てられまいとして、かえってその状況をみずからつくり出したのだった。

　反復強迫は、自己防衛的な性質のせいで苦悩を引き起こし続けるが、ある点では善意のものだし、心を癒すプロセス[11]では必要な部分でもある。反復強迫は次のように考えることを促す。「こんな苦痛にもう一度耐える必要は本当にあるのだろうか？」そしてこの疑問こそが、最終的に反復強迫をやめ

る助けとなるのだ。

解放を妨げるもの

　あなたは反復強迫に翻弄され、見るからに無敵の相手に苦労している自分に気づくかもしれない。いくつかの性質のせいで、反復強迫は克服するのがほぼ不可能に思えてしまう。

▶ 1.反復強迫は自動的に起こる

　反復強迫は意識外で働くため、以前と同じコンフリクトを再現してしまいがちだ。しかし、自分がそうしていることには気づかない。その間、あなたが交流する人々も自分なりの反復強迫[12]を再現している。あなたも相手も客観的な事実と同じくらいに、自分なりの恐怖に基づいた不和のサイクルをつくり出しているのだ。

　結婚後、ジェンと夫のマークは結婚生活におけるいくつかの懸案事項に取り組もうとした。夕食は何時に始めるのが最適かということから、家計をどのようにやり繰りするべきかといったことまで、２人は何につけても言い争った。

　口論の最中に、マークはクレジットカードの明細書を開いてジェンのほうを向き、こう言ったかもしれない。「もっと慎重にやり繰りしなければならないよ」ジェンはこの言葉を非難として、彼女の自主性への侵入だと受け取り、言い返しただろう。「わかったわ——だったら、あなたがハイテクのおもちゃを買う費用を全部減らすことから始めたら！」こうしてマークもジェンも腹を立て、あまりにもおなじみのパターンへ心ならずも入っていくことになる。

2. 反復強迫は教育されることに抵抗する

バランス喪失に気づくと、それを無視するのには役立つが、自分が反復強迫で身動きが取れなくなっている[13]と気づいても、そこから逃れるための助けにはならない。ジェンとマークは2時間にも及ぶ口論を始終してしまう傾向をよくわかっていたが、認識していても、やめられなかった。

喧嘩になりそうだと感じると、ジェンは話題を変えようと訴えることがあった。「ちょっと待って！」と彼女は言う。「なんだか収拾がつかなくなってきたわ。またいつもみたいに喧嘩したいと、あなたは本当に思っているの？」

マークは眉間にしわを寄せるはずだ。
「どうして、ぼくのせいにするんだ？」
「私はただ、どうにかしようとしているだけよ、マーク！」
ジェンは言い張るだろう。「口論を始めたのはあなたのほうよ！」
「ぼくが始めたとは、どういう意味だ？」

反復強迫の誘惑は抑えがたく、ジェンもマークもそれが無益なことだとわかっていても打ち勝てなかった。自分たちが反復強迫に囚われていると意識はしても、どうにも克服できないと感じるのだ。

3. 反復強迫は感情を支配する

反復強迫は現在のコンフリクトの情緒的現実からあなたを引き離し、「現在のコンフリクトは、現在の状況のみによって[14]決定されていると完全に信じこんで」過去の行動パターンを繰り返させてしまう。もはやあなたは過去の記憶と今の現実とを区別できず、正常な情緒の状態を十分には維持できない、壊れた「感情システム」の状態になってしまうのだ。今この瞬間に存在していると感じながらも、実のところ、あなたは過去に生きているのである。

アイデンティティが危険にさらされていると感じた途端、不安が高まる。そして反復強迫がそんな落ち着かない思いを減らすために介入してくる。反

復強迫は操り人形師のように行動し、人の感情面での経験を支配して、事実上、受動的な状態にさせてしまう。あなたはさまざまな感情[15]を実際に起こったことのように経験し、「致命的な炎に引き寄せられる[16]」かのように、みずからの手には負えない存在になったと感じるのだ。これはいつものように相手への敵意に屈するのではなく、穏やかに話そうと何度も試みて、互いの話を聞いて問題を解決しようとしたジェンとマークにとって間違いなく本当のことだろう。

　しかし、穏便にコンフリクトを解決したとしても、彼らは昔のやり方に戻りたいという気持ちがつきまとって離れないことを認めていた。感情の問題が完了していないかのように。反復強迫はおなじみのパターン[17]に戻りなさいと2人を招いていたのだ。

▶ 4.反復強迫は深く染みこんだものとして感じられる

　反復強迫に関する最大の誤解の1つは、そのような自滅的な反応が「生得的なもの」だと思うことだ。反復強迫という行動が、身にしみついたものとして感じられることが問題なのだ。自分という存在をつくっている一部分だと思ってしまうことである。あなたという人間を定義する部分を捨て去ることなどできるだろうか？　見捨てられるという恐怖心をジェンが手放せるようにと、マークが善意から助けようとしたとき、彼女は言い返した。「私は私よ——変わるつもりはないわ！　どうして、ありのままの私を受け入れてくれないの？」

解放される

　反復強迫を捨て去れないとしたら、永遠に繰り返す羽目になるのだろうか？　いや、そんなことはない。感情の運命をコントロールする力を取り戻

すために、4ステップの戦略を身につけるといい。1つ1つのステップで、反復強迫の主な困難[18]に対処できるようになる。

反復強迫に打ち勝つための戦略
1. できるだけ早いうちに反復強迫に気づく
2. 同じパターンを繰り返したくなる気持ちに抵抗する
3. 感情を制御する力を取り戻す
4. 新しいルーティンをつけ加える

▶ 1. できるだけ早いうちに反復強迫に気づく：TCIメソッド

　銀行強盗犯の顔写真があれば、警察が犯人をつかまえるのがいっそう容易になるのと同じように、コンフリクトの典型的なパターンを思い描くことが反復強迫をやめるのにより効果的だろう。

　まずは、コンフリクトのせいで何度となく緊張が高まってしまう人間関係を突き止めることだ。あなたは配偶者や子どもや同僚と何度も口論しているだろうか？　コンフリクトは避けられないものである——他人と違いがあるのは当然だ——から、繰り返される暴力のパターンや、あなたが何度となく避けたり直面したり、非難したり責めたりした状況や、さもなければ容易な解決を阻むものを具体的に探そう。同じような不一致に達して、同じように不満足な結果になることを繰り返す自分に気づいたら、反復強迫が現れている可能性がある。

　繰り返して起こるコンフリクトを認識したら、誘因（Trigger）や、不和のサイクル（Cycle of Discord）、そして影響（Impact）を含めて（これが「TCIメソッド」[19]）、同じことをしてしまいがちな、カギとなるパターンを明確に突き止めよう。次に示すようなパターンを自覚すれば、反復をやめるための力が与えられる。

(a)誘因（Trigger）

　コンフリクトの誘因となるものを見極めるため、特にどんな行動や出来事が緊張を引き起こすのかと自問してみよう。一族の結婚式に招かれなかったことだろうか？　ビジネスのパートナーが契約を破棄したことか？　あなたの政治組織が地域の経済会議から締め出されたことだろうか？　コンフリクトは、さまざまな大きな力が同時に発生した状態で見られる場合が多い。しかし、小さな発作でも、コンフリクトの誘因となり得る。マークとジェンの事例では、彼が出張から帰ってきたときに最も激しい意見の不一致が起きる傾向にあった。ジェンが何日も1人で家に残され、見捨てられたという気持ちを強く感じたときのことだ。

(b)不和のサイクル（Cycle of Discord）

　引き金が引かれた結果、人は私が「不和のサイクル」と呼ぶ状態に投げこまれる。そしてコンフリクトの非生産的なパターンが再び始まってしまうのだ。そういうパターンを詳しく調べてみよう。

　誰が誰と対立しているのか？　その理由は？　コンフリクトを最初に解決しようとする人は誰か？　いつか？　コンフリクトはどうすれば終わるのか？　不和のサイクルはいつも同じものになりがちである。配偶者や上司と争いになるという展開が日によって変化することはあまりない。つまり、どうなると争いになるかは予測できるわけだし、予測が可能なら認識できるようになる。認識することを学べば、それを変えようと取り組むことが可能なのである。

　不和のサイクルは不安定な化学作用の連鎖のように機能する。1つの行動が別の行動を引き起こし、それがまた別の行動を生むというふうに続いていき、爆発寸前の結果へつながる。しかし、この連鎖は定期的な順番で発生するので、どの時点でも新しい行動を差しはさめるし、サイクル全体に影響を及ぼすことができる。同じようにコンフリクトでも、不調和の中における小さな変化が、建設的な対話から、爆発寸前の争いにまでなり得る。

　不和のサイクルをはっきりと描くため、次の3つの質問によって、コンフ

リクトが引き起こされたあとに典型的に起こるものの要点を図にしてみよう。（1）誰が言っているのか、または誰がどんなことをしているのか？　（2）ほかの人はどのような反応をしているか？　（3）なぜか？　不和のサイクルを十分に思い描けるまで、こういった質問を続けよう。あなたは苦しみのさなかでさえ、不和のサイクルを観察しようとし、行動や感情のパターンが次々と明らかになることに気づくかもしれない。その直後に自分が発見したものを記録しておこう。

　不和のサイクルを思い描いたら、それに名前をつけてほしい。バランス喪失と同様に、ダイナミックスにレッテルづけをすると、それを客観化し、立ち向かえるようになる。マークとジェンは自分たちの不和のサイクルに、コンフリクトの典型的な引き金を考えて「旅の発作」と名づけた。マークが出張から帰ってきたときに喧嘩が起きるからだ。

(c)影響（Impact）

　コンフリクトの影響を理解するために、それが人間関係や、あなたが物事を成し遂げる能力にもたらす結果を調べてみよう。コンフリクトが人生に与える被害に驚くかもしれない。

　何年か前、私は近ごろ生産性が落ちたという地方の企業の顧問を務めたことがあった。組織のさまざまな重役との面談の中で、あるテーマが浮かび上がった。それは従業員が酷評されている、あるいは過小評価されている、または従属的な立場にいると感じたせいで、絶えずコンフリクトが起きていることだ。この有害な企業風土が会社に与える損失は途方もなく大きかった。重役たちは仕事をほかに探し求め、いい加減な気持ちで働き、熱意を持たずにオフィスへやってきた。こうした発見に関する説明を踏まえて、会社のリーダーは仲間意識を向上させ、あらゆるレベルの従業員に権限を与えるための、全社的な交渉に関する訓練を始めた。

　結果は目を見張るほどだった。何年かにわたって集中的に行ったプログラムのおかげで社風はポジティブに変化し、従業員がコンフリクトに取り組む方法は向上し、最終利益は増加した。会社におけるコンフリクトの有害な影

響を最初に証明する評価がなければ、このような変化は1つも起こらなかっただろう。

自分の地図を心に留めておく

今やあなたは自分の反復強迫についての地図を手に入れ、熱心にそれを使って、誘因となるものや不和のサイクルや典型的な結果に意識を向け続けている。そんな行動をとるための助けとなる簡単なツールの1つは、神経科学者のアントニオ・ダマシオが「ソマティック・マーカー」[20]と呼ぶものに敏感になることだ。これは、与えられた状況が、以前に脅威を与えられたものと似ていることに気づいたときに起こる不安の波を指す。このような感情を敏感に観察しよう──それは危険が迫っている[21]ことを体が伝えているのである。そういった不安感は、あなたが反復強迫を再び始めそうだと暗示しているのかもしれない。

▶ 2.同じパターンを繰り返したくなる気持ちに抵抗する

反復強迫の原動力は私が「強迫の誘惑」（図表6-2）と呼んでいるもので、あなたに行動のパターンを繰り返させる、中核となる衝動である。反復強迫に打ち勝つためには衝動の誘惑に気づき、そのパワーを認めなければならない──屈する[22]ことなしに。

▶ 強迫の誘惑を探す

不和のサイクルは、拒絶や遺棄、無力感、無力化といった、非常に敏感に感じる個人的な問題に関して、自分が不当な扱いを受けていると感じたときに始まるのが普通である。こういった問題は、やり玉にあがっているコンフリクトの表面的な懸案事項よりも拡大しているため、"根が深い"ものだ。目の前にある問題が国境でも予算でも、ごく小さな軽視が大きな反応を引き起こしかねない。

図表6-2 | 強迫の誘惑

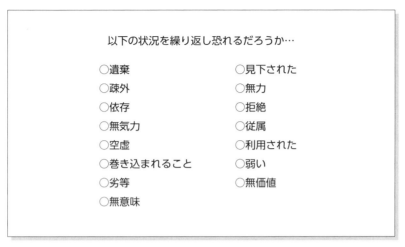

強迫の誘惑とは、繰り返して対立を引き起こす、微妙で注意が必要な問題である。

　強迫の誘惑を見つけるために、コンフリクトで繰り返し再現してしまう社会秩序を乱す行動──過度の怒り、恐怖、回避──に目を留め、反応の根底にある理由を理解しよう。ポール・ラッセル教授はこのプロセスをスキーの習得[23]になぞらえている。急勾配の坂を降りていて、滑るたびに同じところでつまずくと想像してみよう。インストラクターは問題を解決しようと必死になって、あなたにさんざん質問を浴びせるだろう[24]。「右の足首だけに重心をかけているね──左の足首を怪我したことがあるのかな？　そこの地点にはきみが不安になるような何かがあるのだろうか？」ラッセルは、初めは偶然に思えるかもしれない葛藤が、ある時点でこうなると指摘している。「単なるなかなか解決できない困難ではなくなり、トラウマへ通じる体系的な機能障害になってしまう。この場合、坂がスキーの障害となってしまうように」
　スキーのインストラクターが突きつけているのと同じような質問を、あなたも自分にしてほしい。あなたはコンフリクトにおいて機能不全のパターン

を反復しているだろうか——話を聞くことができず、人とのつながりを避け、協力を邪魔しているだろうか？　こういったパターンが起きるとき、自分のアイデンティティを何かが脅かしているのだろうか？　あなたは具体的に何かを恐れているだろうか？　強い感情を引き起こす問題によく注意を払おう。強迫の誘惑が差し迫ったことを暗示しているかもしれないのだ。コンフリクトの間に注意を払うべき一般的な問題は、図表6-3を参照してほしい。

　認識しづらい隠れた問題に、とりわけ注意を払ってほしい。たとえばマークの場合、ジェンとの喧嘩で自分がめめしいと感じることが多いとわかった。ジェンはタフで決断力があり、マークを弱くて小さい存在だと感じさせた。そのせいで彼は“男らしさ”を示すため、柄にもなく激しく怒鳴ることでそんな感情を埋め合わせていたのだ。その後、マークは自分の行動を客観的に分析し、そのような行動をとった本当の目的は、弱さを感じさせられる恥ずかしい思いを避けるためだったとわかったのである。

▶ 反復の誘惑を認識する——屈服せずに

　対立せずにいられない気持ちにさせられる、きわめて厄介な問題を確認したら、その問題が目の前のテーブルに載っていると想像してみよう。それをリアルで目に見える物体として受け入れてみるのだ。その後のコンフリクトでそういう物体に気づいたら、自分を引っ張りこもうとする感情的な力を存分に感じてみよう。とはいえ、そんな力に屈してはいけない。その力によって自分の中で刺激されている感情を観察するのだ——不安や恐れや怒り、あるいは恥辱感を。感情は、ただの感情にすぎない。どうとでも好きなように反応する力があなたにはある。

　マークは身をもってこのことを学んだ。ジェンと口論しているとき、彼はタフになって“本物の男”らしく怒鳴りたいという衝動を感じた。彼は恥ずかしさやきまり悪さや腹立たしさ[25]という感情を詳しく調べ、思いやりをもってそういう感情に接し、そのパワーを受け入れた。強迫の誘惑が実は相当強いことを知ってマークは驚いたが、攻撃的に反応するのではなく、心の中

図表6-3 │ 不和のサイクル

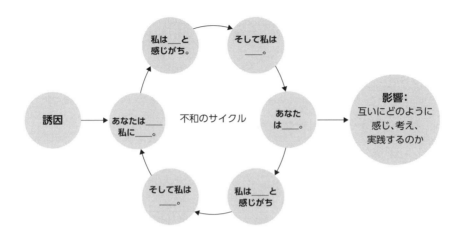

の経験をとやかく言わずに評価し、それをコントロールできるようになった。彼は屈服しなかったのだ。

3.感情を制御する力を取り戻す

あらかじめつくられた筋書きを展開するのではなく、本当の意味で現在の状況に反応するためには、コンフリクトの感情的な輪郭を明確にし、目下の問題に無関係の感情を脇に追いやり、古傷を癒す必要がある。

現在のコンフリクトの感情的な輪郭を明確にする

感情の中には、間違いなく現在のコンフリクトという状況によって呼び覚まされたものがあるとしても、反復強迫による産物もあるだろう。後者を発

見するため、自分に３つの強力な質問[26]をしてみよう。

1.「これらの問題は私のものだろうか、それとも相手のものだろうか？」あなたと相手をコンフリクトに駆り立てているそれぞれの問題を区別すること。

2.「これは今のものだろうか、それとも以前のものだろうか？」現在の経験に影響を与えている過去の傷に対応しよう。

3.「これをやったのは私だろうか、それともあなただろうか？」コンフリクトの原因にそれぞれが果たした役割を見極めよう——非難が間違っていないかどうかを。

▶ 無関係な感情を脇へ押しやる

現在のコンフリクトの輪郭を明確にしたら、無関係な感情は別にすること——過去の苦痛に基づく感情は脇へ置く。コンフリクトを、サッカーの試合になぞらえて想像してみよう。フィールドにいるのは２チームだけだ。あなたと相手である。過去からのプレイヤー——拒絶や遺棄、劣等感——が再び現れたら、ベンチに追い返そう。彼らは現在のコンフリクトの一部ではないのだ。観戦させてやってもいいが、試合に参加させるわけにはいかない。

もし、無関係な感情がしつこく現れたら、まともに向かい合うことだ。「おまえはこのコンフリクトの一部ではない！ 私がまた拒絶されるかもしれないとおまえが心配していることはわかるし、気遣ってくれることはありがたい。だが、今はベンチにいてくれ」と毅然とした態度を保つこと。そして、コンフリクトが解決したら、無関係な感情を掘り下げて考えるかどうかを決めよう。

ジェンは、マークが出張に出たときに捨てられたと感じがちなことを認め、棄てられるのではないかという恐怖心をコントロールすると誓った。マーク

が出張から帰るたびに、2人は不和のサイクルに戻らないように努力が必要だとわかっていた。ジェンは自分の感情の所有権を握り、夫が出張中に喪失感を覚えることと過去の苦痛（父親に見捨てられたこと）とを区別した。ジェンは強迫の誘惑を感じると、自分や子どもたちをマークが1週間にわたって"見捨てる"ことへの怒りの反応へ引きこまれることを認めた。しかし、彼女はその感情を態度に表さず、自分の怒りに直接かつシンプルに取り組んだ。「マークが出張に行くことは家族を支えるのに助けとなっている」と自分に言い聞かせたのだ。「これは父が去ったこととは違う」と。時間をかけて忍耐心を持ち、大いに努力した結果、ジェンの反復強迫は弱まっていったのである。

▶ 心の傷に対処する

ジェンは、心の傷に対処する効果的な方法を見つけ出した。彼女は見捨てられたという自分の感情に気づくようになり、マークとのコンフリクトではその感情を脇へ押しやった結果、反復強迫の呪縛から逃れられた。しかし、傷の痛みそのものは残っており、彼女はいまだに父に対して深い恨みを抱いている。その苦痛を克服して感情に対処する力を十分に取り戻すため、ジェンは心の傷と向き合わねばならなかった。

このプロセスには信念と勇気が必要である。親友や、治癒の専門家のサポートによっても成し遂げられるし、日記を書くことや絵を描くこと、音楽の演奏といった創造的な活動を通じてでも可能だ。苦痛を手放そうと努力し、苦しみを探求する準備ができていると感じたら、始めるのに役立ちそうな基本的なステップがいくつかある。

第一に、繰り返して強い感情を引き起こす、非常に厄介な問題を特定しよう。たとえば拒絶や遺棄や劣等感への恐怖心である。コンフリクトへと駆り立てる強迫の誘惑を突き止める助けとなる、77ページの図表6-3に定期的に戻ってみよう。

第二に、そうした問題の原因を突き止めよう。拒絶や服従に対する繊細な心はどこから生まれたのだろうか？　子ども時代にさかのぼって考え始めよう。そんなふうに自分が感じたことにいつ気づいたのか？　もちろん、繊細さのすべてが子どものころに発達したわけではない。たとえば、もし元配偶者が不実だったら、あなたは親しい人との関係の中で誠実さについての問題に絶えず取り組んでいるかもしれない。感情の敏感さに関する問題は、集団レベルでも同様に根付く場合が多い。ホロコーストは安心感について異様に過敏になるという、消えない記憶をユダヤ人の頭に刻みこんだのである。

　第三に、傷に伴う辛い感情を探ってみよう。ジェンにとって、苦痛に満ちた感情の多くは、捨てられるのではないかという恐怖心とつながっていた。彼女は信頼できる友人と膝を交えて、こういう感情を理解して受け入れるという苦しいプロセスに取り組んだ。ジェンはこのように感情的な空間に入っていくことが怖かった。そこで、恐ろしい場所に入るのだから、いつでも望むときに出ていいと自分に許可することにした。次にジェンは、捨てられるのではないかという恐怖心に向き合い、湧きあがってくる支配的な感情に名前をつけ、それぞれの感情が伝えるメッセージを明確にした。彼女は怒りや自信喪失や親しい関係になることへの恐怖を掘り下げて考え、ついに恥ずかしさを感じながら自問した。「私は愛されるに値するだろうか？」と。彼女は20年以上もの間、このような悲観的な感情を持ってきたが、今ではそれをコントロールするすべを取り戻している。

　第四に、苦痛を手放そう。これには意識的な決断と意識的な努力が求められる。ひとたび苦痛の声が“聞こえた”ら、それを放っておこう。苦痛の声は言わねばならないことを言っているだけだ。ジェンは、捨てられるという感情的な重荷を持ち続けるかどうかを自分が決められると気づいた――そして手放すことを選んだ。このプロセスは感情的な苦痛を伴うが、浄化作用がある。

　第五に、傷を強さの源へと変えよう。捨てられたというジェンの心の傷は、彼女が子ども時代の辛い記憶を手放しても、永遠に残るだろう。しかし、そういった環境の犠牲者として自分を見なすのではなく、ジェンは視野を再構

成し、家族や友人への愛の案内役となることと、困っている友人や親戚を二度と見捨てないことを誓ったのだ。

◤ 4.新しいルーティンをつけ加える

　自滅的な行動を捨て去れないなら、それを繰り返すことになるのだろうか？

　いや、そんなことはない。神経科学は、人間が行動のレパートリーに新しいルーティンをつけ加えられることを示している。通い慣れた道を運転して家へ向かうところを想像してみよう。あなたの脳はしっかり確立された普通のルートを通ろうとするが、新しいルートを開拓することもできるのだ。新しいルートを車で走れば走るほど、そのルートと関連した神経経路を強化できる。間もなく、"新しい"ルートはあなたの既定値になるだろう。同様に、コンフリクトの中で、古い自滅的な行動にとってかわるための新しい行動のルーティンを考え出すことができる。じきに、あなたが自然に引きつけられるのは、より新しくてより健全なルートのほうになるだろう。

　他人の行動は変えられないが、あなた自身のルーティンを修正すれば、人間関係に生産的な影響を与えられる。新しいルーティンを考えるために、コンフリクトの典型的なパターンを思い出してみよう。そして、以下のことを成し遂げるためにどんなステップを踏むかを検討しながら、この行動のレパートリーに建設的な代替手段を考えてみよう。

誘因となるものを未然に防ぐ

　自分の行動のきっかけとなるものがわかっている場合、それをやめるための能力を身につけたほうがいい。もし、あなたと配偶者が家計をめぐってよく口論するなら、お金の問題を話し合うのはファイナンシャル・アドバイザーの同席時に限るとか、毎月の予算の維持を約束するというように折り合うのもいいだろう。

不和のサイクルにある行動を、別の行動に換える

不和のサイクルを見直し、別の行動に置き換えよう。たとえば、計画の作成をめぐってあなたと同僚との間に起きる、典型的な不和のサイクルを思い浮かべてみる。彼女はあなたを批判し、あなたは彼女を批判する。彼女がまたやり返すと、あなたは引き下がってしまう。これに対する別のアプローチの一例は、最初に攻撃されたとき、あなたが彼女の状況に共感するというものだ。

不和のサイクル全体をほかのものに置き換える

建設的な対話のサイクルと、今のサイクルとを取り換えることを想像してみよう。あるテクノロジー関係の新興企業の2人の共同設立者がこの助言に従った。会社の投資が増加するにつれて、2人の口論は激化していった。悪化している自分たちの関係が会社を危険にさらしかねないと気づき、2人はおのおのの違いに対処するプロセスを話し合った。攻撃や反撃のサイクルを始めるのではなく、互いの見解を共有し、妥協点を探そうということに話はまとまった。その方法は会社にも彼らの関係にも、より効果的なものだったと証明されたのである。

再発に備える

行動の基本パターンを変えようと決心することは、アイデンティティの再概念化を必要とする——途方もなく難しい課題である。私は、愛する祖母ナンが禁煙に苦しんでいた様子を覚えている。年を経るにつれ、喫煙の習慣が与える被害は大きくなる。酸素ボンベに頼って呼吸し、肺がんが進行しても、祖母は相変わらずこっそりとタバコを吸っていた。喫煙の習慣によって祖母は命を失ったのだ。

依存症は祖母の行動の原因となる要素だったが、彼女の主な障害はアイデ

ンティティだったと私は信じている。祖母は自分を喫煙者であると認識していたし、私も彼女をそう見なしていた。そして、祖母は喫煙者でない自分を思い描けなかったのだ。50年近くの間、喫煙者であることが彼女の存在の一部だったのだから。

▶ 自己イメージを修正する

反復強迫から逃れるためには、新しい自己イメージを描き、そんな自分として行動しているところを思い浮かべなければならない。ロールモデルを選び、次のコンフリクトではその人物の性質に倣ってもいいかもしれない。あの人みたいに行動したら、どんな気分だろうか？　相手に感情を傷つけられたら、何と言うだろう？　相手を善意の気持ちにさせるために何ができるだろう？　そういう問いへの答えを心の中で何度も繰り返そう。それが第二の天性となるまで。

▶ 再発を防ぐための計画を考える

ウィリアム・ジェームズはこう述べた。
「正しい動機を強化しそうなあらゆる状況を構築せよ。新しい方法を促す状況に、進んで自分を置きたまえ。古い約束とは相いれない約束をせよ。事情が許すなら、公約をしよう。要するに、自分が知っているあらゆる助け[27]を用いて、決意を包みこむのだ」
おそらくジェームズの勧めどおりに行動する最も強力な方法は、反復強迫が戻らないように助けを求めることだろう。
たとえば、ジェンは最終的には自分の責任で反復強迫から逃れなければいけないと知っていたが、マークの支援を受けられたら、自分だけで試すよりも目標達成に効果的だとわかっていた。

▶ 無防備な瞬間[28]を警戒する

　相手と関わりを持つ前に、あなたが破滅的な行動パターンを繰り返す引き金となりそうなどんな言動をとったのか、よく考えよう。それから、最も重要な質問を考えてほしい。反復強迫を避けるため、自分は何を言ったり、したりするつもりなのか、と。

　白熱した口論の仲裁をするとき、私は当事者たちを反復強迫に戻らせないという規範をつくっている。「われわれのセッションの目的は、各自の観点をもっとよく理解し、それぞれの違いに折り合いをつける方法を探るのを助けることです。あなたたちは行き詰まっています——前と同じコンフリクトのダイナミックスに戻るのは簡単でしょう。ですから、今日の目的はこれまでと違う会話をすることです。自分の意見を主張するのではなく、学ぶために耳を傾ける、もっと生産的な会話をすることなのです」調停の間、私は当事者同士が敬意を持って相手に接しているか確認するため、注意深く話を聞く。もし、どちらかの側が相手を怒らせたら、すぐさま介入して双方に規範を思い出させる。そして、議論を建設的な対話の方向へ[29]と再び向けさせるのだ。

　しかし、あなたの警戒心が弱まり、助けてくれる仲介者がいない場合もある。やや先を見越してこうした状況を予測し、それを避けるための計画を立てることはできる。たとえば、親戚と一緒の大家族で過ごす休暇の間、妻と私は感情的に消耗するコンフリクトのパターンに何度となく陥るのが常である。何かを攻撃だと受け取って腹を立て、そのあとはきまり悪くなり、自分たちの関係が"完璧で"ないことが恥ずかしくなるのだ。関係がうまくいっているふりをしたこともあったが、緊張感を悪化させただけだった。

　このパターンを認識し、私たちは対処するための計画を立てた。毎晩、2人だけで話して欲求不満を発散させ、再び気持ちがつながるようにしようと意見が一致した。その結果、反復強迫を寄せつけることはなくなった。

まとめ
summary

　反復強迫は、恐怖心から生まれるのがパターンである。あまりにも苦痛で、耐えるのが非常に難しいため、うまくしまいこまれたさまざまな感情が入ったパンドラの箱を開けるかのような恐怖だ。反復強迫はこうした生々しい感情を考えることを一時的に遅らせてくれる一方、間もなくそんな感情を再び思い出させ、破滅的な行動を何度もとりたいという気持ちにさせてしまう。反復強迫のせいで、おなじみの感情をまた覚えるか、前と同じ習慣を繰り返すという反応しかできなくなる。あなたは恐怖心で麻痺し、変わろうとする能力を反復強迫によって損なわれてしまうのだ。

　しかし、お手上げの状況でもない。

　あらゆる恐怖心は願望が変装したものである。反復強迫は破壊的な性質にもかかわらず、希望のメッセージを運んでいる。過去の苦悩から解放されたいというあなたの願望を示し、変化の種を提供してくれるのだ。もし、あなたを反復へと駆り立てる、核となる願望を──見捨てられるのではなく、誰かとつながりたいという願望、無関心な態度ではなく愛を──もう一度思い出せたら、反復の呪いを永遠に打ち破る道へ向かっていることになる。

図表 6-4 │ 自己診断用ワークシート

1. あなたのコンフリクトの誘因となるものは何か？
よく生じる感情や思考を見極めよう。

2. 不和のサイクルを策定しよう。あなたは何をしているか？
相手はどう反応するのか？
そのあと、あなたは相手にどんな反応を示すか？

3. あなたの感情にコンフリクトはどんな影響を与えるか？

4. 反復強迫に打ち勝つため、あなたがやることを１つ挙げよう。

第7章

Acknowledge Taboos

タブーを認識する

　あなたが家族に対して絶対に表せないと感じる何かを思い浮かべてほしい。たとえば、深い恨みや長く残っているわだかまり、嫉妬の苦しみを。今度は、コンフリクトに巻きこまれている自分と相手を想像してみよう。声に出すことがほとんど不可能な、言葉にできないこの感情を抱えて不和の中心にいるところを。話し合うことができないコンフリクトを、どうやって解決できるだろうか？

　ようこそ、トライブ思考の第3の誘惑という難題へ。それはタブーに関する問題である。本章では、タブーとは何か、なぜタブーがコンフリクトを解決しようとする努力を妨げるのか、タブーの舵取りを成功させるにはどうすればいいのか、を探っていく。タブーは重要な社会的機能を提供しているが、慎重にならなければ、トライブ効果へ引きこまれることになりかねない。

タブーとは何か？

　タブーとは、社会的に禁止されている[1]事柄だ——あるコミュニティでは受け入れられないと見なされる、さまざまな行動や感情、または思想である。"タブー"という言葉は1777年に、英国の探検家ジェームズ・クックによって使われた。彼が帆船のレゾリューション号で太平洋を横断し、当時はフレ

ンドリー諸島として知られていた、現在のトンガへ行ったときのことだった。クックは、その島の住民が、禁じられているものすべてに対して「tabu」という言葉を用いていることを発見した。その言葉は間もなく英語の表現に取りこまれた──タブーという言葉はほとんどどんな文化的背景の人々にもおなじみのダイナミックスをうまく表現しているからだろう。

　あらゆるタブーには3つの要素がある。禁止事項、違反したときの罰則、保護的な意味、である。

▼　禁止事項

　タブーは、コミュニティの中で許容されているものと禁じられているもの[2]との間に境界をつくり、ある種の感情や思考、行動を禁止事項として設定している。そうしたコミュニティとは、家族や職場、あるいはもっと広い社会[3]を指す。

　たとえば、婚前交渉を認めている文化もあれば、タブーと見なす文化もある。このようにタブーは社会的な構造[4]であり、われわれがその制約[5]について暗に同意するか否かで、禁止事項が働く範囲は変わってくる。罵り言葉にはもともと備わったパワーなどない。英語を話さない誰かに、あなたが英語で穏やかに猥褻なことを言ったとしよう。相手はまるで「椅子」という言葉でも言われたかのように、ぽかんとあなたを見つめるだけだろう。われわれはさまざまな言葉や思想や行動に、それを禁止するという意味をつける──つまり、そうした言葉や行動に新しい意味をつけることも可能なのである。

▼　罰則

　どんなタブーにも違反に対する罰[6]が伴う。罰が厳しければ厳しいほど、タブーに従わねばならないというプレッシャーを感じるだろう。あなたは周りの人と協力するか、自分が首を吊られる[7]かしかない。タブーを破ったこ

とへの典型的な罰は以下のようなものである。

この問題について話してはいけない

　　……さもないと、私は出ていく。

あの人たちと交渉してはいけない

　　……さもないと、われわれのコミュニティからあなたを追放する。

そういう食べ物を口にしてはいけない

　　……さもないと、神との誓いを破ることになるだろう。

あの遺体に手を触れてはいけない

　　……さもないと、あなたの体も魂も穢れてしまう。

▶ 保護

　タブーは社会、あるいはその権力者によって重視された価値観にそむくような言動を人々[8]がしないようにと保護する、成文化されない社会的ルールとして機能している。

　タブーの中には、神聖冒瀆を犯すことから守ってくれるものもある。たとえば、ユダヤ教では「トーラー」【訳注：ヘブライ聖書のうち、モーセが神から授かった律法について書かれたモーセ五書のこと】を守らないことはタブーである。伝統的な罰の1つは、違反者とそれを目撃した者が40日間の断食をさせられることだ。道徳的な意味でも実際的な意味でも危険から守ってくれるタブーもある——姦通に対するタブーは、堅実な社会と家族の秩序を維持するために役立ち、性感染症の拡大を減らす。また、アイデンティティを批判から守るかもしれないタブーもある。礼儀を守るというルールが、お互いの観点を非難する行為を禁じているように。

　タブーには反復強迫と機能的な類似点がある。どちらも、人のアイデンティティを外から守るためにつくられた不完全なシステムだという点だ。反復強迫は望ましくない思想や感情や行動から人を守るために、抑圧といった心理的なメカニズムを用いている。一方、タブーは受け入れがたい思想や感情

や行動から人を守るために、追放といった社会的なメカニズムを用いているのだ。反復強迫を破ろうとする試みが心理的な抵抗に遭ったように、タブーを破ろうとする試みはしばしば社会的な抵抗に遭遇する。

なぜ、われわれはタブーにつまずくのか？

いくつかの障害のせいで、タブーに対処するのが難しい場合はよくある。

▶ 1.われわれはタブーに気づいていない

ついうっかりとタブーの領域に踏みこんだり、偶然にある人の価値観を攻撃したりする場合がある。何年か前、中東で交渉のワークショップを行っていた間、地位が高い人々のグループのために、私は教育助手と交渉についての役割練習をしていた。大抵の場合、部屋を活気づけてくれる役割練習を参加者は楽しんでくれる。

しかし、その日は何かが調子悪く、理由は不明だが、明らかにそれとわかる緊張感が部屋に漂っていた。休憩時間に、ある政府の役人が私のところへやってきて、2人だけで話したいのだがと言った。「われわれはあなたのワークショップを楽しんでいますよ」と彼は言った。「だが、役割練習であなたは右足を組み、靴底を部屋の左側にいる参加者に見せていました。王族の一家にもね」私はうっかりタブーを破ってしまったのだ。アラブの文化では靴底を見せる行為が重大な侮辱と思われることを忘れていた。私に悪意はなかったが、相手の気分を悪くさせてしまったことは紛れもない事実だ。

▶ 2.タブーの事柄について話し合うことを恐れる

タブーはただでさえ難しい会話をさらに難しくさせる。タブーを破ること

は恐ろしい――しかし、タブーを破るまいとするせいで、人はコンフリクトから抜け出せずにいる[9]。母親がきょうだいを依怙贔屓(えこひいき)するせいであなたは頭にきているが、危険をはらんだそんな問題を母親と話すことなど想像もできない。あなたの同僚はたまたま上司の甥だが、またしてもプレゼンテーションで自分の担当分の準備がうまくできていなかった。だが、その問題を上司と話し合うと思っただけで、あなたは身震いする。タブーのせいであなたは勝ち目のない状況に閉じこめられてしまうのである。

　実際、タブーを破ると考えるだけで苦痛を感じることになる。ウォートンスクールのフィリップ・テットロック教授による、説得力のある一連の研究で示されているように。テットロックと同僚は、ある種の行動が許されるかどうかの判断について参加者に質問した。たとえば、臓器移植待機リストの下のほうにいる人々に、人の臓器を売ることをどう思うか、と。そうした行動を道徳的に好ましくないと感じた参加者は、タブーを破ることを考えただけでひどく落ち着かない様子だった。タブーを犯すことを考える時間が長ければ長いほど、参加者の道徳的な不安[10]は高まっていった。

　タブーは根本的に保守的なものである。タブーは現状を守っている。法を破れば、人は罰を受けるという危険にさらされるが、通常、罰則は犯罪の重大さに釣り合うものになる。しかし、タブーを破れば、不釣り合いなほど重い罰を受ける危険にさらされる。なぜなら、タブーはコミュニティの価値観や規範を守っており、そこに関わる利害関係は特に大きく、過度の罰は最も受け入れがたい違反を避けるためにつくられた、抑止力のあるものだからである。

　ナサニエル・ホーソーンの小説『緋文字』で、ヘスター・プリンは姦通罪を犯し、服に「A」の文字をつけたまま残りの生涯を過ごすという罰を言い渡される。彼女が道徳上の罪を犯したことを、世間のみなが知るようにと。ここに現れているメッセージは明白である。人はタブーを破ると、コミュニティにおける心理的、社会的、精神的な地位が危険にさらされるリスクを負うということだ。

3. フレームワークはない

タブーの問題をどう扱うべきかについて、ほとんどの人は体系的なフレームワークを持っていない。タブーのような禁止事項は無視すべきか、それとも尊重すべきか?

交渉に関する私のワークショップに参加していた重役のサムは、こうしたジレンマにぶつかった。彼は自分が厳格なカトリック教徒で、バイセクシュアルであることを打ち明けてくれた。自分のアイデンティティのこうした二面性を調和させようとして、彼は神学の本を何年もの間、研究してきたという。そしてカトリック教徒であることと、バイセクシュアルであることが矛盾を生じずに共存できるという結論に達した。サムは自分の性的嗜好の問題を両親と話したことはなかったが、神への冒瀆だとして強く反対されるだろうとわかっていた。サムは罪悪感を覚え、恥や怒りを感じ、心は引き裂かれた。タブーにどうやって立ち向かったらいいのだろうか? 彼にはそのための現実的な解決策がなかった。

タブーをうまく操る方法

ここまで述べたような障壁は手ごわいが、乗り越えることは可能である。克服するためにはタブーを認識し、それについて議論できる安全地帯をつくり、どう対処するかを体系的に決めることが求められる。図表7-1はさまざまな障壁とそれに関する戦略をまとめたものだ。

▼ ステップ1 : タブーに気づく

数年前、私は新居を購入したばかりの夫婦を訪ねたことがあった。そこで、

図表7-1 | タブーによる障壁と戦略

障　壁	戦　略
1. 私たちは タブーに気づいていない	1. タブーに気づく
2. 私たちは タブーについて議論することを 恐れている	2. 安全地帯をつくる
3. 私たちは、 タブーの問題にどう対処するか についてのフレームワークを持たない	3. 行動計画を立てる ：ACTシステム

不動産に夢中のテリという名の友人とも一緒になった。

彼女は、招いてくれた夫婦に尋ねた。「それで、この家はいくらだったのですか？」

夫婦は顔を見合わせて答えた。「そういったことは、お話ししないことにしているんです」テリはタブーである話題——財政面でのプライバシー——にうっかり触れてしまったのだ。ぎこちない沈黙がその場に漂い、その夫婦の家に二度と招かれることはなかった。

タブーを破ると、予測通りの結果になる。腹を立てた相手は「あなたは言いすぎです」「それは度を越しています」といったことをさまざまな手段で表現するだろう。タブーはアイデンティティの重要な部分を保護し、タブーを破ることは強い感情の反応を引き起こす。しかし、タブーを意識し続けられれば、少なくともそのいくつかを破らずに済むだろう。

▶ タブーの問題を見抜く

　うちの家族では、父をハグすることがタブーである。父は愛情深い人間だが、体での愛情表現を嫌うのだ。どこの家族にも、ある種の行動を受け入れられないとする、それぞれ独自の指針があるだろう。「おじいちゃんに戦争中のことを話してはだめよ」「母さんのうつ病の発作については話すな」「距離を置いている親戚について、親しみをこめて話してはいけない」など。同様に、どんな文化にもある種の行動を制限する、話題にしない、といった行動があるだろう。コンフリクトにおいては、対立の解決を妨げるかもしれない、関連したタブーを見抜けるようになることが重要だ。

　自分の生活でのタブーを見抜くため、コンフリクトの中で言ってはならない、あるいは行動してはならないものに関する秘密のガイドブックを書くように依頼されたと想像してみよう。"ルール"は何だろうか？　どんな話題が禁じられているだろう？　誰と話してはいけないことになっているのか？　いつ？　どこで？　具体的な感情を表すことさえタブーになり得る。あなたの人間関係では怒りや悲しみを表すことが許されているだろうか？　良い人間関係を保つために、どんな感情を抑えなければならないだろうか？

　いくつかの具体的なタイプのタブーには、特に敏感になってほしい。

(1)個人的な表現についてのタブー

　あなたが属するコミュニティでは、私的すぎると思われるような情報の公開を禁じている。私と友人たちがティーンエージャーの頃、恋愛に関する秘密の話を大人にするのをタブーと見なしていた。けれども祖父がガンになり、余命1カ月と予測されたとき、私は病床の彼をひそかに見舞い、自分のトップシークレットを話した。祖父はガンと闘い続け、それから3年間、元気に生きた。とてもうれしいことだったが、10代の私のすべての秘密は間もなく家族中で噂になったのだった。

(2) 冒瀆についてのタブー

　こうしたタブーは、あなたが崇めるものへの無礼を禁じている。自分の部族の人間の行動を批判してもかまわないが、部族外の人間からの同様の批判は受け入れられない。妻がうちの子どもたちの行動を非難するのはいいが、隣人が同じような見解を述べたら、私は腹を立てるだろう。タブーはわれわれが神聖だと思うものを保護している。たとえばイスラム教では、コーランを冒瀆することへのタブーがある。神を穢す行為は投獄や死刑という形をとるほど罰せられるべきものなのだ[11]。

(3) 交際についてのタブー[12]

　このタブーは、穢れている、あるいは道徳的によくないとされる人や場所や物、または思想と関わりを持つことを禁じている。われわれは自分の信念の聖なる純粋さを守るため、そうした人間や事物から距離を置く。そのせいで、ある種の敵対者との直接交渉は途方もなく難しい。どちらの側も相手に接近しすぎることを恐れているからだ。そして、結局は道徳心が穢れてしまうことを恐れている。交際についてのタブーを破ると、重い罰を与えられる。

　たとえば、バスケットボール界のスーパースター、デニス・ロッドマンが学んだように。アメリカと北朝鮮との緊張をはらんだ関係にもかかわらず、ロッドマンは熱狂的なバスケットボールファンである北朝鮮の金正恩総書記と友人になった。彼らの友情は国際的な交渉に対して異例のルートを開いたが、西欧のメディアはロッドマンが金正恩と親しくなったことを厳しく非難した。それは交際についての西欧のタブーを破ったものだったのだ。

▶ 相手の行動を制約するタブーに気づくようになる

　相手の行動を理不尽だと判断する前に、彼らがアイデンティティを表現する能力がタブーによってかなり制限されている可能性を考えてみよう。適切な事例がセルビアのジティシュテにある。

　ジティシュテは戦争や洪水、地滑りによって荒廃した小さな村だ。2007年、

地元の人々は村の広場に彫像を建てるという提案の下に結集し、最終的に象徴的な映画の登場人物であるロッキー・バルボアに敬意を表することとなった。ボクシングのグローブをはめた彼の両手が、意気揚々と上げられている[13]彫像だ。戦争と、アメリカ主導のNATO（北大西洋条約機構）の空爆による破壊のあと、まだ再建途中の国がハリウッドに由来する像を市民の尊敬の対象として選んだ。一見したところ理解しがたい[14]決定である。

しかし、地元のタブーという状況から見ると、ロッキーの彫像はもっと深い意味を帯びている。ジティシュテの市民は決して明確ではないコンフリクトの中で、兵士（記念碑としてはより典型的なものだ）への称賛を禁止されるという事態に直面した。この街がさらに直面したのは、どの民族のリーダーや集団にも敬意を払うのが難しいことだった。ほかの民族を差し置いてどれか1つの民族を選べば、敵対する支持者の間に敵意を引き起こしてしまうだろう。

そこでジティシュテの人々はタブーに対処し、目下の厄介な問題のどれにも違反しない妥協案にたどり着いたのだ。「われわれのイメージを象徴するものは何かと長い間懸命に考えました」ある市民はこう書いた。「ロッキー・バルボア……決してあきらめない[15]という人物です」タブーによって自由を制限されても、創造的な手段を通じて脱出できるという教訓がここにある。

▼ ステップ2：安全地帯をつくる

タブーの問題を探るには、思いもよらないことを考えたり、論議しにくいものを議論したりしても十分に安全だと感じられることが必要である。難攻不落だと感じられる信念や慣習に、あえて疑問を打ち出すために。あなたと相手の間にある空間を、地図上の囲いこまれた地域として思い浮かべることから始めよう。地域の大半はあなたも相手も、探検しても安全なところだ。それは自由に、またさまざまな話題について気楽に議論するための安全地帯である。

しかし、その地域には、非常に微妙な問題を抱えた居留地が点在する。これらのタブーの地域は厳重に監視され、感情的な地雷が散らばっている。彼

らの境界線を越えようと試みる者は誰でも怪我をする危険がある。感情による
コンフリクトを解決するには、慎重な扱いを要する話題を、タブーの領域
から安全地帯へと移す必要がある。それは一時的な社会的スペースで、そこ
では罰せられるとか道徳的に妥協しなければならないといった恐怖心を覚え
ずに、タブーを検討できる。

　タブーの問題を議論する安全な環境をつくるのに役立つガイドラインをい
くつか挙げよう。

(1)目的を明確にする

　議論の中で、何を達成したいかを明確にしよう。暗黙の苦情を公表したり、
争点をもっとよく理解したり、あるいは苦痛を打ち明けたりすることをあな
たは望んでいるだろうか？　バランス喪失が起こらないよう、目的をしっか
りと心に抱き続けよう。

(2)会話に境界線を引く

　各自が議論したい問題を明確にして論じ合おう。「昨年の5月からの出来
事についていくつか話してもいいですか？」または「わが社の機能不全につ
いては、関わっているリーダー数名のことを考慮せずには話すのが難しいで
す。それについて非公開で話し合ってもいいですか？」双方が合意に達する
ようにしよう。お互いが納得しない状態であなたがタブーの問題を持ち出し
たら、相手はそれを脅威と見なし、タブーを破ったと非難するかもしれない。

　守秘義務の限度について話し合おう。上司や親友とどんな情報を分かち合
えるだろうか？　たとえば、不貞行為について配偶者と話しているとしたら、
その会話を完全に秘密にすべきだとあなたは同意するだろう。セラピスト以
外の誰にも話さないはずだ。平和条約の交渉の中で、タブーとされている問
題について話し合いたいなら、あなたも賛成だろう。

(3)約束をせずにタブーの問題を探る

　タブーの問題を探ることに同意しよう。しかし、タブーをどう扱うかにつ

いて拘束される約束をしてはいけない。タブーの問題はあまりにも微妙だから、タブーを破ることを恐れずに問題について話すようにと、ここでは指針を示したい。

政治的な交渉では、頻繁にこの指針を実行に移している。何年か前、ノルウェーのオスロで大学関係者とその地域の政府関係者（全員が非公式の交渉者だった）が"否認権"に基づいて「オスロ合意」を秘密裏に成立させた。これらの交渉者はそれぞれの政府に進捗状況を伝えていると告げたが、政府自体は直接の参加をしていなかったため、交渉が失敗しても、政府は直接的な関与を否定できた。

(4)道徳心の再確認のプロセスの中でつくる

タブーを破ろうと決めても決めなくても、タブーを探るという行動だけで道徳的な違反を犯している気になってしまう。あなたは罪悪感を覚え、禁止事項を破ろうと考えることだけで恥ずかしいと感じるかもしれない。そこで安全地帯には自分の価値観を再確認し、良心を明確にさせる[16]手助けをするプロセスも入っていなければならない。

たとえば、最も大事にしている価値観を書き出し、そうした価値観へのみずからの献身を確認して、タブーについての議論がそんな価値観にどれほど役立っているかを自分に思い出させる。または良心を浄化するために、目に見える行動を起こそう。たとえば、配偶者の飲酒問題について話し合ったあと、依存症に関する研究に時間を捧げたり、お金を寄付したりするといったものだ。

▶ ステップ3：行動計画を立てる──ACTシステム

話してもいい場所という安全地帯をつくったら、「ACT」システムを使って、タブーを受け入れるべきかどうか、ゆっくりとタブーを減らすべきかどうか、あるいはすばやくタブーを壊すべきかどうかを判断しよう。

タブーを受け入れるのか？（Accept）

　タブーを壊さずに、守る場合のコストやメリットを考えてみよう。タブーの受け入れには、労力を要するが、永遠にその努力をしなければならないわけではない。妻の不貞について今話し合うのはタブーだと、ある夫が受け入れたとする。しかし、そうしたところで、この暗黙の同意は時とともに変わるかもしれない。または、夫はある仲間内でタブーに関する制約を受け入れることに決めたが、ほかの仲間の中では受け入れないということもある――たとえば、妻とは不貞の話をしないことにしたが、親友には打ち明けるかもしれない。

　タブーの受け入れは率直なコミュニケーションを妨げるかもしれないが、とても重要な長所が１つあることは確かだ。調和を促進するのである。

　何年か前、私がトップクラスの中国人の管理職に、ハーバード大学で交渉についての講習会を行ったときのことだ。昼食をとりながら、ある多国籍企業のCEOが中国において体面を保つことの重要性や、人々の間に存在する個人的なつながりである"グアンシー（コネ）"を育てることの大切さを論じた。

「では、とりわけ微妙な問題はどのように交渉しますか？」と、私は彼に聞いた。

　彼は微笑し、少し考えてから答えた。「中国の文化では、調和が最も重要です。私たちは重大なコンフリクトでさえ、あとで対処しようと隠してしまうかもしれません」

「しかし、それではコンフリクトが激しくなるだけではありませんか？」私は尋ねた。

「ある程度はそうです。だが、コンフリクトを解決することは二次的な問題なのです。解決は、どちらかというと西欧の概念でしょう。中国の文化は人間関係を守ることを強調しているのです」

▶ ゆっくりとタブーを減らすのか？（Chisel）

タブーをゆっくりと減らすには、着実でオープンなコミュニケーションが求められる。たとえば、対立している民族の集団の間で対話を促したとき、私は会話を妨げるタブーの存在を意識した。タブーのせいで、緊張した沈黙が続いたり、用心深い対話になったりしかねない。口にされなかった言葉を促すため、私はグループにこう言う。「今日はさまざまな重要な課題について話し合いました。終わりにする前に、言おうと思ったけれど言わなかったことをお互いに話してはどうでしょう」私はこんなふうに口火を切った。「本当の問題をいくつか避けていると感じましたが、私はそういうことを話すようにとみなさんに圧力をかけたくありません」

私がときどき用いる別のテクニックは、自分たちの感情についてグループに考えさせる、というものだ。「終わりにする前に、今夜、家に向かう自分を思い浮かべてください。今日のセッションについて、あなたの心を占める感情はどんなものになるでしょうか？　言いたかったのに[17]、言えなかったことは何ですか？」

タブーをゆっくりと減らすというのは、段階的なプロセスだ。印象的な例として、アメリカとソ連との間のコミュニケーションから制約を取り払うというものがある。私の成長期のころには、アメリカとソ連との間の「冷戦」はまだ事実上のものだった。そして、アメリカが共産主義国から来た人間と交流するという考えはほぼあり得なかった。私は今でも覚えているが、中学１年生のときの情け容赦のなかった体育教師は、トラブルを起こす生徒のことを誰でも“共産主義者”と呼んでいた。だから数年後、私の家族がハンガリーからの交換留学生のホストファミリーになろうと決めたとき、私がどれほど驚いたか想像してほしい――共産主義国のハンガリーからとは。

交換留学生のアンディがアメリカに来るまでの道にはいくつも障害があっただろうし、到着するまでには、お役所仕事や官僚的な妨害のせいで、丸１年もかかったのだ。しかし、アンディが私や友人の前に現れたときの衝撃は

大きかった。アンディを知れば知るほど、東側と西側との間のタブーが無意味なものに感じられた。アンディはブルースやビースティ・ボーイズが大好きで、シリアルのチェリオスを何杯も食べて夜更かしした。私が大好きだったものと同じものを好んだ。彼と私は、一緒にギターを弾いたり女の子の話をしたりして、楽しい時間を過ごした。

　私たちの間にどんなタブーがあったとしても、自分たちが基本的に同じ人間なのだと理解するまで、さほどの時間はかからなかった。アンディがアメリカに1年間滞在する事実は社会的なタブーを破っていたが、私の心に存在していたタブーはゆっくりと減っていった。異なる政治的、文化的システムで生活する人々と毎日のように交流することは平和な関係への重要なステップであり、禁止すべきことではない、と私は少しずつ学んでいったのだった。

　政府間の関係が政治的に白熱する世界の中では、この教訓はたちまち消えてしまうだろう。だったら、人間関係を進展させるには何をすべきだろうか？　たとえば、敵対感情が高まっていて正式な交流がない2カ国の政府は、国中で相手国とのコミュニケーションが拒まれているときに、どうやってコンフリクトのリスクを減らせばいいのか？

　タブーをゆっくりと減らすために、独創的な方法を考えてみよう。ビジネスリーダーは共同の経済開発プロジェクトに取り組むことができる。大学生はインターネット上や中立的な第三国において、協力し合って交渉スキルの訓練に取り組める。医師は世界的に拡大した疾病に、協力して取り組むことができる。また、環境保護主義者は汚染の減少について協力できるだろう。こういう努力は、対立している間は型破りに聞こえるかもしれない。そして実際、異例のものである。こういったやり方が人々をタブーの領域へ引っ張りこみ、その結果、家族や友人、マスコミ、大規模な社会から社会的な非難を受けるというリスクにさらすからである。しかし、このような努力は和解への新しい道を開く可能性も持っている。

　タブーをゆっくりと減らすことは、数は少ないが重要な人たちによく知られている活動だ。それはコメディアンである。彼らはコミュニケーションにおける禁止事項から除外されている場合が多い。コメディアンは公然と観察

第7章　タブーを認識する

101

し、意見を言い、規範や慣例として受け入れられているものを批判する自由が与えられている。政治的な意見や宗教的な意見まで。困難な真実に対して声を発するコメディアンには、芸人以外にはできない方法で、大衆の会話を煽り立てる能力がある。多くのタブーの不合理な性質を声に出して主張し、冗談が言われている間だけだとしても、タブーからいくらかの力を剝ぎ取っているのだ。彼らのように、私たちも有害なタブーを光にかざしてみたら、その力を弱めさせられるだろう。

適切な事例として、アフリカでのHIVとエイズの拡大がある。アフリカではウイルスに感染した多くの人が病気を不名誉のしるしと感じたあまり、家族や友人やパートナーやコミュニティとのつながりを守るために診断結果を隠した。このタブーのせいで、ウイルスは手に負えないほど広まった。結局、健康の専門家や地域社会活動家やほかの組織がタブーを破る役割を担い、安全な性交渉の実践の重要性を訴えた。もっと多くの人がもっと早く率直に話していたら——臆することなく話していたら——感染率はそこまで高くなかったかもしれない。

大規模なタブーをゆっくりと減らすには、門番的な役割を果たす人、つまり変化への道[18]に進むことを管理している人を納得させることが重要だ。たとえば、アリストパネスによる古典的な喜劇『女の平和（リューシストラテー）』では、名前が題名にもなっている登場人物のリューシストラテーが、長期化するペロポネソス戦争にうんざりし、ギリシャの女性たちにコンフリクトが終わるまで男性と性交渉をしないようにと懇願する。女性によるセックス・ストライキが始まったあとでさえ、アテネとスパルタの交渉者たちは平和協定をめぐって議論を続ける。しかし、リューシストラテーが美しい平和の女神を紹介すると、交渉者たちの欲望が強情さを上回り、彼らはたちまち協定を結んだのだった。

リューシストラテーの戦略——変化に影響を与えられる人間を感化すること——は、コンフリクト解決では非常に有益である。たとえば、あなたの組織で2つの部署が白熱した論争に巻きこまれているのなら、誰の見解がそれぞれの部署の考え方に最も大きな影響を与えるかを見極めよう。和解のプロ

セスの中でこうした門番的な役割を果たす人たちに協力を求めれば、タブー
をゆっくりと減らすことがより実現可能になるだろう。

▼ タブーを壊すのか?(Tear Down)

これはタブーという壁を壊すための最も直接的なアプローチで、相当な勇
気を必要とする。社会を解体する鉄球のようなもので、早急な変化をもたら
すが、現状を維持したい人たちの激しい怒りを買う可能性がある。

ネルソン・マンデラはタブーを壊し続けて人生を送った。1948年、南アフ
リカ共和国の支配政権の国民党はアパルトヘイト人種差別政策を法制化し、
それによって黒人の法的権利はひどく弱まった。マンデラはその政策に抗議
した。はじめは非暴力によって異議を唱えたが、のちには政府内の標的に組
織的な攻撃をしたのである。マンデラは逮捕され、破壊工作のかどで有罪を
宣告され、終身刑を言い渡された。27年間の監禁後、彼は指導的立場に戻り、
非暴力の手段で南アフリカを多民族の政府へと移行させたのだった。

マンデラは、この移行における最大の難題を認識していた。反アパルトヘ
イトの活動家、トーキョー・セックスウェールがこう予言していたように。
「黒人をいましめから解放することはそれほど難しくないが、しかし……白
人を恐怖から解放することは難しい[19]」

マンデラには、人種の混合や、彼が明確に思い描いていた多民族社会のモ
デルをつくり出すために、タブーを壊す勇気があった。南アフリカで最初の
黒人大統領としての選挙で、マンデラは思いもかけない行動をとった。彼は
南アフリカの元白人大統領の妻であるP・W・ボータ夫人をランチに招待し
たのだ。ほかのアパルトヘイトの主導者の未亡人たちも一緒に。そして何十
年もの間[20]、アパルトヘイトという醜悪な制度を続けていた人たちを抱きし
めた。これは"ウブントゥ(助け合い、237ページ参照)"というアフリカの哲
学——あらゆる人間[21]同士の結びつきを強調するものだが——に基づいた新
しい国の規範をマンデラが導入する中での1つのステップだった。

ACTシステムを利用する

　コンフリクトがエスカレートする前に、「タブー分析表」（図表7-2）を埋める時間を取ってほしい。タブーを受け入れるか、ゆっくりと減らすか、あるいは壊すかを判断するためのシンプルな手段である。これらのアプローチのメリットやデメリットを検討することによって、何をすべきかについて思慮深い決断[22]ができるだろう。それぞれのアプローチに対する自分の感情の反応にも気をつけよう。どれを追求するのが正しいと感じられるかに注目することだ。

　メリットとデメリットを査定するのに役立つほかのテクニックは、昨日あなたがタブーを破ったと想像してみるというものだ。正確なところ、あなたはどんなことを言い、どんな行動をとったのだろうか？　そして、ほかの人たちはどんな反応を示しただろう？　さて、今度はタブーを５年前に破ったと想像してみよう。そのときからずっと、あなたの人生はみじめなものだろうか？　この簡単な心のエクササイズは自分の決断の衝撃を評価するのに役立つ。

　自分の状況を評価したあと、再び「タブー分析表」を見てみよう。だが、今度は相手側の視点から見てほしい。もし、コンフリクトを悪化させるタブーに相手がしがみついていたら、タブーを守ることが彼らにとってメリットとなる理由を考えてほしい。タブーを破ることのデメリットを彼らがどう見ているかについても。マンデラは黒人と交流することに対して多くの白人がタブーを持っていると認識していた。彼は相手のタブーをゆっくりと減じた──強力な効果を得るために。

　しかし、無意識にタブーを破ってしまったら、できるだけ早く個人的に責任をとり、関係を修復しよう。中東でのワークショップで、私が偶然に靴底を見せてしまったときのことだ。部屋に帰ってから、参加者の中には私の行動を不快に思った人がいるかもしれないと気づいた。そこで、私の不作法な

図表7-2 | タブー分析表

	メリット	デメリット
タブーを 受け入れる	1. タブーを 維持することで 誰が得をするのか？ なぜ？	2. タブーを 維持することで 生じるデメリットは？
タブーを ゆっくりと減らす	1. タブーをゆっくりと 減らすことで 誰が得をするのか？ なぜ？	2. タブーをゆっくりと 減らすことで 生じるデメリットは？
タブーを壊す	1. タブーを壊すことで 誰が得をするのか？ なぜ？	2. タブーを壊すことで 生じるデメリットは？

行動が意図的ではなかったと説明した。心から謝罪すると、部屋の雰囲気は目に見えて変わった。熱心だったグループは、再び熱意を取り戻した。その日の終わり、王族の1人が私のところへやってきて言った。「あなたは神経を使いすぎですよ」しかし、彼の口調には、タブーを破った責任を私がとったことへの感謝の気持ちがこもっていたのだった。

力を取り戻す：有害な行動を抑えるためのタブーをつくる

本章ではここまで、コンフリクト解決には有害な、問題のある要素としてタブーを論じてきた。しかし、タブーは破滅的な行動[23]を社会的に禁止しながら、建設的な目標も提供してくれる。もし大企業のトップ2人の意見が一

致しない場合、彼らにはコンフリクトを解決するための選択肢が多方面にわたってあることになる。彼らは自分たちの違いについて徹底的に討論してもいいし、互いを侮辱してもいいし、訴訟を起こしてもいい——あるいはどちらか一方がナイフで相手を死に至らしめることだってあり得る。もちろん、この最後の選択肢はほとんど考えられないが。道義に反するし、本質からしてタブーだからだ。企業において人を刺すことなど社会的に許されないから、そんな行動[24]は非常にまれである。

人には"建設的なタブー"をつくり出す力がある——攻撃的な行動を未然に防いでくれる[25]儀式的な行動だ。建設的なタブーが役に立つと私がはっきりわかったのは、夫が頑固な共和党員で、妻が確固たる信念を持つ民主党員である夫婦と会話したときだった。夫婦が愛し合っているのは明らかだったが、実際にどうやって暮らしてきたのかに私は興味を引かれた。

彼らには、シンプルな方針があることがわかった。「私たちは、毎週火曜の夜だけ政治について話すのよ」と妻は説明した。「それ以外の日は、政治の話題はタブーなの」彼らがつくった機能的な禁止事項は夫婦関係を守り、それぞれの価値観に敬意を払うための余裕を生み出したのだった。

この夫婦のように、次の簡単な4つのステップで建設的なタブーをつくろう。

(1)コンフリクトを煽る行動を特定する

政治についての議論や、部門間の有害な競争を蒸し返すといった行動を特定する。

(2)ある行動が受け入れられないときや場所を明らかにする

政治に関する議論を禁止にするのは平日にすべきか、それとも休日にすべきか？ 選挙シーズンにお互いの懸念を話すのは許されるか？

(3)タブーを実行に移す

ここに登場した妻は1人でタブーを設定しようと決め、夫にこう告げたのかもしれない。「火曜以外はあなたと政治については一切話さないことにす

るわ」夫が賛成しようとしまいと、彼女は制限を守ることができる。別の方法として、夫婦が共同でタブーを設定することもできるだろう。第三の選択肢は権威ある人を理由としてタブーをつくることだ。たとえば、この夫婦の両親は政治についての議論に反対しているからというように。

(4)タブーを破ったときの社会的な刑罰を明確にする

　この事例の夫婦は、タブーを破ったのがどちらでも、互いの平和な関係をつくることよりも自己の利益を優先すれば、配偶者の怒りという恥ずべき攻撃に耐えねばならないと理解してタブーをつくっている。

　経済学者のケネス・ボールディングはタブーが行動を特徴づけることに気づいた。「(そうした行動は)身体的に行われるが、われわれの心理的障害[26]を越えたものである」と。たとえば、コミュニティで街頭での暴力が頻繁に起こったら、あなたは隣人と協力して暴力に関するタブーをつくるかもしれない。おそらく、地元の若者や宗教関係のリーダーや両親や政府の役人やコミュニティのリーダーを巻きこんで、草の根の暴力反対キャンペーンを始めることから取りかかるだろう。これと同じ方法を使って急進的な暴力(学校での銃撃や民族運動の暴力といったもの)と戦うこともできる。このような行動に対抗する[27]正当なタブーを制度化できる、門番的役割をする人々を動かすことによって。

まとめ
summary

　タブーには悪い評判がある。コンフリクトをつくり出す中で果たす役割を考えれば、それも当然だろう。しかし、われわれが大切にしているものを守るうえで、タブーが重要な機能を提供していることも見てきた。感情によるコンフリクトの中で、タブーは人を苦境に陥れる——けれども、人を結びつけもするのである。適切な行動のための第一歩となり、規律や連帯感も与えてくれる。そして思いやりでつくられ、双方が取り入れたときには、タブーがコンフリクトを解決することすらある。

図表 7-3 │ 自己診断用ワークシート

1. 対立の解決を難しくさせているタブーは何か？

2. タブーに対処するための 3 つのアプローチを評価しよう。

	メリット	デメリット
タブーを受け入れる		
タブーを ゆっくりと減らす		
タブーを壊す		

3. どのアプローチにするか決める。タブーを、受け入れるのか？
ゆっくりと減らすのか？　壊すのか？

4. そのアプローチをどのように実行するのか？
ブレインストーミングをしよう。

第8章

Respect the Sacred — Don't Assault It

神聖なものに敬意を払い、攻撃してはならない

「おまえはなぜ、ここにいるのだ？」

ソロモン王は、不安そうなまなざしで立っている従妹どうしのマグダとアンヤに尋ねた。

「閣下」マグダは言った。「私には生まれたばかりの息子がいます。うちの子が生まれて３日後に、アンヤも男の子を生みました。この前の晩、アンヤは眠っているうちに隣の赤ん坊の上に転がってしまったのです。赤ん坊は亡くなりました。目を覚まして何をしでかしたかに気づくと、アンヤは私の部屋に忍び込み、亡くなった男の子と私の生きている息子を取り換えたのです」

「嘘つき！」アンヤは言った。

「嘘つきはあんたよ！」マグダは言い返し、ふたりの間で非難合戦が続いた。

「もうたくさんだ！」王は大声で言った。「剣を持ってこい。男の子を２つに分けて、それぞれの女に半分ずつ分け与える」

アンヤはパニックに駆られた様子で国王を見た。「お願いです、閣下、子どもはマグダに与えてください」アンヤは涙ながらに懇願した。「どうかあの子を殺さないでください」

「男の子を私のものにも彼女のものにもさせないでください。切ってかまいません」マグダが言った。

王はふたりの女に交互に視線を走らせた後にこう告げた。

「アンヤに男の子を与えろ。彼女は正当な母親である。自分の息子を殺されたいと思う母親はいないからだ」

聖書に登場する「ソロモン王の裁定」から抜粋したこの物語は、神聖なものを交渉する際に生じる非常に大きな難問を強く表している。アンヤもマグダも母親だが、神聖なものを王が痛めつけそうになると、ふたりの差が明らかになった。もしも彼女たちが地権争いをしていたならば、問題の土地を半分に分けるだけで済み、それぞれが部分的な勝利を獲得できただろう。しかし、神聖なものの交渉の場合は（この例では子どもだが）簡単に分けるわけにはいかない。神聖なものは分割できないのだ。国王はこの事実を用いて、本物の母親を突き止めたのだった。

神聖なものの世界へようこそ

自分がもっとも信じているものが脅かされそうな危険を感じたとき、トライブ思考の第4の誘惑にはまっていることに気づくかもしれない。つまり「神聖なものへの攻撃」に。これはアイデンティティにおいてもっとも意味のある核心への攻撃である。非常に深い意味を持つ事柄はきわめて神聖であるがゆえに、議論の対象から除外される。たとえば、子どもにどんな価値観を植えつけるかをめぐって熱心に異議を唱える夫と妻。組織の中核をなす価値観を批判する同僚を拒絶する従業員たち。聖なる土地を誰が支配するかをめぐって行き詰まってしまう、国際的な交渉者。

あなたが神聖なものと見なしている事物への攻撃は、強力な感情的反応の引き金となる。部外者からは、反応しすぎだとか筋が通らないなどと思われるかもしれない。しかし、あなたはそうは思わないだろう。アイデンティティの目的の中心は、あなたの経験に意味を持たせることにある——神聖なものは、もっとも奥深くにある意義を象徴している。神聖なものへの攻撃は人の気持ちをひどく傷つけ、アイデンティティのもっとも敏感な柱を揺り動かし、持ちこたえられない[1]かもしれないという恐怖心を引き起こす。

神聖なものとは何か？

　私は神聖なものを「神の重要性[2]を持つと見なされるもの」と定義している。"神の" というのは、特定の宗教の実体[3]に言及する必要はない。畏敬の対象は人によって異なり、ある人にとっては神や預言者や聖なる書物であり、また別の人にとっては家族や愛する場所や大切な出来事[4]である。信心深い人が聖なる聖書を神聖なものと考えているように、国家主義者は国旗を穢してはならない神聖な対象と見なし、未亡人は亡くなった夫の遺灰[5]を神聖なものと考えている。

　人は、無限で本質的で犯すことができない、と見なすものを何でも「神聖」だとして崇めている。

無限

　子どもたちへの私の愛、そして私にとっての彼らの価値には限りがない。しかし、測定できない愛は、コンフリクトを解決するうえで問題を生じる。

　交渉者が神聖なものを数値化するように強いられたとき、そんな行為は道義に反するし、不可能だと思われる。テロリズムの破滅的な行為のあと、犠牲者の家族に政府がどんな償いができるというのだろうか。保障額は犠牲者の年齢や収入といったものに基づき、受取人によって異なったものにすべきだというのか？　そのような質問は人を当惑させ、その決定は著しく困難だろう。

本質的

　神聖なものは、本質的な意味を備えている。私の観点からすれば、我が子の存在自体がまさしく神聖なものなのだ。本質的な価値は子どもたちの中に存在しているのであり、子どもたちに対する私の信念の中に存在しているのではない。人は神聖なものの意味を、畏敬の念の対象であり本質的な形だと見なしている。

犯すことができないもの

　神聖なものにはあらゆる面に無限の価値があるため、一部でも侮辱すれば、全体を侮辱したことになる。誰かが聖書やコーランの10ページを燃やしたとか、たった一語を削除したといったこと自体が重要なのではない。違反行為そのものが神を冒瀆することなのだ。聖なるものへの攻撃を「些細なもの」として片づけてしまえば、攻撃の事実がすべて無視されることにもなる。立腹した集団[6]にとって、どれほど小さなことでも冒瀆行為は途方もなく大きなものに感じられるのである。

神聖なものへの強い信念は人によって異なる

　私にとっては「聖なる本」でも、あなたには単なる物語としか映らないかもしれない。偶然にその本を踏んでも、あなたは平然としているかもしれないが、私は同じことをしたら心から恥ずかしく思い、罪悪感を覚えるだろう。神聖なものに関する限り、人は自分にとっての真実こそが本物の真実だと心から信じている。

　あなたにとっての神聖なものを私が攻撃し、究極のタブー（あなたが心の底から真実だと思って尊重しているもの）を破ったとしたら、たちまちコンフリクトが起こるだろう。家族の縁を切られることから、ファトワー（死刑宣告）にいたるまで、あらゆる結果が生じるだろう。私は、畏敬の念を払われるべきあなたの神聖な領域へ、「ほかとは区別され、禁じられている[7]」空間へ不法侵入してしまったのだ。

　サルマン・ラシュディは小説『悪魔の詩』の出版で、身をもってそれを体験した。多くのイスラム教徒のコミュニティは、この小説のタイトルや内容を、イスラム教の教義に真っ向から反するものと見なした。それに対してラシュディは、制約されずに小説を書く自由がある、と反論したのである。この衝突の余波は強烈で、広い範囲に及んだ。ラシュディは殺してやるという

脅しを何千も受け、この小説は多くの国で禁書にされ、抗議は世界中で起こった。『悪魔の詩』が最初に出版されてから数カ月後、当時イランで最高位のリーダーだったアーヤトッラー・ホメイニがファトワー（死刑宣告）を下した。ラシュディは文学を、神聖なものの境界を探るための「特権的な領域」と見なした。アーヤトッラーにとって、これは神への冒瀆だったのだ。

「私は世界中の勇敢なる全イスラム教徒に告げる。イスラム教に反して、イスラムの預言者やコーランに反して執筆され、編集され、そして出版された『悪魔の詩』の著者に対して、この本の内容を知っていたすべての編集者や出版に関わる人間とともに死を宣告する。世界のどこにいようとも遅滞なく彼らを殺すように、すべての勇敢なイスラム教徒に私は呼びかける。イスラム教の聖なる信義を今後いかなる者も侮辱できないように。この大義において殺された者は、誰でも殉教者となることがアッラー[8]のご意志である」

ラシュディと妻は何年も姿を隠し、散発的に起こった暴力事件は解決への希望を絶った。だが、著述の自由[9]についての姿勢にラシュディが妥協することはなかった。

ラシュディの本に反対する多くの者もその姿勢を変えなかったので、神聖なものに対する真逆な見解をどうやって一致させるかという難題には答えが出ないままになった。そもそも、一致させることは可能なのだろうか。

神聖なものに折り合いをつける際の障害

神聖なものへの攻撃に対処する最高の戦略は、防止である。神聖なものをめぐるコンフリクトの犠牲者になってしまうよりも、「神聖なものについて折り合いをつける」ための行動を事前に起こそう——異なった見解に協力し合って取り組むのである。

この重要な課題を特に難しくしている障害をいくつか挙げよう。

▼ 1. 神聖なものに無自覚である

　誰かにとっての神聖なものを、無意識のうちに攻撃してしまっているかもしれない。あるビジネスウーマンが、重要な顧客からの大事なメールに返信するのを忘れていた。顧客は彼女に電話をかけてきて怒鳴った。ビジネスウーマンは謝罪し、10代の息子が脳震とうを起こしたばかりだったのだ、と説明した。そんな事情を知らなかった顧客は、今度は反省の意[10]を表明したのだった。

▼ 2. 神聖なものと現世的なものを混同している

　あなたがあるディナー・パーティーを主催したとする。招待客のひとりが到着すると、微笑してあなたをハグし、30ドルを手渡す。「店に立ち寄る時間がなかったんですよ」彼は説明する。「買おうと思っていたワイン[11]の値段がこの金額なもので」

　友人の行動は本質的に善意のものだ。あなたの親切な招待に、彼は感謝の意を示したいと思っている。それは合理的でもある。ワインに払おうと思っていた金額を差し出しただけでなく、好みではないかもしれないワインをもらうよりは、自分の好きなものを購入できる選択肢をあなたに与えているのだ。しかし、彼が手に押しつけてきた札束をあなたは好ましく思わないかもしれない。「肝心なのはお金ではなく、気持ちなのだ」と。

　しかし、その客が、この1週間は妻が不在で、おまけにいちばん下の子どもがインフルエンザにかかりどれほど忙しかったかと詳しく話すのを聞くうち、あなたはこう認めるようになるだろう。彼は生活が今これほど混乱状態にあるのに、何か贈り物をしなくてはと一生懸命気にかけてくれたのだ、と。だったらなぜ、この状況はこんなにきまりが悪いものなのだろうか。

　狭義で捉えれば、神聖なものと現世的なものが対立する状況を示している。

人がある行動を実行しようと思うこと——たとえば、主催者にプレゼントを持っていくこと——自体は聖なる行動なのだが、現金を差し出すことは現世的な行動の特徴だ。そのため、ディナー・パーティーでプレゼントとして30ドルを手渡す行為は、相手を当惑させる方法であり、聖なる世界と現世を混同しているというわけである。

　もっと大きな尺度で考えれば、このような2つの領域を曖昧にさせることは道徳的な怒りへつながりかねない。

3. 神聖なものへの当然の敬意を払い忘れる

　神聖なものをめぐって人々が対立しているとき、どちらの側も相手の聖なる信義へ敬意を払うまいとする傾向がある。そんなことをすれば、自分自身のアイデンティティを危険にさらしかねないと恐れるせいだ。その結果、相手が神聖だと見なしているものを正しく評価せず、自分が貶められたと双方が感じることになる。

4. 神聖なものへの妥協を拒む

　神聖なものは絶対的な存在を呼び起こし、絶対的な違いは妥協などできないと思える。

　エルサレムでのコンフリクトについて、あなたがイスラエルのユダヤ教のハシド派に答えるという状況を想像してみよう。嘆きの壁を半分に分ければいいだけだと、答えるところを。同様に、東エルサレムに住む敬虔なイスラム教徒に、アル・アクサ・モスクを手放しさえすれば、問題は解決するだろうと提案することを思い浮かべてみよう。このような非現実的な提案は、それぞれの聖なる領域やそれを崇拝する人々に適切な敬意を払わないものであり、決裂するだけだろう。神聖なものは、コンフリクトに対処する[12]ための妥協が耐えがたいと思わせるだけの力を持っている。

図表8-1

障　害	戦　略
1. われわれは神聖なものに無自覚である	**1.** 神聖なものに対して敏感になる
2. われわれは神聖なものと現世的なものを混同している	**2.** 神聖なものを現世的なものから取り出す
3. われわれは神聖なものへの当然の敬意を払い忘れる	**3.** 両者が神聖だとしているものを認識する
4. われわれは神聖なものへの妥協を拒む	**4.** それぞれの側のアイデンティティの領域内で問題を解決する

神聖なものと交渉するための戦略

　神聖なものをめぐるコンフリクトに効果的に対処するためには、前述したような障害を克服することが求められる。以下で、そのための戦略を見ていこう。

▶ 1. 神聖なものに対して敏感になる

　神聖なものへの攻撃は、ラシュディの小説の例のように認識しやすい場合が多い。もし、誰かがファトワー（死刑宣告）をあなたに発したなら、間違いなく神聖なものが危機にさらされている。このことについて協力し合って

交渉するためには、神聖なものへの攻撃を避けるように努力しなければならない。これには、各集団が神聖だと思っているものに対して理解に努めることが大切だ。そうすれば、互いの境界線に敬意を払える[13]。

　神聖なものは何かを決定する最善の方法は、第3章で紹介した5本のアイデンティティの柱をじっくりと検討することだ。すなわち信念、儀式、忠誠、価値観、感情的に意味のある経験である。次ページの図表8-2を見直すことから始め、あなたのコンフリクトにおいてはどの柱が神聖なものなのか考えてみよう。たとえば、霊的信仰が危機にさらされていると感じるだろうか？あなたが忠誠心を抱いている親友、あるいは家族が何世代にもわたって行ってきた儀式が危険にさらされているのだろうか？

　それから相手側の視点に立ち、危険にさらされていると彼らが感じていそうな、もっとも神聖なものの柱は何かを思い描いてみよう。彼らと会ったとき、こんなふうに尋ねてもいい。

「このコンフリクトでもっとも危険にさらされているとあなたが感じるものは何ですか？」

　タブーの問題を議論することは、そのこと自体がタブーであるがゆえに難しいが、いったん親密な関係が築かれたら、神聖なものは人々が議論したがる話題である。

　相手がもっとも情熱を傾けている問題に耳を傾けよう。私の友人に、ほぼどんな問題についても個人的なフィードバックを受け入れる人がいる。知性や性格や服の趣味を過小評価されても気にしないが、彼女の人生で聖なる意味を持っているふたりの子どもを批判されると、激しい怒りを爆発させることを相手は覚悟しなければならない。

　さらに、相手が確固として持っている信念に目を留めよう。神聖なものに関する信念と価値観は人間のアイデンティティの核となる要素で、その人にとって自明の事実であり、議論の余地のないものなのだ。熱心な戦争提唱者は戦争のプラス面を、熱烈な平和主義者と同じくらい力を込めて議論するかもしれないが、どちらかの事例が強いという場合でも、双方とも自分の信念から離れないだろう。

図表8-2 | アイデンティティの柱を検討する

あなたが脅威を感じるのは…
1. 神聖な信念…… 活気のある文化的な、宗教的な、または社会的な信念？
2. 神聖な習慣…… 意味のある活動、精神的な実践？
3. 神聖な忠誠…… 友達、家族や政治的仲間に対する熱烈な忠誠？
4. 神聖な価値…… 胸の奥深くにある理想や原理？
5. 神聖な経験…… あなたのアイデンティティーを一体的に定義する、感情的に意味のある経験？

　相手が語ること、どんな人間で、どんな出自で、何が目的か[14]について、もっとよく知ってほしい。たとえば、相手の民族的伝統を理解するにつれて、彼らの価値観（懸命に働くことや神への信仰や親族だけを信用する[15]ことなど）が探り出せるかもしれない。さらに、組織や民族的集団や国家を行動へと駆り立てる超越的な理想にも耳を傾けよう。彼らは自分たちの遺産として、組織の中やこの地上にどんな信念や価値観を残したいと熱望しているだろうか？

　相手がきわめて神聖だと見なしている物理的な空間に対する認識を高めよう。神聖なものには限りがないとはいえ、人間はモスクや教会やシナゴーグといったさまざまな物理的な場所を聖別しているのである。こういった方法では、学校や病院さえも神聖なものとして認められる。なぜならこういったアイデンティティの聖域は、聖なる信仰としての機能を果たし、相手の冒瀆によって道徳的な怒りを呼び覚まされる[16]からである。たとえば、そもそも放火は許されない行為だが、宗教的な寺院が入った建物が放火されたら、コ

ミュニティの感情が壊滅的な衝撃を受けるだろう。

同様に、神聖なものはやがて大聖堂に具現化されたり、聖別された活動[17]のために確保される特定の期間に具現化されたりする。相手の聖なる時間（祝日や、犠牲者を偲ぶ日や祈りの期間）について学べば、彼らの性質を定義している儀式や価値観に関する知識を得るだろう。たとえば、安息日を守る人々は、安息日には休息を取り、リラックスし、日々の懸案事項から心を解放することが求められる。ある時代の大聖堂を尊敬しないことは、神聖なものへの攻撃の一例だろう。夕食をともにとるという儀式を重んじている家族なら、あなたのティーンエージャーの子どもがはからずも参加しないことは、神聖なものへの攻撃だと思われるかもしれない。神聖化された家族の時間を無視する態度とみなされるためである。

▌ 2. 神聖なものを現世的なものから取り出す

最近、私の親戚のクレアは、ある深刻なジレンマに直面した。彼女は郊外の小さなコミュニティに住んでいて、100エーカー（※東京ドームの約8.7倍）の森林を所有している。才気あふれる弁護士のクレアは、その地域のネイティブ・アメリカンの家族たちの戦いに、無料で法的なサービスを提供することに人生を捧げてきた。それは、クレアが絶えず破産の危機に瀕しかねない献身である。

あるエネルギー会社が天然ガス井戸を掘削していて、クレアの地所内のガスを入手するために10万ドル近い一時金と、市場に提供されるガスのうちの何パーセントかを支払うと申し出た。この申し出を受ければ、クレアは必要な収入が得られるが、その土地の神聖さに関する、心の奥にある信念——そして、まさに彼女が助けている人たち——が冒瀆されてしまうだろう。クレアはどうすべきだろうか？

重要なものと神聖なものを区別する

第一に、クレアは自分の心の中を探って、彼女にとっての土地の価値を評

価し、自分の感情を明確にする必要があった。その土地は重要なのか、偽りの神聖なものか、それとも神聖なものなのか？　あるいは侵すべからざる神聖なものなのか？

　もし、ただ重要というだけなら、クレアは経済的な利益を得るためにガス会社と契約するのは妥当だと感じるだろう。

　もし、その土地が「偽りの神聖」（ハーバード・ビジネス・スクールの教授であるマックス・ベイザーマンとその同僚によってつくられた言葉）に当たるなら、なんらかの状況下[18]では本質的な価値があるものだろう。おそらく、ネイティブ・アメリカンの友人と交流している間はその土地の神聖さを感じつつも、個人的には現世的な懸案事項だと見なしているかもしれない。であれば、クレアはガス採取の契約をするように説得される可能性がある。

　もし、その土地がクレアにとって神聖なものなら、そこには本質的な価値があり[19]、採掘を許可することはそれに背くことになるだろう。にもかかわらず、この神聖な価値は交渉の範囲内にある。土地を犠牲にすることで、たとえば無料奉仕のような活動を続けるという、クレアのほかの神聖な価値に役立つかもしれないからだ。

　最後に、もしもクレアがその土地を侵すべからざる神聖なものと見なしているとすれば、それは究極の神聖さを持つことになるだろう。クレアは徹底的に土地にしがみつきたいと思い、どんな状況でも侵すべきでないと考える。クレアが天然ガス会社と契約する道はまったく考えられない。

　最終的に、クレアはその土地が自分にとって神聖なものだと結論づけた。感情面でも宗教面でも土地と結びついていて、そこには本質的価値があると信じたのだ。クレアはガス採取について考えれば考えるほど、考えること自体が恥ずかしいという気持ちが増したのだった。

　もし、金と引き換えに掘削を許可すれば、自分の誠実さが傷つけられるように感じるだろう。社会心理学者のフィリップ・テトロックはこれを「**タブー交換**」と呼んでいる。神聖な価値観を現世的な価値観[20]と交換するというものである。交換することを考えただけでも、恥ずかしいという気持ちが生まれかねない。というのも、比較するという行為自体が神聖な価値観を冒瀆

図表8-3

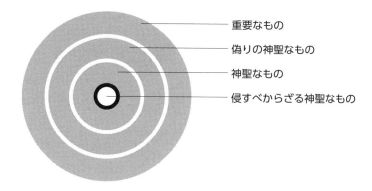

- 重要なもの
- 偽りの神聖なもの
- 神聖なもの
- 侵すべからざる神聖なもの

するものだからだ。この現象を哲学者のジョセフ・ラズは**「構成的通約不可能性」**と名づけた[21]。神聖なもの（土地）を現世的なもの（金銭）と比較することは、その行為自体が事実上、神聖冒瀆を犯している[22]というのだ。

実際、さまざまな決断の中には、神聖な価値観を世俗的な懸念と対抗させざるを得ないものもある。たとえば、政府は医療費（生命の聖なる価値のために役立つ費用）や、道路や建物の開発（便利さや秩序の上で、現世的な利益に役立つ費用）として、限られた資産をどのように割り当てるかを決めなければならない。家族においてさえ、神聖なものの信念を傷つけずに、限られた予算の配分を決めなければならないのだ。あなたは自分に一任された収入を、貧しい人の食事のために全額寄付しようとするだろうか。それとも、請求書の支払いはせずに、そのお金をガン研究の促進のために寄付するだろうか。

第8章　神聖なものに敬意を払い、攻撃してはならない

神聖なものか、現世的なものか、を再構成して考える

　もし、あなたの抱えるコンフリクトが、神聖な価値観と現世的な価値観とで対抗し、爆発性を秘めた混合状態なら、現世的な価値観を神聖なものとして、あるいは神聖な価値観を現世的なものとして見直してみよう。

　クレアは自分のジレンマのもとが、お金のために土地を犠牲にすることではなく、2つの聖なる価値観のどちらかを選ぶことにあると悟った。つまり、土地を守るのか、あるいは、貧困にあえぐクライアントを助けるのか、である。もしクレアが契約の締結を拒めば、土地を守るという価値観に忠実であることになる。だが、彼女の隣人らはみな、すでに契約にサインしたため、土地と井戸水が危機にさらされていることに変わりはない。一方で、もしクレアが契約にサインしたら、奉仕活動を継続できるし、土地に何らかの被害が与えられた場合の修繕について法的な保証が得られるのである。

　今やクレアのコンフリクトには聖なる価値観の破壊が含まれていた（フィリップ・テトロックは、このような状況を**「悲劇的な交換」**と名づけている。1つの神聖な価値観を選ぶことが、もう1つの神聖な価値観を損なうことになるからだ）。結局、クレアは今後も確実にクライアントを助けられるように、契約にサインした。神聖な価値観を超えるコンフリクトとして状況を再構成することは、単に言葉による戦術ではなかった。それは真に危機に瀕しているもの[23]を明らかにしたのだった。

　神聖な価値観を、ほかの聖なる価値観と対立させると、議論が絶望的に行き詰まってしまう危険がある。もしも、ある船が沈みかけていて、救命ボートにはあとひとりしか客を乗せる余地がないとしたら、生き残るのはあなたの子どもだろうか？　それとも、ほかの客の子どもだろうか？　それは事実上、不可能な質問だ。これに答えられる究極の基準などないからである。

　しかし、神聖なものを超えるコンフリクトを、実際的な問題に変換することで、それを解決できる可能性が出てくる。救命ボートのたとえで言うなら、質問は「どちらの子どもに、より価値があるか？」から「子どもをふたりとも助けるには、どうしたらいいか？」へと変換されるだろう。神聖なものを現世的な言葉に言い直すことによって、固有の価値を決定しようとする問題

を避けられるのである。

3. 両者が神聖だとしているものを認識する

　相手の気持ちを、博物館になぞらえてみよう。あなたのゴールは、相手の聖なる芸術品や歴史的な財宝、プライド、恥をかいた思い出の品を認識することだ。博物館に入って絵画を並べ替えたりしないのと同じで、彼らが神聖だと考えているものを変えようとしてはならない。相手が信じているものを分かち合えないとしても、彼らが信念として持っている畏敬の念に敬意を払うことはできる。

　子どもにどの宗教を信仰させて育てるかをめぐって口論している夫婦を想像してみよう。夫は妻の信仰に子どもを結びつけたくないが、妻の信仰への恭順を認識するために、こう言うことはできる。

「ぼくたちの意見は違うけれど、きみが自分の価値観にとても敬意を払っていることや、それを子どもたちに伝えることを非常に重要だと思っていることはわかるよ」

　この言葉は、夫が妻の聖なる信仰を知っていることを示し、それは、妻の価値観について、あるいは彼らの価値観をどのように一致させるかについて、さらなる議論を開始させることにつながる。

　あなた自身の神聖な価値観を損なわずに、相手の神聖な価値観に敬意を払う助けとなる方法を2つ挙げよう。

「神聖なものの言葉」を話そう

　社会学者のデュルケームは、われわれが冒瀆するというよりも、神聖なものを意味がまったく違う世界に投げ込んでしまうことを示した。1杯のワインはただのワインにすぎないが、ミサに出席するキリスト教徒にとって、ワインはキリストの血を象徴する。聖体拝領用のワインを単に飲み物として扱えば、神聖なものを攻撃したことになる。

　世俗的な言葉は、具体的な現実と計測可能な価値に焦点を当てる。対照的

図表8-4 | 「神聖なものの言葉」とは?

世俗的な言葉を話す	神聖なものの言葉を話す
「価値最大化」に注目せよ。	名誉ある価値観に注目せよ。
お金のように目に見える利益に注意を向けよう。	対立を煽っている道徳的、感情的、精神的な価値観に関心を向けよう。
取引の条件をめぐって議論せよ。	苦痛やプライド、神聖なものとのつながりについて議論せよ。
お互いの相手への「貸し」について議論しよう。	それぞれの側の見解を称賛しよう。
具体的な譲歩をせよ。	謝罪や、攻撃を弱めるような行動のように象徴的な譲歩を申し出よ。
世俗的な法やルールに基づいて議論せよ。	社会的ルールや精神的な規範、宗教的な指示、儀式を用いて相手を説得せよ。
商品の交換として議論を組み立てよう。	相互理解を深めるものとして議論を組み立てよう。
利益に関して直接やり取りせよ。	神聖なものへの感情を表すため、隠喩やほかの間接的な方法を利用せよ。
信頼を築くために契約書を作れ。	時間を取って、信頼を築くための親密な個人的なつながりを作ろう。
具体的な問題に集中しよう。 (例:彼らは核兵器を持つべきか?)	感情的、文化的、精神的な懸念を探ろう。 (例:X国は文化的な誇りと国家的な自律性の維持を望んでいる)

に[24]、神聖なものの言葉は、因果関係の論理という拘束の外に存在する「象徴的な価値」というテーマに集中している。それは対象に最善の敬意を払えるよう、特別な語彙を必要とする。だから、相手が神聖だと扱っているものについて話すとき、彼らが信じているものへの敬意を表すために、言葉の選択をよく考えよう。

　相手の神聖な価値観をあなたが認識していることを示すと、彼らはこちらの神聖な価値観をもっと受け入れてくれるようになるだろう。自分が神聖視しているものとその理由を理解してもらえるように手を貸そう。単に神聖な価値観を並べ立てるよりは、個人的な物語として表すといい。こうした価値が、あなたにとって初めて特別な意味を持ったのはいつだったのか。それを神聖なものとして認識させたのは何だったのか。生涯にわたる信仰か、子ども時代の経験か、それとも直感か？

神聖なものの共通点を見つけよう

　神聖だと考えているものを誰かに冒瀆されたら、あなたの**「象徴的な不朽」**の感覚（自分の思考や信仰や価値観や家族[25]を通じて、この世を去ったあとでも生き続けるという感覚）を破壊されてしまう。もし敵が、寺院や信仰にとってもっとも神聖な[26]本を破壊したら、あなたは人生における究極の苦痛を経験するだろう。

　しかし、「象徴的な不朽」は人とつながるための機会も提供してくれる。あなたと相手には食い違う信念が多いとしても、神聖なものにおける共通の基盤もあるかもしれない。自分たちの子どもをどちらの宗教に基づいて育てるかで口論していた夫婦の例を思い出してみよう。このカップルはどちらも、子どもの人生に宗教的要素を求めているのだ、という事実に慰めを見出せるだろう。

　あなたと相手が神聖なものと捉えている人間関係や出来事、原理を、はっきりと認識するよう努めてほしい。たとえば、民族政治的な紛争を解決するために会談している交渉者たちは、すべての子供たちの未来が神聖なものとされている原理に協力して尽力するかもしれない。同様のアプローチは、ア

ンワル・サダト大統領によって用いられた。彼はエルサレムのアル＝アクサー・モスクとイスラエル国会への歴史的な訪問を、「真に神聖なもの」と定義した。確かに、この枠組みは「キャンプ・デービッド合意[27]」の共同交渉のための政治的なスペースを確保する上での助けとなった。

4. それぞれの側のアイデンティティの領域内で問題を解決する

神聖なものの問題を解決するには、それぞれの側が、アイデンティティを固定したものと見なすか、流動的なものと見なすか、あるいは2つのものの結びつきと見なすのか、を理解しなければならない。私はこの概念を「アイデンティティの領域」と呼んでいる。そして相手のアイデンティティの領域内であなたのコミュニケーションを構成することで、交渉の有効性は強化される。

相手の「アイデンティティの領域」にあなたのメッセージを合わせる

数年前、ある著名な国際弁護士が私に話してくれたことがあった。中東で自爆任務を実行しようとしていたティーンエージャーとの面会を手配したことがあるという話だった。弁護士はその少年にこう話すつもりでいた。「もしきみが自爆テロ犯になれば、1日か2日は新聞記事になるかもしれない。しかし、今後の人生の70年間を、地域の教育や人権の向上、あるいは経済的繁栄のために捧げれば、途方もない違いを生み出せることを考えてみたまえ」と。しかし、その面会は実現せず、伝えられないまま終わった。

弁護士の主張は理にかなっていたが、私はそれに違和感を覚えた。自分が殉教の瞬間に備えているティーンエージャーだと想像してみた。聖なる任務に就いて、コミュニティを支えることや自分のメンターたちの励ましという興奮を大いに楽しみながら、天国へ迎えてくれるファンファーレが鳴るのを待っているのだ、と。それから、任務に取り組むことに反対し、理にかなった主張をしている、あるアメリカ人の弁護士と向かい合って座っている自分

を思い描いた。

　確かに立派な主張ではあるが、実際のところ、理にかないすぎているという結論に私は達した。それは少年のアイデンティティの領域を考慮に入れていなかったのだ。つまり、少年が、世界における自分自身をどう見なしているかについて、である。弁護士は世俗的な言葉を話していたのに対して、少年は神聖なものの言葉で答える可能性が高かっただろう。聖なる言葉を世俗的な主張と戦わせても、ほぼ間違いなく効果はないと証明される[28]はずだ。

　相手のアイデンティティの領域に自分のメッセージを合わせれば、もっと相手に影響を及ぼせるようになるだろう。私の考察によれば、人々は自分のアイデンティティを次の4つの領域の1つに位置づけることが多い。その領域とは、「原理主義者」「構成主義者」「無我の人」「量子的な人」である。

・**原理主義者**：アイデンティティは、自分でコントロールできない[29]力によって固定され、支配される、と考える。自然の法則や神の意図が、個人の存在[30]を決定する。毎日の生活を例にして考えてみよう。妻は、夜型人間の私に対して、もっと早く起きて、自分や、学校へ行く前の子どもたちとの時間を取ってほしいとしばしば頼む。私のほうは、私と過ごすためにもっと遅くまで起きていてほしい、と朝方人間の妻に頼んでいる。だからこの問題についての私たちの議論は堂々巡りで、どちらかが降参とばかりに両手を上げてこう言うことになる。「私はあなたを変えられないし、自分が変わることもできない」

・**構成主義者**：アイデンティティは絶えず発達し、社会的に構成されると考える。他人との交流や内省を通じて自分のアイデンティティをつくる。神聖なものは神聖な本質を持たない[31]し、聖書のような対象物も固有の神聖さを持たない。本を、紙の束から神の教えが染みこんだ何かへと転換しながら、本における意味を生み出すのは個人である。

　原理主義者にとって、現実とは人間の影響力の外に存在する絶対的なものである。構成主義者にとっては、現実は見る人の目の中に存在するもの

なのだ。

・**無我の人**：永続的なアイデンティティなど存在しない、と考える。「思考する人がいない思考」である。漂っている感情と本質がない思考を備えた、意識的な殻なのだ。この領域は仏教徒の「無我（アナッター）」という言葉に基づいている。これは、われわれが非自己として、自己というものの幻覚として、絶えず発達する意識の流れとして存在している、という考えに言及したものだ。

　心理学者のウィリアム・ジェームズの言葉では、人は「私（I）」の経験による世界に住む「純粋我」（絶対我）なのである。ブッダによると、「無我」は次の考えに基づいている。すなわち、「形は自己ではなく、感覚は自己ではなく、知覚は自己ではなく、群れは自己ではなく、意識は自己ではない」のである。無我は、アイデンティティを人生という海の中で変化する波として経験しながら、付属の物質世界を超越している。

・**量子的な人**：アイデンティティとは自然と育成との組み合わせである、と考える。根本的な精神的信仰や生物学的信仰が、多数の可能な自己のためにお膳立てをする一方、社会的な力は個人のユニークな意識を構築している。アイデンティティは固定的であると同時に流動的で、あなたは神聖なものをこれと同じ観点から考える。聖なる書には固有の意味と同時に、構成された意味が備わっている。あなたは聖なる書に神聖な意味を植えつけ、そのお返しに今では固有の意味を持つようになった聖なる書を崇めるのである。

　これらの4つの領域に厳密な境界線はなく、個人の領域はそのうちに変わるかもしれない。神聖なものを交渉するからといって、相手のアイデンティティの領域を正確に分類しなければならないわけではない。むしろ、感情的に反響する言葉であなたのメッセージをしっかりと組み立てるため、相手のアイデンティティの領域を測らなければならないのである。指針としては、

図表8-5

アイデンティティは社会的に作られているか？

		No	Yes
アイデンティティは 固有か？	Yes	原理主義者	量子的な人
	No	無我の人	構成主義者

たとえば、相手がアイデンティティの原理主義者の領域にいるなら、神聖なものの問題を彼らの信条や絶対的なものという背景の中で議論するといい。その一方で、相手がアイデンティティを量子的な枠組みで見ていたら、神聖なものの問題を解決するためには絶対主義者の議論と、創造的な選択肢の両方について、より自由に話し合えるだろう。

　自爆テロ未遂の少年との会話において、弁護士の助言（少年にはこの先、彼が影響力を与えられそうな長い人生があるということ）は洞察力に富んでいたが、アイデンティティのもっとも適切な領域には踏み込めていなかった。弁護士はその少年が量子的な人だと推測し、進路を変える方法について創造的な考え方を受け入れるタイプだと思ったのだ。

　しかし、少年を原理主義者として想像するなら、弁護士のメッセージを、神聖なものの言葉へ置き換える必要がある。いきなり少年の未来について話すのではなく、少年がそういう神聖なものを信じる理由、とりわけ彼がもっ

とも重要だと思っているものは何かについて、弁護士は最初に調べられたはずだ。少年のイスラム教の解釈や、イスラム教が彼に命を捧げるように仕向けた方法を探ることもできた。そのために死んでもいいと思わせるほどの文化的な圧力や家族の圧力はどんなものかを尋ねることもできた。少年の根本的な信念と価値観といった神聖なものの領域へと会話を導くことによって、絶対主義者の宗教的な真実という別の解釈を彼に探らせることもできた。少年の精神的な教義に敬意を払い続けながらも、新しい解釈の方法を紹介しながら。

　原理主義者の信念を持つ人々との交渉は交渉者にとって難しいが、原理主義者にとっても難しい。皮肉なことに、彼らのイデオロギー的な強迫観念が、あなたと交渉するための自主性を制約しているのだ。柔軟性に欠けるアイデンティティが彼らをそのアイデンティティに押しこめてしまっているため、なおさらあなたの言葉を彼らの領域に合わせることが不可欠なのである。

▼　亀裂に橋を架けるための選択肢を考える

　一旦あなたのメッセージを相手のアイデンティティの領域に適応させたら、実質的な亀裂に橋を架けるための選択肢を考えよう。そのために役立つ例を挙げよう。

（a）建設的曖昧さに頼る

　神聖なものの違いを調和させるための実際的な方法は、双方がそれぞれのアイデンティティの領域内で解釈できる同意に達することである。アメリカの元国務長官であるヘンリー・キッシンジャーはこれを「建設的曖昧さ」と呼んだ。

　私の友人であるヒンドゥー教徒のアールティーのジレンマについて考えてみよう。彼女と、婚約者でキリスト教徒のジョセフは結婚の準備をしていた。たいていのヒンドゥー教徒の結婚式でもっとも重要なのは、火の前に立ち、浄化作用のあるパワーを呼び起こすことだ。しかし、アールティーの母親は、

キリスト教において火は、燃えている神聖な茂みを象徴するだけでなく、神の怒りも象徴することがあると知った。火はジョセフの家族を落ち着かない気持ちにさせるかもしれない。だが、それがないと、アールティーの家族にとって儀式の聖なる意味が消えてしまう。

こんなジレンマを解決するため、アールティーとジョセフは、キャンドルの炎の前で結婚の誓いをすることに決めた。この選択は、教会で神聖な儀式のためにキャンドルを用いる教会に親しんでいるジョセフにとっても受け入れられるものだった。そして、火が組み込まれていることでアールティーの家族にも、受け入れられた。それぞれの家族は各自が信仰している教義内で、キャンドルの意味を解釈できたのである。

(b)神聖なものの意味を再解釈する

神聖なものは、もっとも高次のパワーを通じて生じる、と見なされている場合が多い。人間に神聖な定めや崇高なインスピレーションを授けている神のような存在を通じて、ということだ。しかし、そうした存在——司祭、導師、ラビ、ほかにも精神的な指導者——でさえ、人間という存在の落とし穴になりかねない。多くの伝統では、彼らは信条や典礼や儀式を解釈する仕事を課せられている。つまり、こうしたものの解明は再解釈されやすい[32]ということである。

神聖なものをめぐるコンフリクトで、別の解釈を探れないか考えてみよう。「解釈学」として知られている[33]練習である。私は、ワリド・イッサによって共同開催された交渉に関するプログラムにアドバイスしているうちに、このアプローチの力を称賛するようになった。ワリドは、ベツレヘムのデヘイシャ難民キャンプで育ったパレスチナ人の教育者である。

1948年、ワリドの祖父はイスラエル軍がバイト・イータブの小さな村に近づいてくることを知り、一家で逃げ出した。それからほぼ60年後、19歳のワリドは大学に入るためにアメリカへ行く準備をしていた。出発する前、祖父はワリドに言った。

「おまえにあげられるお金はないが、これは私の持ち物でいちばん貴重なも

のだ」

　そしてワリドに錆びた金属の鍵を手渡した。それはまさしくバイト・イータブにあった家の鍵だった。

「私はこれを心臓のそばに持ち続けてきた」祖父は孫息子に説明した。「私をがっかりさせないでくれ」

　ワリドはこの贈り物をどう解釈していいかわからず、大いに悩んだ。はじめは、祖父は先祖からの家を取り戻してほしいのだろう、と推測した。しかし、毎日その鍵を見つめているうち、ワリドはそれがまったく別のことを表しているのだと考えるようになった。その鍵は、イスラエルと和解し、祖父のアイデンティティに敬意を払うことを促すシンボルだったのだ。鍵という物体を超えたもの、苦悩に満ちた過去を負ったもの、その精神に目を向けたおかげで、ワリドには新たな行動を起こす力が生まれた。

　彼はあるイスラエル人の教育者と共同で「シェーズ」を立ち上げた。それは大きな影響を与える交渉プログラムで、政府や民間企業における新しい世代のパレスチナ人やイスラエル人のリーダーを訓練するものである。

(c)それぞれに100%を与える

　私はかつて、幼い息子のノアにこう尋ねたことがあった。「同じものをふたりで取り合っていて、どっちにとってもすごく大切なもので、お互いにあきらめようとしなかったら、おまえはどうする？」　ノアはためらう様子もなく、私をじっと見て言った。「分けるよ」と。

　ノアの戦略は、コンフリクトの状況で見落とされる場合が多い。聖地や争点となっている地域をめぐる紛争は、多くの場合、死や破壊という結果をもたらしている。とはいえ、彼の無邪気な答えは鋭い。神聖なものの問題は、土地の一部や先祖伝来の家宝といったものの中で起きるのではなく、心の中で起きるのである。あなたは彼らと、土地や一族に伝わる指輪を分かち合うことに耐えられないのだ。協力して解決しようと取り組むことに耐えられないのである。

　しかし、妥協できそうにないと感じる事物や土地、愛情は、分かち合える

場合が多い。神聖なものへの攻撃に対処することができれば、調和の場がもたらされる。

たとえば、2つの国が全面的な権利を主張している聖なる土地を、どのように分ければいいのだろうか？　これは、エクアドルのハミル・マワ大統領が、ペルーのアルベルト・フジモリ大統領と、長年にわたる国境問題について交渉したときに直面した状況だった。どちらのリーダーも、ティウィンツァと呼ばれる地域を自国のものだと主張した。それでも最終的にふたりは、お互いが満足する解決策を見つけた。エクアドルはその土地、特に兵士たちが埋葬されている場所の所有権を獲得し、ペルーはそこの統治権を獲得したのだ。両国の大統領は、争点となっていた地域を国際的な公園とすることで合意した。そこでは双方の国の承諾なしには、いかなる経済的、政治的、軍事的活動も行われないことになったのである。

▶ 問題解決とアイデンティティに配慮する

神聖なものに敬意を払い、未解決の問題を解決しようと最善の努力をしたにもかかわらず、問題解決に集中しすぎて、神聖なものに関する懸念が最小限に評価されていると感じるようになるかもしれない。あるいは、お互いの個人的な苦情を理解することに対話が集中し、交渉が事実上、停止してしまう場合もあるだろう。

このダイナミックスに対処するための簡単な方法が、「ズーム・メソッド」である。カメラのレンズ越しに敵を見ているところを想像してみよう。問題を解決するために、コンフリクトの具体的な面にズームインしてもいいし、それぞれのより大きなアイデンティティへの懸念を論じるためにズームアウトしてもかまわない。いつズームインやズームアウトをすべきかを正確に把握することは、非常に有効なスキルである。

ズームアウトから始めるのが理にかなっている場合も多い。そうすることで、コンフリクトの中で、それぞれが個人的に危機にさらされている対象を分析できる。次に、各自の話をお互いに理解したら、個々の問題を解決する

ためにズームインしてみよう。会話が焦点からそれたり、あまりにも緊張感をはらんだりしたら、ふたたびズームアウトして、全員を1つにまとめるもっと大きな目標を設定し直そう。このように、変化するダイナミックスに注意を怠らないでいれば、神聖なものの問題を議論する中で、感情的な緊張感を緩めることができるだろう。

　神聖なものの交渉において最大の難題（怒りや恐怖、恥といった強烈な感情が生まれる理由）は、解決には犠牲が伴う[34]、という不愉快な現実である。相手と同意に達する場合は、自分の理想や神聖な価値観、大義のために戦った殉教者たちへの忠誠心を裏切っているのではないか、と感じることが多い。解決に達することができるのは、公益のための犠牲を考え、それがコンフリクトを継続することによる代償を上回る、という長所を認識するための、感情的、政治的なスペースをつくったときだけである。会話が展開するにつれて、犠牲のプラス面とマイナス面に関する議論にズームインしなければならない。それからズームアウトして、双方が究極の懸念に関与することの正当性を確認するのだ。

まとめ
summary

　神聖なものをめぐるコンフリクトは利害関係が大きく、譲歩などとても考えられないと思うだろう。そのような状況では、相手が何を神聖なものと見なしているかについて、敬意を払って認識し、現実に起きているコンフリクトを解決する選択肢を考えることが役に立つ。結局のところ、神聖なものをめぐるコンフリクトに完璧な結果は存在しない。犠牲を最小限にしながら、お互いの利益を生み出すことが課題である。相手が神聖なものと見なしている問題に気づくだけでも、大きく前進できるだろう。

図表 8-6 │ 自己診断用ワークシート

1. あなたのアイデンティティのどの側面が攻撃されていると感じるだろうか？
あなたの信念、儀式、忠誠、価値観、感情的に意味のある経験を考えてみよう。

2. 相手はアイデンティティのどの側面を攻撃されたと感じているだろうか？

3. あなたにとって神聖なものを相手にもっとよく理解してもらうためには、どうしたらよいか？

4. 相手にとっての神聖なものを、どうしたらもっとよく理解できるか？

5. 相手にとっての神聖なものをあなたも理解していると、どうしたら伝えることができるか？ 神聖なものを語るための言葉を考えるために、本章の図表を見直してみよう。

第9章
Use Identity politics to Unify

アイデンティティ・ポリティックスを用いて統一する

「人類の歴史というものはなく、あらゆる人間の人生のさまざまな歴史が山ほどあるだけだ。そのうちの１つは政治力の歴史である。これは世界の歴史へと引き上げられた」

——カール・ポパー【訳注：オーストリア出身のイギリスの哲学者】

次の３つのシナリオの共通点は何か、考えてほしい。

1.問題を抱えた結婚生活

友人のキャシーがあるとき、泣き声で私に電話をかけてきた。ジョーとの結婚生活が破たんしかけている、というのだ。

はたから見ている私には、どんなダイナミックスが働いているのかがわかる。キャシーとジョーとの性格の違いは乗り越えられないものではないが、彼らの両親が、意図的ではないものの、２人を喧嘩へと駆り立てているのだ。慰めを得ようとキャシーが電話をかけるたび、母親はこう答える。「あなたは絶対に正しいわ、キャシー。間違っているのはジョーよ——相変わらず身勝手なのね。正直言って、あなたが彼とよく暮らせるものだと思うわ」一方、ジョーの母親は息子の見解を支持し、キャシーを「難しい人」「頑固な人」としてはねつけてしまう。両親の支えが、キャシーとジョーの結婚生活を引き裂いている。

2.会社での衝突

ある多国籍企業は、リサーチ部門とマーケティング部門間の縄張り争いの最中にある。どちらの部署も、相手が生産性を邪魔しようと躍起になり、資源を“盗んで”いると思っている。次年度の予算の作成が始まると、双方の部署のリーダーはこっそりCEOと面談する。自分の部署が会社の“中心”であり、会社の資源をこちらに投資するほうが賢明だと主張するために。

3.不穏な状態

セルビアのスロボダン・ミロシェヴィッチ大統領は、コソボのガジメスタンに集まった多くの群集の前に立ち、軍隊への国家主義的な召集として、600年前のコソボにおけるセルビアの敗北を思い起こさせている。「コソボでの英雄的行為の記憶を永遠のものにしよう！」と、大統領は大声で言う。「セルビア万歳！　ユーゴスラビア万歳！　平和ときょうだい愛に万歳！」この演説がコソボ紛争へと通じるきっかけになったと信じる識者は多い。

前述の例のどれにも誘惑の5番目——アイデンティティ・ポリティックスが登場する。アイデンティティ・ポリティックスは、結婚における感情的な生活や組織の効率性、地域の治安を危険にさらしかねない。ほかの誘惑とは異なり、アイデンティティ・ポリティックスはトライブ効果を煽りながら、人々を操ったり分断させたりするために意図的に用いられる場合が多い。しかし、正しい戦略で武装すれば、アイデンティティ・ポリティックスを使って人間関係を向上させたり、コンフリクトについてお互いが満足できる結果に達したりすることができる。

アイデンティティ・ポリティックスとは何か？

人間は生まれつき政治的な動物である。それは、2000年以上も前の[1]アリ

ストレスによる見解だ。あらゆる言葉や行動が、他人に関する自分の政治的立場についてのメッセージを伝えている。あなたは上司といい関係に落ち着いたり、絆を強めるために友人を褒めたりするかもしれない。簡単に言うと、ポリティックス（政治）とは「誰が、何を、いつ、どうやって[2]得るか」についてのことなのである。

となると、アイデンティティ・ポリティックスは「政治的な目的[3]を進めるために、自分のアイデンティティを適切な場所に配置するプロセス」を指している。あなたは目標に到達する確率を高めるため、ある権力構造内の特定の個人や集団と組む。しかし、ある集団とはつき合い、ほかの集団とはつき合わないことによって代償を払う場合もあるだろう。こういったプロセス全体は政治的スペースの中で起こる——意思決定をするために人々が交流する社会的サークルで。そうした政治的スペースで最もなじみ深いのは政府だろうが、結婚や友情や職場といったものも、このスペースに含まれる。こうしたスペースはそれぞれ、誰が何を得るか——そして、どれほどの価格で得るか——をめぐる不和の機会を提供しているのだ。

本章の初めに挙げた3つの例を、もう一度見てほしい。政治的な目的に役立つように、人々が自分のアイデンティティをどのように位置づけたか——そして、どんな代償を払ったか——が今ではわかるだろう。

• キャシーとジョーの困難に満ちた結婚生活では、それぞれの母親がわが子を感情的な苦痛から守るものを探し（目的）、忠実な擁護者として自分を子どもに結びつけた（位置づけ）。どちらの母親も子どもの配偶者の懸念を正しいと認めず、わが子の正当性を強調したが、故意にではなくても夫婦関係を壊している（代償）。

• 会社の例では、リサーチ部門のリーダーとマーケティング部門のリーダーは財政的な資源をより多く得たいと熱望し（目的）、それぞれがCEOとこっそり面談して、組織にとって自分の部署のほうが重要だと主張した（位置づけ）。しかし、彼らの行動は長年にわたる両者の不和を強め、組織の生産性を減らしたのであ

る（代償）。

• セルビアの例では、ミロシェヴィッチはより偉大なセルビアという自分のビジョンへの支持を集めようとし（目的）、コソボでの以前の戦いに関する演説を通じてセルビア人の愛国心を激励している（位置づけ）。しかし、ミロシェヴィッチはその地域の民族間の分界線をより明確にすることにもなった。その後に続いた暴動のせいで大勢の人民の命が失われ、ミロシェヴィッチは旧ユーゴスラビア国際戦犯法廷に引き出され、人道に対する罪を問われたのだった（代償）。

アイデンティティ・ポリティックスは、日々の暮らしのあらゆる段階で展開する。大抵の場合は、あまり目につかない背景で展開している。ティーンエージャーの子どもが親の新しい髪型を褒め（位置づけ）、お小遣いの値上げを頼む（「目的」）というように。だが、政治は不愉快な状況をつくり出す場合もある。たとえば、隣人が手づくりのクッキーを持って（位置づけ）あなたの家のドアをノックし、自分の息子があなたの会社で職を得られるようにしてもらえないかと頼んだ（目的）としよう。あなたは基本的にアイデンティティ・ポリティックスの陰謀を拒絶するとしても、こういう状況は避けられない。

また、今日の会議のために会議室へ向かうとき、あなたは誰の隣に座ろうと考えているだろうか？　誰の意見に最も注意を払うつもりだろうか？　純粋に実際的なレベルで、アイデンティティはあなたが接近する資源に影響を与えられるので、それが特権を得るための手段になることもあれば、あまり収穫がない場合もある[4]。アイデンティティ・ポリティックスに自分を合わせるようになるまで、あなたは知らないうちに他人に利用されてしまうリスクがあるのだ。

ポリティックスの落とし穴

不和を生じさせる政治の犠牲者になりかねない、さまざまな落とし穴に用心しよう（図表9-1）。

第一に、われわれは政治的な状況に気づかない場合があり、その結果、不当に利用されやすくなるということだ。自分の話を押しつけるリーダーがいるかもしれない――ミロシェヴィッチが自国にそうしたように――そして、自分たちと他者[5]との間の境界という感情をつくり出すかもしれない。第二に、人は「ネガティブなアイデンティティ」にしがみつく可能性があることだ。相手と対抗する存在として自分を定義し、相手[6]が提案するものを何でも拒絶するというアイデンティティである。極端な状況では、自分のアイデンティティのあらゆる外観を失い、相手に対抗する存在としての観点からしか、みずからを定義できなくなってしまう。第三に、人は意思決定のプロセスから疎外されたように感じ、ますます自分と他者との距離を広げてしまうということだ。最後に、人は不公平な政治的システムの中に囚われた人質のように感じるかもしれないということである。

本章ではここから、こうしたそれぞれの落とし穴に対処するための実際的な戦略を提案していく。

1. 政治的な状況をはっきり描く

あなたに対して策略を用いようとする人がいるかもしれないが、自分の身を守るための効果的な行動を起こす前に、まずは政治的な状況の詳細を意識すべきだ。誰が誰に影響を与えているのか、誰がトライブ効果を引き起こして解決を妨げる可能性があるのかを調べよう。

図表9-1 | ポリティックスの落とし穴と対処戦略

落とし穴	戦　略
1. 政治的な状況に気づかない	**1.** 政治的な状況をはっきり描く
2. ネガティブなアイデンティティにしがみつく	**2.** ポジティブなアイデンティティをつくる
3. 意思決定のプロセスから疎外されたように感じる	**3.** 包括的な意思決定プロセスをつくる
4. 政治的な人質のように感じる	**4.** 搾取されることから身を守る

▶ 政治的影響の2つの段階を探す

チンパンジーと人間には、共通点が多い。表面的には、チンパンジー族は優勢順位に従った構造になっていて、ヒエラルキーのトップにいるのは最強の雄であるように見える。しかし、著名な霊長類研究者のフランス・ドゥ・ヴァールはこの公式の構造と同時に、もっと非公式な権力の組織が存在していることを観察した。彼はそれを「影響を与える地位のネットワーク」と呼んだ。ドゥ・ヴァールはヒエラルキー的な構造を「はしご」になぞらえ、非公式な構造を「ネットワーク」になぞらえた。

人類もこれと同様に、政治的影響の2つの段階を進んでいる。この両方を認識し続ければ、コンフリクトを煽っている政治[7]をもっとよく理解するのに役立つだろう。

はしご：ボスは誰だ？

　大半の企業は、誰が誰に対して権力を持っているかを、全従業員が正確に理解した状態で組織されているだろう。社長がトップで、部下はさまざまな度合いの権力を持ちながらその下にいる。しかし、オフィスのように厳しく統制された組織の外では、正式な権力構造が必ずしも明確ではない。何年か前、私は当時6歳だった息子のノアにテレビを消して本を読むようにと命じた。ノアは怒った顔で私を見上げて尋ねた。「うちでは誰がボスなの？　パパ？　それともママ？」この質問は、筋の通ったものだった。ノアはもう少しテレビを見る時間を稼ぐため、家族の権力構造に抜け道はないかと考えていたのだ。ノアにとってはあいにくだったが、この状況では妻も私もボスだった。

　明確に決められていないときでさえ、影響力のはしごは重要と言っていい。アメリカ合衆国の大統領は「世界で最も権力を持つ人物」と呼ばれるときがある。巨大な軍と複合的な経済を預かっているからだ。しかし、大統領がエアフォースワンに乗って空を飛ぶとき、最も権力を持つ人は誰だろうか？機長だ。もっと一般的には、世界は影響力の多様なはしごによって支配されている。予算配分についてのCEOの決断に影響を与えたいのなら、最高財務責任者に狙いをつければ、最高の予算をもらえるかもしれない。

ネットワーク：協力者は誰だ？

　政治的な関係は社会的ネットワークによっても影響を受ける。それもインターネット上の友人、協力者、あなたがつき合ったり頼ったりしている知人によって。こういったつながりは結婚や家族によってつくられたものとか、社会組織の中における会員のように制度化されたものかもしれない。または仕事や友人同士のグループにおける支持者といった、形式張らないものの場合もある。

　適切な場所にいられるように賢く行動することは、政治的な大義を進めるのに役立つ。あなたは上司の配偶者と親しくなろうとするかもしれない。わが子が入学できる可能性を高めるため、大学に寄付するかもしれない。ある

いは、就職の世話を、広い人脈を持った家族に頼む場合もあるだろう。

　おそらくどんな言語にも「影響力」と同義の言葉があるはずだ。アラビア語には「ワスタ」という言葉があるが、大雑把に言って、ある決断に影響する社会的なつながりを用いる、といった定義がされている。中国語では「グアンシー」が、恩恵やサービスを求めることができる人間関係を意味している。スペイン語では「パランカ」が、良いコネを持っていることを示す言葉だ。タンザニアでは、ある外交官が「ウタニ」という独特な概念を私に教えてくれた。敵対している部族や村同士の「友好的で冗談が言える関係」をスワヒリ語で示すもので、そこでは「侮辱以外[8]は、ほぼどんなジョークを言ってもかまわない」という。こうしたアプローチのそれぞれが政治的な目標を促進する非公式な構造の例である。

　正式な政治が非公式な人間関係を推進する、としばしば考えがちだが、真実はその逆の場合が多い。裕福な人は裕福な人と仲がよく、権力者は権力者と親しい。こういった非公式なネットワークは、正式なヒエラルキーの中で称賛される地位に就くのが誰かということについて決定的な要素となる場合がよくある。

　社会的ネットワークがあなたのトライブとなる——当てにできる血縁関係のような仲間をつくるのだ。自由に友人を選び、彼らが本質的に最高の利益をあなたに与えてくれることを心得ておこう。最近CEOに任命された人物の例を考えてみよう。彼が最初に着手しなければならなかった仕事は、会社の一部を売却するか否かという決断を下すことだった。CEOは役員会のメンバーに助言を求めた。影響力というはしごでは、彼よりも地位が上の人たちだ。しかし、彼が信頼できる助言を当てにできたのは誰だっただろうか？賢明で忠実な重役補佐だったのである。

▶ 政治的な状況をよく認識し続けよう

　人は「認識の連続体」というものを持っている。一方では、たとえば配偶者の顔に浮かんだ怒りの表情のように、あなたがはっきりと気づくものがあ

る。他方では、自分が認識していることに気づかないものがある。

　たとえば、あなたがこの本を読んでいる今、背後には時計のカチカチという音や食器洗い機の音や、近くで話している人々の声が存在しているかもしれない。しかし、そうした物音にあなたは意識して注意を払っていないだろう。政治的な状況に関して何よりも効果的なのは、自分の認識に注意を払い続けることである。

▼　他人があなたのアイデンティティを形成しようとしているとき

　コンフリクトにおいては、アイデンティティを形成する人が支配的な物語をつくろうとする。これは政治的なキャンペーンで最も明白だろう。そこではリーダーたちが支持を得るために、大衆にアイデンティティの物語を押しつけようとしている。候補者は演壇に立ち、"われわれ"は今団結して、"彼ら"と戦わねばならないと宣言する。問題になっている重要な論点がどんなものであっても。

　アイデンティティを形成する人は、資源をめぐるコンフリクトを、アイデンティティ・ポリティックスというゲームに変えてしまう。どんな手を使っても、大衆を1つだけのアイデンティティに押しこめながら。

　もし、彼らがあなたのアイデンティティ形成に成功したら、探している商品を手に入れることになる[9]。つまり、あなたの忠誠心を獲得することになるのだ。ミロシェヴィッチ大統領の目的は、セルビア人に国家主義的なアイデンティティを抱かせることだった。その結果、彼の政治的な野心に奉仕する忠実な軍隊を効果的に動員できた。この国家主義的なイデオロギーをセルビア人の運命の聖なる部分として力説すればするほど、彼は支持者を得られ、反対者を沈黙させることに成功したのである。

　自分という存在についての物語に閉じこめられているように感じ始めたら、そんな状況に注意してほしい。組織では、アイデンティティを形成する人が、自分の目的のために他人のアイデンティティ形成を競う場合が多い。かつて私は仕事が楽しくないと感じていた経営幹部に助言したことがあった。彼は

最近昇進し、報酬が上がって、より敬意を払われることになったのに、不幸せに感じていたのである。高くなった地位のせいで、彼は部下が心から自分と親しくなりたいと思っているのか、それとも政治的な利益を求めてこびへつらっているだけなのかが、もはやわからなくなったのだ。こんな落ち着かない曖昧な感情が絶えず彼の心に呼び覚まされていたのだが、それに気づいたのはつい最近だった。この例でも、アイデンティティ・ポリティックスに関しては、認識が重要だとわかる。

相手の政治的な圧力に合わせる

コンフリクトにおいては、交渉相手が1人で活動している場合はまれである。ある人があなたとの交渉の席についたとき、その人は、結果に個人的な興味を持っている、"その場にいない誰か"と提携しているかもしれない。ロバート・パットナムはこれを「2レベルゲーム」と呼んでいる。相手が妥協に抵抗するのはあなたと関係がないかもしれない（レベル1）が、彼らの国内政治の圧力と関係があるかもしれない（レベル2）[10]というものだ。

ある国際的なコンフリクトで、2人のリーダーはダメージを受けた政治関係を個人的には修復したいと思っているかもしれないが、そのために彼らは政策策定者やさまざまな機関、利益団体や自分たちの相談役に関する、国内での多様な懸念を切り抜けなければならない。結婚生活におけるコンフリクトでは、キャシーとジョーの場合のように、それぞれが見解を求めて自分の親に相談するかもしれない。各関係者が相手の政治的な圧力に合わせれば合わせるほど、双方が実行可能な和解を考えられる位置にいることになる。

コンフリクトの中で相手の政治的な圧力を見つけるために、相手の立場に立ち、彼らが誰を喜ばせようとしているかを想像してみよう。この頭の体操は、ある会社と、ティムというコンサルタントとの困難なコンフリクトを解決するのに役立った。ティムは自分の業務に対する報酬を受け取っていなかった。彼は請求書を送った。それから再度、請求書を送り、その後にまた送った。送るたびに、会社のプロジェクト・マネジャーはさらに別の管理上の

要求をしてきた。「この規定に従った新しい請求書が必要です」「別の種類の請求書が必要です——償還価格を含めたものです」「償還価格を含めない請求書が必要です」と。

　報酬を受け取れない不満以上に、ティムはこうしたＥメールに激怒した。支払いが遅れているのはティムのせいだと言わんばかりのメールだったのだ。訴訟を起こすと多額の費用がかかるし、感情的にも疲れてしまうとわかったので、ティムは私に相談してきた。私たちはＥメールのすべてがティムに責任を問うものではないことに気づいた。ティムのせいにしているのは、プロジェクト・マネジャーの上司にメールのコピーが送られたものだけだった。どうやらプロジェクト・マネジャーは自分の管理上のミスを隠そうとしているらしかった。ティムのせいにすることにより、マネジャーは責任を果たしているように見えることを願っていたのだ。この政治的な策略に気づいたあと、私はティムにこうアドバイスした。プロジェクト・マネジャーの根気強さを称賛し（少なくとも、彼女はコミュニケーションをとることをやめようとはしなかったのだ）、それから彼女の上司に連絡して優先的に支払ってもらえないかと頼むようにと。１週間もしないうちに、ティムは小切手をもらった。

　同じ原則（相手の政治的な圧力に合わせること）は国際的な和解にも必須である。ハーバード・ロー・スクール交渉プログラムから、その年の「優秀交渉者賞」を与えられたとき、アメリカの元国務長官のジェームズ・ベイカーが確認したように。彼はソビエト連邦が崩壊後、アメリカがいかにして冷戦で勝利を宣言できたかに関する回想録を執筆した。しかし、ベイカーとジョージ・Ｈ・Ｗ・ブッシュ大統領は「われわれがすべきでないのは、勝ち誇ることだ」と決断した。自身の政党内で、勝利を宣言するようにとの圧力があったにもかかわらず、である。この２人のリーダーは、目標に目を向け続けた。つまり、国際的な安定を促進するため、長期的な協力関係を築くことにしたのである。もしもアメリカがコンフリクトにおいて勝利を主張したら、新生ロシア連邦のリーダーたちは内部からのより厳しい政治的な反発に直面しただろう。そして彼らの政治的権力は弱まり、アメリカとの交渉はもっと難しくなったはずだ。

妨害者に気をつけろ

　妨害者とは、コンフリクトを解決するための努力を台なしにしようとする人々だ。そして、彼らの武器庫ではアイデンティティ・ポリティックスが重要なツールである。解決よりもコンフリクトのほうが、彼らの政治的な利益にぴったりだからだ。

　不和状態にあったキャシーとジョー夫婦の母親たちのように、"無意識の妨害者"がいる場合もある。どちらの女性も悪意はなかったが、その行動が子どもたちの夫婦関係を不安定にしたのだ。それから"意図的な妨害者"もいる——同意をしきりに妨害したがる人たちである。業務の速度を落とす不満な従業員、和平の対談を弱体化させようとする政治的な集団などである。意図的な妨害者は、自分の労力を隠そうとし続ける場合が多い。匿名性が彼らにとって最大の武器だからである。

　初めのうち、妨害者はあなたの信頼を獲得しながら交渉プロセスを支持することがよくあるが、そののち、和平調停にいたる前に邪魔をするのだ。シェイクスピアの『マクベス』の芝居では、バンクォー卿がマクベスに警告する。「われわれを破滅させようとして、地獄の手先が真実を語ることがある。些細なことで目をくらませて、重大な結果でわれわれを裏切るのだ」と。

　妨害者を識別するためには、政治的な状況を調べて、和解によって自分のアイデンティティが脅かされると感じていそうな個人や集団を見つけることだ。妨害者は変化に抵抗する。彼らは権力のヒエラルキーでの自分たちの地位が落ちることと、影響力の大きい社会的サークルから疎外されることを恐れているのかもしれない。

　中規模のテクノロジー関連会社で急成長を経験したシニア・マネジャーのエイミーの例を考えてみよう。彼女は、上級技術者で20年にわたってスター的存在の従業員であるジャックが近ごろ常軌を逸した行動をとり始めたことに気づいた。彼はプロジェクトの締め切りに遅れ、「無能なマネジメント」についての噂を広め、苛立たしげな雰囲気で仕事に来た。ジャックは組織の

中で妨害者になっていったのだ。しかし、なぜだろうか？　エイミーは最近、ジャックのチームに若手の雇用者が加わったことに気づいた。自分と同等のスキルを持つ新しい従業員を、ジャックが政治的な脅威と見なしているのではないかとエイミーは思った。

エイミーとの面談でジャックは告白した。「あなたが私に代わる人を求めているんじゃないかと案じていたんです。この会社にとって、私は年をとりすぎましたからね」

エイミーは驚いてジャックにきっぱりと言った。「そんなことあり得ないですよ！　私たちはあなたを支える従業員を雇おうと役員会で決めたんです。あなたの代わりではありません。経営陣はあなたがすばらしい指導者になると信じているんです」エイミーはジャックの恐怖心をやわらげた。彼はいつもどおりの生産的な従業員に戻ったのである。

2. ポジティブな アイデンティティをつくる

コンフリクトの最中に、あなたは相手を負かすことに熱中しすぎるあまり、ネガティブなアイデンティティを帯びるようになるかもしれない。あなたはアイデンティティを、相手のアイデンティティとは反対のものとして定義する。典型的な例として、父親を軽蔑しすぎるあまり、無神論を受け入れて大酒を飲み始める反抗的な牧師の息子がいる。同じダイナミックスが、政治的な広告キャンペーンの特徴にも現れる。候補者が対抗馬のポジティブな面を分かち合おうとせず、業績を中傷するときである。ネガティブなアイデンティティを当然のものと思うなら、どんな平和的な解決も阻止されることになる。コンフリクトが解決した途端、あなたのネガティブなアイデンティティも存在しなくなるからだ。皮肉にもコンフリクトの解決のせいで、望ましい結果が存在への打撃に変わってしまう。

ネガティブなアイデンティティを帯びそうになる誘惑に対抗するには、意

識的にポジティブなアイデンティティをつくることだ。これには相手との関係（関係性のあるアイデンティティ）を向上させることが求められるし、ポジティブな言葉でアイデンティティを再定義しなければならない。

◢ "断固たるわれわれ"を強調する

　不和を生じさせる政治を克服するための最も強力な助言を1つ挙げるなら、コンフリクトが"共通の"チャレンジだと絶えず強調することだ。あなたVS相手ではなく、あなたと相手の双方が一緒になってコンフリクトを解決しようと試みることである。トライブ効果のせいでひっきりなしに分裂へ引っ張られそうなとき、協力の価値をさらに強調して戦わなければならない。私はこれを"断固たるわれわれ"と呼んでいる。

「トライブ演習」のことを考えてみよう。世界が救われるというめったにない瞬間での共通点は、合理的な説得力の魅力というものではなく、参加者の間の断固としたこだわりである。すなわち最終的なゴールは共通の目的、自分たちの世界を救うことだ、と。

　ある日、この教訓が私の心を打った。それはドアのノックの音に答えたところ、不安そうな隣人が立っていたときのことだった。「お聞きになりました？」と、彼女は震えながら尋ねた。「マラソン中にテロリストが攻撃したんですよ。メリッサが無事かどうかわからないんです」メリッサは、ボストン郊外にある私たちの街に住む、私も彼女も知っている隣人[11]であり、熱心なランナーだ。「まだ彼女から誰も連絡をもらっていないの」

　私は急いで家の中に入ってテレビをつけた。ボストンマラソンのゴール付近で2度の爆発があり、3人が亡くなって282人が負傷したという。私の胸はどきどきした。その日、ゴールのあたりにうちの息子たちを連れていくはずだったのだ。しかし、土壇場になって仕事の遅れを取り戻すために家にいることにしたのだった。

　それから間もなく、オバマ大統領が熱のこもった演説をした。彼はテロリズムについて話し、テロに対する戦いをアメリカがどのように再開するか

──国家としての私たちにとってネガティブなアイデンティティをつくりなが──を語ってもよかったはずだ。だが、その代わりに、オバマ大統領はポジティブな国家のアイデンティティをつくった。「共和党も民主党もない」と彼は言った。「私たちはアメリカ人だ。心を１つにして、私たちの同胞である市民を案じている」国家全体をトライブ効果へと引っ張りかねない状況にあって、オバマ大統領はトライブ効果に抵抗し、悲劇の未知の犯人を非難するかわりに、人々を団結させることを選んだのである。

▼ ポジティブな言葉でアイデンティティを定義する

ポジティブな政治には、あなたが誰でないかということよりも、あなたが誰であるかを明確にすることが関わっている。あなたの家庭や会社や組織や民族集団で、重要な価値観は何だろうか？　ポジティブなアイデンティティは、共通の目的や価値システムの中で人々を結びつけている。

ポジティブなアイデンティティをつくるために、自分を特徴づける価値観を明らかにし、実践してみよう。たとえば、ボストンマラソンの爆破事件のあと、オバマ大統領はアメリカ人の結束の価値と同胞への懸念を強調した。あなたの目標は、コンフリクトのあらゆる側にいる人々がポジティブに折り合えるための価値観を統合することだ。爆発後、市民はお互いを思いやるだろうというオバマ大統領のメッセージに、誰もが共感できるのと同じやり方で。

3. 包括的な意思決定プロセスをつくる

ポジティブな関係を築くためにあなたが懸命に努力しても、人々は意思決定のプロセスから除外されたと感じ、合意を妨害するために裏で画策するかもしれない。だからこそ、協力関係を支援するために、誰もがポジティブな

アイデンティティを維持できる包括的な意思決定プロセスをつくろう。困難な問題に建設的に取り組みながら。

家族が休暇でどこへ行ったらいいかという、簡単な問題を考えてみよう。決定するのは誰だろうか？　決定する人間を決めるのは誰か？　私の家族の場合、この問題のせいでたちまち誰かが腹を立てることになる。妻はカリブ海の島々でリラックスしたいと言うし、私は中東の砂漠が好きだし、子どもたちはディズニー・ワールドでジェットコースターに乗りたがる。うちの姻戚はぜひとも訪ねてきてくれと言う。だから、妻のミアと私は、ジレンマを解決するために以下のような簡単な方法を用いている。

▶ ECNIメソッド[12]

このプロセスは、包括的な意思決定のための手本を提供するとともに、権威の相違を説明している。まずは、次の3つの重要な問いを考えてみよう。

(1) 決定を下すべきものは何か？

(2) この決定に影響を与えられるのは誰か？

(3) 意思決定のプロセスにそれぞれの利害関係者にどれくらいの情報を提供すべきか？

利害関係者が妨害者になりそうだと思うなら、交渉プロセスの一部あるいは全部から除外したくなるかもしれない——が、拒絶されたと感じて彼らが報復しようとするかもしれないリスクをよく考えよう。

さて、1枚の紙に縦線を引いて3列に分けてほしい（図表9-2）。1列目には、するべき決断を書こう。2列目には、その決断が影響を及ぼす重要な利害関係者をリストアップしよう。3列目は、ECNIメソッドを用いて、どの利害関係者に次のようなことをするのか決めよう。

- 意思決定のプロセスから除外する（Exclude）
- 決断を下す前に相談する（Consult）
- 決断する前に交渉する（Negotiate）

図表9-2 家族間のジレンマを解決する

決定事項は何か？	関わっているのは誰か？	どの程度、情報を知らせるか？
家族の休暇を いつ取って、 どこへ行くか？	ミア	**N**
	ダン	**N**
	両親	**C**（行き先と日づけ）、**I**
	子どもたち	**C**（行き先）
	上司	**C**（日づけ）そして **I**（行き先）

情報を知らせる程度について
E＝この人物を除外する
C＝この人物に相談する
N＝この人物と交渉する
I＝あとでこの人物に知らせる

• 決断したあとで、それについて知らせる（Inform）

　ミアと私はある晩、休暇の交渉の一部を誰が担うべきか、単に相談される
だけ、または知らされるだけなのは誰にすべきかを論じ合った。図表9-2は、
私たちの考えの結果である。私は学科長に旅行の日程について相談し、その
ころには大学の主な会議が計画されていないことを確かめた。それから、ミ
アと私は両親と子どもたちと彼らの関心について相談した。そして最後に、
私たちは休暇先を交渉し、全員に知らせたのだ。夏にはブロック島【訳注：
ロードアイランド州の沖にある島】へ行って陽光や砂浜やハイキングを楽しみ、
それから冬の休暇をディズニー・ワールドで姻戚と一緒に過ごすことにした。
子どもたちが幼児の段階を過ぎるまでは、海外旅行をすべて延期することに
決めた。そして利害関係者の誰かがこの提案に反対したら、彼らと交渉する
ことで同意した。ECNIメソッド（除外し、相談し、交渉し、知らせる）を使う

ことで、私たちは意思決定の政治学を合理化し、すばらしい休暇を楽しんだのである。

▶ 多数のコンフリクト：集団

　多数の集団が対立しているとき、アイデンティティ・ポリティックスは不和に火をつけやすい。ある集団が意思決定のプロセスから政治的に除外されたと感じ、妨害者になりかねないという深刻なリスクがある。いい目的を誰もが持っていても、非常に多くの人々（各自が自分なりの利益を持っている）の間の交渉をまとめる、という挑戦そのものだけでも分裂につながりかねない。

　解決策は、人々を集めて扱いやすい規模の一団にすることだ。各集団にはそれぞれ代表者がいるので、誰もが政治的な意見交換に間違いなく加われる。

　たとえば、1人1人が自分なりの関心や期待を持っている、172カ国から7000人以上の代表者が参加するサミットで、国際的な環境政策の合意を得ることがどれほど難しいか想像してみよう。これがリオデジャネイロでの地球サミットの委員会議長であり、ハーバード・ロー・スクール[13]での交渉学で「優秀交渉者賞」を受賞したトミー・コーが直面した難題だった。コーは誰もが、自分は包括的な意思決定プロセスの一部だという自信を感じるべきだと知っていた。そこで、集団をまとめるための創造的な方法を発見した。このおかげで、1人の代表者が、相互の利益がある集団を代表して交渉することが可能になった。たとえば「石油や石炭の産出国」や「海水の上昇に脅威を感じている島国」や「熱帯雨林保護の擁護者」との交渉ができた。一旦7000人の代表者を扱いやすい数の代表者に分けると、コーは情報伝達と相談と、交渉のための政治的プロセスを明確にし、最も効果的な地球規模の巨大会議をプロデュースしたのだった。

4. 搾取されることから身を守る

ポジティブなアイデンティティを築こうとどれほど努力しても、人々があなたと反対のアイデンティティ・ポリティックスを用いる危険は常にある。そこで、危害からアイデンティティを守るために先回りした行動を起こすことが重要だ。ここでは、特に有益な3つの戦略を示そう。

▶ 心理力学を告発せよ──そして代案を提示しよう

自分が大切にしている人間関係を壊すアイデンティティ・ポリティックスがあると感じたら、その力学を告発しよう。そして、包括的な人間関係を実現する方法を提案するのだ。

キャシーとジョー夫婦のコンフリクトについて考えてみたい。それぞれの母親が一方的にわが子を支持するせいで、強い感情を引き起こしてしまった夫婦の例だ。キャシーは母親にこう言ってもいいだろう。「お母さん、私がお母さんを愛していて、応援してくれることに感謝しているのはわかるわよね。でも、私がジョーと喧嘩するたび、お母さんは彼の悪口を言うでしょう。そのせいで、ジョーへの私の怒りは激しくなるだけなの。この次にお母さんを動揺させるようなことになったら、私がジョーの視点からも物事を見られるように助けてくれない？」そんなことを言うのは勇気が必要だろうが、敬意と憎しみとの違い、あるいは最悪のシナリオの場合は、結婚と離婚との違いを生み出すだろう。

包括的な政治学を支持することは、国際的な領域での和解にも同様に役立つ。何年か前、私はヨルダンで個人的な会談の手助けをした。それはイスラエル人とパレスチナ人、さらにはもっと広い範囲のアラブ人のリーダーたちが、イスラエルとパレスチナのコンフリクトの解決を促進するためにさまざまな手段を議論したものだった。リーダーたちがその地域を安定させるため

に、より強力な保安機構の導入に関する戦略を議論していると、パネリストの1人だったアラブの元国家元首が腹を立てていきなり言い出した。「イスラエルは自国を囲む壁を用いて、もっと強くなるのか？　それとも、首都に22のアラブ諸国の大使館を置いて強くなるのか？」彼の指摘は議論を引き起こしかねなかったが、力強かった。包括的な政治学は、相手とのつながりという橋を架けられるものなのである。

▶ 構造的なパワーを強化する

　政治学はパワーに関するものであり、パワーはあなたという人間にではなく、社会的ネットワークや影響力のはしご上でのあなたの地位に存在している場合が多い。人はしばしば自分たちの社会的ネットワークや影響力のはしごにおける強力な個人と同盟を結んで、政治的な害を受けないようにする。上司の内輪のサークルでは、はしごの下段にいる従業員よりも、雇用がさらに保障されているのが普通である。

　もしあなたが、聖書に出てくるゴリアテと会うことになるダビデなら、構造的なパワーを強める方法を探そう。第一の方法は、政治的な連合をつくることだ。同じような意図を持つ人々を見つけ、力を合わせよう。たとえば冷戦中、多くの国が手を結んだ非同盟諸国機構は、アメリカ合衆国ともソビエト連邦とも正式には同盟を結ばずに対抗勢力としての役目を果たした。

　第二の方法は、相手への敬意を持ちながら、政治的な影響力のある場所へ置いてもらえるような役割を自分のために確立することだ。適切な例を挙げよう。女性と平和と治安のためのアフリカ連合の特使であり、私がコンフリクト阻止に関する世界的なカリキュラムを立ち上げたプロジェクトでの同僚でもある、ビネタ・ディオプの例である。彼女が詳しく話してくれたところによると、コンゴ民主共和国（DRC）で政府と反対勢力との間に紛争が起きたとき、まず犠牲になるのは女性で、彼女たちの多くは和平交渉に貢献したいと思っているのだという。そこでディオプと彼女の組織である「アフリカ女性の連帯」は年配のアフリカ女性のリーダーたちを動員し、当時30代半ば

だった[14]カビラ大統領と面会させた。彼女たちは、名声や年齢やジェンダーを政治的な強みとした。「あなたたちの母親や姉妹と同じように、私たちは平和によって動かされるのです」ディオプは大胆にも、カビラ大統領の注意を喚起しながら述べた。「そしてあなたに助言したいと思います」彼らの会談は数時間に及び、大統領は反対勢力と会談するという計画を支持した。この件とこれに関係するさまざまな努力が、DRCの政治的な交渉に女性がますます参加する道を開いた。多くの重要な問題に関して同意に達したサンシティ【訳注：南アフリカ共和国にあるリゾート】会談も含めて。

構造的なパワーを強化するための第三のメソッドは、アイデンティティを危害から守る社会的な課題を追求することだ。たとえば、新しい法律や組織に関する政策、あるいは家庭のルールを制度化するための努力はできる。このプロセスには時間がかかるが、得るものはとてつもなく大きいだろう。たとえば、アメリカでの1964年の公民権法は、人種や宗教や性や国籍に基づいた差別を法的に禁止した。差別はいまだに存在しているが、そういった社会的な政策が保護の重要な盾となっている。

ゴリアテへのアドバイスの中には妥当なものもある。相手に対するパワーを持つという事実は、あなたの戦略的立場が最大になったことを意味するのではない。あなたは相手とパワーを分かち合うことによって影響力を拡大できる場合が多い。相手に、あなたが求めることをするようにと無理強いする（強制）よりも、手を組んで物事を成し遂げる（協力）[15]ほうがいい。

協力関係を築くと、長続きする良好な政治的戦略となる傾向がある。強制は相手の自主性を脅かし、抵抗や反感を招きかねない。短期的には効果があるかもしれないが、長期的には効果的と言えないのである。対照的に、協力はそれぞれの側の自主性を伸ばしてくれる。さまざまな違いに対処するために団結すれば、コンフリクトを解決して結果を評価するうえで、感情を注ぎこむ度合いが全体的に高まる。たとえば、マネジャーは強制を通じてよりも、協力を通じてのほうが、従業員のやる気をいっそうかきたてることができる。従業員は会社への所属意識をさらに強め、自分たちがつくり出したものへの

責任感が大きくなる。

同じ原理で、政治的な背景での成功も高めることができる。タンザニアの初代大統領、ジュリウス・ニエレレのリーダーシップへの取り組み方を考えてみよう。

タンザニアには125以上の部族が暮らしており、不和を生じさせるアイデンティティ・ポリティックスを引き起こしかねない状況にあった。しかし、ニエレレは部族のアイデンティティ[16]よりも、国家的なアイデンティティを優先した。彼は1つの部族が大きな権力を握ることがないように、主な部族と政権を共有した。ニエレレは部族関係の公的な人口調査を法的に禁止した。あらゆる階級と部族に強制的な兵役を命じた。そして自分が特定の民族的背景を持つから大統領なのではなく、リーダーシップの能力[17]があるから大統領なのだということを明確にした。こうした努力は実を結んだ。アフリカの他地域は暴力的なコンフリクトに繰り返し襲われていたが、タンザニアは平和を維持したのである。

▶ 良好な政治的関係を築く

アイデンティティを危害から守る最後の、そして最も強力な方法は、相手と友好的な関係を積極的に築くことだ。これは「断固たるわれわれ」に立ち返ることである。緊張をはらんだ歴史がある2カ国は、良い関係を築くことにかなりの資源を消費すべきだ。そして、選挙で選ばれた最も賢明な役職者は、就任する前に政敵と面談するべきだろう。将来、不和を生じさせるさまざまな問題に協力して取り組めるような建設的な関係を築くのである。

かつての私の生徒に、この助言を重く受け止めた女性がいた。彼女は議会でトップの役職を獲得するくらいまで出世し、仕事に就く前に、町はずれのある農家で政敵と会った。あとで私に話してくれたところによると、そのときの内輪の集まりは、のちに彼女が政治的な亀裂に橋を架けて成功するうえで重要なものだったという。

良好な関係は誠実で友好的なもので、緊張状態からの回復力もある。さま

ざまな違いについて、安心して議論できるようにしてくれる。しかし、そのような関係にはメンテナンスが必要だ。日々の腹立ちに対処するのがうまくいかない夫婦は、怒りの爆発に備えるべきだろう。また、和平の仲介をしようとする交渉者は、関わりのある集団同士のコミュニケーションを維持しなければならない。さもなければ、危機に取り組む覚悟が必要になる。

「断固たるわれわれ」は、断固たる態度をとらねばならないのだ。

まとめ
summary

アイデンティティ・ポリティックスは権力の問題であり、権力は相関的なものである。あなたは他者との関係を通じて権力を手に入れる。ネガティブなアイデンティティ・ポリティックスは、コンフリクトをトライブ効果へ追いやりかねない敵対関係にあなたを閉じこめてしまう。一方、ポジティブなアイデンティティ・ポリティックスは協力関係を育むことができる。ポジティブなアイデンティティ・ポリティックスの根本的な戦略は単純である。あなたが誰でないかということではなく、あなたが誰なのかを定義せよということだ。それから常にパートナーシップが最大になり、不満が最小になるところに自分を置け、というものである。

図表 9-3 | 自己診断用ワークシート

1. 裏で相手に影響を与えていそうな人は誰か？
どのような手法で実現しているか？

2. コンフリクトを解決する助けとなるように、そうした影響を与える人にどう
やって協力を求めるか？
たとえば、相手と関係を築くのか？
それとも、相手の好意を得るために、共通の友人を招くのか？

3. あなたの和解の努力を台なしにすることで利益を得そうな人は誰か？
それを阻止するにはどうしたらいいか？

4. 相手が自分よりも強力だと感じたら、この章を読み直すこと。
構造的なパワーを強める方法や、あなたの影響力を高めるための戦略につい
てもう一度読もう。

5. コンフリクトを共通のチャレンジとしてとらえ直すために、あなたができる
２つの点は何か？
コンフリクトを解決するための方法について、相手の助言を求めるのか？
共通のつながりを認めるのか？
（「私たちはきょうだいだし、家族のためにこのことをうまく収めるべきだ」）

第3部

How to Reconcile Relations

人間関係を調和させる
には?

第**10**章

Bridging the Divide: A Four-Step Method

コンフリクトを解決する
架け橋：4つのステップ

　優れたジャズ演奏家だった故ディジー・ガレスピーの音楽ほど素晴らしいものはない。彼がトランペットを口に持っていき、唇をすぼめて頬を2つの風船のように膨らませると、リズミカルで耳に心地よい音が流れ出す。それから道路のでこぼこに突き当たった車のように不安定な音がしたかと思うと、またしても川の流れさながらの音楽が滑らかに出てくる。音とビートの荒々しい配列、不協和音と混乱、熱狂と突飛さが一緒になって驚くほど融和し、気まぐれな音楽が全体として調和のとれた演奏となるのだ。

　ジャズは不協和音の中にハーモニーを見いだす。不協和音は残るが、より深くて統合的な力によって結びつけられるのである。

　この洞察は、感情によるコンフリクトを解決するためのカギだ。壊れた関係を修復するには、並外れた調和を見つけなければならない。自分のアイデンティティが他者のアイデンティティとまったく合わないと感じたとしても、可能なものを見抜く感覚を「5つの誘惑」（31ページ参照）で台なしにしないでほしい。あなたには自分自身の内面と他者との関係[1]に調和を生み出す能力があるのだ。一旦、並外れた調和の可能性を信じたなら、それを見つけるために心を開こう。ディジー・ガレスピーにも、行き詰まって、創造的なエネルギーのとらえどころのない泉を見つけられなかった夜があったに違いない。自分の演奏に満足できないときもあっただろう。並外れた調和というものはとらえにくいのだ。しかし、ディジーの"調子のいい夜"は完璧だった。電光石火のテンポで音階から音階へと勢いよく上がったり下がったりして、

不協和音の総計をはるかに超えた音楽を生み出したのだ。

コンフリクト解決の
従来型の方法では不十分だ

　コンフリクト解決の従来の2つの方法（立場駆け引き型交渉と問題解決型交渉）では、感情によるコンフリクトで並外れた調和を成し遂げるには不十分である。

▶ 立場駆け引き型交渉か？

　立場駆け引き型交渉では、あなたも相手も断固として対立する立場をとって、それにしっかりしがみつき、なかなか譲歩しようとしない。この方法は単純な取引の場合に最も効果を発揮する。たとえば新車を購入するとき、買う側は故意に低く見積もった価格を提案し、販売業者はより高い価格で対応する。両者の主張が行ったり来たりして、ようやく中間あたりの金額で同意に達する。そして、誰もがまあまあ満足な状態でその場を立ち去るのだ。

　しかし、立場駆け引き型交渉はアイデンティティの問題が危険にさらされているときには成功しない。アイデンティティは、意義や記憶や物語という個人的な問題に関わっている。妥協できるほどの取引可能な商品にまでアイデンティティを弱めたら、その本質が台なしになる。ほとんど誰にとっても、存在に関するそんな妥協は非常に不快だろう。ここで、聖なる土地をめぐって2人のリーダーが交渉している場面を思い浮かべてみよう。

　　政治家A：あなたたちの宗教的価値を20パーセント減らしてくれれば、も
　　　　　　　う20パーセント多くの土地を差し上げます。

　　政治家B：そんなことには同意できません！　宗教的価値を減らせるのは

せいぜい10パーセントです。わが国民へ敬意を表して20パーセント土地を増やしてください。そうすればわれわれは2年間、あなたの国の人々への侮辱を5パーセント減らすことを保証します。

政治家A：協定の中に、わが国民のネガティブなイメージをすべて消すことに言及した条項を入れた場合のみ、承諾しましょう。その条件でいいですか？

上記の交渉の前提全体（アイデンティティが量的に調整したり取引したりできるものだということ）が、方法論に根本的な不具合があることを示している。

問題解決型交渉か？

コンフリクト解決の第二のよくある方法は、協力的な問題解決型交渉である。根本的な利益のためにそれぞれの立場の裏を見るようにと促し、より深いモチベーション[2]を最高に満足させる取り決めを考えるというものだ。しかし、このアプローチにも、感情によるコンフリクトに直面したときは深刻な欠点がある。

交渉の分野[3]でいちばん有名な逸話を考えてみよう。1つのオレンジをめぐって幼い姉妹が喧嘩している。「オレンジがほしい！」と、1人がわめく。「だめ、それは私のものよ！」もう1人が応じる。2人はオレンジの引っ張り合いをする。そこへ、苛立って疲れた母親がやってくる。母親はオレンジを半分に切るべきか？　どちらにもあげないと、姉妹に言うべきなのか？　母親が自分で食べてしまうのか？　問題解決をよく知っている母親は、それぞれに尋ねる。「どうしてオレンジがほしいの？」妹のほうは鼻をすすって、風邪が治るようにビタミンCが必要なのと答える。姉のほうは、パイをつくっていてオレンジの皮がほしいのだと言う。なるほど！　解答は明確だ。隠れた利害を理解するために少女たちの立場の裏を見ることで、母親は妥協案

を示さなくても、娘たちにそれぞれ望むものを与えられるのである。

これで問題は解決だ！　いや、私は解決済みだと思いこんでいた。自分が親になるまでは。私には兄弟間の競争意識が強い小さな男の子が３人いて、問題解決は一時的な解決策にすぎない場合が多い。前述の逸話の続きを実生活で考えると、オレンジについての口論が解決して何分も経たないうちに、少女たちはどちらがより大きいクッキーをもらえるか、パイの最後のひときれをもらうのはどっちか、またはほかの問題をめぐって言い争いを始めるのだ。「母親は問題を解決したかもしれないが、根本的なダイナミックスを解決してはいない」ということである。自分の思いどおりにしようというそれぞれの姉妹のこだわりの感情的な強さは、より深い懸念を暗示している——つまりアイデンティティに関連した懸念である。自分と相手、強いのはどちらか？　より賢いのは？　より愛されているのは？　こういった問題に直面して対処するまでは、提示された課題のどんな解決策も、新しいコンフリクトを一時的に回避する[4]だけだろう。

感情によるコンフリクトを打開するため、ほかのコンフリクト解決法を見つけなければならない——ディジー・ガレスピーの不協和音のハーモニーが道を示してくれる。

▶ 統合されたダイナミックスのパワー

緊迫した関係の和解のために、統合されたダイナミックスのパワーを奮い起こそう——並外れた調和という最も安定した絆を伴った、より良いつながりへと引き寄せる感情的な力だ。こういう心の状態では、あなたは相反する見解の影響を超え、私たちVS彼ら[5]という二重性を超えて動いていく。統合されたダイナミックスは、あなたと相手を“１つのもの”として結びつける。離れてはいるが、団結したものとして。ちょうど「５つの誘惑」があなたを他者から分けたように（あなたたちの類似点にもかかわらず）、統合されたダイナミックスはあなたたちを結びつける（あなたたちの相違点にもかかわらず）。

統合されたダイナミックスは、感情的なエネルギーの習慣的な中心を憎悪

から友好へと移動させながら、敵対関係を平等な関係へ[6]と変える。これを成し遂げるには、意識的な意志の外でポジティブな気持ちが湧くほどに人間関係を変える、強烈な感情プロセスが求められる。黒雲がいきなり晴れたような気分になるだろう。私はこのプロセスを「相関的転換」と見なしている。これを通じて、あなたと相手との間に存在する感情的なスペースを効果的に変えられるからである。宗教的な転向[7]の場合にカギとなるのは、変化が可能だと信じることと、自分をそれに委ねることだ。相変わらず苦痛を覚えたとしても、統合されたダイナミックスの可能性を信じていれば、話そうとする本能が生まれてくるだろう。

　統合されたダイナミックスによって、共同的な心の状態へと導かれる。それは次のように性格づけられる（図表10-1）。

1.協力的である（協力的）

　相手を単に脅威であると見なすのではなく、相手とのつながりに気づき、それを強調して協調関係を育むことができる。相違点を無視するべきではないが、それを分裂の根拠にすり変えてはならない。

2.思いやりがある（同情的）

　心の状態は、自分の苦境への哀れみを引き起こすと同時に、相手の苦しみへの同情も引き起こす。コンフリクトでは、大小の差はあっても、誰もがある程度の苦痛を感じるものである。思いやりの気持ちは人間主義的な理想のものだ。あなたの動機が利己心を超えたものだ[8]と示すからである。つながりが深まっていくにつれ、あなたと相手との間に思いやりの気持ちは自然に生まれてくる。

3.心を開いている（開放的）

　共同的な心の状態では、相手とのつながりに対してオープンになるべきである。アイデンティティの壁に穴が開き、相手の懸念を知って、自分の懸念と分かち合えるようになるだろう。アイデンティティをめぐる戦いにはまり

図表10-1 | 分裂的な心と共同的な心

分裂的な心の状態（トライブ効果）	共同的な心の状態
1. 敵対的	1. 協力的
2. 独善的	2. 同情的
3. 閉鎖的	3. 開放的

こむよりは、お互いに関する新しくて創造的なアプローチを思い浮かべてみよう。

　統合されたダイナミックスは、損なわれた人間関係に折り合いをつけ、アイデンティティに根差した不一致を解決するための4ステップのアプローチから成り立っている。図表10-2はこうしたステップと、それがどのように相互に関連しているかを表したものだ。要するに、あなたと相手がコンフリクトにおける関係をそれぞれどう見なしているかを理解するためのユニークな方法の実行から、このプロセスは始まっている。一旦、あなたが話を聞いてもらって受け入れられたと感じたら、相手と協力して感情的な苦痛に対処しよう。人間関係が打ち解けたものになるにつれて、本物のつながりをつくるチャンスが生まれる。それは相互に肯定的な物語の中で、人間関係を見直す基盤を与えてくれるだろう。このあとの章で、各ステップを踏む方法について紹介したい。

図表10-2 コンフリクトを解決する4ステップ

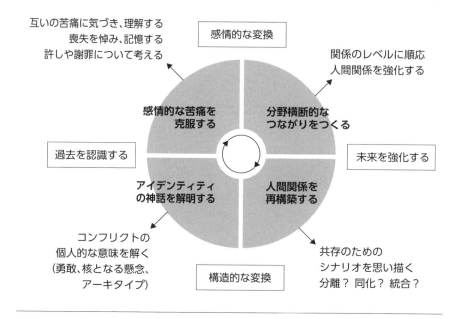

統合されたダイナミックスの原理

　統合されたダイナミックスの詳細を論じる前に、この方法と目標を理解するための大枠をつかんでおくのが役に立つだろう。覚えておくべき重要な原理がいくつかある。

1. 目標：勝利ではなく、調和のために努力しよう

　感情によるコンフリクトでは、あなたは相手に勝ちたいと願うかもしれないが、これは安定した平和の状態をつくることにならない。あなたの勝利は相手の敗北だし、それに続いて起こる恨みによって、何らかの形で仕返しし

たいという気持ちを募らせるのが普通である。

統合されたダイナミックスの目標は、相手とあなたの内面の間に調和のとれた関係を生み出すことだ。土地をめぐる実質的な不一致をはじめ、ほかにも目に見える問題は解決できるだろうが、アイデンティティにおける不一致は調和させなければならない。相手の意志をあなたの信念に沿うように曲げさせることはできないが、並外れた統一という枠組みの中でそれぞれの違いを見極めながら、互いの関係の性質を変えることはできる。

▶ 2.調和への道はまっすぐではない

私は、統合されたダイナミックスを4つの直線的なステップから成り立つ、きちんとした循環的なプロセスとして描いているが、これはきわめて正確な描写[9]というよりは、都合のいいガイドラインである。統合されたダイナミックスを育むためには、不安定な感情の動きの中で4つのステップを行ったり来たりしなければならない。ある日は配偶者を軽蔑し、次の日は少し許してあげてもいいという気になり、またその次の日には自分が正しいと腹を立てるかもしれない。1週間後には、後悔して配偶者と仲直りする場合もあるだろう。

これらの4ステップが、完全なものを意図しているわけでもない。和解のための道は無数にあるからだ。しかし、実際の役に立つ以上の過剰な情報を与える1000ページの書物よりも、私の発見した、全体として覚えやすくて応用できる重要ないくつかの要素をあなたに提供したい。結婚生活での口論をうまく切り抜けようとする場合でも、国際的な紛争を交渉する場合でも役に立つだろう。

▶ 3.過去と未来の両方を含む、調和への道

感情によるコンフリクトは、われわれを苦い歴史や将来への恐怖といった海に投げこんでしまう。そこでは根本的な選択に直面しなければならない。

過去を癒すことに注意を向けるべきか、それとも未来の関係を促進するために協力して共同的な行動をとるべきか?

精神分析の性向を説く学派は、過去の取り組みが失敗した場合、人はそれを繰り返すことを強いられると主張している。もしも、ある民族的なマイノリティが、社会の中で自分たちは歴史的に社会で虐待のターゲットにされ、「時の権力者」によって差別されてきたと考えているなら、不当だと思われるものに経済的な補償や象徴的な補償がされないかぎり、市民権を進んで受け入れようとしないだろう。補償があってすら、その集団は過去が原因で、社会に属しているという感覚を依然としてうまく持てないかもしれない。

別の学派は、過去の亡霊を蘇らせることは古いコンフリクトを再燃させるだけだと主張している。彼らの考えはこうだ。「済んでしまったことは済んでしまったことだ。古い問題を蒸し返すよりも、協力して今の問題を解決し、新たな強い人間関係を築くほうがいい」協力的な問題解決はこういった方向での立場をとっている。差し迫ったさまざまな問題に対して前向きな解決を考える論争者に焦点を当てながら。

では、どちらの学派が正しいのだろうか? 両方とも正解なのだ。過去と未来はどちらも重要[10]である。過去の経験は、あなたの現在の感情的な関係に間違いなく影響を与えている。現在の感情的な関係が、未来の感情的な関係に影響を及ぼすのと同じように。問題は、いかに過去を尊重し、より良い未来[11]を築くかということだ。統合されたダイナミックスはこの問題に、前や後ろを見ることによって取り組んでいる。方法の最初の2ステップは過去に焦点を当て、アイデンティティの物語を分析し、相関的な傷に折り合いをつけようとしている。あとの2ステップは前向きで、並外れた統一へと人間関係[12]を再構築していく。

▶ 4.調和への道は感情的な変化と構造的な変化を必要とする

感情によるコンフリクトを解決するためには、ただ苦痛の感情を手放すだけでは足りない。あなたの人間関係の構造を変えることも必要なのである。

虐待を受ける関係にあった女性が夫と一緒にセラピーに出て、怒りと苦痛の大半をうまく手放せる場合もあるかもしれない。しかし、彼らの関係のパターンに変化がなければ、虐待は続くだろう。同様に、対立している2つの派閥のリーダーは政治的な違いを交渉できるかもしれないが、自分の派閥の人々がお互いに敵対的な見解に固執していれば、コンフリクトは消えないままだろう。そんなわけで、悲惨な感情や不和を生じさせる構造がコンフリクト解決の障害となっている。そして、それぞれが統合されたダイナミックスの方法の中で対処することができる。

山を築く

　統合されたダイナミックスは、地質学との比較を通じて理解することもできる。われわれの足元には大陸や島々をつくる巨大なプレートが存在する。こうしたプレートは動かせるジグソーパズルの一部のようなもので、地下の力に応えて絶えずわずかに押し流されている。2つのプレートの端と端がぶつかるとき、ダメージを与える地震の形をとるにせよ、山を築くにせよ、強力な地質変動が起こる。

　さて、こうしたプレートが社会的関係を通じて動いているアイデンティティを示すと想像してみよう。大半の時間、人は相関的な心の平和を楽しんでいる。しかし、2人の人間のアイデンティティが衝突したら、その結果は反響する感情的な揺れとなるだろう。問題はこの衝突が地震を起こすのか、それとも山を築くのか、ということだ。

　地震は壊滅的なもので、アイデンティティのまさに基礎を揺るがし、自分や他者に害を与える。山は建設的で、アイデンティティを、各部分の総計よりもさらに優れた全体へと結びつけてくれる。統合されたダイナミックスは、アイデンティティの衝突による状況を、山を築くという結果にしてくれるのだ。

第11章

Uncover the Mythos of Identity

アイデンティティの
神話を解明する

　人間とは、生まれついての物語の語り手である。生まれた瞬間から、家族はあなたというアイデンティティ[1]に関する物語であなたを包みこんでくれる——あなたに名前をつけ、文化について教え、仲間や敵という歴史的に複雑な関係を植えつける。こうした物語はあなたの人生に一貫性を与え、アイデンティティを形づくるのだ。

　コンフリクトを煽り立てる物語の中で最も影響を与えるのは、アイデンティティという神話である。相手のアイデンティティとの関係の中で、自分のアイデンティティをどう考えるかを形づくる、核となる物語だ。コンフリクトでは、あなたは自分を犠牲者と見なし、相手を悪人と見なす傾向があるだろう[2]。個人的な苦情や非難で、この神話の詳細を補っているはずだ。もちろん、相手のほうも神話を通じてコンフリクトを見ているだろう。彼らの神話では、犠牲者は彼らなのである。関わっている根本的な方法——神話——をお互いに変えない限り、コンフリクトは消えないだろう。

　しかし、神話をマイナスに作用するものとして性格づけるだけでは、説明不足だ。原子エネルギーを、電気を生み出す生産的なものとして使えるのと同じように、神話も和解をもたらすために使うことができる。お互いの神話を深く理解すればするほど、ポジティブな人間関係を築くためのスペースをより多くつくれる。相手の"筋の通らない"行動が、理解できるものになる[3]のだ。

　本章では、お互いの神話を解明するためのユニークな方法を紹介したい。

結局、不満を認識するだけでは、感情によるコンフリクトを十分には解決できない。コンフリクトの象徴的な意義を説明し、人間関係を形成し直すためのツールが必要である。もっと成功する対話を生み出し、今にも爆発しそうなコンフリクト[4]ですらも鎮められるように。

神話の無意識のパワー

　あなたがコンフリクトに投影している神話は強力で、コンフリクトをどう展開するかについて無意識の影響を与えている。ヨーロッパでの国際会議で、世界的なリーダーのための交渉の演習を手助けしていたときに私が目撃したように。私は50人の出席者を無作為に、エリートから低所得者グループまでの経済的階級に分けた。エリートは相当な資源を与えられ、低所得者はほとんど何も与えられなかった。出席者は経済的な成功を最大にするため、誰とでも3回にわたって資源を交換できた。エリートが富を増やすにつれ、低所得者階級の苛立ちは増加していった。

　3ラウンド目の前に、私は驚きの急展開を告げた。エリートたちはそれまでに多くの富を獲得していたので、最後の駆け引きをするラウンドの前に新しいルールをつくる機会を与えられるだろう、と。彼らは資源の価値を再定義できたし、誰が誰と交渉するかを制限することもできた。私はエリートたちを近くの部屋に招き入れた。そこには快適なソファが置かれ、シャンパンとスイス製のチョコレートが用意してあった。

　メイン会場の会議室を彼らが出た途端、低所得者のグループは怒りや非難の声をあげた。腹を立てたビジネスマンの1人は、椅子の上に立ち上がって叫んだ。「あいつらは信用できない!」と、ほかの参加者がわめいた。さらに別の1人が「革命を起こそう!」と呼びかけた。

　驚いたことに、エリートたちは部屋で20分にわたって話し合ったが、それは低所得者階級の利益になるように交渉のルールを再定義する方法について

だった。つまり、エリートの利益を目的としたものではなかったのだ。しかし、今や低所得者階級の人々はめまいがしそうなほど逆上していたので、エリートたちが会議室に戻ってくるなり、ヤジを飛ばした。低所得者たちは、権利を乱用しているとエリートを非難し、エリートのほうはばかにしたような反応を示して自分たちの善良な意図を擁護した。誰もが大声をあげ始め、私は最終ラウンドの交渉は行われないだろうと悟った。

　世界的なリーダーたちが集まりながら、仮想の階級闘争という結果に終わったのはなぜだろうか？

　その重要なポイントは、双方のアイデンティティの神話にあった。低所得者階級の人々は、固執していた神話、つまり専制権力の犠牲者だと自分たちを見なしていたのだ。彼らはエリートに食い物にされると思いこんだのである。本当のところ、エリートにはそんな意図がなかったのに。

　エリート側は、無力な者を助ける救済者という神話にしがみついていた。シャンパンを飲んでチョコレートを食べながらの内輪の話し合いで、低所得者階級をどうやって"救う"かについて意見を出し合い、トップダウンの意思決定を採用した。低所得者階級の意見を聞くことを禁じるようなルールはなかったのに、そうしようという考え[5]はエリートの頭に浮かばなかった。というわけで、双方が神話に頼り、相手の意図を誤解することになった。そして感情的な嵐が発生したのである。

神話はどのように働くか

神話を解明するには、その基本的な性質をまず理解しなければならない。

▼ 感情的な現実を構成する神話

コンフリクトでは、神話は人の最も深い感情を、絶対に真実だと感じられ

る一貫性のある物語へと変えてしまう。それを否定する相手は、あなたの激怒を買うことになるだろう。交渉の演習で、エリートと低所得者階級との間に生じたコンフリクトについて考えてみよう。エリートは公益における利益を低所得者階級に無理やり受け入れさせようとしたが、低所得者階級は自分たちの神話にしがみつき、それと矛盾するものには賛成したがらなかった。

　神話は、状況の変化に伴って変えられる。交渉ゲームで低所得者階級がエリートに対して抵抗したとき、彼らの神話は"犠牲者"から"革命家"へと形が変わった。この新しい神話は古い神話と同じように、感情的な現実を本能によって構成したのだった。

▼ 神話は伝記と同じくらい、生物学に根差している

　ジークムント・フロイトは、コンフリクトとは主にわれわれの若年期からの社会的経験の結果[6]であるとして、反復強迫の例だと見なした。だが、ほかの学派はコンフリクトが生物学的な要素[7]だと強く主張した。言い換えると、人類の本来の特性がコンフリクトの原因になっているかもしれないということだ。

　精神科医のカール・ユングは、人類が集合的な無意識を分かち合っていると提案した。集合的な無意識には、個人の経験[8]と無関係に存在する「多くの無意識のイメージ」がある。アーキタイプ（元型）として知られるこういったイメージは、人間の原型的な性質[9]を含んでいる。鳥が冬には南へ飛んでいく方法を知っているのと同じように、人間は社会を航行するための本質的なテンプレートを持っている。人はみな、生や死と同じように、そうしたアーキタイプに対して感情的に反応しているのだ。母親や父親、英雄、悪魔、そして創造と世界の終末の物語。私の抱く"母親"というアーキタイプの具体的で意識的なイメージは、あなたのそれと違うかもしれないが、感情的な意味を根源的に理解し合うことはできる。

　社会[10]を解明するための生まれながらの構造を人間が分かち合っている、というユングの信念を支持する人は多い。神経科学は、人の社会的行動に影

響する、習得回路が備わっていて拡大し続ける、広範な脳のメカニズムを発見している。後成的遺伝学が進歩して、生物学的な遺伝には非遺伝子性の源泉が存在することが示唆されている。有名な言語学者のノーム・チョムスキーは、人には、言語の意味を理解するための深遠な構造と、その中身を伝達する[11]ための表面的な構造があることを示した。そして動物行動学の研究は、あらゆる動物——人類も含めて——に生まれながらに備わった社会的行動のパターンを明らかにした。

　神話には、原型的なイメージ（生物学）と、感情的な現実を深めるための現在の背景（伝記）が混在している。あるカップルがそれぞれの家族をホテルの宴会場に招き、自分たちが部屋の後ろから前へとゆっくり歩いていくところを眺めてほしいと頼んだとしよう。それは少しも劇的でない出来事だろう。しかし、これがカップルの結婚式の日だったら、集まった人たちにとっては、同じ状況が深い感情的な意味を持って鳴り響くはずだ。そのカップルは人間の絆に関する強力な物語へつながるアーキタイプを呼び起こすだろう。家族は立会人という役目を引き受け、婚約者たちは聖なる儀式を通じて結びつけられる神話的な恋人となる。

▼ コンフリクトの個人的な意味を深める神話

　あらゆる年代において、人々は愛や嫉妬や怒りや恥辱のプロットをめぐる主要な神話と自分を重ね合わせてきた。神話は、現在のコンフリクト[12]という背景にこうしたプロットを吹きこむ。個人の伝記をアーキタイプに投影すると、あなたは個人の経験にも、また、人間が共有する経験の永続的な流れにも自分自身を植えつけることになる。自分のコンフリクトが特異なものだと感じられたとしても——その時点では特異なものだったとしても——根本的なテーマは時代を超越しているのである。

　それどころか、コンフリクトによってあなたは神話の時代に引き入れられるかもしれない。神話の英雄や殉教者という役割を無意識に演じているとき、あなたは最初の神話そのものの時代へと心理学的な現実を運んでいるのだ。

神話的なアーキタイプと、今、目の前にある現実との間に感情的な区別が見られなくなり、あなたは宗教史家のミルチャ・エリアーデが「永劫回帰」と呼ぶものへ入っていく。私はエリアーデの概念を広範囲にわたって探っている。神話的なストーリー展開をコンフリクトに投影するとき、人はいつも——古代のテキストからにせよ、最新の歴史からにせよ——永劫回帰[13]に関わることになる。部外者がコンフリクトを「技術的な境界線をめぐる口論」や「組織的な不和」と見なしても、あなたはそれを善と悪との間の神話的な葛藤だと感じているのだ。

戦略：創造的な内省

　創造的な内省は、各自が神話[14]を解明する助けとなるように私が編み出した簡単な方法である。このプロセスは、具体的な物語やほかの芸術作品を通じてアーキタイプ的なファンタジーや恐怖を表現する、優れた芸術家たちからテクニックを拝借している。同様に、コンフリクトにおける双方に関係するアイデンティティをより良く理解する助けとなるように、無意識のアーキタイプを、具体的なイメージに転換させられる。ユングの言葉によれば、目標は「神話生成のイマジネーション」——無意識の経験を浮上させる物語やイメージをつくり出せる能力——を活性化させることである。

　図表11-1は、創造的な内省のカギとなるステップを表したものだ。論争を引き起こすトピックにおける、本物の対話のためのスペースをつくろう。コンフリクトで危険にさらされているものは何かを突き止めること。双方の恐怖や不安をかきたてる神話を解明しよう。そして人間関係を良くするため、神話を見直してほしい。

図表11-1 | 創造的な内省のステップ

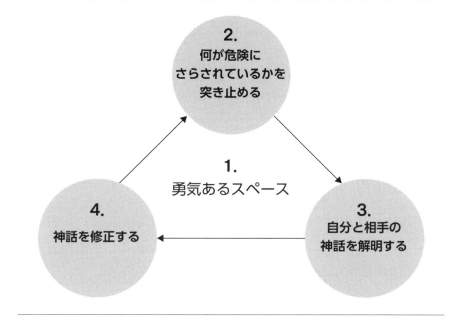

▶ 1. 本物の対話のための「勇気あるスペース」をつくる

　社会通念からすれば、議論を引き起こす問題を論じるための「安全なスペース」をつくるべきだろう。しかし、この戦略は期待外れに終わりかねない。難しいトピックを避けるまでに基本原則が感情を美化したら、安全なスペースはあまりにも無難になってしまう。たとえば、コンフリクトを中断させるほど共感を集めるルール、「見解の相違を認め合うこと」について考えてみよう。このルールは安心感を与えるかもしれないが、誰もが熱心な対話から手を引いていいという許可を与えるものでもある。もっと強力なグループに恩恵を与えることにもなりかねない。彼らは「あなたの見解などどうでもいい。ただ、見解の相違を認め合うだけだ」と言うかもしれないのだ。そして、コンフリクトは続く。

感情によるコンフリクトにおける、より深い問題に心から取り組むために、感情的に不安定な状態のものと対話すべきである。だからこそ私は、あなたと相手が「勇気あるスペース」をつくることを勧める。これはあなたが議論を受け入れ、個人的なリスクを取り、さまざまな見解を再考できる[15]、学習するための環境である。このような雰囲気においては、感情的なもろさは弱さではなく、むしろ強さのサインなのだ。

勇気あるスペースでのルールは、安全なスペースでのルールとさほど変わらない——秘密保持の規約を承諾し、心からの感情を分かち合い、率直に話に耳を傾け、相手に敬意を払う——が、枠組みをつくることが大事だ。人々は、安全という幻想[16]を強調する枠組みの中よりも、個人の勇気を優先する枠組みの中のほうが、感情的に微妙な問題を話し合う傾向にある。

▶ 2.何が危険にさらされているかを突き止める

あなたと相手を衝突へ駆り立てる個人的な理由を探してみよう。一見したところコンフリクトは、資源や方針や、ほかにも実質的な問題をめぐる単純な戦いに思えるかもしれない。コンフリクトにおける、さらに深い危険を明らかにすることが課題である。

あなたは傲慢な同僚に絶えず反論しているかもしれない——彼が子ども時代にいじめを受け、社会的に敬意を払われたいと思っていることを知るまでは。彼が地位というものを一層必要としていることを理解すれば、あなたも彼に以前より耐えられるようになるし、感情的な裂け目に橋を架けるのにも役立つだろう。

▶ 人間のモチベーションの深さを認識する

人間の経験には3つの基本的な面があり、それぞれがモチベーションを起こさせる部分を持っている。最上のレベルが合理性を強調する一方で、真ん中のレベルは情動性に焦点を当て、いちばん下のレベルは精神性を強調する。

いちばん下のレベルの個人的な意味は最大なので、最も抵抗しづらいだろう。コンフリクトの中で精神性への取り組みに失敗したら、さらに解決は困難になり、合意は容易に崩壊する。

　合理性は論理の階層であり、知的な理解であり、システムの分析である[17]。合理性は、理性を通じて行動を起こすようにと働きかけている。コンフリクトでは、あなたも相手も自分の行動にそれぞれの理由がある。交渉の分野で、"利害"と呼ばれるものだ。あるコンフリクトで人々が地位をめぐって争っているとき、根底にある利害もそれと一致する傾向にある。

　情動性によって、あなたのまわりの世界には個人としての強さがもたらされる。コンフリクトでの感情的な経験は、基本的で相関的な欲求[18]である場合が多く、満たされていない"核となる"懸念がある。ロジャー・フィッシャーと私は、コンフリクトの中で生まれる多くの感情を刺激する傾向がある、核となる5つの懸念を発見した。評価、親和、自律、地位、そして役割[19]である。核となる欲求が満たされれば、人はポジティブな感情を覚え、より協力的な態度になる。満たされなければ、人は苦痛を感じるからだ。企業や政府のリーダーと仕事をしていたとき、私は彼らにコンフリクトを分析させて、それぞれの感情をかきたてる、満たされていない、核となる懸念を見つけさせた。その結果、リーダーたちは不和の隠された源泉を発見し、相手の不合理な態度をより理解できて、対処しやすくなる。

　精神性は、こうしたレベルの中で最も複雑で、感情によるコンフリクトを解決するためにいちばん適切なものかもしれない。精神的な面は、神と関わっているものでなくてもいいが、"目的の根幹"を表している。合理的な見解の衝突が活気に満ちた議論につながるのに対して、精神的な衝突は強い対立関係につながりかねない。

　精神性は、「使命」を通じてあなたに意欲を起こさせる——それは、人生の目的を満たすための最善の方法に関する直感的な指示であり、あなたを召喚する。かすかなささやきの場合もあれば、大声の場合もあり、あの道ではなくてこの道を歩けと強制するのだ。召喚に応えるとは、このように自分の全感情という感覚を広げる行動を追求することである。自分自身よりも大き

なもの——家族や国家、民族、宗教、イデオロギー——を持つアイデンティティが行動へと招くのだ。どれほど労力を費やしても、自分が全体であると感じられるためにやらなければならないことを「あなたに伝える」のである。

　合理的な心はこの召喚に応えるかもしれないし、情動的な心は前進しろと促すかもしれない。しかし、召喚はアイデンティティの内部の神聖な場所から、信心深い人なら「魂」と呼ぶものから発せられる。この召喚に耳をふさぐこともできるし、日々の雑音でかき消してしまうこともできる。だが、召喚を無視すれば、この重要な和解への導きを利用できなくなるだろう。

▼ コンフリクトのより深い意味を理解しようと努める

　コンフリクトの合理的な意味をよく考えていると、核となる懸念に関わる問題がいくつか見つかるだろう。それらはコンフリクトの精神的な意味を発見するための土台を、かわるがわる提供してくれる。コンフリクトの3つのレベルを明らかにするため、まずは自分1人で、それから相手と一緒に、以下の質問について考えてみてほしい。

1.どんな利益が危機にさらされているか?

　利害の裏にある利害[20]まで探ってみよう。たとえば、ある小さな会社のシニアパートナーのジョンとサラは財政的な危機を経験したが、従業員を2人解雇するという点で意見が一致しなかった。「会社が生き延びるためには、2人とも解雇しなければならない」とジョンは言う。「だめよ」とサラは言い張る。「彼らを解雇したら、うちの社の心臓も魂も損なわれてしまうわ」しかし、逆の立場をとっていても、実を言えばジョンとサラの利益は一致しているのだ。2人とも費用を減らして会社の本質を維持したいし、お互いのパートナーシップを守りたいと思っている。彼らは双方の利益になる選択肢を考察し、実行できそうなものを決定した。従業員2人を解雇せず、オフィスをもっと安い価格の建物に移転させることにしたのだ。

2.どの懸念が現実になると個人的に感じるか?

コンフリクトの中[21]で、どの懸念が最も強力な感情を煽りそうか検討してみよう。あなたの見解が正しく評価されていないと感じているだろうか? 敵対者として扱われているだろうか? 意思決定の場から締め出されているだろうか? 地位を貶められているだろうか? 不満足な役割を割り当てられているだろうか? それから相手の立場に立って、核となる何を彼らが満たされていないと感じているか想像してみよう。

問題が解決する前に、ジョンとサラはバランス喪失の誘惑から逃げなければならなかった。サラは自分の核となる懸念を認識することでその誘惑から脱したが、ジョンの懸念にも気づいた。彼女は自分の見解を正しく評価されていないと感じていたことを悟った。ジョンから何をすべきかと"命じられた"ときに、自主性を侵害されたように感じた。サラは敵扱いされた気がしたのである。そして、会社における彼女の役割が不十分なものに思えたのだ。たぶんジョンも自分と同じように感じていたことにサラは気づいた。核となる懸念をじっくりと考えたおかげで、サラの激しい感情は穏やかになり、問題解決のための余裕がつくられたのだった。

3.アイデンティティのどの柱が個人的に危機にさらされていると感じるか?

神話の精神的な積み重ねを発見すれば、あなたにとってとても強力なプロセスになるだろう。これには自分の内面を見つめて、見解に正直になることが求められる。精神的な洞察を通じて、行動に大きな影響を及ぼす自分自身のさまざまな面を見つけられるだろう――もしかしたら、あまり知らなかった面や完全に否定していた面が見つかるかもしれない。

コンフリクトにおける精神的な経験に気づけるように、アイデンティティの柱をじっくりと考えてみよう。あなたの根本的な信念や儀式、忠誠、価値観、意味のある経験のうちのどれが脅かされていると感じるだろうか? どの柱があなたに行動を求めているだろうか?

さらに、コンフリクトの中で、あなたにとって本当に問題なのは何かをもっとよく理解するため、"疑問詞疑問"(何を、どのように、どんなふうに、な

どの疑問詞の入った問い）を自分に投げかけるといい。相手と良好な調和関係を築けているならば、同じ質問[22]を彼らにもしてみよう。

- あなたの経験について相手に最も理解してもらいたいものは何か？
- この議論は前の議論とどのように違っていると、個人的に思うか？
- 今から５年後にこの議論を振り返るとしたら、今は見えないどんな点が見えると思うか？　最も重要なものは何だと考えているか？
- 親友は、このコンフリクトにおけるあなたの経験をどのように表現するだろうか？
- このコンフリクトにおけるあなたの経験を母親はどのように表現するだろうか？ ── そしてあなたについて母親がいちばん心配しそうなことは何か？自分の観点を母親に理解してもらえなかったら、あなたはどう思うか？

　相手が単に理性的な懸念や感情的な懸念、あるいは精神的な懸念に突き動かされていると、あなたは自信を感じるかもしれないが、だまされてはいけない。この３つの懸念のすべてが通常は重要なものなのだ。図表11-2は、より深いコンフリクトの意味を解釈するのに役立つ、いくつかの追加の質問を提示している。

　合理主義者でも、精神主義者の世界を経験できる。つい先日、私はカフェで同僚のムーリー・ディナーとばったり会った。彼の父親は脳出血で倒れて患ったあと、１週間前に亡くなっていた。ムーリーは特に信心深い人間ではなかったが、父の人生の最後の瞬間がどれほど神秘的な意義を帯びていたかを打ち明けてくれた。

　父親の容体が急激に悪化したため、ムーリーはすぐさま母国へ帰る飛行機に乗ったという。飛行機が着くと、ムーリーは父親がその10時間ほど前から昏睡状態に陥ったことを知った。彼は病室へ駆けこみ、父親の手を取った。「父さん、ぼくはここにいるよ。愛している。みんなここに集まっていて、父さんを愛しているんだ」父親は最後の息を吐き出した。ムーリーは畏敬の念に打たれた。その日は戦没者追悼記念日で、安息日の前日だった。いくつ

図表11-2 | 対立のより深い意味を解釈するための質問

核となるアイデンティティ あなたのどの……	関係性のあるアイデンティティ あなたはどんなふうに……
1. 信念が攻撃されている 　と感じるか？	1. 自分の観点や努力が 　称賛されていないと感じるか？
2. 儀式が危険にさらされている 　と感じるか？	2. 好きなように行動する、または 　感じるための自律性が 　妨げられているのか？
3. 忠誠がこわばっているかのよ 　うに感じるか？	3. 疎外されたり、敵として扱われ 　たりしていると感じるか？
4. 価値観が脅かされている 　と感じるか？	4. 地位にふさわしい敬意を 　払われていないと感じるか？
5. 感情的に意味のある経験や 　記憶が認められていない 　と感じるか？	5. 攻撃的な役目を演じさせられて 　いると感じるか？

かのことが結びついたこうした出来事は、ムーリーにとって父の生と死を超えた意味を象徴するものとなったのである。

▼ 学ぶために耳を傾ける──困難なときでも

　コンフリクトには不安な気持ちにさせられるものだが、怖いからといって相手の話に耳をふさいではいけない。不快な気持ちを受け入れてほしい。これは感情を学ぶことの重要なサインである。自由回答形式のまともな質問をしながら、その直後にわが身を守るための返答を差し挟む人があまりにも多い。あなたの目的は、反論するためではなく理解するために耳を傾けることである。

　積極的に話を聞くことは一般的な方法だが、感情によるコンフリクトでは[23]不十分である。もし、機械的に相手の言葉を繰り返していたら、そこに

こめられたもっと深い意味を理解せず、ただ話を聞いているだけだと示すことになる。感情によるコンフリクトで、聞いてもらいたくてたまらないのは、この深い意味なのである。相手の拒絶の感情をオウム返しに言うだけでは、彼らの神話を理解しないままになってしまう。だから、相手の言ったことを単に繰り返すのではなく、積極的に耳を傾けて、コンフリクトの中で相手のアイデンティティがどのようにひそかに表現されているかを知ろう。

　話を聞くことの最も大事な部分は、あなたの中に存在している。義憤や恥辱、批判的な考えに注意を奪われすぎて、あなたは相手のメッセージが本当に聞こえなくなっているかもしれない。したがって、数分おきに自分の感情の状態を評価する練習が大事だ。傷ついた感情や体のこわばり、怒りの気持ちに気づこう。こういった経験に注意を払うことで、それを脇へ追いやれるし、相手の経験に十分に関心を向けて取り組めるようになるだろう。結果として、あなたはもっとよく話が聞けるようになり、お決まりの反応を避けられるようになる。

　慎重に相手の話に耳を傾けたら、自分の話もしよう——だが、目的を忘れてはいけない。相手に話を聞いてもらい、認めてもらうことだ。そのための最善の方法は、威嚇的でない言葉で自分を表現することだろう。たとえば、「私が権力を乱用していると責めるなんて、あなたはまったくのばかだ」と不平を言うのではなく、こんなふうに言うといい。「あなたの非難に対して、全般的に腹立たしく思っています。私が意図しているのは……」相手を遠ざけず、さらにあなたの"全般"は腹を立てていると暗示しながらも、自分の感情[24]が複雑であることもほのめかしている。和解の余地が残されていることを示すのである。

▼　3.自分と相手の神話を解明する

　コンフリクトを恒久的な解決に導くには、相手との関係についてあなたの根本的な見解を変えなければならない——つまり、アイデンティティの神話を変えるということだ。2人のリーダーが和平協定にサインしたとしても、

本質的には相手を敵と見なしていれば、合意は進まないだろう。アイデンティティの神話はあなたと相手に、予測通りの方法でお互いが関わる、典型的な敵対者という役割を無意識に割り当てている。あなたは自分をゴリアテに対抗するダビデとか、人質にされた犠牲者と見なしているかもしれないが、いずれにせよ、強力な敵の前で感じる無力さに立ち向かっているのだ。こういったアーキタイプ（元型）と、それらに形を与える神話を明らかにしなければならない。

　アーキタイプを論じることの実際的なプラス面はいくつかある。第一に、それによってあなたは自分自身から距離を置き、遠くから人間関係を眺めることができる。人間関係に起こる変化を想像しやすくなるのだ。自分について直接語るだけでなく、隠喩的なイメージについても語りかけるからである。

　第二に、アーキタイプは自分の感情についてまともに話すよりは、象徴的なイメージという代用物を通じて感情的な問題を論じさせてくれる。コンフリクト状態にある人々は、自分の感情を話したがらない場合が多い。彼らは弱い立場にいると感じることを嫌い、敵対的な反応を引き起こしそうなことを言うのを恐れている。アーキタイプを論じることで、こういった恐怖心を抑えられる。

　第三に、アーキタイプは覚えやすい。コンフリクトの間、それぞれの側の感情や不満や願望や恐怖に対し、細部まで十分な注意を払い続けることは難しい。一方、アーキタイプのイメージは覚えやすく、見てわかるものだし、感情的な情報とひとまとめにされている。あなたは相手の複雑な感情を覚えていないかもしれないが、相手があなたをゴリアテと見なしていることは容易に思い出せる。アーキタイプはその後のやり取りをすばやく状況に当てはめ、共感して理解することを助けてくれるのだ。

　最後に、アーキタイプを明らかにすることで、自分の苦痛を超えたものを見ようという気持ちにさせられる。コンフリクトは関心の範囲を狭めて自分の苦しみへと向けさせるが、アーキタイプに焦点を当てると、コンフリクトを状況に当てはめる[25]能力を高めることができる。あなたは自分自身をコンフリクトの孤独な犠牲者としてだけでなく、主要なドラマ[26]の登場人物と見

なすだろう。あなたが直面する問題は「なぜ、私が？」から「なぜ、私たちが？」へと変わる。なぜ、人間は力のあるものから苦しめられるのだろう？なぜ、人間は愛を失ったことを悲しむのか？　アーキタイプは、コンフリクトから孤立を取り除いてくれる。

　私はこのアプローチがとりわけ慰めとなるものだと思う。もし、妻のミアと私が喧嘩したら、これは世の習いに従っているだけだと自分に思い出させることにしている。カップルは口論するものなのだ。いつも口論してきたし、これからもするだろう。精神的苦痛を味わっているのはミアと私だけでないし、私たちは昔からのアーキタイプと言えるドラマを再演しているだけなのだ。人間の経験という広い範囲の中でコンフリクトを状況的に説明することは、その状況を正しくとらえることなのである。

　これでアーキタイプの重要性はわかったので、お互いの神話を明らかにするためのツールとして用いることができるだろう。

▶ コンフリクトのある人間関係を描写するための隠喩をつくる

　コンフリクトにおける感情的な経験を表すものとして、あなたはどんなイメージを抱いているだろうか？　おそらく、力の強いライオンや、力のない子どもといったものだろう。相手集団を表すのに最もぴったりのイメージは何か？　神話や子どものおとぎ話や宗教的な話からさまざまな登場人物を呼び出してみよう——創造的になればなるほどいい。あなたは相手を卑劣な猿や、激しい暴風や、タフなボクサーとして思い描くかもしれない。

　もしもあなたが勇気あるスペースをつくっているなら、こういったイメージを思いつくために相手と協力することを考えてみよう。私は民族政治学的なコンフリクトにおける論争者とこのプロセスを進めてみて、相互に同意できるイメージをつくり出す彼らの能力に驚かされてきた。しかし、最も価値がある部分は、イメージをつくる中で彼らがお互いの見解に耳を傾け、異なった視点を認めなければならず、分かち合った決定を説明しなければならないことだろう。

数年前、私は中東でワークショップを開催し、その地域のシーア派とスンニ派の間に再燃した分裂状態に取り組んだ。緊張感があまりにも高かったので、問題になっているトピックを率直に議論すると、ほぼ非生産的な結果[27]に終わった。そこで私は、参加者をいくつかのグループに分け、シーア派とスンニ派の関係を表現する隠喩を見つけるという課題を与えた。30分後、あるグループは両者の間のコンフリクトを、自身の体を破壊するガンにたとえ、別のグループは常習的なきょうだい間の競争意識だと見なした。この後者のイメージがすべてのグループに共感を呼び、きょうだいの不和をどのように解決するかというほうへ会話が動いた。ある参加者が"家族内の"リーダーだけが和解させられると提案したあと、グループはシーア派とスンニ派のリーダーが会って見解を交換し、和解のプロセスを思いつくという仕組みを描いた。

　ぴったりの隠喩を見つけるのに役立つ、創造的な方法はいろいろある。手始めに、何らかのイメージを選び、あなたの状況に合わせて形づくってみよう。図表11-3（190ページ）にある、アーキタイプの例を挙げた表から選択してもいい。たとえば、ライオンを選んだとしよう。コンフリクトにおけるあなたの感情的な経験を詳細に表すために、それをどのように形づくればいいか考えてほしい。あなたは年老いた見張りを脅す若いライオンだろうか？それとも、タフな外見を維持しているが、傷を負ったライオンだろうか？

　別の方法は、信頼できる味方と隠喩を考案することだ。この方法はユングの患者にうまく機能した。ユングは世界の神話の研究に何年も費やしたので、患者から悩みを打ち明けられたとき、彼らのアーキタイプ的な経験を表現するために引き合いに出す神話を豊富にたくわえていた。あなたが秘密を打ち明ける相手は、ユング派の神話に関する学者でなくてもいい。創造的な友人で十分である。

　芸術を通じてイメージを表すこともできる。雑誌を何冊かめくって、コンフリクトにおけるあなたの経験と共鳴するイメージを見つけてみよう。あるいはリスクを冒して、自分でイメージを絵にしてみることだ。結果は啓発的なものになるかもしれない。中堅どころの幹部の交渉に関する講座で、私は

図表11-3 | アーキタイプのイメージ

家族関係
- 反抗的な子ども
- 離婚した人
- 不誠実なきょうだい
- 要求深い両親
- 卑屈な子ども
- 裏切られた配偶者
- 除名された家族の一員
- 養子
- 未亡人
- 遠くにいるいとこ
- 敵対するきょうだい

お定まりの登場人物
- 救済者
- ペテン師
- 魔女
- 治療師
- ヒーロー
- 不信心者
- 悪者
- 病人
- 泥棒
- 相談役
- 吸血鬼
- いたずらっ子

アーキタイプの例

ギリシャ神話
- オリンポスの12神
  …オリンポス山に住み、下界の人々に対して権力をふるった
- ゼウス
  …最高位の権力を使い、神と人に安定と安心を保証した
- シシフォス
  …山の側に岩を繰り返し運ぶことを命じられたが、岩が山頂に近づくたびに転がり落ちるのを眺める羽目になった
- ヘラ
  …ゼウスの絶え間ない不貞に耐えることを強いられ、愛した人の裏切りに心から憤慨した
- タンタロス
  …実っている果物に永遠に手が届かない木に縛りつけられ、生き抜くためのものを手に入れられなかった
- テーセウス
  …誠実に交渉したが、欺かれて地獄で永遠の時を過ごした

動物の王国
- 群れのボスのライオン
  …群れを率い、1頭でいるシマウマを襲う
- ホオジロザメ
  …海の中でもっとも情け容赦のない捕食者。うろついているすべてがごちそう
- ネズミ
  …攻撃するうえで工夫に富む、体の小ささを機敏さで埋め合わせる
- 象
  …体の大きさで優位に立っているが、行動は穏やか
- 狼
  …大きな獲物が疲れるまで追い、飛び掛かる
- チーター
  …すばやくて優美で獰猛。攻撃は迅速だが、諦めるのも同様に早い

参加者に、現在のコンフリクトにおける自分自身をどう見なしているかを絵にしてもらった。彼らが考えついたイメージは印象的で、断固とした兵士から怯えた子どもまで、あらゆるものがあった。

"正しい"隠喩を見つけたときは、どうやってわかるのだろうか？ カギとなるのは感情的な共鳴である。完璧さがゴールなのではない。どんなイメージも、あなたの感情を十分に要約することはできないだろう。だから、役に立つと感じるほど共鳴する隠喩をつくり出せるまで、ブレインストーミングをしよう。

▼ イメージ同士の関係を明確にする

さて、ある隠喩を手にしたら、イメージ同士の関係の性質について考えてみよう。それは怒ったライオン同士の縄張り争いのように感じられるだろうか？ それとも、群れのリーダーの愛情をめぐる争いのように感じられるだろうか？

バージニア大学とカーターセンターのヴァミック・ヴォルカン教授とその同僚は、国際的な背景における隠喩の力を実験してみた。ソビエト連邦が崩壊して間もなく、ロシアとエストニアのリーダー同士の非公式な対話を促しながら。セッションの1つで、彼らはロシア人とエストニア人の参加者に自分たちの国の関係を表す隠喩を考えるようにと頼んだ。

参加者は2つのイメージを思いついた——ロシアを表す象と、エストニアを表すウサギである——そして象とウサギとの間のダイナミクスについて考えた。この動物たちは友人になることはできるが、ウサギは常に用心を怠ってはならない、と彼らは結論をくだした。意図的でなくても、象はウサギを踏みつぶせるからである。「象とウサギの隠喩で」と、ヴォルカン教授と同僚のジョイス・ノイは意見を述べた。「ロシア人の中には、ソビエト連邦が過去に支援したことに対してエストニア人が感謝の念を持たないだけでなく、当然だが、彼らを用心深い[28]と見なすようになった人がいる」エストニア人は新しく獲得した自律性を失うことを恐れ、どちらの国も変わりつつあ

る政治的状況の中で、神話の定義に苦労していた。隠喩を探ることで、こうしたリーダーは自分たちの関係を安心して論じることができたのだ。感情を直接的に分かち合うのではなく、彼らは間接的に感情についてやり取りしたのである。

隠喩の精度を高めるため、各集団の観点からのコンフリクトの意味を、どうしたらもっとよく伝えられるか考えてほしい。危機に瀕している合理的な利害をイメージが表しているだけでなく、感情的、あるいは精神的な利害も確実に表せるようにしよう。コンフリクトの意味を分析することと、隠喩に磨きをかけることを繰り返すうちに、アイデンティティの神話の本質をはっきりさせられるだろう。

もちろん、そのアーキタイプのイメージが自分たちの関係を最もよく表しているということに、必ずしも賛成する必要はない。あなたは自分を従順な猫と見なすかもしれないが、相手はあなたを非友好的なライオンと見なす場合が多いかもしれない。持っているイメージが乖離したら、自分たちの関係をそのように表現した理由について話し合おう。事実、有益な演習は、相手が関係をどのように思い描いているかを十分に推測する表現を用いながら、それぞれにアーキタイプを描かせ、その後こういうイメージについて話し合うことである。

▶ 4. 神話を修正する

創造的な内省の最後のステップは、神話を修正する[29]ことである。この段階では、自分と相手がつくったイメージ——無事に残っているあなたのアイデンティティ——を持ち続けてほしいが、こうしたイメージ間の関係をつくり直してほしい。象とウサギの関係を再解釈した、ロシアとエストニアの代表者たちのように。

▼ イメージ上のより良い関係を思い描く

　私と妻との、こんなコンフリクトを考えてみてほしい。「私たちは互いを理解していないわ」とミアは言い、私はそれに同意する。私たちは個人的な経験を分かち合い、2人とも苛立ちを感じ、相手から遠ざけられたと思っていることに気づく。私は教師の仕事と本の執筆で忙しく、妻は育児や家事のためにノンストップで働いている。どうにか2分ほど話す時間があっても、私たちはしっくりいかない。しかし、話を共有しても、相変わらずすれ違いがあるのだ。

　その日の遅い時間に、私たちはこれまでと違うタイプの話し合いをする。自分たちのコンフリクトにおいて、それぞれがどんなふうに感じているかをイメージにしてみたのだ。私は雲のようだという。本を書いているときは、理論の世界にふわふわと浮いているというわけである。一方、ミアのほうは錨だ。家族の用事という終わりのない流れに対応することに基づいている。すでに、私たちのどちらも、これまでよりも認められていると感じる。雰囲気は明るくなる。

　雲と錨がもっとよくコミュニケーションをとるにはどうしたらいいかと、私たちは冗談半分で思い描く。ときどき、錨は雲まで行くのにヘリコプターが必要になるかもしれないが、燃料切れになるのでそう長くは乗れない。別のときに、雲には地面まで降りていく必要が生じるかもしれない。

　さらに私たちは空に浮かび上がるときにしっかりと固定されている凧のように、自分たちが結びつく可能性を話し合った。私たちのシナリオが論理的にはまともでないことに気づくが──錨がヘリコプターに乗るものだろうか？──それはかまわない。創造的な内省は、人間関係の経験という感情的な本質をつかむことなのだ。隠喩の組み合わせが、どれほど不釣り合いなものであっても。

▶ 洞察を行動に変換する

　新しい観点を人間関係に実際に適用するにはどうすべきか、考えてみよう。私とミアとのコンフリクトでは双方が家族への奉仕や、より大きな社会的価値の中での相手の大変な仕事を認めた。さらに、自分たちが異なる２つの言葉でコミュニケーションをとっていることに気づいた。私は理論を話し、ミアは実際的なことを話しているのだ、と。私たちは毎日少なくとも10分間は相手の世界を"訪問"しようと決めた。錨は理論について話すために雲を訪ね、雲は日常生活について話し合うために錨を訪ねるのである。このステップのおかげで私たちの距離は近くなった。

　これと同じ創造的な内省のプロセスが役立つことは、私がマリアとゲイルの相談に乗ったときに証明された。母親であるマリアと、ティーンエージャーの娘のゲイルはなかなか理解し合えなかった。彼女たちは何日も続けて喧嘩し、「二度と口をきかない」と相手を脅したあと、ようやく仲直りする――が、１週間後にはまた喧嘩が起きるのだった。

　彼女たちの関係のダイナミックスの本質をとらえていそうなアーキタイプのイメージを話し合ったとき、ゲイルは自分を小魚と見なした。攻撃的なサメにいつも脅かされている、と。母親も賛成した――もっとも、マリアは自分のほうを小魚と見なしていたのだが。

　サメと小魚の関係の性質を表現するように私が求めると、彼女たちはそれぞれの苛立ちについて熱心に話したが、どちらも２人の関係を良くすることに強い欲求を示した。ゲイルは、お互いの感情を積極的に守り合う、２匹の仲のいいサメになるにはどうしたらいいかを考えたらと提案した。母親は賛成し、私たちはこの考えを行動に変換するための方法を探し続けた。

　この母と娘は感情を分かち合うことに何度となく失敗していた。彼女たちは反復強迫にとらえられやすく、すぐさまバランス喪失に陥ったのだ。今や彼女たちの関係はあまりにもぼろぼろだったので、創造的な内省という間接的なルートをとることが和解への特に安全で効果的な道だとわかった。母親

のマリアは今や、進行中のより深いダイナミックスのために、ゲイルの怒り
の言葉の裏にあるものに耳を傾けている。怒りは害悪からアイデンティティ
を守るための防御物にすぎなかったと、マリアは気づいたのだ。

もし、相手の力[30]のほうが上だったら?

　神話はただの物語というだけでなく、権力を振りかざすためのルールでも
ある。基本原則は簡単だ。他人の神話をコントロールする人は必ずその人間
もコントロールするから、対立する相手が自分たちの目的を救おうとして、
あなたの神話の形を変えたがるはずだ。これは最も危険が多いアイデンティ
ティ・ポリティックスである。感情を傷つけられた夫が、どのように妻を支
配するか考えてみよう。夫は妻に、傷つかずにはこの関係から逃れられない
と感じさせる。そして妻は、異議を唱える余地がないと思ってしまうのだ。

▶ 神話の力を取り戻す

　大半のコンフリクトでは、どちらの側も相手から間違った目でアイデン
ティティを見られている、ある意味で貶められている、と感じるだろう。神話
に対する力を取り戻すために、以下のステップを踏むといい。

　第一に、相手があなたに押しつけている神話に気づくことだ。

　感情的な虐待を受ける関係にある妻は、夫が自分を依存性の人間、あるい
は服従的な人間として定義づけようとしていることに気づくかもしれない。
夫はオリンポス山のゼウスというわけである。妻は自分が弱くて無力な人間
だと感じるだろう。この事実を認識できるように、妻は自問しなければなら
ない。夫が彼女にどんなアイデンティティを定義しているのか、自分たちの
関係でそれは受け入れられる役割なのかどうかと。

　第二に、相手の力の源[31]を明らかにすることだ。

相手の力のタイプは以下のようなものだろうか？

1. 合理的な力：彼らはあなたに権力をふるえる立場にある。
2. 専門家としての力：彼らは特別な知識や資格を持っている。
3. 指示する力：彼らは影響力のある人脈を持っている。
4. 報酬を与える力：彼らはあなたに報酬を与える能力を持っている。
5. 強制的な力：彼らはあなたを脅したり、罰したり、制裁を与えたりする能力を持っている。
6. 情報の力：彼らはあなたやほかの人が欲しがる情報に近づける。

　ある夫婦の例を見ると、夫の神話が、2人の結婚において彼を唯一の"合理的な力"を持つ人間に任命したことに妻は気づく。外食に行くかどうか、休暇を楽しむかどうかを決めたり、週末の活動を決定したりできる唯一の人間にしている──と。夫は自分たちの結婚にとって何がいいかを妻よりも"よく知っている"と主張して"専門家としての力"を活用している。彼は、妻が家庭での義務を果たしている限りは毎週の"手当て"を与えることによって、"報酬を与える力"を用いている。そして自分たちの関係から出ていくなら、経済的に彼女を切り捨てると脅しながら、"強制的な力を"行使しているのである。

　第三に、あなたが引き出せる力の源を割り出すことだ。

　この例での妻は、支援グループに毎週参加し、社会的ネットワークを広げ、自分の"指示する力"を高めるようになる。彼女は自分も夫との関係において"合理的な力"を持つ人として振る舞っていいことを認識する。結婚生活における運命を選ぶ、重要な決定を下していいのだと。彼女は弁護士に相談して、自分の財政的権利や法的権利についてさらに学び、"情報の力"を強め、夫の"強制的な力"を減らしていく。彼女は夫が態度を変えないなら、妹の家に滞在するなどの手配をすることによって、自分の"強制的な力"を強める。

　最後に、神話に対する支配を取り戻そう。

妻は夫に向き合っていら立ちを声に出し、態度を改めてほしいと求める。さもなければ、夫婦関係を解消する、と。この警告は説得力があった。彼女は自分自身の力を取り戻していたのだ。夫は経済的支援を打ち切ると脅したが、彼女はそれに対して準備ができている。夫は「離婚すれば、生きていく能力がないくせに」と妻を貶めるが、彼女は支援グループがあるから大丈夫だと自信を持っている。妻を失うかもしれないという恐れのせいで夫は要求を受け入れ、自分たちの関係を見直すことにしぶしぶ同意する。

もし、相手が対話を拒んだら？

　相手に自分たちの神話を明らかにしろと強制はできないし、あなたの神話を無理やり聞かせることもできない。事実、あなたよりも力があると感じている集団と和解しようとするなら、抵抗されることを予期すべきだ。彼らはあなたとの話し合いに応じたら、自分たちの話を弱体化させられそうだと恐れているのかもしれない——彼らの力の源が弱まることを恐れているのだ。

　最高の方法は、対話に加わるように巧みに相手を説得することである。脅しをかければ相手は対話の席につくかもしれないが、反感を抱いたままだろう。対話への抵抗を相手からなくすための提案をいくつか挙げよう。

- 相手と話す前に、対話を望む目的を明確にすること。それはあなたの苦痛を癒したいという内心の欲求だろうか？　相手の観点を理解したいという好奇心なのか？　それとも、道義的責任か？　対話しなくてもあなたの欲求を満たせるかもしれない。たとえば、各自で心の傷を癒すといったように。
- 難しい人間関係の問題に関する対話の方法などから会話を始めよう。そうすれば、コンフリクトそのものだけでなく、それについて話すプロセスについても論じ合える。
- 非公開の対話に相手を招こう。スポットライトが当たらない場での会話のほうが無難である。
- 相手がなおも対話を拒むなら、個人的な手紙の形であなたの考えを伝えてもい

いかもしれない――そして返事を求めよう。

- 対話に加わるように働きかけてくれそうな、相手と共通する協力者を探すこと。あるいは、相手と共通の友人や同僚、または対話を計画して手助けしてくれる、信頼できる第三者の協力を得よう。

- こういった一連のプロセスを、忍耐や思いやりが必要な個人の学びの機会ととらえること。

- 制度上の懸念があるなら、制度の構造を変えるために努力すること。たとえば、差別的な法制度や方針というものなら、あなたの声をもっと聞いてもらえて、対話できるスペースをさらにつくり出そう。

- 最後の頼みの綱として、その人間関係から逃れるという選択もあるかもしれない――だがそうする前に、自分がどこへ向かうつもりか心得ておくこと。

まとめ
summary

　緊張した人間関係に折り合いをつける第一歩は、コンフリクトにおける相手の見解をもっとよく認めることだ。しかし、お互いの利益を理性的に話し合っても、危機に瀕している、より深い感情的な問題を理解するには不十分である。直接、感情について話し合ってもまだ十分ではない。人は劇的に異なった経験を表現するのに、同じ言葉を用いる傾向があるからだ。私たちが"恐れている"のは雨の日かもしれないし、頭上に爆弾が落ちてくることかもしれない。

　そこで本章では、コンフリクトを煽っている感情的な話を明確にするのに役立つ方法として、創造的な内省について説明した。アイデンティティの神話ほど、双方の集団にとってリアルなものはないし、これほど感情的に強力なものはない。深い意味のある問題を浮き彫りにするのは、現代の背景に植えつけられたアーキタイプ的な物語、普遍的であり個人的でもある話なのだ。両者の神話を明らかにすることによって、亀裂に橋を架ける方向へ大きく前進できるだろう。

図 11-4 │ 自己診断用ワークシート

1. コンフリクトであなたを個人的に動機づけるものは何か？
- 合理的な利益（金銭：ほかにも目に見える品物）
- 感情的な事項（称賛、自律性、所属、ステータス、役割）
- アイデンティティの柱（信念、儀式、忠誠、価値観、感情的に意味のある経験）

2. 相手を動機づけるものは何か？

3. あなたの緊張した人間関係を描写する隠喩をつくろう。
例を探す場合、図表10-3に戻ること。

4. あなたの力の感覚を強めるために、この隠喩をどのように修正するか？

5. あなたと相手は議論する気になっているか？
もし、その気になっているなら、勇気あるスペースをどうやったらつくれるか？
機密性を保持し、お互いの見解を分かち合う時間を確保するための予定を立てる。

第12章
Work Through Emotional Pain
感情の苦痛を
克服する

「復讐の旅に出る前に、墓穴を２つ掘りなさい」

——孔子

　アメリカの南北戦争の真っただ中に、戦いに疲れたある南軍の兵士が静かな絶望の思いでじっくりと考えた。
「われわれが戦っているような敵を許せるはずがあるだろうか？　われわれから財産を略奪し、故郷や友人たちから引き離し、最高の市民を戦場で殺害するなんて、とても許せる罪ではない。とにかく、私に報復の機会をくれ。そうすれば、もっと寛大になって[1]相手を許せるだろう」

　この兵士は、南軍が受けた苦痛にどう反応するかについて、２つの選択肢の間で葛藤していた。１つは、神の恩寵のもとに、純然たる許しを与えることだった。もう１つはその反対に、みずからの手で正義を行うことを促すもので、彼はそちらのほうに気持ちを引きつけられた。目には目を——そのあとで恩赦を与えよう、と。

　兵士のジレンマは、私たちのジレンマでもある。許しは人の良心を満たすが、報復は復讐したいという切望感を満足させる。家族の一員や同僚と和解したいと思うのと同じくらいに、傷ついた感情のせいで、やり返したい、仕返ししたいという気持ちに駆り立てられるのだ。南軍の兵士のように、私たちは恨みを晴らしたいと思うかもしれない。そんな気持ちが強すぎて、ほかの選択肢はないと感じることもある。

第12章　感情の苦痛を克服する

201

しかし、選択肢は間違いなくあるのだ。この章では、感情の苦痛を克服し、報復せねばならない[2]という重荷が取り除かれる方法を提案する。深い恨みの気持ちを振り払うことは簡単ではないが、取り組んでいれば、報復したいというあらゆる本能は薄らぐかもしれないし、解放感を覚える結果になるだろう——そして、ほかの選択肢よりもはるかに生産的なはずだ。

克服に当たって

感情の苦痛を癒す最高の方法は、それを克服することである。痛みは自分の中で凍結され、苦痛に取り組むことによって、ネガティブな感情は人間関係のポジティブな力へと置き換えられる。ランプが、電気のエネルギーで点く明かりへと変換したように。

このプロセスには、自分の内面を見つめて感情の苦痛を突き止めて理解し、さらにそれをコントロールすることが求められる。こんなプロセスは恐ろしいものかもしれない。というのもあなた[3]は、怒りにしがみつき全力で報復しろと求める心の中の悪魔に向き合うことになるかもしれないからだ。しかし、手の切り傷を無視し、まだ治りきらない間にそういった心の中の悪魔に気づかないふりをしていると、事態はさらに悪くなる。苦痛は苦痛をつくり上げ、あなたの世界は崩壊の限界点を超えてしまうだろう。

準備はできているか？
「あなたのBAG」をチェックしよう

感情の運命は、自分自身の中に存在している。それを手放す心の準備ができていなければ、恨みを手放すことはできない。そこであなたの心に尋ねてみよう。最も報復の代わりになりそうなもの（私はこれを「あなたのBAG（Best

Alternative to a Grudge)」と呼ぶ）は何だろうか？　恨みを抱いている今の
あなたの人生を、現実的に思い描いた、恨みを持たない人生と比べてみよう。
事態はどのように変わるだろうか？　もっと良くなるだろうか？

　恨みには目的がある。アイデンティティを攻撃してくるとき、相手はあな
たの道徳観——善悪についての感覚——をひそかに傷つけているのだ。そし
て当然ながら、あなたは自信をなくし、仕返ししたい気持ちに駆り立てられ
る。報復しないと、自分が受けた傷に対して不誠実な気がしてしまう。しか
し、恨みを持ち続けるには個人的な強いエネルギーが必要で、皮肉なことに、
そのせいであなた自身の幸福や品位が損なわれてしまうのだ。

　そこで、「あなたのBAG」をチェックしてみよう。有害な感情から解放さ
れると、どんな感じだろうか？　あなたは相手とどう関わるのか？　選択肢
はあなたの手にある。恨みを手放す用意ができているかどうか、判断してほ
しい。あなたには苦痛を克服する力も、それを無視する力もある。恨みを克
服する用意ができたと感じているなら、次の３つの段階を踏む必要があるだ
ろう。(1) 感情の苦痛を見ることに耐える、(2) 喪失を嘆く、(3) 許すこと
を検討する。簡単に言うと、見る、嘆く、許す、である。

ステージ1：
感情の苦痛を見ることに耐える

“見ることに耐える”とは、感情の苦痛を認めるという意味だ。生々しい痛
みは、愛するパートナーから「もうあなたを愛していない」と言われたとき
に覚える、理屈抜きの感情である。あなたは胸が苦しくなり、喉を締めつけ
られ、頭がズキズキするだろう。苦しみはそんな痛みを理解する方法なのだ。
“自分のどこが悪かったのだろう？”と無言で頭を悩ませながら。

　生々しい痛みに気づくため、自分の感情や体の感覚を観察しよう。コンフ
リクトの興奮の中に戻った自分を思い描き、頭のてっぺんから爪先までじっ
くりと全身を点検し、緊張している箇所を探す。肩がこわばった感じがして

いるだろうか？　お腹を締めつけられている気がするだろうか？　見つかるものに驚いてしまうかもしれない。コンフリクトの場における怒りの感情には注意力をかなり消耗させられるので、恥とか屈辱とか自己憐憫といった、強烈な感情が体に表れていることを見落としてしまうだろう。こうした苦しい感情を否定したくなるが、認めない限り、それらの感情に翻弄されたままになる。

　感情的な苦痛を一旦明らかにしたら、苦しみのサインを探そう。つまり、あなたの苦痛の意味を理解することだ。辛いと感じる[4]とき、自分に言い聞かせている内容に注意を払ってほしい。"彼が私にこんなことをしたなんて信じられない！　彼は償いをするべきよ！"怒りの思いの裏に隠れている、自分が能力不足だという恐怖心に気づいてほしい。"どうしていつも私にはこんなことが起こるの？　もしかしたら、みじめな人生を送る運命なのかもしれない。"

　しかし、苦痛を避けることはできないが、減らすことはできる。あなたの中にいる批評家は、往々にして最も影響力が大きい批評家である。秘訣は、それに気づくようになること（自分を非難する"ぐるぐる回る機械"の速度を落とさせること）と、反論する[5]ことだ。あなたの中の批評家に決定権を持たせてはならない。白熱した口論の場にこの次にあなたが入っていったとき、頭の中を駆けめぐるさまざまな思考の流れを観察し、その速度を落とさせよう。言葉に注意深く耳を傾けられるように。「彼はとんでもないばかよ！　どうしていつも私に辛い思いをさせるの？　もしかしたら、私は決してここになじめないかもしれない」

　それから、自己批判に問いを投げかけよう。心に"内なる支持者"――愛する母親や大切な指導者――を呼び出し、支えになってくれるそうした人たちの解釈で批判に答えるのだ。「あなたは精いっぱい頑張ったし、世の中のために多くのことをしている。彼があなたの長所を見てくれないからといって、あなたに長所がないわけじゃないのよ」

苦痛に足を踏み入れる

　次のシンプルなモットーを覚えておいてほしい。

「治るためには、感じなければならない[6]」

　苦痛を避けて通っていては、問題を解決できても、苦痛は癒えない。感情の苦痛を解決するには、それにまともに向き合って自分の感情の意味をつかむしかない。

　苦痛を経験する勇気をもってほしい。怒りを感じることは簡単だ。自分のみじめさの原因を他人のせいにできるからである。しかし、恥であれ、罪悪感であれ、あるいは屈辱であれ、自分の短所に注意を向けさせる感情を認めることは非常に難しい。こうした感情を隠してしまいたくなるかもしれない。そんな感情を経験することは苦痛に違いないからだ。それでも、治るためには、感じなければならないのだ——嫉妬の不安定な気持ち、恥の悔しさ、悲しみの重さを。

　苦痛には足を踏み入れなければならないが、その中で溺れてはいけない。この道をしっかり進むための1つの戦略は、同時に2つの役割を演じている自分を思い浮かべることだ。ダイバーとライフガードの両方の役割を。あなたはダイバーとして苦痛に頭から飛びこんでいき、スキューバダイビングをする人が魚やサンゴ礁の眺めに没頭するのと同じやり方で、見えるものすべてを観察し、経験する。一方、あなたはライフガードとして、ダイバーを守るために水面の上にとどまっている。ダイバーが感情に溺れそうな様子を見せた途端、ライフガードはダイバーを水面まで引き戻す。別の言い方をすれば、感情から休息を取るべきときを心得ていてほしいということだ——散歩に行くとか、新聞を読むとかして、一息つくときを。あなたがまた潜る準備ができるまで、海は待っていてくれる。

　感情の苦痛を理解する中で、プロフェッショナルなセラピストの助けを得ることを考えてほしい。これはあなたが圧倒されたと感じたり、個人的な危機に打ち負かされたり、身体面または精神面での安全が怪しくなったと感じ

たりしたとき、特に重要である。優秀なセラピストは折り合わない感情に対処するために必要な安全とスキルを補充してくれる。

▶ 苦痛の意味を解読する

苦痛の原因をはっきりさせることから始めよう。あなたの感情が満たされることを台なしにしたのは、誰の言葉、または行動だったのだろうか？ トラウマになるような一度だけの出来事だったのか？ それとも、あなたの苦痛は長期にわたる虐待の結果なのだろうか？ その後、苦痛の機能を解読してみよう。たとえば、私は頭痛になったとき、ストレスを減らすべきだということがわかっている。同様に、感情の苦痛はあなたの人生で何が失われているか、または何が損なわれているかについてのメッセージを与えてくれる。そのメッセージを探そう。もしもあなたが、自分のアイデアを非難した上司を避けたいという強い衝動を経験したのなら、その苦痛は、自分で思っている以上に称賛を求めていたことを告げているのかもしれない。

自分の感情の苦痛を直視することに耐えたら、ほかの人の苦痛に注意を向けよう。自分が彼らの立場に立ったところを想像してほしい。彼らはどんなことを感じているだろうか？ その理由は？ 反復強迫やバランス喪失に囚えられてしまうと、他人に共感することは難しいかもしれないが、実行し続けよう。

ただし、苦痛を癒せと相手に強制することはできない。治したいという意思は個人の選択である。よくある間違いは、共通の基盤を見つけようと相手に無理強いし、コンフリクトを"冷まそう"とするものだ。だが、彼らが、不当に扱われたと感じているなら、当然の怒りをあなたが奪い、怒りとともに現れる影響力[7]をなくさせるため力をふるうつもりだと受け取るかもしれない。

そんな場合、あなたにできる最善の行動は、心の癒しとつながる環境をつくることだ——お互いの苦痛を目にすることに耐えられる、勇気あるスペースをつくることなのだ。このスペースをつくることに、あなたも相手も尊敬している第三者、つまり信頼している家族の一員やプロの仲裁人などに手を

貸してくれるかもしれない。もし、どちらも第三者[8]の助けなしにお互いの苦痛を安心して探れると感じるなら、生産的な会話を促進させる基本的なルールをつくることが重要である。たとえば、私が知っている夫婦は次のような基本ルールを紙に書いて、自宅の冷蔵庫に貼っている。

- 一度に1つずつ、感情の苦痛を分かち合うこと。
- 断定的な判断をしないでお互いの話を聞き、相手の要点を繰り返すこと。
- 感情面のリスクをとること。
- お互いへの気遣いを忘れないこと。
- 「免責条項」の存在を忘れないこと —— 2人のどちらかが打ちのめされてしまったら、休憩をとってかまわない。

ステージ2：喪失を嘆く

　感情の苦痛を克服する2番目のステージは、経験した喪失を嘆くことである。どんなコンフリクトにも喪失がつきまとう[9]。離婚しようとしている夫婦は人生をともに過ごすというビジョンが挫折したことを嘆いているに違いない。仲直りしたきょうだいは、疎遠になっていた年月を嘆いているはずだ。戦っている軍隊は戦争で犠牲者を出してしまったことを嘆いているに違いない。本質的に、嘆くことは喪失の感情的な代謝[10]なのである。もし、嘆かずにいれば、あなたは辛い感情というタイムカプセルに閉じこめられたままだろう。よりよい未来のためには、喪失の感情の状態を調べて受け入れることが必要だ。

▼ 喪失を認識する

　あなたが失い、二度と元に戻らないものは何かということに気づいてほし

い。あなたはコンフリクトによって友人の信頼を失ったり、のどかな結婚生活をなくしたりするかもしれない。そうした喪失はときには破滅的なものに感じられ、混乱させられるだろう。愛する者の死に動揺させられるのと同じように。"彼女は本当にいなくなってしまったのか？　どうしてこんなことが起こるのだろう？"

嘆きとは、現在にあったものが、今や過去のものになってしまった事実を受け入れるようになることだ。しかし、友達に裏切られたとか、配偶者が去ったということを頭では理解できても、このような現実を感情的に受け入れることはとても難しいだろう。存在という現実に直面したとき、関連性のあるアイデンティティは変わるに違いない。

親しい友人家族が10代の娘のノーラを失ったとき、私はこのプロセスが起きる様子を目にした。何年もの間、彼らは娘の喪失を悲しんで、セラピーを受けていた。けれども、彼らはノーラの部屋を、彼女が亡くなったときのままにしていたのだ。ノーラの服は床の上に散らばり、日記はベッドの脇に置かれていた。しかし、ある雨の火曜日に目が覚めると、ノーラの家族は喪失を認識するときが来たと悟った。彼らはノーラの持ち物を倉庫に入れた。愛と痛みは根強く残るが、彼らは娘の死という現実を認めることで、感情的には苦痛でも、必要な一歩を踏み出したのだ。

▎ 喪失を受け入れる

喪失の苦痛は、それを認識し、感情的に受け入れるまで続くだろう——喪失という事実を感情が解決するまで。ここでカギとなる課題は、喪失の激しい苦痛がそれに立ち向かう力を妨げてしまうことだ。実際、トラウマになるような経験を脳が記録すると、言語を記号化する能力があまり働かなくなる。その経験を感情に刻みこんで、一切言葉によらない単なる印象[11]として残してしまう。しかし、言葉がないと、苦痛に折り合いをつけて克服したと主張することが、文字通りできなくなるのである。

だから、言葉を見つけてほしい。自問しよう。"どうしてこの喪失はこん

なに辛いのだろう？　このことに意味を持たせるには、何をするのがいちばんいいだろうか？"こういった疑問を信頼できる友人に話してもいい。あるいは、感情を言葉にするために、日記に考えを書くのもいいだろう。

　しかし、言葉を通じた方法以外でも喪失を受け入れることができる。"儀式"は苦痛を手放し、感情の経験を封じこめるのにとても効果的な方法だ。厳粛な儀式を通じて、喪失の状態から、それを受け入れる心の状態への変化を助けることができる。たとえば、ユダヤ教では人の死を悼むために、故人の近親が「シヴァ」という７日間の喪に服す。家にとどまり、料理や飲み物を持って訪れる大勢の友人や親戚を迎えるのだ。

　最強の儀式は地球の基本的な要素と結びついている。すなわち火、水、土、風と。たとえば、キリスト教の洗礼の儀式では、教会へ入ることを許可される象徴として、幼児は水に浸される。死者は土に埋葬されることが多い。ヒンドゥー教のような宗教は遺体を焼却する。そして死者の灰を空中[12]にまき散らす宗教的伝統は多い。

　喪失を受け入れるために、それを記念することもできる。国家は亡くなった兵士の栄誉を記念碑でたたえるかもしれない。悲しみに暮れる両親は、非営利団体を通じて、亡くなった子どもの思い出を守ろうとするかもしれない。芸術を通じて喪失を受け入れ始めることもできる。悲しみの歌を作曲するとか、激怒を絵に描くとか、懐古の情を短編小説にするといった形で。情熱の強さで世界的に知られる物語や歌の中には、喪失から生まれたものもあった。死者を偲ぶことは、自分の苦痛を、すべてを費やすような経験から、感情を抑えた実在へと変えることである。喪失によって引き起こされた苦痛は決して忘れられないと認めながらも、人生の１つの章を休ませてやるための目に見える形なのだ。

　あなたが喪失を嘆くことを必要としているように、相手もそれを必要としている。悲しみをあらわにするためのスペースを相手に与えよう。鋭い攻撃の裏には、コンフリクトを通じて彼らが長い間失っていたものを取り戻したいという切望感があるかもしれないのだ。

ステージ3：許すことを検討する

　許すことは、感情の苦痛を克服する３番目の段階だ。そして、一般的には最も骨が折れる。本章の冒頭に出てきた南軍の兵士は自分が犠牲者だと感じ、彼と仲間が被った感情の損失に報復しなければならないという義務を感じていた。彼は考えた。まずは正義に対する自分の考えを相手に突きつけなければ、こうした罪の加害者を許せるはずはないだろう、と。

　その兵士はきわめて重大な真実に気づいていなかった。つまり、許すことによって被害者意識から解放されるということに。怒りに囚われたままでいると、罪を犯した人の捕虜であり続けることになる。許しによって、あなたは鎖から解かれ、もっと価値ある事柄に加わるための心のスペースを確保できる。もし、自分の時間の40パーセントを、昔の傷を振り返ったり、怒りを抱いたり、復讐を企んだりすることに費やすなら、もっと有益な活動に充てる時間はたった60パーセントしか残らなくなる。仕返ししたいという欲求はあなたを過去に釘づけにするが、許しはあなたを現在に生きさせてくれるのだ。

　許すためには、この言葉の辞書的な定義になど関心を持つ必要はない。和解を進めるための現実的な行動を計画しよう。たとえば、許しの表現を用意しておくのもいい。「あんなことが起こったけれども ―― そのことを私は決して忘れませんが ―― 過ぎたことは過ぎたことにしようという心の準備はできています。仕返しという考えは捨てて、あなたと話し、より良い未来へ向けて力を合わせたいと思っているんです」

▼ 許しの独特な性質

　許しとは、相手が無実であると認めることではない。ある父親が門限を過ぎた娘を許したとしても、週末は外出禁止を言い渡すかもしれない。前に登

場した南軍の兵士は、敵の行動を許したとしても、法廷では相手に責任をとらせようとするだろう。

　同様に、許しとは忘れることではない。銀行はあなたの借金を許すだろうが、ローンの記録をとどめるはずだ。2つの国家が残忍な戦争で敵味方に分かれて戦い、和解したとしても、どちらの国の歴史書にも何があったかはやはり記録されるだろう。

　許しとはプロセスである。許すことに早道はない。許しには、時間や努力、忍耐力、そして許そうというモチベーションが潮の満ち引きのように行きつ戻りつすると知っておくことが必要だ。ある友人があなたの信頼を裏切ったとしよう。あなたは彼を何年も許さないかもしれない。ところが、ある日突然、恨みがやわらぐこともあり得るのだ。

　許すことをあなたに強制できる人はいない――たとえ、あなた自身でさえも。作家のC・S・ルイスはある人物を30年間にわたって許そうとしてきたが、とうとうそれができそうだと感じたとき、こんなことを悟った。「許すことができた途端、とても多くのことが簡単にできるようになった。だが、そのときまでは、ただただ不可能だった。泳ぎを習うようなものだ。どんなに努力しても、浮き上がれない時期が何カ月もある。すると、ある日あるとき浮き上がれるようになり、その後は沈めなくなる[13]んだ」

　許さないという行動には心をそそられるだろう。なぜなら、罪人を道徳的なコミュニティに返すことを許す鍵を持っているのはあなたなのだから。その人間はかつてあなたに権力をふるっていた――あなたの尊厳を踏みにじっていた――が、今や権力のダイナミックスは逆転した。南アフリカ共和国の作家、プムラ・ゴボド・マディキゼラは次のように見なした。「罪人が自責の念を示し始め、何らかの形で許しを乞い始めたとき、被害者は社会から見捨てられた者の欲求――彼らを人間のコミュニティ[14]に再び入れること――を管理する人間になるのだ」

　許しのプロセスを始めるために、許すことの可能性に心を開いてみよう。許しを与えたら、自分の人間関係がどんなふうに感じられるかを想像してほしい。許しの良い点と悪い点を考えてみる――そして、許さないことの良い

図表12-1 | 許すことは可能か?

私は許すべきか?	
答えがイエスなら	答えがノーなら
良い点は何か?	良い点は何か?
悪い点は何か?	悪い点は何か?

点と悪い点も——それから、図表12-1を使って記録してほしい。次に、あなたの直感をチェックしてみよう。恨みから解放されたら、どんな気持ちがするだろうか? 現在、あなたの重荷になっている怒りの気持ちと比べてみよう。正しいと感じられるものをじっくりと考えてほしい。親しい友人と話して、あらゆる角度からジレンマを調べてみよう。時が経つにつれて、答えが明確になってくる[15]だろう。

　最後に、次のどれなのかを決めることだ。(1) 許す、(2) 許すことを保留する、(3) この問題をまたあとで考える。慎重に考えて、心の声に耳を傾けよう。許すことを選んだなら、これまでよりも自由になり、いっそう力を与えられた気分になるだろう——けれども、それで物語が終わるわけではない。あなたはまだ怒りを手放さなければならないし、最善の方法は慈悲心を呼び覚ますことかもしれない。他人の痛みを案じるということだ。というわけで、怒りの影響を感じたら、こう自問しよう。"私は自分にも他人にも痛み

を引き起こしたいと思っているか？　それとも、慈悲心を抱くことにするのか？"

許しがたい相手についてはどうするのか？

　哲学者のハンナ・アーレントはこう述べた。行動の中には、あまりにも常軌を逸しているため、カントが"根本悪"と呼ぶ、倫理だと主張するものをすべて捨て去った、ひどすぎる悪意というものがある、と。ナショナリズムと反ユダヤ主義の高まりに直面し、故郷のドイツから逃げてきたユダヤ人として、アーレントは遠くからホロコーストを目撃した。そしてこの行為がひどすぎて、人間性に対して信じられないほど攻撃的で、彼女の言葉を借りれば「処罰が不可能」で「許しがたい」ほど過激な悪の所業であるという考えを振り払えなかった。

　アーレントと同じように、とても耐えがたい痛みを生み出すため、罪を許せないと感じるほどのコンフリクトがあり得ると私も信じている。だが、疑う余地のない結末から考えれば、人が決して他人を許せないということは、最終的に自己成就的予言であることも私は信じている。癒しには何世代にもわたる時間がかかるだろう。感情的な傷が、思い出の傷痕へと変わるまでには。けれども、許しは常に可能性の範囲内にあるのだ。

謝罪：許しのもう1つの面

　おそらく、心からの謝罪はポジティブな関係を取り戻すのに最強の方法だろう。謝罪は後悔の現れであり、相手を傷つけた行動をあなたが取り消したがっているというメッセージである──そんなわけで、和解という利益のためなら、あなたは喜んでプライドを犠牲にするだろう。

　許しが内面的な決断であるのに対して、謝罪は人と人との間で後悔を確認

することである。加害者が存在しようとしまいと、あなたはどんなコンフリクトでも許しを与えられるが、誰もいない部屋に向かって謝罪することはできない。謝罪とは、あなたが申し訳ないと思い、しかも、本気で相手と直接的にコミュニケーションをとることなのだ。

▼ 心からの謝罪をするため、以下のガイドラインに従おう

誠意ある謝罪は心から生まれてくるものだが、いくつかのガイド的な指針は役に立つだろう。謝る前に、ここに挙げたガイドラインを調べて、どうやったら本音で相手とやり取りできるか考えてみよう。相手を謝罪に引きこむほど、コミュニケーションはいっそう効果的になるだろう。

1. 正直に後悔の念を示す
2. あなたの行動のインパクトを認める
3. あなたが責任を受け入れることを伝える
4. 攻撃を繰り返さないことを約束する
5. 償いを申し出る

人目を避けて謝るのか、人前で謝るのかを決めよう。人目につかないように謝れば、友好的な関係をつくりやすくなり、あなたも相手も面目を失う危険がなくなる。"修復的正義"【訳注：犯罪に関係するすべての当事者が直接関わって、害悪を修復しようという考え方】といった複雑なケースでは、加害者がひそかに被害者と会って、攻撃における見解を検討し、悪事を働いたことを謝罪さえするかもしれない。また、謝罪は公開の場で行われるのがいちばんいい場合もある。とりわけ、不当行為が政治的なものや集団的なものであるときは。南アフリカ共和国の「真実和解委員会」は、政治的暴力の被害者には苦情を述べさせ、加害者には悪事を認めて謝罪させるための舞台を提供した。被害者が加害者を許した[16]ケースもあった。

弁明ではなく、謝罪をしよう

　もしあなたが謝罪するつもりなら、率直に謝ろう。謝罪を、悔恨や保身[17]と混同してはならない。プラトンの著書『弁明』ではソクラテスが裁判にかけられる。若者の心を堕落させたこと、国家に認められた神を信じないこと、新しい神を創造したことによる罪で。聴聞会でソクラテスは"アポロギア（弁明）"をする。糾弾に対して防御の形で話すことを指すギリシャ語の言葉である。言い換えると、謝罪とは反対の行動だ。

　たとえば、誕生日のディナーに遅く帰宅した伴侶が、こんなことを言ったら無分別だろう。「遅く帰ってきてきみを傷つけたのはすまなかったが、終わらせなければいけないプロジェクトがあったんだ」この矛盾したコミュニケーションは表面的には謝罪に見えるが、その裏に隠れた意味は明らかだ。きみを傷つけたとしても、ぼくが悪いわけではないよ、ということである。

まとめ
summary

　感情によるコンフリクトは、関わっている全員に苦痛を引き起こす。それゆえ、理解と思いやりが求められるのである。両者の苦痛を目にすることに耐えて、被った喪失を嘆き、許す方向へと動くことによって、人は傷を癒し始めることができる。詩人のレトキー【訳注：セアドー・レトキー。アメリカの詩人】がこう言ったように。「暗闇の中で、目はものが見え始める」

図表 12-2 │ 自己診断用ワークシート

1. このコンフリクトに関わっていなかったら、あなたの人生はどんなものだっただろうか？

2. コンフリクトについて心の中を打ち明ける準備はできているか？
もし、できていないなら、どうすればできるようになるのか？

3. このコンフリクトであなたが最も苦痛を覚えるものは何か？
その理由は？

4. どうすれば苦痛から感情的な意味をつくり出せるのか？
このプロセスや、あなたが失ったすべてのものへの敬意を通じて、自分自身や人生について学んだことは何かを考えてみよう。

5. 相手を許したらどんな気持ちがするだろう？
許したいのかどうか、考えてみよう。
- 良い点
- 悪い点

6. コンフリクトの中でどんな行動を後悔しているか？

7. 謝罪しようという気持ちになっているだろうか？
もし、そうなら、どうやってその気持ちを表すのか？

第13章
Build Crosscutting Connections

横断的な
つながりをつくる

　1991年、シリル・ラマフォサという男性が、週末を一緒にフライフィッシングをして過ごさないかと友人から誘われた。シリルはフライフィッシングが大好きだったので、快く招待を受けた。3時間の旅をして相手の家に着くと、招待してくれた男性はシリルに告げた。土曜日のランチにはロエルフ・メイヤーとその家族も加わることになる、と。

　こんな出来事は、ほとんど誰の関心も呼び起こさないだろう——シリル・ラマフォサがアフリカ民族会議の議長で、ロエルフ・メイヤーが当時の与党、南アフリカ共和国の国民党の国防大臣だったという事実がなければ。2週間後にこの2人の男性は、多民族の民主主義国家[1]への移行に関して最も論争が起きそうな問題の交渉を始める予定になっていたのだ。

　しかし、南アフリカ共和国の奥地で過ごしたその土曜の午後、彼らの心にあったのは政治だけではなかった。ロエルフの息子はシリルに頼んだ。「フライフィッシングのやり方を教えてくれない？」シリルは承諾し、みんなで出かけた。ロエルフもフライフィッシングをやってみようと決めたが、間違った方向へ釣り糸を投げたとき、釣り針が薬指に引っかかって食いこんでしまった。ロエルフはシリルを振り返り、情けない声で言った。「こいつはどうしたらいいんだろう？」

　シリルはグラスにウイスキーを注いで、ロエルフに言った。「よし——こいつを飲んで、目をそらしてくれ。そして私を信じてほしい」シリルは釣り針をペンチで引っこ抜いた。

2週間後、交渉のテーブルで向かい合っていたリーダーたちは行き詰まりに陥ったことを知った。何年にもわたって国民党は、アパルトヘイトに抵抗する多くの人々を投獄してきた。その中には、アフリカ民族会議（ANC）のリーダーだったネルソン・マンデラやその大勢の仲間もいて、1991年までには、全員ではないものの多くが釈放されていた。国民党は、ANCが武力による抵抗[2]をやめるなら、残っていた政治犯を解放したいと思っていた。一方ANCは、政治犯が釈放されるまで、武力による抵抗をやめることを拒んでいたのだ。交渉は、どちらが先に同意するかの問題になっていた。

ロエルフはテーブルに身を乗り出してシリルに言った。「私にはあなたが"私を信じてほしい"と言っているのが聞こえますよ」

ロエルフは囚人の釈放を命じ、1週間後、ANCは武力による抵抗の終結を宣言した。

この逸話が強烈に示すように、和解を支えるものは人間同士のつながりである。戦っているとき、人は自分たちの関係を敵対的なものと見なすのが普通だ。われわれVS彼らというように。しかし、感情によるコンフリクトの中ですら、人間関係を深めて、自己の利益を超越するポジティブなつながりをつくる道はある。カギとなるのは、私が"分野横断的なつながり"と呼ぶものをつくることである。

分野横断的なつながりの力

人間関係は、あなたと他者の間の多様な結びつきを通じて強められる。こうした結びつきがより多くて、より意味のあるものであればあるほど、人間関係はいっそう強くなる[3]。シリルとロエルフは釣りの冒険や奥地での会話、さらに交渉者という自分たちの役割を通じてつながっていた。このさまざまなつながりが信頼を呼び起こし、創造的な問題解決を可能にしたのである。彼らはそんな人間関係の中で、遠慮なく自分の懸念を表し、情報を共有して

も大丈夫だと安心感を覚えている。同様に、あなたは敵よりも協力者のほうに、いっそううまく影響を与えられるだろう。敵よりも友人の話により熱心に耳を傾けるものだ。

本章では、協力的な関係を発展させるべく、積極的に分野横断的なつながりをつくるための戦略を紹介する。その方法は、（1）現在のあなたのつながりのレベルを診断すること、（2）もっと良い人間関係を思い描くこと、（3）あなたの人間関係に変化を起こすべきかどうかを決めること、そして、変化を起こしたいのなら（4）３つのツールを利用して、人間関係を強めること、だ。以下にそれぞれ詳しく解説しよう。

ステップ1：現在のあなたのつながりの レベルを診断する（REACHフレームワークを用いる）

人間のつながりの深さはさまざまである。絆が深ければ深いほど、コンフリクトの混乱[4]のさなかでさえ、協力し合える可能性が高くなる。人間関係の状態がどれくらいかを測る助けとなるように、私は「REACHフレームワーク」を考案した。これは感情的な密接さを評価するための簡単な指針を示している。親しいという感覚には浮き沈みがあるだろうが——今朝は伴侶と一体感があったかもしれないが、午後には心の距離が生じているといったふうに——以下のページは、こうしたダイナミックスに順応するのを助けてくれるだろう。

▶ REACHフレームワーク

このモデルはつながりの５つのレベルを区別し、それぞれの頭文字を取ったREACHという形になっている——つながりに「届く」（reach）ことを思い出せるように。感情が深くなっていく順に並べると、レベルは次のようになる。

(1) 認識 (Recognition)：存在の認識

(2) 共感 (Empathic)：共感的な理解

(3) 愛着 (Attachment)：愛着心を持つ

(4) 留意 (Care)：気に掛ける

(5) 神聖な (Hallowed)：神聖な関係

▶ レベル1：存在の認識

　相手はあなたを無視しているだろうか？　それとも、あなたの存在を認めているだろうか？　『天国から落ちた男』という映画の中で、スティーヴ・マーティン演じるネーヴィン・ジョンソンは世の中に自分の居場所を見いだそうとしている、落ちぶれたガソリンスタンドの従業員だ。

　ある日、ガソリンスタンドに新しい電話帳が届くと、その中に自分の名前を見つけたネーヴィンは喜んで飛び跳ねる。「何百万人もが毎日この電話帳を見るんだ！　こんなふうに自然に宣伝してもらえることで——自分の名前が印刷されることで——おれはきちんとした人間になるんだ！」彼の喜びは、人間的なつながりの最も根本的な形の大切さを強調している。つまり、存在を認識してもらうことを。

　私たちの誰もが"きちんとした人間"だと感じたいと思っている。目に見える存在で、この世で意味がある人間だ、と。同僚との会議に出て、あなたの言葉を片っ端から無視されるところを想像してみてほしい[5]。あるいは、家族と夕食の席について、どんなに口を挟もうとしても、誰も自分のほうを見てもくれないという場面を思い描いてみよう。そんな状況で感じる苦痛はわかりやすい。民族政治的な集団は政治的な認識を否定されたり、外交に関する議論[6]から締め出されたりしたときに強い苛立ちを感じる。認識されていないと感じることは、自分が何者でもないように感じることなのだ——誰もそんなことを望まない。

▶ レベル2：共感的な理解

　他人はあなたの感情の経験を不適切なものだと判断しているだろうか？　それとも、正しく評価しているだろうか？　共感とは、他人の感情的な光景に自分が存在することである。あなたは他者の感じた経験を読み取り、その人がそこに持たせた感情的な意味を理解しているのだ[7]。

　共感には2種類ある。"認知的共感"は誰かの感情の経験を知的に理解することに言及するものだが、感情的な反応は呼び起こさない。10代の少女を犠牲にしようとしている反社会性人格障害者（サイコパス）を想像してみてほしい。彼は少女を車に誘いこむ。彼女のもろさを鋭い認識力で理解し、感情を読み取るのだが、感情的な共鳴はまったくしない。対照的に、もしもあなたが"感情的共感"をしていたら、相手の感情をともに経験することになるだろう。脳にはこれを可能にする電気回路が備えられていて、この回路は意味のある人間関係の中で特に活動する。ドイツの神経科学者のタニア・シンガーは、恋人が手を打たれるのを見ているだけで、あなたの神経回路網が活発になり、感情的な痛み[8]を経験することを指摘している。

▶ レベル3：愛着心を持つ

　他人はあなたを、たいして必要でない人と見なしているだろうか？　それとも、感情的にかけがえのない人と思っているだろうか？　愛着心を通じて、あなたは永続的な絆[9]を経験する。おそらく結婚生活で最大の苦痛は、あなたの代わりはいるとほのめかしながら伴侶が浮気していると気づくことだろう。愛着心には密着という含みがある。一種の糊（のり）のようになった感情があなたをほかの人間にくっつけるのだ。だからこそ、愛着心は和解にとても有益である。一体感のある人間関係へとつながるのだ。

　愛着心の紛れもない2つのサインを見てみよう。1つ目は、感情的につながったままでいたい、と思うことだ。私の4歳になる息子のリアムは、母親

がパソコンのキーボードを打っている間も料理をしている間も、絶えず脚にしがみついていて、ほんの数ヤードすら彼女から離れようとしない。夫婦の中には、離婚してからかなり経ったあとでも喧嘩している者たちがいる。ある意味で、愛着心という揺るがない感情を癒しているのだろう。愛着心を維持したいというこの思いは、明らかに筋の通らない行動を説明するのに役立つ。典型的な例を挙げよう。不満を抱いた妻が荷造りをして、こんな関係はもううんざりだと宣言する。彼女はドアから飛び出すのだが——すぐさま夫が追いかけてくる。こう叫びながら。「ぼくだってこんな暮らしには耐えられない！　ちょっと待ってくれ、きみと一緒に行くよ」

　愛着心の2つ目のサインは、離れることへの不安感だ。感情的につながりたいという欲求が満たされないと、不安が心の中で警鐘を鳴らし始める。幼いリアムにとってはかんしゃくを爆発させることになる。「ママ、抱っこして！」リアムが再び母親とつながると、アヘンのような鎮痛剤が頭の中で働き、愛着心が強くなり、彼の顔には微笑が浮かぶ。不安感という同様の警鐘は、一緒にいることが我慢できないくせに、離れることも耐えられないという離婚したカップルにも鳴り響いている。

▶ レベル4：気に掛ける

　他人があなたの運命に無関心だと感じるだろうか？　それとも、自分は大事にされていると感じるだろうか？　極端な場合、相手はあなたに関するすべてを尊重している。彼らの愛は無条件だ。相手があなたの幸福のためにどれほど犠牲を払いたいと思っているかは、どの程度あなたを大事にしているかを示す良いサインである。私はコカイン中毒の10代の息子を案じるあまり、彼を警察に逮捕させたフロリダ州の母親を知っている。彼女は息子の命を心配して、親子の関係を犠牲にしたのだった。

「愛の反対語は憎悪ではない。無関心だ」とノーベル賞作家のエリ・ヴィーゼルは書いた。ホロコーストを生き延びた彼は知っていたのだ。第二次世界大戦中の強制収容所にいたユダヤ人にとって、ナチスの耐えがたいほどの残

虐行為よりも苦痛を与えられた唯一のものは、彼らの苦境に対して国際的なコミュニティが始めのうち無関心だったことだと。

レベル5：神聖な関係

相手はあなたをイデオロギー的に相性が悪い人だと見なしているだろうか？　それとも、気が合う人だと思っているだろうか？　神聖な関係は精神的な、あるいはイデオロギー的な絆の上に成り立つ超越的な結びつきである。

マルコムＸは初めのうち、人種統合という概念を嘲笑っていたが、その後メッカへ旅をしてこんな意見を述べるようになった。

「世界中からやってきた何万人もの巡礼者たち。彼らは青い目でブロンドの人間から、黒い肌のアフリカ人まで、さまざまな肌の色をしていた。しかし、われわれはみな同じ儀式に参加し、団結の意識ときょうだい愛を示した。アメリカでの経験で私は、白人と非白人[10]の間にそんなものが決して存在し得ないと思うようになっていたのに」

ナショナリズムは、神聖な関係の別の例である。戦場での兵士は、倒れた仲間を救うために命や手足を失う危険を冒す。個人への思いやりだけでなく、愛国心によっても、やる気を高められている。実際、宗教的なものであれ、ほかのものであれ、どんな超越的な経験も、神聖な関係の基盤としての機能を果たす。

私の第一子のノアが１歳だったとき、夜明けに海岸へ連れていったことがあった。そして２人で、太陽の光がさざなみのごとく海に反射するのを眺めた。私はノアとの、そしてまわりの自然の美しさとの神聖な関係のようなものを感じたのだった。

あなたのつながりを評価する

さて、つながりの５つのレベルをこれまでよりもよく理解できるようになった今、あなたはそれを用いて自分の人間関係の質を判断できるはずだ。対

立関係にある人間を思い浮かべることから始めよう。たとえば、家族の一員、同僚、隣人などを。現在のつながりのレベルを評価するため、自分の内面を正直に見つめること。自分がどのように認識されていると感じるだろうか？ どんなふうに、感情的に理解されている気がするだろうか？ 愛着心を持たれていると感じるだろうか？ 相手を大事にしているだろうか？ 彼らと神聖な関係にあると感じるだろうか？

　図表13-1を見てみよう。これはあなたが人間関係の緊張状態を分析するのに役立つだろう。たとえば、ファミリービジネスで、あなたはきょうだいが感情を理解してくれると思っているかもしれないが、望むほどではないかもしれない。これは共感の不足をほのめかしている（レベル2）。フレームワークのそれぞれのレベルで、「現在の」(current) つながりだとあなたが見なしているところへ、線に沿って「C」と記入してほしい。それからこう自問しよう。このレベル内で私が「望む」(desired) つながりは何だろうか？ その場所に「D」と記入してほしい。現在のつながりの程度と、望むつながりの程度との差は、あなたが感じる緊張の度合いを表している。あなたが認識しているつながりのレベルと、望ましいつながりのレベルとのあらゆる差に注目してみよう。

　次に、相手の立場に立って、向こうがあなたとのつながりをどのように感じているかを想像すること。相手はあなたに認識されていると感じるだろうか？ 感情を理解してもらっていると思うだろうか？ 図表13-1に戻って、相手がつながりのレベルをどのぐらいだと見なしているか考えてみよう。彼らがもっと多くを求めているのか、もっと少なくていいと思っているのかを。

ステップ2：
もっと良い人間関係を思い描く

　現在のつながりのレベルを評価したら、あなたが求める人間関係のタイプを思い描いてみよう。詳しく想像すればするほど、コンフリクトをうまく変

図表13-1 つながりのレベルを分析する

つながりのレベル	可能な感情の範囲
1. 存在の認識	皆無 ——————————— 完全な認識
2. 共感的な理解	感情的な批判 ——————————— 称賛
3. 愛着心を持つ	代替可能 ——————————— 代替不可能
4. 気に掛ける	無意味 ——————————— 大切
5. 神聖な関係	精神的分離 ——————————— 精神的一体

えられるようになる。最終的に、単に現実的なだけでなく、必然的だと感じられる[11]ほど明白な協力関係のビジョンを分かち合えるようになりたいと思うだろう。

　マーティン・ルーサー・キング・ジュニアという輝かしい例を取りあげよう。彼は人種関係の未来に大胆な夢を抱いた人だった。キングは、アメリカ合衆国で民族の分断が行われていた真っただ中にリンカーン記念堂に立ち、現在の政府の方針をただ非難しただけでなく、人種差別のない国家という自分のビジョンを明確に話した。「いつかジョージアの赤土の丘で、かつては奴隷だった人の子孫と、かつては奴隷の主人だった人の子孫が、友愛のテーブルを囲んでともに座れるようになること」を想像しながら。キングは社会的区分の足かせから自由になるためには、アメリカが信じることのできる包括的な社会モデルが必要だと理解していたのだった。

　より良い人間関係というビジョンをつくるとき、以下の指針を心に留めて

おいてほしい。

1. はっきりと目に浮かぶビジョンにする

　明確なビジョンは具体的で感情的な共鳴があるものだ。より良い人間関係に対するあなたのビジョンが描かれている、短いビデオクリップを思い浮かべてみよう。あなたは元配偶者と話すときにユーモアたっぷりだろうか？あるプロジェクトで社内のライバルと働くとき、打ち解けているだろうか？境界線についての問題を話し合うとき、あなたは隣人と並んで座っているだろうか？

2. 判断を保留する

　ビジョンを批判してはいけない。コンフリクトの熱気の中では、和解に関するどんな考えも現実的でないように感じられてしまう。しかし、多少は和解のビジョンもないと、コンフリクトが続くことであなたは自分を責めてしまうだろう。眠っている間に見る夢を批判しないのと同じように、目覚めている間のビジョンも批判しないでほしい。あなたのゴールは、未来がどんなものかを生き生きと思い描くことだ。思い切って新鮮な可能性を描こう。

　このプロセスは、どんなレベルのコンフリクトでも解決を助けてくれる。私はイスラエルとパレスチナの公的な部門と私的な部門のリーダーのワークショップに手を貸したことがあった[12]。その中で、これから20年後には平和がどのようなものになっているか、具体的なビジョンを描くようにとグループに課題を出した。最初は懐疑的な見方が多く、参加者の中にはこんな演習は時間の無駄だ、平和など達成不可能なのだからと不満を言う者もいた。しかし、どれほど非現実的に見えても創造的に考えるようにと私は励まし、彼らはそれに従った。10分も経たないうちに、室内は興奮した雰囲気になり、1時間後にグループがアイデアを提示したとき、結果は目を見張るものだった。参加者は経済的な共同事業の可能性や、相互に関連した社会的組織、新しい政治的コラボレーションについて熱心に表現してみせたのである。政治的な権利をめぐる抽象的な議論ではなく、具体的なつながりについて思い描

くというタスクを与えられたので、グループは大いに熱心に取り組んだのだ。平和の可能性は彼らの手のうちにあり、政治的な交渉が行き詰まったという事実にもかかわらず、このグループは会合を続け、平和のビジョンへ向けて協力したのである。

ステップ3：あなたの人間関係に変化を起こすべきかどうかを決める

　批判的な中間のステップを踏まずに、いきなりビジョンから行動へとジャンプすることはできない。あなたも相手も関係を深めたいと願い、その準備ができているかどうかを判断してほしい。ある集団が、政治的または個人的な新しいつながりに同意しながらも、結局は約束を果たせなくなるという場合があまりにも多い。というのも、彼らはそれを実行したいと心から思っているわけでもなければ、その能力があるわけでもないからだ。というわけで、次の2つを自分に問いかけてみてほしい。

▼ あなたはつながりを深める意志があるのか？

　"意志"とは何かをしようという作為的な意図のことである。意志には2種類ある——感情的な意志と政治的な意志だ——他集団とつながりたいという意志を測るため、それぞれを調べてみよう。

　"感情的な意志"はつながりを増やすために、コンフリクトの中で感情を開放する意図を指している。もしもコンフリクトによる苦痛が根強くなっていたら、感情的な意志の井戸は今のところ枯れていることに気づくかもしれない。それは無理もない。感情的な意志は時が経てば変化する。今日の抵抗は、明日になれば快諾へと変わるかもしれない。

　次に"政治的な意志"に注意を向けよう。これはつながりを増やすために行動を起こすことへの献身を指している。疎遠になったきょうだいと和解し

たいという欲求があっても、電話を取り上げて仲直りのプロセスを始める決意はないかもしれない。同様に、リサーチ部門のマネジャーはマーケティング部との緊張状態を解決したいと思うかもしれないが、そのために政治的資本を費やすことには抵抗するかもしれない。

　変化を起こしたいという自分の意志の程度を判断したら、決断を下そう。あなたは本当に変化を願っているのか？　間違いなく「イエス」なら、感情的なつながりが増える可能性は開かれるだろう。断じて「ノー」なら、今はこれ以上のつながりを追わないほうがいいということかもしれない。不確実な態度は将来の人間関係の問題をつくるだけだ。花嫁にこう尋ねる神父を想像してみてほしい。「汝はこの男を法に従って夫とするか？」そして彼女は答える。「はい――ですが、いくつかの具体的な条件のもとでということなので、あとでそれについて話し合いたいです」そんな結婚はうまくいかないだろう。明確な意志を持って取り組むまで、つながりを深めようとする試みも成功しないはずだ。

▶ つながりを深める心構えはできているか？

　あなたが相手の感情に共感でき、自分の感情を分かち合う気になっているなら、この答えはおそらくイエスだろう。だが、つながりを深める意志はあっても、感情としては準備ができていないなら、さまざまな問題が起こりかねない。

　良い例として、男性のほうは結婚に熱心なのに、女性のほうは乗り気でないという恋愛関係を挙げよう。彼女が結婚をしぶるのは、愛や献身とは無関係かもしれない――もっと時間が必要だという可能性もある。「感情の準備ができること」とは抽象的な概念だが、大半の人がこれまで生きてきておなじみになっているものだ。人は、結婚を決める際、あるいは子どもを持つことや仕事を変えること、そのほか人生の主な決断を下す際に、「正しいとき」を直感する。時計に相談するわけではない。それは心の中から現れるのである。

ダメになった人間関係を良くしたいなら、相手とつながるための心の準備をしよう。まずは変えることに抵抗がある部分を探そう。あなたはもっと親密なつながりや、怒りを覚えることや、解決できない苦痛を感じることを恐れているだろうか？　それから、抵抗感に対処しよう。たとえば、北アイルランドでのコンフリクトを調停している間、政治家のジョージ・ミッチェルは論争中の人々が変化に対して準備できるように助けただけでなく、変化する準備にも手を貸した。感情の用意ができるようにするには、関係している集団が、相手との新しい関係を受け入れる必要があるとわかったからだ。ミッチェルは国際的なリーダーと協力して制度を準備し、平和という新しい現実のために市民とともに働いた。こういった予備的な努力は、最終的に和平協定へとつながった交渉にとって不可欠だったと証明された。

ステップ4：3つのツールを利用して、人間関係を強める

　哲学者のアルトゥル・ショーペンハウアーはかつて、寒い夜にヤマアラシが暖を取る方法について思いめぐらしたことがあった。ヤマアラシたちは互いの体の熱を分かち合えるほどには身を寄せ合うが、針で相手を刺さない程度には離れている。同じ概念は人間のつながりの"正しい"レベルを見つけるために適用できる。私はそれを「ショーペンハウアーの原理」と呼んでいる。もしも、あなたが人間関係を良くしたいなら、ポジティブなつながりから恩恵を得られるくらいには相手と親密でなければならないが、お互いの空間に侵入するほど親しくなってはいけない[13]。つながりのレベルを算定し、自分と相手との距離が遠すぎるか――または落ち着かないほど近いか――をよく考える習慣を身につけよう。

　人間関係を深めたいとき、つながりの3つの形を利用してみよう（図表13-2）。すなわち、身体的、個人的、構造的な形である。これらは疎遠になった家族や組織や国家ともう一度つながりたいかどうかを考える場合、幅広い背

図表13-2 | 人間関係を深めるつながりの3つの形

つながりの形	〜によって人を結びつける
1. 身体的	距離の近さ
2. 個人的	感情的な親密さ
3. 構造的	同じグループのメンバーであること

景にわたって応用できる。そして、強固で分野横断的な交友関係をつくるときには不可欠である。真のつながりをつくれないとしても、ここに挙げた3つの面はポジティブなやり取ができる状況を生み出してくれる。

身体的なつながりの力

身体的なつながりとは、あなたの体と他人の体との距離が近いことである。距離の近さから、お互いが自分たちの関係をどのように思っているかがよくうかがえる。コンフリクトについて話し合うとき、あなたたちはひとまとまりになって並んで座っているだろうか？　それとも、長いテーブルで向き合い、にらみ合っているだろうか？　どの空間を占めるかという些細な違いさえ、大きな影響を与えかねない。この次に友達と食事するときは、いつもよりも相手のそばに寄り、その効果を見てみよう。相手は落ち着かない様子に

なり、無意識に身を引くかもしれない。深刻な交渉の場合、そんなふうに近さの判断を誤ると悲惨なことになるだろう。

つながりに対する身体的な障害に気づく

　身体的な近さは、つながっているという感覚に、無意識の強烈な衝撃を与えることができる。ある組織で、従業員が同じ建物の別の階に配置されているという事実だけでも、トライブの分断を引き起こすには十分だ。同じ階にいる従業員ですら、角を曲がったところにいる同僚よりも、同じ小部屋にいる同僚のほうにより親しみを感じるかもしれない。さらに大きな規模では、身体的な分断が社会的な分断を強めることもあり得る。東西のドイツ間にあった、政治的な障害だったコンクリートのベルリンの壁を考えてみてほしい。あるいは、黒人はバスの後ろの席に座るように命じられ、白人と別の施設を使うことが奨励された、アメリカでの人種差別を。

　社会心理学者のヘンリ・タジフェルが提唱したように、グループ分けされるだけで、メンバーはそのグループに好意を抱く。この発見は「トライブ演習」で再現されている。交渉を始める前に、人々を6つのトライブに分けてまとめて椅子に座らせ、それぞれ別のグループだと一目でわかるようにした。メンバーはたちまち自分のトライブとの団結力をいっそう感じるようになり、身体的にも感情的にもほかのトライブからは距離を感じるようになった。驚いたことに、参加者全員が1つの大きな輪になって座るように席を配置し直そう、と提案するグループはなかった。1つの輪になろうと提案する人がいたら、自分と相手を隔てる壁が揺れ動くだろうと私は確信している。

つながりを促進する状況をつくる

　相手と会ったとき、協調を促すような座席の配置にしよう。1人だけが相手を見下ろすような高いところに座っているだろうか？　それとも、横に並んでいるだろうか？　丸テーブルを囲んで座ったり、テーブルの同じ側に座

ったりすれば、向かい合って座るとか、それぞれの席の高さが違うという状況よりも、よりよいつながりが生まれる傾向がある。会話の種類に合わせて、職場や家庭で同様に特定の空間を規定してもいいだろう。

私が知っているコンサルタントは、あるきょうだいのために有益な助言をした。彼らは大きな会社を共同経営しているが、経営の決定から個人的な恨みに至るまであらゆることで絶えず争っていた。コミュニケーションが悪くなると、ビジネスは打撃を受けた。コンサルタントは、ビジネスの議論はオフィスで、家族についての議論は家庭で行うようにと言い、それぞれの議論をするための時間を計画するように告げた。このシンプルな指示は効果があった。それによって、きょうだいはビジネスと家庭の違いを区別し、各領域で議論に取り組むことができたからである。

▶ 個人的なつながりの力

スルジャ・ポポビッチの青年運動はユーゴスラビアのスロボダン・ミロシェヴィッチ大統領を倒した革命を組織する助けとなったのだが、彼にとって個人的なつながりは重要だった。彼の組織はどんな抵抗運動をするにしても、前日に大学生のえり抜きのグループを警察署長に会わせて説明させた。「これがわれわれのやろうとしていることだ。あなたたちがわれわれを逮捕しなければならないことはわかっているし、われわれは、確実にすべてを合法に行う防衛手段を有している[14]」このようにして革命家たちは警察や軍隊との提携を整然と行い、自分たちの大義に彼らを引きこんだのだった。

人とつながるとき、お互いの感情的な経験を確認すると、いっそう相手との距離が縮まると感じる。重要なビジネスの取引をまとめようとしているのであれ、長く続くコンフリクトを和解させようとしているのであれ、長期にわたる成功は個人的なつながりを通じてしかあり得ない。そして、成功を促進するのに、次の5つの戦略が特に役立つだろう。

1. 相手の人生の重要な面に関わること

　相手にとって何が感情的に重要なのかを知るために、いろいろ質問しよう。あなたのゴールは、相手が親友には明らかにしそうなものを知るため、他人行儀な関係以上のところへ進むことだ。質問は本物の好奇心から生まれたものにするべきである。相手の活動予定表を超えた、もっと個人的な話題へ会話を広げよう。

「ごきょうだいはいらっしゃいますか？　お子さんは？」

「どんなことをするのが好きですか？」

「子どものころはどこで育ったのですか？　今でもその場所とつながりはありますか？」

　しかし、個人的な話の領域には徐々に移っていくことが重要である。最初は天気や交通、今日のニュースといった、個人的ではない事柄で無難な話題から始めよう。心地よさの度合いを高めるために。それから相手の個人的な生活についてだんだん探っていく。相手が話してくれるようになったら、彼らにとって意味のあるものの手がかりに耳を傾けよう。彼らは何を表現しようとしているのか？　何について話したいと思っているのか？　もしも相手が絶えず特定の話題に持っていこうとしたら、感情的に優先しているものの手がかりとして認識しよう。

　相手にとってどんな話題が最も重要かということを発見したら、彼らの経験と自分の経験とのつながりを見つけてほしい。たとえば、母親が数カ月前に亡くなったことを相手が打ち明けてくれたら、あなたはこんなふうに答えるだろう。「本当にお気の毒です。休暇をあなたと一緒に過ごしたとき、お母さまがとてもすばらしい女性だったことを覚えています」

2. あなたの個人的な人生の意味のある面を明らかにする

　質問の裏にあるのは、暴露である。自分の人生をオープンにすることによって、人間らしさを示せる。他人が共鳴でき、分かち合いたいと励ましてくれる情報を提供しながら。

　自分についての事実を明らかにするとき、他人の人生の面とつながるよう

にしよう。「育児がどれほど苦労の多いものか、よくわかります。私には小さな男の子が3人いて、死ぬほど子どもたちを愛していますが、本当にくたくたに疲れさせられますね！」

さまざまな出来事を生き生きと表現し、相手があなたにとって感情的に意味のある存在だと、よくわからせよう。「つい昨日のことですが、帰宅すると、4つになるリアムがキッチンの床じゅうに青い絵の具を塗りたくったことに気づきました。床をきれいにするのに2時間かかりましたよ」勇気を奮い起こして、あなたの強みと弱みの両方を話そう。あなたが誇りに思っている人生の領域を他人に知らせてもかまわない──「息子が大学に合格したんですよ！」けれども、あなたの弱い面も知らせることでバランスをとってほしい。「家から離れて息子がきちんと生活していけるのか心配です」

3.個人的な相性に合わせる

コンフリクトの状況の中でも、あなたが自然に感じられるとき、相手と気楽なつながりを感じるときに気づいてほしい。この個人的な相性によって会話や意思決定がしやすくなるだろう[15]。一方、個人的なつながりがうまくいかないと感じたら、相手と相性がいい第三者に頼んで、媒介として手を貸してもらうことを検討してみよう。

たとえば、何年か前、私はある国家のトップとビジネスリーダーとの間に起こっているコンフリクトの仲介を頼まれたことがあった。政府の役人はこのビジネス界のリーダーをとても軽蔑していたので、直接的なコミュニケーションをとろうとしなかった。2人の男性は重要な政策の違いを解消しなければならなかったが、彼らの会話は行き詰まっていた。結局、どちらとも相性のいい代理顧問を通じて調整が行われたのだった。

4.つながりたいという誘いに気づくこと

相手の"つながりたいという誘い"（あなたと密接な関係になろうとする、微妙な試み）に気づくようになろう。たとえば、ある夫が妻にテレビを見たいかと尋ねて、彼女がノーと答えたとしよう[16]。夕食をつくらなければならな

いから、と。すると、夫は怒りを爆発させ、妻は彼の"筋の通らない怒り"を理解できないだろう。夫自身のことも理解できないはずだ。夫が声をかけたことは妻とつながりたいという微妙な誘いだったのに、それがかなえられず、彼は拒否されて恥ずかしいと思ったことがわかるまでは。結婚生活が順調な夫婦はつながりたいという誘いを頻繁にしていて、もっと多くの反応をするのが普通だ。国際的な議論においてすら、最高に有能な外交官は調整についての微妙なヒントにとてもよく順応し、あまりネガティブな話し方をしない。

5.つながりの儀式をつくる

あなたは無意識に毎日、数えきれないほどの儀式を行っている。学校へ行く前の子どもを抱きしめることにせよ、毎晩の家族の食事のために腰を下ろすことにせよ。儀式は予測どおりで意味のある交流を通じて、長い期間をかけて人間関係を深めていくことができる。だから、対立的な人間関係に儀式を取り入れることを検討してみよう。

時間をかけたものである必要はなく、ただ繰り返して行うことができる、意味のあるものであればいい[17]。たとえば、恋愛関係にある場合、喧嘩したあとの傷を癒すプロセスを儀式化するといいだろう。お互いにマッサージするなどして。もっと大きなコンフリクトの場合、交渉プロセスのさまざまな面を儀式化するといい。たとえば、どの会議も1分間の黙禱ですべての犠牲者に敬意を払うことから始める、あるいは食事を共にするとか、困難な政局にあっても週に1度はコミュニケーションをとる努力をするといったことだ。

▶ 構造的なつながりの力

構造的なつながり(つながりの第三の方法)は、組織における共通のメンバーであることに基づいている。あなたとほかのグループの同僚は同じクラブや団体、または国家に属しているだろうか? 個人的なつながりが感情の親密さに焦点を当てるのに対して、構造的なつながりは一体性に焦点を当てる。こうした結びつきを

促進するために、3つの主な戦略を利用するといい。

1. 相手との共通点を見つける

　共通点を見つける質問をしてみよう。同じ町で生まれたか、同じ学校に通っていた、あるいは同じ趣味を楽しんでいるといったことかもしれない。ポジティブなつながりを促進するための構造的な共通点は大きくなくていい。何年か前、中東のあるウォーターパークで、私が大きなスライダーの長い行列に並んで待っていたときのことだ。後ろに並んでいた男性がこう尋ねてきた。「どこからいらしたのですか？」「アメリカ合衆国ですよ」と私は答えた。その男性は「私もなんですよ！」とひどく熱をこめて答えた。アメリカ合衆国の国民は無数にいるし、国内においては同じアメリカ国民であるというつながりなど、ほとんど何の意味も持たないだろう。しかし、外国という背景では、同じ国の出身といった単純な共通点のおかげで30分にもわたる会話が弾んだのだった。

2. トライブのコミュニティをつくる

　コンフリクトの当事者たちは、党派による違いに取り組むために、新しい包括的なグループをつくるという可能性を見過ごしがちである。何度も行った「トライブ演習」では、参加者全員が1つになり、エイリアンのさまざまな指示に反抗する戦略を考え出せたのは1回だけだった。とはいえ、たとえばトライブ同士が協力して「銀河系の協議会」といったもの——エイリアンを著名な創設メンバーにさせて——を始めて、エイリアンを敵からパートナーへ変えようと考えたグループはなかった。

　現実の生活では、どんな規模の別々のグループも共通の忠誠心という庇護のもとに結びつくことができる。忠誠心のせいで、家族や友人や文化的なトライブといった、なじみのあるもののほうへ引っ張られるかもしれない。だが、"トライブのコミュニティ"、すなわち多くのグループが共通の忠誠心を

持って加われる、すべてを包含するフレームワークといったものをつくることは可能である。最も効果的な戦略は、このようなグループをコミュニティに統合するためのシンボルを見つけ出すことだ。

3. 超越したつながりを強調する

最強の構造的つながりは、日々の懸念を超越し、人を神聖な関係へと招き入れてくれる。超越的なつながりは、精神的なものであれ、歴史的、文化的なものであれ、あるいは自然や共同体のものであれ、より高次元の意味や理念への相互の敬意を通じて人を結びつけている。宗教的な儀式での集まりは、聖なる力への超越的なつながりを経験するものだ。美しい夕日を一緒に眺めているカップルが、彼らのまわりの世界と超越的なつながりを経験するように。2つのグループはまったく異なる精神的な信念を持っているかもしれないが、宗教的な畏怖という共通の感情を中心として親密な絆をつくれるかもしれない。超越したつながりに参加する方法を見つけることによって、長い間続くコンフリクトに取り組み、平和的な共存のための道を開くのがよりたやすくなるだろう。

南アフリカのアパルトヘイト時代における市民の暴動が最高潮に達したとき、デズモンド・ツツ大主教は、「他者への思いやり」いう伝統的なアフリカの概念を活用しながら、超越的なつながりを育てることに重点を置いた。ウブントゥは「私の人間性はあなたの人間性と密接に結びついている[18]」ことを教えるものだ。南アフリカが人種的な分断の影から脱出しようとしたとき、「ウブントゥ」は強烈な社会勢力として起こった。そして人々を、敵から、共通の精神的な伝統に根差した兄弟姉妹へと変えるのを助け、心の痛手となる歴史の中を進んで、互いにつながった未来へと人々を導いたのである。

まとめ
summary

　ポジティブなつながりを強める方法を考えるとき、私は息子のノアがホッケーの試合で履いているスケート靴を思い浮かべる。靴紐があまりにもきつく絡み合っているので、試合後にほどくときはゆうに5分はかかってしまう。同様に、分野横断的なつながりは、あなたと相手の結びつきの維持に役立つ。分野横断的で、より多様なつながりをより多くつくればつくるほど、あなたは人間関係での力を強め、回復力を増やしていけるだろう。それは、最も感情的なコンフリクトでさえも、建設的に解決する助けとなるはずだ。

図表 13-3 ｜自己診断用ワークシート

1. あなたはコンフリクトで感情をどれくらい消耗しているか？

2. 相手とのもっと良い関係はどのように見えるか想像してみよう。
それを書き記すこと。

3. どれくらい人間関係を向上させる気になっているか？

4. あなたはつながりを強めるために何ができるか？
共通点を強調するのか？　相手の生活での意味のある面について尋ねるのか？
それとも、個人情報を教えるのか？
具体的に書くこと。

第14章
Reshape the Relationship

人間関係を再構築する

　あなたがニューヨーク市長から電話をもらった、と想像してみてほしい。イスラム過激派がワールドトレードセンターのビルに2機の飛行機を衝突させてから、まだわずか9年しか経っていない。「あなたの助けがほしい」と市長は言う。「パーク51の論争【訳注：ワールドトレードセンター跡地の近くにイスラム教のモスクを建設する可否についての論争】を解決する方法を見つけなければならない。私は関わりのある重要な人々の会合を開くつもりだ。その進行役を引き受けてもらえませんか？[1]」

　ある不動産開発業者がロウアー・マンハッタンにあった古いバーリントン・コート・ファクトリーを購入した。それを「パーク51」と呼ばれる、15階建てのモスクとイスラム文化のセンターに改装しようとしてのことだった。その地域をめぐって抗議が湧き起こった。そこは崩壊したワールドトレードセンターのツインタワーがあった地域からおよそ2ブロックしか離れていない。多くの反対者は、イスラム教のセンターを「グラウンド・ゼロ」のこれほど近くに建てたら、地域の神聖さが失われるし、あの攻撃で愛する者を亡くした人々の感情を傷つけると感じている。しかし、プロジェクトの支持者は同様に熱をこめてこう主張しているのだ。モスクは、19人のテロリストの行動がイスラム教の代表ではないことと、アメリカ合衆国は根本的に宗教的寛容を支持するという世界的なメッセージを伝えるだろう、と。

　ここでの任務は明快である。敵対する集団が、パーク51の論争に対して実行可能な解決策を見つけられるように手を貸すことだ。しかし、どちらの側

も歩み寄ろうなどとするだろうか？

　本書では、「トライブ思考の5つの誘惑」に対抗し、統合されたダイナミックスを促進するための方法を探索してきた。双方のアイデンティティの神話を表面化させることや、苦痛の感情に対処することや、分野横断的なつながりを築くことを含めて。こうした戦略はどれも人間関係を向上させるのに役立つだろうが、いくつかのコンフリクトでは、アイデンティティを妥協させることなく、危機にさらされている実際の問題を解決する方法を見つけなければならないだろう。本章では、「SASシステム」を紹介したい。さまざまな問題を解決するのに役立つ、シンプルなフレームワークである。

問題はその内側から解決することはできない

　アイデンティティが脅威にさらされるとき、コンフリクトは容易に「ゼロサム・バトル」に変わってしまう。自分で自分のアイデンティティを裏切る可能性はなさそうだから、あり得る選択肢は1つしかないだろう。それは敵を挫折させることだ。しかし、あなたが相手のアイデンティティに屈服しないのと同様、相手もあなたのアイデンティティに屈服しそうにない。となると、双方が厄介な膠着状態に陥ることになる。金銭や、ほかにも目に見える利点なら交渉が可能かもしれないが、アイデンティティはそうはいかない。「トライブ演習」で暗示されているように、大抵の人は自分自身を犠牲にするより、世界を崩壊させてしまうのだ。

　では、交渉不能なものをどのように交渉したらいいのだろう？　そんなことはそもそも可能なのか？

　実は可能なのである。そして交渉する中で覚えておくべき重要な洞察はこれだ。問題の内側からは問題を解決できない、ということである。アイデンティティの戦いに"勝つこと"から、人間関係を再構築することへと目標を変えなければならない。あなたのアイデンティティと相手が共存できるよう

に。しかし、共存のみがゴールではない——たとえば、家族というものは惨めな状態で何年も共存できる。アイデンティティに基づいた不和を真の意味で解決するには、コンフリクトを「調和のとれた共存」の探求へと組み立て直す必要がある。それによって、妥協せずに解決できる可能性が生まれてくる。

人間関係をつくり直す

「SASシステム」には3つのステップがある。

(1) アイデンティティがどのように危機にさらされているかを明確にする。

(2) 調和のとれた共存のためのシナリオを思い描く。

(3) どのシナリオが最も調和を促進するかを見極める。

こうしたステップを達成したら、何よりも本質的な問題さえも解決できる、強い立場にいることになるだろう。

▼ アイデンティティが危険にさらされているか明確にする

目下のコンフリクトが、それ自体は重要であっても、アイデンティティに基づいた懸念の代用品にすぎない場合はよくある。パーク51をめぐる論争は建物の実際的な機能に関わるものだったが、国家のアイデンティティというもっと深い問題の代用品として提示されていた。アメリカ人とは誰を指すのか？　アメリカ合衆国に属しているのは誰で、よそ者は誰なのか？　アメリカ社会でのイスラム教徒の役割は何か？

そういった問題は直接的に論じるのが難しい[2]ので、パーク51という建物が問題の感情的な代用品となったのである。その建物を通じて、人々は自分のアイデンティティの形についての願望や恐怖を表すことができたのだ。

双方をコンフリクトへと駆り立てる、より深遠な動機を理解するために努

力してほしい。役に立つ出発点は、感情による問題が、どのようにしてアイデンティティに関する問題の代用品になっているかを探ることだ。あなたの部署間の戦いは、本当に資源の配分をめぐるものなのだろうか？　それとも、結局のところ、役員会でどちらの部署を業務にとってより中心的な存在と見なすかをめぐるコンフリクトではないのか？　きょうだいとあなたの口論は本当に相続に関するものなのだろうか？　もしかしたら、母親にいちばん愛されていたのは誰かという問題だったのではないか？

　何年か前、リンダとジョッシュという若い夫婦の相談に乗ったとき、より深い動機を理解する必要性がまさに私の心に浮かんだ。彼らの結婚生活は崩壊寸前だった。2人の関係がうまくいかなくなったのは、双子の女の子が4歳になり、サンタクロースについて理解できるようになってからだった。問題は、リンダがプロテスタントで、ジョッシュがユダヤ教徒だということだ。クリスマス休暇が近づくと、彼らはツリーを飾るかどうかをめぐって永久的な問題に直面した。2人はその問題について何度となく話し合い、友人たちから助言を求めた。だが、間もなく彼らの憤りは、妥協など望めないほど深いものになってしまった。

　私はそれぞれにこう尋ねた。「このコンフリクトで、あなたの"5本のアイデンティティの柱"のどの部分が脅かされていると感じますか？」

　信念、儀式、忠誠、価値観、感情的に意味のある経験のどれなのかを。

　リンダはわずか10歳のときに母親を亡くしたと説明した。クリスマスが来るたび、目が覚めると山のような贈り物があったという、儀式的な体験を思い出しながら、リンダは父親に対して強い忠誠心を感じていた。クリスマスツリーは心をこめてリンダを育ててくれた父との親密な関係の代用品となっていて、ツリーがないことはその父への裏切りのように感じられた。

　ジョッシュにとって、冬は、ユダヤ教徒の儀式や価値観を守るために、両親や祖父母への忠誠心を呼び起こすものだった。彼にとってクリスマスツリーは、自分の親族への裏切りを象徴し、家族のルーツを冒瀆する恥ずべきものを象徴していたのである。

　こうした議論により、リンダもジョッシュも相手がこれほど抵抗してきた

図表14-1 | SASシステムの3つの方法

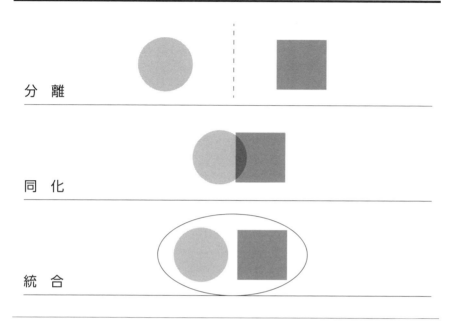

分離

同化

統合

理由がわかり、夫婦としてのつながりを再確認できたのだが、クリスマスツリーをどうするかという実際的な問題は相変わらず解決できなかった。

調和のとれた共存のためのシナリオを思い描く

SASシステムは共存のための3つの方法を提供している。それは、「分離（Separation）」、「同化（Assimilation）」、「統合（Synthesis）」[3]である（図表14-1）。あらゆる状況に適応できる方法は1つもないが、以下の3つの質問は、コンフリクトに取り組むための可能なシナリオを幅広く考えるのに役立つだろう。

1.あなたのアイデンティティを他者のアイデンティティから分離することはどう見えるか？

結婚生活に問題があるなら、あなたはしばらく別居しよう、あるいは離婚

を申し立てようと決心しているかもしれない。プライバシーに立ち入ってくる隣人がいるなら、塀が役に立つかもしれない。戦いを終えるうえでの第一歩は、軍隊を撤退させることだ。私の家族の中でも方法は同じである。長男と次男が喧嘩したら？　彼らを引き離すのだ。

　しかし、物理的に離れることだけが可能な解決策ではない。「分離」は心理的な形でも追及できるのである。たとえば、自分の人間関係から特定の問題の議論を遠ざける、といった方法だ。私がティーンエージャーだったとき、つき合っている女の子たちについての個人的な質問を、母はさんざん浴びせたものだった。私は母に言った。「そんな話はしないよ」と。そこで、そういう話題は、母と私の間で避けられることになった。国家は、これと同様の戦術をときどき取る。お互いの良好な関係を守り、軍事的激化を避けるために、論争を起こしそうな問題を棚上げにするのである。

2.アイデンティティを同化させること、また、その逆はどう見えるか？

　同化することは、相手のアイデンティティの一部をあなたのアイデンティティに組みこむことである。分離はあなたのアイデンティティを無傷のままにするが、同化はアイデンティティを拡大させる。たとえば、ロシアからアメリカへ移住した私の友人は、実際的でペースの速いアメリカの文化にたちまち同化したが、家ではロシア語を話し、定期的にシャシリク【訳注：ロシアやウクライナで人気のあるバーベキュー】やボルシチを楽しむことによって母国のアイデンティティも維持していた。

　適合や転換を通じて、他者のアイデンティティに同化することも可能だ。「適合」では、相手のルールを取り入れずに、そのルールに従うことになる。日本を公式訪問したとき、バラク・オバマ大統領は明仁天皇（現上皇）との会見で深くお辞儀をした。言い換えると、大統領は日本の儀式に従ったが、自分のアイデンティティの不可欠の一部としてその行動をとったわけではなかったということである。オバマは面談したほかの国家のリーダーたち[4]にはお辞儀をしなかった。対照的に、「転換」では、あなたは他者のアイデンティティのさまざまな面を吸収する。布教者が、新しい宗教を自分のもの

して取り入れるようにと個人を説得する場合のように。というのも、転換は自分がする選択で、自身のアイデンティティは妥協することなく残るからである[5]。自分でアイデンティティを変えたのであって、強制されて変えたわけではない。

3.アイデンティティを統合することはどう見えるか?

　人間関係を再構築するための3つ目の方法は、「統合」である。あなたのアイデンティティと相手のアイデンティティが共存するように、互いの関係を再定義することだ[6]。あなたたちは分けられ、結びつけられ、自立していて、提携している。たとえば、アメリカ合衆国に住んでいる多数の民族について考えてみよう。それぞれが独自の文化的な歴史を持っているが、誰もがアメリカ人であると見なされている[7]。

▼　クリスマスツリーの問題を再考する

　リンダとジョッシュは、クリスマスツリーのジレンマをどう解決するかについて行き詰まってしまった。調和のとれた共存に向けたシナリオを探れるように、私は「SASシステム」を彼らに紹介した。ゴールは、さまざまな選択肢について、現実的なものから非現実的なものまで意見を出し合うことだ、と私は説明した。創造的に考えることで、これが正しいと感じられる方法を見つけられることを願いながら。さらに、各シナリオの長所を判断しないようにと私は頼んだ。それはあとでかまわない、と。

　リンダとジョッシュの夫婦は、分離のシナリオを思い描くことから始めた。2人はコンフリクトが存在しなかったふりをすることができる。1年の大半の間、自分たちの関係からこの和解しがたい不和を避けるようにして、クリスマスが近くなったときだけ、問題に取り組むというものだ。または、どちらか一方が相手の欲求に妥協することもできるが、腹立たしさは残るだろう。あるいは、実際に家を2つに分けるという、珍しい方法で折り合うこともできる。「わが家のこちらの部分ではクリスマスを祝う。だが、残りの部分で

はハヌカー【訳注：ユダヤ教の清めの祭り】を祝う」と。または、弁護士を探して離婚の手続きをすることもあり得る。

　次に、彼らは同化のシナリオを考えた。ジョッシュがリンダの信仰に転向してプロテスタントになるというものだ。あるいは、わが家にクリスマスツリーがあるという事実を受け入れることも可能だ。祖先への裏切りの気持ちを抱きながら暮らすか、自分の信仰の中でクリスマスツリーに適応する方法を見つけながら。反対に、リンダがユダヤ教徒の儀式に従うことに同意する可能性もある。プロテスタントという宗派に忠実なままでいながら、ユダヤ教徒の儀式を守るというものだ。または、リンダがユダヤ教徒に改宗するという選択もある。

　最後に、夫婦は自分たちの違いを統合するというシナリオを思い描いた。クリスマスツリーを家に買ってきて、子どもたちと一緒に飾りつけし、ツリーについて各自が個人的な意味づけをするというものだ。リンダはそれをクリスマスツリーであると考え、ジョッシュはハヌカーの祝祭の飾り物と見なすということである。

▼　違いの調和を促す最善のシナリオを見極める

　私は2人にいくつものシナリオについて考えて選択する時間を与えた。焦点を当てるようにと私が頼んだ問題はこれだった。「どのシナリオが（または、どのシナリオの組み合わせが）お互いにいちばん説得力があり、実行可能に思われますか？」

▼　良い点と悪い点を検討する

　リンダとジョッシュが気づき始めたように、共存のための完全な方法はない。「分離」[8]はコンフリクトの感情的な強さを軽減する。軍隊を分ければ、災難は避けられる。しかし、分離は平和をつくるのに役立つとはいえ、平和を保つうえでは妨げになりつつある[9]。

「北アイルランド紛争」として知られている血なまぐさい敵対心が続いていた時代、北アイルランドでは鉄や煉瓦や鋼鉄の"平和の壁"が、暴力の引火点とされた地域を守るために築かれていた。最近、北アイルランドを訪れたとき、私は平和の壁がまだ立っているのを見て驚いた。「聖金曜日協定」から10年以上が経っていたのに。それどころか、和平協定[10]が締結されたあとに築かれた壁が数多くあった。壁のおかげでコミュニティの安全は守られたが、統合された社会[11]に心理的な犠牲をもたらすことになった。

　同様に、「同化」は人を他者に結びつけることを可能にするが、長期にわたる恨みを引き起こす場合もあり得る。もしもあなたが他人のアイデンティティに従いながらも、それを快く思わないようになれば、その反動は激しいだろう。ジョッシュがクリスマスツリーを家に飾ることに同意したけれども、実際にわが家にあるツリーを見て気持ちが変わったと想像してほしい。不快な気持ちがわずかずつだが湧きあがり、そのうちにジョッシュをのみこんでしまい、彼はバランス喪失に陥って自問するだろう。"なぜ、ぼくは自分のルーツを裏切ってしまったのか？"

「統合」の長所は数多くある。もし、あなたと相手が共存できるアイデンティティのための方法を見つけたなら、あなたたちの関係は強い逆風にも耐えられるだろう。つながりが強まっていき、良いときも悪いときも相手と結びつくための責任を感じるはずだ。あなたたちは"ともにいる"のだから、相手との関係をだめにする誘因は中和されている。

　とはいえ、「統合」でさえもあらゆる問題の解決策ではない。敵が共存し得る状況では、お互いが同意できる結びつきの範囲を見極めることが非常に困難なのである。たとえば、政府はテロ組織との問題をどのように統合できるだろうか？　より強力な集団が、より弱小の集団に統合を強要しかねないリスクもあるのだ。この二者は弱いほうの集団の利益を犠牲にして結びつくかもしれない。最後に、統合的なアイデンティティを維持するには、長期にわたる意識的な努力が求められる。結婚は統合の最も良い例だが、「私は誓います」と述べるだけでは夫婦関係を維持できないのだ。

▶ 人間関係をめぐって争ってはならない。協力して関係を築こう。

　たとえば、あなたのほうは「統合」を望んでいるのに、相手はあなたに「同化」を求めている場合、コンフリクトを調和させることは難しい。優先順位が合わないことは、コンフリクトをより大きくするだけだ。

　前述したパーク51の反対派は、モスクをグラウンド・ゼロから離れたところに建てるように要求した。彼らは「分離」を望んだのである。プロジェクトの賛成派は「統合」のほうへ傾いた。当初の場所を主張しながらも、祈りのスペースのあるコミュニティセンターと攻撃の犠牲者に対する記念碑をモスクに入れるように提唱したのである。

　シナリオをめぐって争うのではなく、互いの集団の恐怖心や願望に対処するための人間関係を再構築する方法を考えてみよう。リンダとジョッシュはこの助言に従い、結局は共存するために3つの方法を結びつけた解決策を見つけた。彼らは自宅にはクリスマスツリーを飾らないが、毎年、ジョージアにあるリンダの父親の家でクリスマスを祝うことにした。これは夫婦それぞれのアイデンティティの神話と一致していた。リンダとジョッシュ、それに彼らの子どもたちはリンダの父親とクリスマスを体験するようになった。これはリンダが儀式にこだわることを大切にしながらも、ジョッシュの信念に敬意を払うものでもあった。それと同時に、リンダはユダヤ教の信仰の中で子どもを育てるという結婚前の約束を再確認し、自分の伝統を裏切ることになるというジョッシュの恐れを鎮めた。夫婦はお互いのアイデンティティを理解し、受け入れるようになった。相手との違いを関係の中に取り入れ、その過程で成長しながら。確かに、彼らの合意はまだ発展途上にあった――だが、発展したことは間違いない。

▶ 勢力争いに気をつけよう

　人は権力を好むものだし、それを失うことを恐れる。力のない者は統合の

ほうを好む[12]のに対して、力のある者は自分のやり方に他人を同化させたがる場合が多い。結果として、生じる衝突は爆発的なものになる。その好例が、第一次世界大戦を終結させたベルサイユ条約だろう。「敵——主にドイツ[13]を完全に辱めて壊滅させよう」と努めていた戦勝国はドイツを和平交渉から除外し、ドイツ経済を衰えさせる制裁措置を強制的に押しつけた。ドイツは屈辱を感じ、それが"アドルフ・ヒトラーのような指導者や、力を強めるための超国家主義的な意図、つい20年前[14]には想像もつかなかった何か"のための舞台をつくることになった。

　構造的な権力を生むために努力しているときを認識してほしい——何をすべきかを他者に合法的に命じる権威を。構造的な権力を伴わない交渉は多い。新車の価格をめぐって値下げの交渉をするとき、あなたはディーラーの権限のレベルを交渉しているわけではない。あなたは望みの価格をディーラーに無理強いできないのだ。しかし、ある少数派のグループが意思決定をする、より大きな権威を求めるなら、もっと構造的な力と交渉するだろう。同様に、ある会社の2人のオーナーが、自社の50パーセント以上の株をめぐって争ったら、彼らのコンフリクトには構造的な力が含まれている。2人のうちの片方だけが会社の方針を指示する力を持つわけである。

　最高に白熱したコンフリクトには、勢力争いが含まれるのが普通だ。力のある者は権力を失うことを恐れ、力のない者はもっと権力を切望するからである。だから、勢力関係のバランスを取り戻すことを積極的に求めてほしい。提案をいくつか挙げておく。

- 相手に恥ずかしい思いをさせないこと。あなたの権力のほうが強い場合はなおさらである。第二次世界大戦後、戦勝国は敗戦国を侮辱せずに、マーシャルプランを通じて彼らが国を建て直して世界的なコミュニティに復帰できるように援助した。
- 制度の変革を求めること。アメリカでは公民権法によって、黒人と白人が同等に扱われることが命じられた。
- 調停役を求めること。調停役はそれぞれの側の条件を平等にさせられる。ま

た、どちら側にも自分たちの見解を伝えられるように同等の話す時間を確保し、お互いの違いという問題を解決し、双方の満足のために関係を再構成することを確実にできる。

- 犠牲の必要性を覚えておくこと。調和のとれた共存のためには、それぞれの側がある程度の自律性を断念することが求められると覚えておきたい。

パーク51に話を戻そう

あなたとの電話を切ろうとする寸前に、ニューヨーク市長は念を押す。「ニューヨークと我が国は、あなたにかかっているのだ」と。あなたは会合の準備を始める。議題を決め、出席予定者に連絡を取り、この会合はプライベートで非公開のものであることを思い出させる。しかし、あなたは、どうやら可能な解決策はたった2つしかなさそうだと悟り、案じている。このプロジェクトの賛成派か反対派の一方しか、勝利を得られないのだと。どちらも同意できるシナリオはほとんど提示できないし、提示できるシナリオ——その場所をモスクにも記念碑にも使うといったもの——は完全に否定されてきた。

数日後、議論の参加者の12人が2日間のワークショップに集まってくる。ワークショップの目的を説明したあと、あなたは「5つの誘惑」について述べ、どのようにコンフリクトが大きくなるかについての2時間の議論を進める。参加者は、国家やメディアがパーク51をめぐってどのようにバランス喪失の状態に落ちてしまったかについて議論する。9月11日のトラウマに対して、反復強迫がどのように効果を現すだろうかということについても。またアメリカ社会におけるイスラム教徒への態度を明確に論じることが、どんなふうにタブーであるかについても議論する。グループの個々のメンバーは、この問題が自分の聖なる価値観への攻撃のように感じられるだけでなく、相手の聖なる価値観や信仰への攻撃でもあることに気づく。パーク51が、アイデンティティ・ポリティックスの目的のために奪われているかもしれない

（間近に迫っている中間選挙のために何人かの政治家がこの問題を利用してきた）と認める参加者さえ現れる。

　次に、あなたは統合されたダイナミックスの大雑把なバージョンを通してグループを導く。５分間にわたって参加者に自分のアイデンティティの神話を語らせ、ほかの参加者から質問を受けつける時間を設ける。あなたは各参加者にこんな質問をして答えさせる。「パーク51はあなたにとって、どんな個人的な意味を持つものですか？」ほかの参加者には注意を払って敬意を持って聞くようにと念を押す。目的は議論ではなく、学ぶことなのである。

　それぞれが話していくにつれて共通のテーマが浮かんでくる。参加者の誰もが感情を傷つけられ、恐怖心を抱いていることだ。9.11事件は、人々のアイデンティティや治安に対する見解に大いに影響を与えたのである。あなたは、部屋にいる人々の共通の気持ちを考慮し、事件の犠牲者のために１分間の黙禱を呼びかける。黙禱を通じ、彼らは死者への哀悼の気持ちを分かち合い、人間としてのつながりを高める。

　グループのメンバーは、自分たちを論争で遠慮なく意見を言う気に駆り立てたものの正体について論じる。各参加者は自分の動機をより深く探る。あなたは「SASシステム」を紹介し、２つの基本原則をつくる。（1）できるだけ多くのシナリオについて意見を出し合うこと。（2）出てきたアイデアについてまだ判断を下さないこと。そして、グループにこんな質問をする。「パーク51に取り組むための方法をいくつか挙げてください」

　グループは可能な解決策を思い描き、分離に基づいたシナリオが２つ生まれてくる。グラウンド・ゼロからもっと離れたところに中心地を移動させるか、昔の施設に中心地をとどめておくかである。同化のシナリオには、パーク51をコミュニティセンターにすることが含まれている。それをテロ攻撃の犠牲者のための記念碑だけにするのか、モスクをパーク51のコミュニティセンターに組み入れてしまうのかである。統合のシナリオにはパーク51をあらゆる宗教のためのセンターにすることが含まれている。それをイスラム教のコミュニティセンターのままにするが、テロ事件の犠牲者のための記念碑もつけ加えるというものだ。そして元大統領のビル・クリントンが提案したよ

うにする。「このセンターを 9・11 で亡くなった[15]あらゆるイスラム教徒に捧げる」と。

あなたは参加者に、関わっている全員にとって最も満足だと証明されるのはどのシナリオかを一緒に判断するように求める。その結果、ポジティブな議論が起こり、リストは最も期待できそうな 3 つのシナリオに絞られる。あなたがこれらのシナリオを市長に伝えると、熱心な反応が返ってくる。どのシナリオも公の議論で優勢になっている、二分されたシナリオよりも望ましい。市長はこれらの考えを重要な利害関係者とひそかに議論する。彼らは勧められた 3 つのシナリオの 1 つを進めることに同意する。そして最終的に、それぞれの利害関係者のアイデンティティの神話に潜在する懸念を統合する 1 つのシナリオを選択するのである。

まとめ
summary

交渉不能なものを交渉することは可能だろうか？ 私の答えはイエスである。「SASシステム」はあなたの人間関係を再構築するために、核となるアイデンティティを、相関的なアイデンティティから解き放ってくれる。あなたのアイデンティティの大部分は固定されているので、それを交渉しようとするのは生産的とは言えない。そうする代わりに、相関的なアイデンティティの調整に注意を向けてみよう。あなたと相手が共存する方法の形を変えながら。

「SASシステム」はあなたのアイデンティティをできるだけ傷つけずに、人間関係を再構築するための３つのツールを提供する。それは「分離」、「同化」、そして「統合」である。これらの代替手段のそれぞれに、注意深く判断しなければならない長所も短所もある。あなたの目的は双方のアイデンティティの神話に最善のシナリオを見極め、発展させることだ。

だから覚えておいてほしい。問題は、問題そのものの中から解決することはできない、と。「SASシステム」を適用することによって、あなたはコンフリクトの外に出ることができる。コンフリクトを解決するために。

図表 14-2 │ 自己診断用ワークシート

1. 調和のとれた共存を大切にするために、あなたの人間関係をどのように再構築するか？

- 合理的な利益（金銭：ほかにも目に見える品物）
- 感情的な事項（称賛、自律性、所属、ステータス、役割）
- アイデンティティの柱（信念、儀式、忠誠、価値観、感情的に意味のある経験）

2. 上記のどのシナリオが──または、どのシナリオの組み合わせが ──**最も説得力があって実行可能だと感じられるか？**

3. あなたの人間関係をどのように実際的に再構築するか？

第4部

How to Negotiate the Nonnegotiable

交渉不可能なものを
交渉する方法

第15章
Manage Dialectics
弁証法を操る

ある年老いた偉大なネイティブアメリカンが、孫息子に自分の秘密を打ち明けている。

「私の中には戦っている2匹のオオカミがいる。1匹は愛と親切のオオカミだ。もう1匹は憎悪と貪欲のオオカミだ」

男の子は目を見開く。「どっちのオオカミが勝つの?」と男の子は尋ねる。

祖父はしばらく間を置いてから答える。

「どちらでも、私が餌をやるほうだよ」

　和解には、人と人との対話が関わっている——しかし、最も困難な部分はあなたの心の中で起こる。どんなコンフリクトでも、あなたはどちらのオオカミに餌をやるかを決めなければならない。あなたは怒りを手放して、相手を許し、前進していけるだろうか?　気に入った人々の輪に再び相手を入れてもいいと思うほど信用しているだろうか?　あなたは根本的に変化を起こしたいと思っているだろうか?　こういった質問への答えは、どんなテキストにも載っていない。答えはあなたの心の奥底にあるのだ。

　ここに挙げたような質問がとりわけ難しいのは、矛盾する衝動が含まれているからだ。あなたはコンフリクトを解決したいだろうが、自分自身を守りたいとも思っている。相手を、自分の人生に呼び戻すことにはリスクがある。なぜなら、彼らとは敵対していたからだ。相手は、あなたを傷つけた人たちなのである。同じことを二度としないなどと、あなたは確信を持てるだろう

か？　こうして、意見の相違を越えるために必要とされる脆弱さは、避けられない両面性を和解にもたらす。最も思いやりのある人でも、仕返ししたいという願望を経験するだろう。誰よりも穏やかな人でも、腹立たしさの気配を認めるものだ。最高に受容力のある人でも、判断を下したいという心のうずきを覚えるだろう。

　私はこのような矛盾する衝動を「相関的な弁証法」と呼んでいる。それはあなたの心の中にいるオオカミなのである。そしてあなたの感情を2つの異なった方向へ引っ張っている。人間関係を構築する方向と、避ける方向へ。コンフリクトでは、矛盾する衝動を避けることも解決することもできない。それらはあなたという人間を形成している一部だからである。しかし、その存在に気づけば、どちらの衝動に餌をやるかは自分で決めることができる。

弁証法の簡単な歴史

　弁証法の概念は何千年も前にさかのぼる。ギリシャの哲学者、エフェソスのヘラクレイトスは「対立物の調和」を提唱した。これは、世の中のものすべてが、それに対立するものによって決定づけられている、という考え方である。たとえば、アメリカの政治では、共和党のアジェンダが民主党のアジェンダに影響を与える。その逆もあり得る。これが弁証法の本質なのである。正反対の2つの観点が、どのようにしてお互いに関連し合っているかということだ。

　哲学者のイマヌエル・カントはこの概念をもう一歩先へ[1]進めた。彼は、思考とは3つの段階で発達するものだと提唱した。「命題（テーゼ）」が「反対の命題（アンチテーゼ）」と衝突し、「統合した命題（ジンテーゼ）」が生まれるというものである。このシンプルで優美な式が、思想や歴史や経済の進化に光明を投じ、思想のほぼあらゆる分野に影響を与えたのだ。ある中世の漁師が、平らな世界は水平線で終わっていると考える（テーゼ）。しかし、あ

る日、彼は船を遠くまで漕ぎ出し、ついには故郷の反対側の海岸にたどり着き、自分の推測を検討し直すことになる（アンチテーゼ）。最終的に、彼は世界が丸いと結論づける（ジンテーゼ）。

カントは聡明だったにもかかわらず、彼の理論にはいくつか穴があった（あるいは、弁証法的な言葉に当てはめると、彼のテーゼはアンチテーゼがないわけではなかった）し、ドイツの哲学者のゲオルク・ヴィルヘルム・フリードリヒ・ヘーゲルはそういった穴を埋めようとした。ヘーゲルはアンチテーゼの概念が曖昧すぎると信じていたので、3つの状態を通じて発展させた考え方を提唱したのである。すなわち「抽象」「否定」「具体」だ。

始めのテーゼは抽象的でまだ試されておらず、試験と誤りという"否定的な"正確さを欠いている。どれほど思慮深いものであっても、あらゆる思考には本質的に内在する誤りが含まれているのだ。世界が水平線で終わるという考えには意識内の誤り、"否定的な"ものが存在していて、それは弁証法をもたらす新しい考え方を通じてのみ克服できる[2]。抽象がひとたび否定と出合えば、より具体的なジンテーゼが現れてくる[3]のである。

弁証法はあなた自身の中に必要な両面性、避けることができないコンフリクトを提供する。しかし、弁証法のせいで解決に到達できないわけではない——弁証法の矛盾する力を操る方法がわかればいいのである。

矛盾だらけの問題の舵取りをする[4]

いくつかの弁証法は、コンフリクトの感情的な世界を支配している。受容VS変化、贖罪VS復讐、自律性VS所属。あなたは贖罪を求めるが、復讐を心に抱いている。ほかのグループを受け入れようとするが、彼らが変化することを望んでいる（図表15-1）。あなたはどこかに所属するが、その中で自分が束縛されているように感じる。こういった弁証法に効果的に取り組むために、3方面からの戦略を取り入れよう。

第一に、自分の中で葛藤している弁証法を意識するようになること。もし、何もせずに放っておけば、弁証法の影響によって、最も満足して同意できるときにさえ邪魔が入ることになるだろう。そんなわけで、弁証法によって自分がどう影響されるかに意識を向け続けてほしい。あなたは和解に抵抗があるだろうか？　変化にためらいを感じているだろうか？

　第二に、自分が行きたいところに導いてくれる力を育てること。親としての義務を分かち合うために、元配偶者との関係を向上させたいのであれば、まずは贖罪と復讐の両方に、あなたを同じように引っ張っていく心の中の葛藤に気づいてほしい。それから、相手との関係を再構築するため、贖罪に注意を集中させよう。累積した怒りの年月があなたの心を復讐への要求でいっぱいにしていることを受け入れても。敵意を認めよう——だが、その感情を煽ってはいけない。

　第三に、弁証法は相手にも影響を与えると認識すること。相手の弁証法的な挑戦に気づくようになれば、あなたとの和解についての恐怖を減らせるように手を貸してあげられるだろう。たとえば、あらゆる苦痛を負わされたあとで、協力関係を結ぶことがどれほど大変かをあなたが理解していると、元配偶者に知らせることができる。

弁証法その1：受容VS変化

　大半のコンフリクトは、次の2つの本質的な真実に左右されている。（1）関わっている誰もが、受け入れられることを望んでいる。（2）誰も変化を望んでいない。

　スーザンとロンが直面している状況について考えてみよう。彼らは結婚して30年になる夫婦で、ソファに座ってテレビを見ている。スーザンが言う。「私の新年の決意は20ポンド痩せることなの。お菓子を食べるのを控えることから始めなくちゃ。協力してもらえない？」

「もちろん、いいよ」と、ロンは協力的な笑顔で言う。

「あら」スーザンは言い返す。「じゃ、私がお菓子を食べすぎると思っているのね？」

ロンははっと驚く。スーザンの心の中にある弁証法に、自分が捕まったと気づいたのだ。手伝ってほしいというスーザンのリクエストの根底には、2つの質問がこめられていた。

「私は今のままの自分を受け入れるべきなの？　それとも変わるべきなの？」

「ロンは今のままの私を受け入れてくれるの？　それとも私が変わるべきだと思っているの？」

スーザンの新年の決意に協力すると言ったことで、ロンは心ならずも妻への支援を弱めることになってしまった。

もちろん、弁証法には"正しい"答えはない。ロンが「痩せる必要なんてないよ。今のままできみは申し分ないからね」と答えたとしたら、スーザンはこう言ったかもしれない。「どうして私に協力してくれないの？」

▼ 人は受容を切望している

欠点も何もかも含めて、ありのままの自分を受け入れられたと感じるとき、人は安らぎと解放された気持ちを感じる。もはやあなたは自分の言動を案じる必要がない。何があっても、相手が自分を支えてくれるという自信が持てるだろう。

人は批判されていると感じるとき、受け入れられたと思ったときと反対の経験をする。批判は受容の敵である。拒絶されたという気配を感じると警報を出す、感情を測るレーダーを誰もが持っている。誰かがあなたを「フェアではない」と感じたり、「間違っている」と思ったり、「欠点がある」性質だと判断したりして批判するときはいつでも、受け入れられていないと感じるだろう。そして心を傷つけられる。

しかし、批判の最も辛い形は自分の心の中から生まれる。自分の一部またはすべてを受け入れられず、みずからの行動や感情や思考を厳しく批判し、

図表15-1 ｜ 受容か変化か？

私は不適切な人間だと結論づけることだ。

　心理学者のウィリアム・ジェームズは自分の著書の1冊をこう言って否定した。「忌まわしくて、膨張していて、むくんでいて、肥大化していて、慢心した塊で、2つの事実しか証明していない。1つ目は、心理学などという科学は存在していないことだ。2つ目は、ウィリアム・ジェームズが無能だ[5]ということだ」ジェームズは、その時代で最も尊敬された知性の持ち主の1人である。だが、彼でさえも自分の作品、ひいては自分自身の厳しい批判の影響を受けやすかったのだ。

　自己批判から逃れるのは途方もなく難しい。心理学者が「認知の歪み」と呼ぶ、欠陥のある思考パターンの罠にはまってしまうだろう。あなたが自分を批判すればするほど、批判されても仕方がない[6]人間だと思ってしまうということだ。

人は変化に抵抗する

　コンフリクトのせいで人は緊張感でいっぱいになり、相手の行動を追求したい気持ちになる。けれども、自分の行動は追求しようと思わない。あなたは自分が正しいと信じている。自分が変わる必要などないのでは？　しかし、相手もあなたとまったく同じ論理的根拠を持っているので、どちらの側も相手に変わってほしいと要求すればするほど、自分が受け入れられていないといっそう感じるようになる。ヘーゲルの言葉によると、双方が相手に自分の観点を"否定"されていると感じるのだ。なんらかの誤解や隔たりが生じ、あなたも相手も自分の立場を頑なに維持する結果になる。

「トライブ演習」で私は何度となく、変化しなければならないというプレッシャーと、受け入れられたいという願望とが衝突する様子を目撃してきた。演習の第1ラウンドでは、トライブのリーダーが相手のトライブに自分たちのところに加わるようにと説得を試みる場合が多い。自分たちのトライブの魅力を強調しながら、相手のトライブの長所を無視するのである。

　しかし、こうしたリーダーたちが考慮に入れていないのは、アイデンティティが変化にどれほど抵抗するかという点だ。変わらなければならないというプレッシャーを外部から受けていると感じるほど、ありのままの自分たちをほかのトライブが受け入れるべきだという要求が強くなる。自律性をめぐる戦いが起き、それぞれのトライブが、ほかのトライブは自分たちをリーダーとして受け入れるべきだと主張する。その結果、衝突が起こることはほぼ避けられない。

「5つの誘惑」(31ページ参照)は、変わりたいというあなたのモチベーションをさらに減じさせる。たとえば、バランス喪失は、コンフリクトのゆがんだ世界へとあなたを押しやる。反復強迫は、不和を生じさせるパターンへと、あなたをさらに深く引きずりこむ。タブーは、あなたが相手と変化について話すことさえ不可能にする。そして、神聖なものへの攻撃とアイデンティティ・ポリティックスのどちらも、分裂への道を強化してしまうのだ。

▶ 受容か、それとも変化か?

　受容／変化の弁証法を認識すれば、自分と相手が緊張に対処するための方法を改善できる。私はマーシャルとベティという、頻繁に激しい喧嘩をして悩んでいた夫婦に助言したことがあった。マーシャルは、ベティが思いもかけないときに激怒する様子を説明し、「落ち着けよ、ぼくたちはなんとかできる」と言って彼女をなだめようとするのだ、と話した。しかし、ベティはさらに腹を立てるだけなので、引き下がってしまうのだ——と。

　マーシャルとベティの感情表現では、どちらも自分が受け入れられていないと感じていた。ベティは安心して怒りを表していたのだが、マーシャルは不安にさせられたのである。彼はコンフリクトを避けようとする家庭で成長した。彼の家族は、めったに激しい感情を見せなかった。対照的に、ベティの両親は絶えずお互いに怒りを爆発させていたのだが、いつも仲直りした。ベティが怒りを表せば表すほど、マーシャルは彼女を受け入れられなくなっていった。そしてマーシャルがベティの怒りを変えようとすればするほど、彼女は自分が受け入れられていないと感じるようになった。そのせいで、ベティの怒りはいっそう煽られるだけだった。この夫婦は破滅的なスパイラルにはまりこんでいて、その中心には受容VS変化の弁証法があった。

　私がマーシャルにこういった見解を話すと、彼は自分たちの関係を新しい視点から見直し始めた。次に夫婦喧嘩をしたとき、マーシャルはこれまでと違う反応をした。ベティの怒りに不快感を覚えていることに気づき、それを受け入れたが、その感情に基づいた行動はせず、彼女をなだめようともしなかった。驚いたことに、ベティの怒りはやわらいだ。弁証法的な葛藤を受け入れることは、マーシャルが自分たちの関係を再構築するのに役立ったのである。

　感情によるコンフリクトを和解させるには、受容も変化も必要である。カギとなるのは、何が受け入れられ、何が変わるのかを知ることだ。誰かのアイデンティティを変えることは苦しい戦いである。というのも、人は本質的

な信念や価値観を変えられることに抵抗するからだ。

　したがって、他人のアイデンティティをありのままに受け入れることを目指そう。相手の価値観や信念を、偏った判断で認識してはいけない。同時に、それぞれのアイデンティティをより広い人間関係の物語にはめこみながら、自分の人間関係を再構築してみよう。マーシャルはベティの怒りを認識はするが、それに応えないことによって、夫婦関係を再構築した。その戦略はうまくいったのである。

弁証法その2：贖罪VS復讐

刺されたら、血が出るだろう？　くすぐられたら、笑うだろう？　毒を盛られたら、死ぬだろう？　もし、おまえたちにひどい目に遭わされても、復讐してはいけないというのか？

　　　　　　　　　　――ウィリアム・シェイクスピア『ヴェニスの商人』

　心の奥底に秘めた暗い秘密を親友に打ち明けたところ、彼女がそれをウェブサイトに投稿していたことを知ったと想像してみよう。あなたは愕然とするだろう。彼女に裏切られた瞬間、贖罪と復讐の弁証法があなたの注意を求めるようになる。

　一方、本能的なレベルの力が、道徳的秩序の感覚を取り戻すため、仕返ししろとあなたに強制する。おそらくあなたのウェブサイトに彼女の秘密を投稿してやるといった形で。その一方、彼女は友達だから、対決して話し合うようにと促す心の声もある。あなたは、どちらの声に耳を傾けるだろうか？

　難題は、衝動を行動から解き放つことである。アイデンティティへのささやかな攻撃さえ、仕返ししてやりたいという強い衝動を引き起こしかねない。そんな状況を見落としたら、衝動に翻弄されてしまうだろう。しかし、衝動を避けることはできないが、どのように反応するかをじっくりと考えること

はできる。

　仕返ししたい[7]という衝動を意識するには、自分が報復について抱いている幻想に気づいてほしい。もし、上司に絶えず貶められているとしたら、あなたは彼の欠点を世間にばらすという空想にふけるだろうか？　幻想には限界がない。それは反社会的でも、ショッキングなものでもかまわない。こうした白日夢を、あなたの中の小さな一部は楽しむかもしれない。傷ついた自尊心をやわらげ、正義の感覚を呼び覚ますものだからだ。しかし、本当に復讐しようと決心するかどうかはまったく別の問題なのである。

▶ 復讐の良い面

　復讐は正義や力、カタルシス（心の浄化）を獲得できるようにすることによって、あなたを勇気づける。

正義

　復讐[8]は、不正な行為を正したい、「仕返ししたい」という気持ちを起こさせる。クリスマスパーティーにあなたを仲間外れにする親戚は、次にあなたの家族の集まりがあったときに招待されることを期待すべきではないだろう。復讐の炎は不愉快な相手から悔恨の情を引き出すためではなく、相手を罰したいという欲求を通じてかきたてられる。あなたは傷ついた感情に見合うだけの本能的な経験を、相手に味わわせてやりたいと思っている。そして今や彼らがあなたの苦痛を心から理解した（その報いを受けている）ことがわかって、あなたは満足感を得る。正義が復活した、と感じているのだ。

　復讐するという脅しは、将来の不正を阻止することもできる。もし、学校のいじめっ子が、あなたの娘を侮辱すれば殴られることになるとわかっていたら、からかう前に考え直すだろう。それどころか、あなたの娘は度を超えた力で、やられたらやり返す、と脅しているかもしれない。彼女の脅しは理不尽かもしれないが、協調関係を促進することができる、抑止の大きな壁を築くのである。

図表15-2 ｜ 贖罪か復讐か?

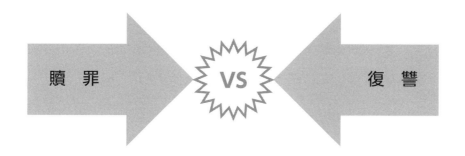

力

　復讐は相手との関係における立場を向上させるようにと、あなたを奮い立たせる。いじめっ子に対するあなたの娘の挑戦は、彼女が自分の優位を主張し、社会的なヒエラルキーを整理し直すための方法かもしれない。社会的地位を上げたいという渇望は、正義を行いたいという望みに優先する。

カタルシス

　復讐は、カタルシスの手段を提供してくれる。苦痛に満ちた感情を除去してくれるのである。その結果、あなたは被害者になることの連鎖から自由になったと感じ、屈辱や恥の気持ち[9]から解放される。実際、チューリッヒ大学の研究者たちが発見したのだが、復讐を果たすと、尾状核や視床（ニコチンやコカイン[10]を吸ったときにも活性化する脳の部分）も含めて、脳の中枢に流れる血液の量が増えるという。

▼ 復讐の悪い面

復讐はいくつかの領域に満足感を与えるが、科学的な調査と事例証拠から、その根本的な効果には疑問が投げられている。

一方的な正義

復讐は確かに正義感を促進する。ただし、あなたにとってだけであり、お互いに仕返しし合うというサイクルを引き起こす。あなたにとっての正義を、相手は不当行為と見なすだろう。たとえあなたは相手から受けた分に見合った苦痛をお返ししただけだとしても、彼らはあなたの罰をやりすぎだと見なしかねない。

私の祖母は、よくこんなことを言ったものだ。「怪我をしたのが自分の指ならば、いっそう痛みを感じる」つまり、あなたは自分の苦痛を、外からそれを見ている人よりも深刻に判断する。このことから、復讐がさらなる攻撃を阻むことなどあり得ないという信念が生まれる。

短期間の権限

復讐によって束の間の力を与えられても、加害者から犠牲者へと変わった相手はすぐさま仕返しする方法を企み始める。たとえば、ある夫が元妻に復讐しようとしたとする。例として、元妻が、お気に入りの絵を取りに家の中へ入るのを拒むとか——夫は権限を得たことで、活気づくだろう。しかし、翌日、新たに訴訟を起こされたという、気持ちをくじけさせられる現実に直面することになるのだ。

束の間のカタルシス

復讐の甘い味は長く続かない。ひどい配偶者や同僚の悪行に報復を企むと、活力を得られそうに感じるかもしれないが、人は仕返ししたあと、期待したよりもひどい気分になることが、調査からうかがえる。自分の道徳心に疑問

を覚え、自分に害を与えた人について[11]次第に思い悩むようになるのだ。さらに、カタルシスを起こさせる復讐という経験は、喪失の苦痛から一時的に気をそらせるものにすぎない。戦争で仲間の兵士が死ぬのを見た兵士は、報復として敵兵を撃つときにカタルシスを起こさせる正義感を覚えるかもしれない。しかし、彼は相変わらず両手を血に染めて、敵が仕返しにくる恐れが高まった中で生きなければならないのだ。しかも、仲間を永遠に失ったという現実は変わらないまま。

◤ 発散する：妥協案か？

復讐を求める代わりに、怒りを発散しようと決心してもいい。枕をつかみ、あなたを痛めつけた相手だと想像して殴りつけるのだ。そして、不当な扱いをされたときにどう感じたかという不愉快な話を、詳しく親友にぶちまけよう。確かに、こういった普通の方法はカタルシスを起こさせる効果がある。──そうだろうか？　いや違う。怒りの発散は実際のところ、裏目に出るという科学的な証拠[12]がきわめて多く示されているのだ。発散すればするほど、復讐したい気持ちが強くなるだろう。

発散するという行為は、怒りをケトルの中の蒸気のようなものだと見なすことになる。ケトルの蓋を開けて蒸気を逃がせば、圧力は減るだろうと。しかし、怒りはそんなふうには働かない。不当な扱いを受けたと感じるさまざまなことについて考えれば考えるほど、あなたは興奮してくるだろう[13]。発散は怒りを手放すのではなく、怒りを強めることになる。

ブラッド・ブッシュマン教授は、この点を強調する[14]、珍しい研究を計画した。被験者たちは妊娠中絶に反対であれ賛成であれ、堕胎についての小論文を書くようにと指示される。それから、別の部屋にいた学生が小論文を評価して、手書きのコメントをつけて返してくれる。「これは今まで読んだ中で最悪の論文だ！」──実は、被験者を怒らせるようなコメントを、あえて実験者が書いたのだ。ほかの部屋に学生などいなかった。それから実験者は、被験者を3つのグループに分けた──1番目のグループは、評価をつけた嫌

な学生（架空の存在だが）のことを思いながらサンドバッグを打ち、2番目のグループは体調がよくなることを思いながらサンドバッグを打ち、3番目のグループは2分間、静かに座っていた。

それから3つのグループの全員がヘッドフォンをつけて、自分たちの論文に評価をつけた学生（架空の存在だが）を相手にコンピューターゲームをした。ゲームの各ラウンドの敗者は大きな騒音を聞かされ、勝者は音が鳴る時間と大きさを選べる。このゲームは被験者が半分の時間、勝てるように不正操作されている。では、どのグループが最も音量を大きくしただろうか？　サンドバッグを打ったグループは、嫌な相手のことを考えていたほうも、自分の体の健康のことを考えていたほうも、同じように攻撃的だった[15]——すなわち、これらの結果は、怒りを発散する危険性を示している。

もちろん、もっと効果的にカタルシスを起こさせる形もあるだろう。臨床心理学の非常に多くの証拠は、自分の感情を、自分にとって意味があるような方法で語ることの価値を指摘している。発散は怒りを取り除くことだけに集中しているが、もっとよく考えられたカタルシスの方法は、自分の怒りを理解し、それに対処するために対話の力を用いている。統合されたダイナミックスに関する、既出の章で述べた人たちのように。しかしながら、カギとなるものはあなたの考え方にある。

復讐ではなく、贖罪に焦点を合わせる

復讐心が人間関係を傷つけるのに対して、贖罪は共同の精神のためのスペースをつくってくれる。人間関係を修復するには、再結合の可能性を信じ、償いをして、ポジティブな絆を取り戻すことが求められる。しかし、贖罪はスキルというよりはむしろ、ものの考え方である。それは自分の不安感を認識する勇気、他者の苦痛への思いやり、もっと良い関係を築くための道徳的な決意によって性格づけられている。贖罪への可能性は、誰の中にも存在し

ている[16]。贖罪できるように助けてくれる具体的な方法をここに挙げる。

1. 内面を見る勇気を奮い起こす

何年か前のある国際会議で、私はイスラエルとパレスチナのコンフリクトにおける、トップクラスの政治的交渉人と話をした。コンフリクトを取り巻く微妙な問題をいくつか探っていたとき、交渉人の頬は赤くなり、両腕は激しく動かされ、話す調子は速まった。私は、とうとう彼に尋ねた。「コンフリクトの中で、感情に影響を与えられていると思いますか？」彼は苛立った様子で答えた。「絶対にそんなことはありません！」

これは内面を見ることを拒んだ明確な事例である。あるレベルでは彼の分析は正しかった。構造的な要因が、問題になっているコンフリクトの主因だったのだ。しかし、この伝統的な問題の中で、彼とほかの当時者たちの感情は停止状態にあった。贖罪へのドアを開けるために、自分の恐怖心や不安感を客観的に検討することは、勇気を必要とするのである。

2. 他者の苦悩に思いやりを持つ

あなたは相手の信念や行動に同意できないかもしれないし、彼らの言葉や行いに嫌悪さえ覚えるかもしれない。だが、覚えておいてほしい。彼らも人間なのだし、感情によるコンフリクトでやはり苦悩を感じていることは疑いの余地がないだろう。相手の苦痛に敏感になることは、ポジティブな関係を取り戻すための唯一の最高の方法である。

思いやりのある状態では、あなたは相手の苦悩を重視し、それをやわらげてやりたいという欲求を感じる[17]。仏陀は思いやりを「他人の痛みに接したとき、最も良い行動をつくり出す」と見なしていた。ラテン語の語源によれば、「思いやり（compassion）」とは「ともに苦しむ」という意味である。思いやりは人を行動へと動かす感情なのだ。

どれくらい思いやりを持てるかは人によって違うが、それを引き出すことが難題である。しかし、意図的にあなたを傷つけた誰かを、どうやったら気遣ってやれるのだろう？

第一に、誰かに思いやりの気持ちを持つことは、相手がやったかもしれない悪事への正義を求めるうえで妨げにならないと覚えておいてほしい。

第二に、相手の苦悩を調べることだ。こう尋ねてみよう。「このコンフリクトであなたは個人的にどんな影響を受けましたか？」弁解するためではなく、理解するために耳を傾けてほしい。

第三に、相手の"状況"に足を踏み入れること（単に相手の立場になるのではなく）を想像してみよう。そして彼らの苦悩を自分のものとして理解してほしい。

最近、私はシカゴからボストンへの飛行機に乗った。私の数列後ろで、4歳の女の子がずっと泣き叫んでいた。まわりの乗客と私は共感をこめた視線を交わし合ったが、黙って耐えているしかなかった。すると突然、こんな考えが浮かんだ。私はこの女の子をトライブのよそ者として、敵対心を感じる対象だと見なしているのではないかと。そこで、女の子が自分の家族の一員だと想像することにした。すると間もなく、苛立ちは思いやりに変わった。私は通路を歩いていき、おどけた表情をしてみせて彼女の気をそらそうとした。女の子はしばらく泣きやみ、彼女の母親は感謝の気持ちがこもった目で見上げたのだった。

思いやりを引き出す第四の方法は、些細なものであっても、感情的なつながりをつくることである。室内実験で、ひと組の学生を向かい合わせに座らせ、音楽に合わせて同じように指でコツコツと拍子をとるようにさせた。すると、一緒に拍子を取った学生のほうが、そのあとの退屈な45分間の作業で相手を手伝おうとする率が、拍子を取り合わなかった被験者よりも31パーセント高かったのである。一緒に拍子を取った被験者が平均して7分間の手助けをしたのに対して、一緒に取らなかった被験者はたった1分しか手助けをしなかった[18]。

しかし、"非難に値する"敵への思いやりの気持ちをどうやって見いだせばいいのだろう？

私はこの疑問をラクダール・ブラヒミ大使に投げかけた。彼は名高い外交官で、アフガニスタン、イラク、シリア、リベリア、南アフリカ、イエメン

における独裁者と武装勢力との間の政治的安定について交渉した。彼と私は、世界的なコンフリクトの解決を促進するための方法を探る協議会のメンバーだった。ブラヒミ大使は、独特の思慮深い態度で質問についてじっくりと考え、こう言った。「私なら、相手の中に何か優れた点を見いだしますよ」ブラヒミ大使は、ともに働く全員のどこかを称賛するために、積極的に相手の人間性を認識しようとしている。彼らが親としての役割に打ちこんでいようとも、大義に対して忠誠を尽くしていようとも。

思いやりを呼び起こすもう1つの効果的な方法は、瞑想的な実践を利用することである。よく研究されているテクニックの1つは、慈悲の瞑想（Loving-Kindness Meditation＝LKM）として知られている。これは、自分自身や他者への親切心をシステム的に育てていくことを通じて、ポジティブな感情の補強を促すものだ。このテクニックは実体がないもののように聞こえるかもしれないが、ハードサイエンスがポジティブな効果を裏づけている。

著名な神経学者のリチャード・デビッドソンとその同僚は、LKMの実践が、共感の感受性と結びついている脳内回路を強化することを発見した。そしてバーバラ・フレドリクソン教授は、LKMと次のものとの関係について発見した。それは「マインドフルな気づき、自己の受け入れ、他者とのポジティブな人間関係[19]、そして肉体的な健康[20]を含めた、さまざまな個人的な資源の増加」である。

LKMを実践するために、自分自身に向けた愛情あふれる親切心を育てることから始めよう。その感情を受け入れ、全身に行きわたるままにさせる。さて、これと同じポジティブな感情が、あなたの愛する者を輝かせているところを想像してみよう。数分後、この思いやりの気持ちを同僚や知り合い、見知らぬ人にも向ける。それからあなたを苦しめる人々を思い浮かべ、彼らにも思いやりの気持ちを向けるのだ[21]。

要するに、感情によるコンフリクトによって、人は復讐したい気持ちにさせられる。こうした感情と戦ってはいけないが、それに屈してもいけない。「復讐ではなく、贖罪に心を注ぐ」これをあなたの真実の言葉としよう。

3. 人間関係を向上させるため、道徳的な決意を呼び覚ますこと

　仕返ししたい誘惑に対抗するために、道徳的な決意を持って贖罪に取り組んでみよう。歯を食いしばって目標にしがみつき、決して手放してはいけない。まずは指導的な役割を果たす価値観を明確にし、その後はそれをやり通すことによって、目標を達成できる。この2番目の部分がカギだ。たとえば、「トライブ演習」では、平等、調和、思いやりといった傑出した価値観を取り入れることを主張するトライブがいつも出てくるが、彼らが交渉を始めるとき、こうした価値観は消えてしまうのである。

　少し時間をとって、あなたが最も大事にしている価値観を3つから5つ、リストにしてみよう。たとえば、威厳、思いやり、平等、正義、安心感、敬意などだ。毎日思い出せるように、それを書いた紙を冷蔵庫に貼っておこう。次にコンフリクトに取り組むことになったとき、そうした価値観と一致した生き方をしているかどうか考えてほしい。もし、一致していないなら、自分の行動を見直すか、価値観を再定義してみること。

　コンフリクトの中には、相手と一緒に価値観を定義することが役に立つものもある。たとえば、あるパターンのコンフリクトに巻きこまれる夫婦がいるとしよう。彼らは喧嘩をしていないときに腰を下ろし、自分たちの関係を定義している核となる価値観（威厳、公正、敬意、親切、共感など）を3つ、見極める。それから、そういった価値観を守ることに責任を負うと、お互いに同意するのだ。事実上、その夫婦は"社会的契約"を結んだようなものだろう。彼らの関係[22]の道徳的な基盤に対して、お互いが約束をしたということである。そのあとに何度かコンフリクトが起きたとき、そんな社会的契約があるという事実だけで、彼らはお互いへの敬意を高められるだろう。

　しかし、すべての関係がそれほど簡単に和解を達成できるものではない。贖罪を求めるための最大の障害は、相手に罪を償わせることは無理だという信念の中にある。あなたは感情的なつながりなど耐えられないどころか不可能だというほど、相手の行動を不道徳だと非難し、彼らを激しい非難の目で見るだろう。だから、そのような例で贖罪を求めるためには、"道徳的な不屈の精神"が必要とされる。あなたが非難している道徳律を持つ人間とのつ

ながりを耐えられるための内面の強さである。

　ある人間の道徳的な不屈の精神がいかに回復力の早いものだとしても、あらゆる人間関係がすぐにも救済可能とは限らない。コンフリクトの正反対の側にいる政治的なリーダーたちは良い関係を取り戻すことに社会的、経済的な価値、そして長期にわたる政治的な価値を認めるかもしれない。しかし、平和に向かって手を伸ばすことは実際上、政治的な自殺になることも認めているだろう。だったら、彼らはどうするべきだろうか？

　そのような場合、決意を捨てずに違う方向に関係を向けることが最善の策だろう。政治的に緊迫したコンフリクトでは、合意を"強化する"ために第三者に協力を求めなければならないかもしれない。ある2人の政治的リーダーが代理人を任命し、中立的な国家から来た当局者に内密で面会するようにと命じることがあるだろう。その当局者は、彼らが合意に達するのを手助けする。それから、第三者である国家のリーダーは対立している国家のリーダーたちをサミットに招き、そこで彼らは最終的な合意に達し、政治的に微妙な"押しつけ"をされた決断を下すのである。

弁証法その3：自律性VS所属

　1という数字を取り巻く神話がある。2人の人間が結婚すると、彼らは結びついて1つのものになる。子どもが宿されるときは、2人の生命が1つの生命を生み出す。企業が合併するとき、2つの組織が1つになる。しかし、所属というこうしたプロセスには特有の緊張が伴う。夫婦は互いに相手に恩義を感じるだろう。子どもは自立したいと願う。そして合併した組織は元の組織を一本化するために懸命に努力している。

　他者と1つになりたいという欲求（所属）と、他者から離れて独立した1つになりたいという欲求（自律性）という2つの欲求は、3番目の弁証法[23]を表している（図表15-3）。これは共存に絶対不可欠の弁証法だ、と私は信じ

図表15-3 │ 自律性か所属か?

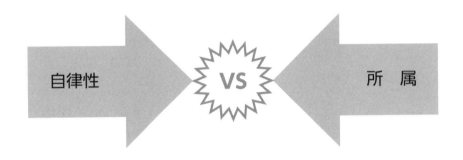

ている——そして、コンフリクトをエスカレートしかねない2つのダイナミックスをわれわれに突きつけているのだ。1つは自律性を脅かすもので、もう1つは所属を危険にさらすものである。

▎ 縄張り争い

　どの組織も、縄張り争いをしている。自律性を守るため、あるいは自律を許される領域を拡大するために戦っているのだ。所属する同じ組織内で従業員たちが働いているという事実も、自主性のためのスペースを制限している。自律性は限界のある資源になっていて、それのために人々は競争する。もし、誰かが自分たちの縄張りに侵入したら、彼らはそいつに飛びかかるのだ。
　よくあるシナリオを考えてみよう。2つの会社のCEOが、企業合併に合意する。理論上では、合併によって利益は急上昇するはずだが、この2人の

幹部が合意を実行してみると、悲惨な状況になる。新たにできた組織で、縄張り争いが起こったのだ。従業員は合併した新しい組織にうまくなじまず、元の会社への忠誠心を維持していたからだ。従業員たちは実際上、２つのトライブのようなものだった。自分たちのメンバーの仕事や権威や文化が、失われかねないことにうろたえている。その結果、彼らは権力をめぐって争い、生産性にも道徳心にも大損害を引き起こす。

効果的な企業合併のために、リーダーは縄張り争いが避けられないことを認識し、それを回避するために先を見越した行動をとらなければならない。企業のリーダーは合併の戦略を立てるとき、合併を成功に導く方法を考えるための、部門横断的な、複数の階層から成る相談グループを任命するべきである。相談グループは新しい組織の中で、それぞれの〝トライブ〟のメンバーが重要な役目につくことを確実にする政策を展開できる。

相談グループを制度化すれば、誰もがつながっていると感じるような新しい会社のアイデンティティをつくるのに助けとなるだろう。それでも、縄張り争いは起こるはずだ（自律性と所属の弁証法は避けられない）が、鈍化するだろう。新しい組織とその中での自律性への、全員の所属の感覚を強めるために、先手を取った努力を通じて。

スペースの侵略

縄張り争いが自律性をめぐる戦いであるのに対して、スペースの侵略は所属をめぐる戦いである。このシナリオでは、緊張が生まれる。あなたは人間関係によって感情的に息苦しくなりすぎ、自分のアイデンティティを他人のアイデンティティから分けられないからだ。過剰な所属は自律性に影響してしまう。

スペースの侵略は、家族の中でさえも避けられない。私の友人、ピーターの義母が何日か彼のところに滞在するとき、２人はうまくいっていた。しかし、のちに義母が半年間、同居することになったとき、緊張感が高まった。ほどなくして、義母は家族のあれこれになんでも干渉するようになった。義

母の側からすれば、自分は役に立つアイデアを提供しているわけだったが、ピーターにとっては、物事を決定する彼の能力を侵害していることになった。義母への苛立ちをあらわにすれば、彼女を傷つける恐れがあるとピーターは知っていた。しかし、苛立ちを表に出さなければ、彼の自律性は危険にさらされ続けるに違いない。ピーターは、どちらも損をするという罠に囚われたように感じた。

だが、ピーターは罠に陥っていなかった。その点について私と話すと、彼は問題を妻と話し合おうと決心した。妻はピーターに共感し、みんなの役割をどのように組み立てるのが最善か、ひそかに母親と話した。義母は理解し、家族の意思決定のいくつかには関わらないようになった。ピーターの妻が問題を前向きに持ち出したおかげで、スペースの侵略は無害なものになったのである。

自律性と所属との緊張をうまく扱えないと、すべてを奪われることになりかねない。この事実が私にとって明確になったのは、何年か前、企業の上級管理者や政府の高官を相手にしたハーバード大学でのエグゼクティブ教育プログラムを共同で指導したときのことだった。共同指導者と私は「トライブ演習」を行った。通常はマイクなしで参加者に交渉させるのだが、その日は使えるマイクが1本あった。予想もしなかった結果だったが、マイクがあったため、代表者たちは一度に1人ずつ話をすることになり、混乱状態が減って、全員がお互いの話を聞く気になったのである。

トライブ同士の交渉の最初から、ジョンという名の代表者がこの状況を巧みに利用し、議論の先頭に立っていた。彼は部屋の真ん中に立ち、各トライブにマイクを渡して発言させ、合意による意思決定プロセスを容易にした。最後の交渉ラウンドの途中で、ジョンは私のほうを向いて言った。「私たちはみんな合意に達しました」

「本当ですか？」と私は半信半疑で尋ねた。代表者の6人全員がうなずき、ジョンのトライブを代表に選ぶということで指をさした。私は演習を振り返るので自分の席に戻ってくださいとみんなに言い、共同指導者にこっそり耳打ちした。「これは退屈な結果報告になりそうですね！」

しかし、私が間違っていたことが判明したのだ。

私はグループにこう尋ねることから議論を始めた。「今はどんな気持ちですか？」

部屋の後ろのほうにいたビジネスマンが手を上げ、ジョンを指さして尋ねた。「どうして、あなたがマイクを持っていたんですか？」

「そうだとも」ジョンが答える前に、別の参加者が声をあげた。「誰がそんな許可を与えたんだ？　最初のラウンドでは、われわれ全員がマイクを使うチャンスがあった。2ラウンド目は、きみがマイクを独占していたじゃないか！」

「あなたは私の話に注意を払ってくれませんでした」隣にいた女性が腕組みして文句を言った。「まるで暴君みたいだったわ！」

「しかし、私はあなたたちの命を救ったじゃありませんか！」と、ジョンは言い返した。

ずっとかぶりを振っていた、後ろのほうの席のビジネスマンが突然立ち上がって叫んだ。「きみのような人間と一緒のトライブにいるくらいなら、ぼくは死んだほうがましだよ！」

部屋はしんと静まり返り、私はそのビジネスマンに今の言葉の意味を説明してくださいと頼んだ。交渉の間、ジョンが全員の自律性を侵害していたことに、自分はひどく腹を立てていたのだ、と彼は言った。ジョンの意図はポジティブなものだったが（結局のところ、彼は世界を救おうとしていたのだ）全員の自主性に敬意を払うのを怠ってしまったのである。結果として、そのビジネスマンや参加者の大半は無力感を味わい、辱められていると感じ、反撃する気になったのだ。

しかし、ジョンは何をするべきだったのだろうか？　結局、彼は板挟みの状態だった。リーダーの役割を担うことによって、ジョンは世界を救った。けれども、激しい敵意を自分に向けさせるという代償を払ったのである。ジョンがリーダーを引き受けなければ、おそらく世界は崩壊していただろう。どちらの選択肢もいいものには思われなかった。ジョンのリーダーシップのおかげで各トライブが合意に達することになったのだが、これが現実の世界

での状況だったら、それぞれのトライブが今感じている激怒は内戦を起こしかねないものだったと、私は確信している。

まとめ
summary

　感情によるコンフリクトを解決するために、共通のものの考え方を育まなければならない。しかし、外洋で航路を外れないように進み続けなければならない船のように、そうした考え方をするには弁証法の駆け引きを絶えず監視することが必要になる。変化の受け入れのバランスをとらなければならないし、復讐ではなくて贖罪に注意を払わねばならない。とりわけ、自律性と所属を獲得するための努力が求められる。自分たちのためだけでなく、相手のためにも。そして今のためだけでなく、いつのためにも。

　これが和解への道なのである。

図表 15-4 │ 自己診断用ワークシート

受容 VS 変化

1. 自分が相手から受け入れられていないと感じるのはどんな場合か？

2. 相手を受け入れるのが難しいと感じるのはどんなところか？

3. 自分の観点をもっと相手に理解してもらうためにあなたは何ができるか？

贖罪 VS 復讐

1. あなたは復讐したいという衝動を感じるか？　それはいつか？

2. 相手が復讐したいという衝動を感じていると思うか？
それはなぜか？

3. 相手の受けた傷に同情を示すため、あなたには何ができるか？

自律性 VS 所属

1. あなたは人間関係によって息苦しさを感じることがあるか？

2. 相手はときどき、息苦しさを感じているだろうか？

3. どうやって人間関係を育むための"息をするスペース"をつくったらいいか？

第16章

Foster the Spirit of Reconciliation

和解の精神を育てる

　どんな神話にも終わりがあるし、われわれも終わりを迎える。コンフリクトを解決するという世界を旅してきて、その途中で、不和を生じさせるコンフリクトの力を中和させ、統合されたダイナミックスを奨励してきた。しかし、書物は、単に書物にすぎない。理論が役に立つのは、実際に使った場合だけである。だから、ここに挙げた考え方を実行に移してほしい。特定のコンフリクトにどれが有効なのか、試してみよう。

　だが、忘れてならないのは、和解が社会的な策略ではないことである。和解のプロセスでは、自分の気持ちを十分に働かせなければならない。和解の精神とは結局のところ、何が和解をもたらすのかということである。そこで、いくつか本質的な原理を述べておきたい。

1. 和解は1つの選択である

　和解しろと、あなたに強制できる人はいない。それは、変化が可能かもしれないという感情から始まる。その感情を育むのは大変かもしれない。「トライブ効果」があなたへの陰謀を企てているからだ。けれども、それは克服し難い力ではない。打ち破ることを選べば、「トライブ効果」の呪文は解ける。

　変化を促進するためには、ノーマン・ヴィンセント・ピール【訳注：牧師。

ポジティブ思考の提唱者】が言う「可能性を信じる人」[1]になってほしい。“ポジティブな可能性”を探求する中で想像力に助けを求めよう。知識はあなたがどんな人間かを制限するものだが、想像力はあなたがどんな人間になれるかという可能性[2]を開くものだ。想像力が知識よりも重要だ、と断言したアインシュタインは正しかった。

2. 小さな変化が大きな違いを生む

ほんのわずかな効果でも、和解の影響は広範囲にわたる。生産的な態度であなたが争いを解決するたびに、その影響は世の中に少しずつ広がる。家族の一員との和解は、職場でのもっと良い人間関係の可能性を生み出す。それは、次にあなたのコミュニティ全体に広がり、それから世界中に広まっていく。インドの哲学者のジッドゥクリシュナムルティがこう述べたように。「1つの石は川の流れさえ変えることができる」

3. 待ってはならない

もしもコンフリクトのせいで悩んだら、それに見合うだけの注意を払おう。和解の根本的な苦闘は、他人との闘いではなく、自分の内面との闘いなのである。心の中の抵抗が平和への最大の障害であり、自分のためにそれを克服してくれる人間はいない。

物語の『オズの魔法使い』で、若いドロシーはオズという魔法の国から故郷のカンザスへ帰るのに苦労する。最も絶望に陥ったとき、良い魔女のグリンダが現れてドロシーに告げる。あなたには故郷へ帰るための力がいつもあるのよ、と。「だったらなぜ、もっと早くこの子に教えてやらなかったん

だ?」と、かかしが尋ねる。良い魔女は答える。「なぜなら、ドロシーは私を信じようとしなかったからです。彼女はそのことを自分で学ばなければならなかったのですよ」

　和解に関しては、すばやい解決方法などない。それはあなたが十分に考え抜いて取り組まなければならないプロセスであり、とにかくどこかから始めなければならない。他人を責めて、人間関係が傷つくのをただ眺めている代わりに、こう自問してみよう。

「私は今——今日——何をしたらいいのだろう？　このコンフリクトを解決にもう一歩近づけるためには何をしたらいいのか？」

　ドロシーの旅は、始まったところと同じ場所で終わった。故郷の安らぎの中で。和解への旅を始めれば、あなたも始まったところで終えることができる。つまり、あなたの内面で。だが、そのプロセスの中で自己超越を達成することになるだろう。

　本書の冒頭で紹介したダボスでの演習から数年後、私はあの「トライブ演習」に参加していた首相代理とばったり会った。彼は自分のグループが世界を救うのに失敗したことが本当にショックだったと言った。その結果、彼は交渉を行うたびに前もって練習するようになった。理にかなった戦略を考えるだけでなく、相手にとって、そして自分にとって危険にさらされているアイデンティティのより深い問題についても考えるようになったのだ。

　これが「トライブ効果」を克服するカギである。世界はダボスで崩壊する必要がなかったし、あなたの人生で崩壊する必要もない。和解の可能性は自分の頭と心の中にしっかりと存在している。それを用いようと決心するかどうかはあなた次第なのである。

別表 I │ 感情によるコンフリクトを克服する1つの概観

困難な状況	解決策
罠に囚われた考え方 ・トライブ効果 ・5つの誘惑	**考え方の戦略** ・共同的な考え方 ・5つの誘惑に対抗する
罠に囚われた方法 ・標準的な方法の失敗 ・弁証法の罠にはまる	**方法の戦略** ・統合的なダイナミックス 　を奨励する ・弁証法的な葛藤に対処する

実質的な影響
・なかなか消えない恨み
・破滅的な対立

実質的な影響
・ポジティブな人間関係
・建設的な対立解決

別表 II | 存在のはしご

レベル	どのように見えるか？
I．純粋な存在	
II．1つの 人間関係に おける存在	
III．複数の 人間関係に おける存在	
IV．世界に おける存在	
V．超越的な 存在	

「存在のはしご」は、人々の相互のつながりについて、もっと大きな視野から気づくことができるように、私が開発した概念的なツールである。この物質的なフレームワークは、対立のせいで相互のつながりに気づきにくくなっている人々に対して、そうしたつながりの深さや広さにまっすぐ注意を向けさせ、相関的な意識の広さを思い出させるのに役に立つ。

たとえば、ロードアイランドで過ごす毎年の家族の休暇中、妻と私はポーチに腰を下ろして夕日を眺めるのを習慣にしている。私たちはお互いに超越的なつながりを感じるのだ。それと対照的に口論になるときは、私たちはアイデンティティの壁を強化し、お互いを明確に、また"危険な"ものとして見なし、攻撃に対して身を守る。緊張感が高まるこういったとき、私たちの超越的なつながりは背景に消えてしまう。そんなつながりは依然として残っているのだが、もはや私たちには見えない。対立は、分離という幻覚を生み出すのである。

「存在のはしご」はドイツの実存主義哲学者であるマルティン・ハイデッガーの、人間は物ではなくて世界に存在する方法であるという洞察に由来している。人は自分が生きている世界から分離された本質ではなく、本質的に世界と結びついているのだ。世界は人間の意識がなければ存在しない。人間の意識が、世界なしには存在しないのと同じように。

そんなわけで、「存在のはしご」は自己認識の5つのレベルに注意を向けさせている。どのレベルも、ほかのレベルよりもさらに"本物"ということはない。玉ねぎの重なった外皮が、その中心よりも本物だというわけではないのと同じである。

対立では、自分の存在のレベルを明らかにし、どのレベルを目指しているかを考えることが役に立つ。

レベルⅠ：純粋な存在

このレベルでは、人は世界を"私は（I）"という、純粋に意識的な観点から見ている。世界に接したばかりの幼児のように、あなたは自分と他者、内面と外の世界との間の境界線をまったく感じない。あなたのアイデンティティは、いわば検閲から逃れた部分なのだ。対立が激しくなっているとき——白熱した議論のさなかで——あなたはその流れの中にすっかりはまり込み、"私を（me）"という感覚を失ってしまう。自分についてあなたが語る物語がなくなってしまうのである。

たとえ自覚していなくても、人はこのレベルの対立を間違いなく経験する。自分自身と他者についての構造ができていなければ、責める相手はいないし、怒りも屈辱も感じない——欲求と満足感が存在するだけである。生まれたばかりの赤ん坊に母親が乳を与えなければ、その子は怒りからではなく、欲求のせいで泣くのだ。

レベルⅡ：1つの人間関係における存在

このレベルでは、あなたの"I"は"me"と結びついている。あなたは自分が誰であるか、他者が誰であるか、自分と他者がどのようにつながるかに

ついて、ただ1つの物語を構築する。自分についての唯一の物語——ただひとりの "me" ——に気づいているので、あなたは目に見えるあらゆる脅威からそれを熱心に守るのである。

レベルIII：複数の人間関係における存在

この段階までに、あなたは自分を構成するさまざまな本質に気づくようになっている。あなたはビジネスパーソンや親や友人や仲裁役であるかもしれない。あなたのアイデンティティのどの部分にもそれぞれ感情的な意味を持つ、自分なりの物語がある。他者や自分自身と関係する、多様な筋書きが用意されているのだ。どの時点でも、あなたはサブ・アイデンティティや、それとは別のアイデンティティに "住む" ことを強調してもかまわない。

レベルIV：世界における存在

このレベルは、あなたには多数の世界観があり、それぞれの世界観の中でサブ・アイデンティティを持つことを認識している。各世界観は、特定のサブ・アイデンティティにあなたがどんな意味づけをするかを形づくる。存在という、一貫した哲学を提供しながら。

たとえば、私には子どものころからの韓国系米国人の友達がいる。彼が生まれる前に両親がアメリカ合衆国へ移住したのだが、家庭生活はことごとく伝統的な韓国の規範に基づいたものだった。彼は2つの——韓国とアメリカの——明確な世界観を学び、それぞれの場における人々との関係のためにサブ・アイデンティティをつくり上げた。家族と家にいるときの彼の行動や反応や自分についての考え方は、友達と学校にいるときの行動や考え方と著しく異なっていた。

レベルV：超越的な存在

関係を意識するという形がもっとも広範囲にわたったものは、自分の世界観が "普通の人間の唯一のつながり" を通じて結びつけられるという認識だろう。あなたと他者は分離された存在——アイデンティティの流動的な範囲

――ではなく、共通の人間性を通じて相互に結びついた本質的なものなのである。あなたは存在という殻を超えると同時に、普遍的な共存という超越的な次元に存在する自分自身を維持するのだ。

超越的な考え方を手に入れるため、対立における自分のアイデンティティが、相互のつながりという大きなネットワーク内に存在することに気づいてほしい。感情による対立のせいで、あなたは世界における自分自身をもっと利己的に理解するほうへと「存在のはしご」を下ることになる。そういった状況を克服するため、自分が現在、どのレベルに立っているかを理解し、あなたという存在を拡大していくことをだんだん認識する方向へ、はしごを意識的に上ってほしい。

逆説的だが、レベルVとレベルIは根本的に似ている。充分に超越的な経験は、純粋に意識的であるという経験と同じなのだ。どちらもこの世界における、差別されていない存在という結果になる。だから、「存在のはしご」は「存在の輪」と見なしてもいいかもしれない。存在という経験が深まれば深まるほど、人間は元の状態へと戻ってくるからだ。

注釈

はじめに：なぜ、本書を勧めるのか？

1.

本書の私個人の話は実話である。もっとも、関係者のアイデンティティを守るために事実はいくつか変えてある。セルビアでのワークショップは共同のまとめ役で良き友人でもあるジェニファー・デルマスとメリッサ・アゴーチと行った。

2.

統合されたダイナミックスは単に問題解決となるだけでなく、お互いの関係の中で自分が何者なのか、どうすれば最高の仕事をしてうまく共存できるのかを解明しながら、意味のある共同作業へと人を導いていく。これは実践の理論と同じくらいに心の理論であり、心理に焦点を当てた方法を示しながら、アイデンティティというものを障害から資産へと変えている。

伝統的に、交渉学においては交渉の個別の本質に焦点を当ててきた。このアプローチの中心は、私の指導者であるロジャー・フィッシャー教授の業績である。彼は〈ハーバード交渉プログラム〉を創設した所長で、交渉の状況を理解する上で重要な「交渉の7つの本質」をつくり上げた。「7つの本質」とは、関心、意見、正当性、傾倒、代替手段、関係、コミュニケーションである。

交渉の理論を人間の体と比べてみるならば、7つの本質はいわば臓器で、統合されたダイナミックス（本書で私が紹介している方法）は臓器が相互に作用するダイナミズムだろう。感情によるコンフリクトはダイナミズムのうえに築かれる。ダボスのリーダーたちの合理的な思考を無効にした、劇的な駆け引きが示しているように。統合されたダイナミックスはこうした強い力の主な原因である。それは合理的な人々に明らかに不合理な行動をさせ、それぞれの側の関係性のあるアイデンティティへと注意を向けさせる。一方のアイデンティティがもう一方のアイデンティティと相容れないように見えるときでも、関係のシステムを変える方法はあるかもしれない。つまり、コンフリクトを減らし、協力関係を向上させる方法はあるかもしれないのだ。

第2章　アイデンティティのわな

1.

本章のいくつかの部分は、私の本から引用している。"Relational Identity Theory: A systematic Approach for Transforming the Emotional Dimension of Conflict," in American Psychologist (Shapiro 2010).

2.

同上の本から。私はトライブを次のような集団であると定義している。自分たちを（1）親切な人、（2）関係のあるつながりの中での親族のような存在、（3）グループの強化に感情的に打ちこむ人、と見なしている集団。私が論文で述べているように、グループがトライブと見なされるためには3つの全要素が必要である。

親切な存在とは、そのグループのメンバーのアイデンティティ自体が、共通のアイデンティティを持ったグループの一部であることを示す。民族政治学的グループ──パレスチナのアラブ人とイスラエルのユダヤ人、北アイルランドのカトリックとプロテスタントのように──はトライブかもしれないが、トライブは民族または血縁で結ばれていない場合が多い。トライブは社会的、心理的に構築されたものである。近隣のコミュニティのメンバーであれ、宗教の派閥や会社や国家や、国際的な政治組織のメンバーであれ、個人が共通のアイデンティティを分かち合うときにいつも生まれてくるのだ。

293

しかし、トライブは単なる緩やかな所属や、純粋に有益な目的のために結ばれた連合以上のものである。親族のようなつながりは、アイデンティティによる集団という関係性が明確だ。トライブのメンバーはお互いを"同系の人間"として主観的に定義しているからである。このつながりは文字どおり、身体的特徴やイデオロギーや言語や地理的な"故郷"や組織の任務や宗教への信念といった、共通の性質を持つことに基づいている。親族のようにつながっているので、メンバーはトライブとの同一化を強め、その結果、仲間であるトライブのメンバーとの関係に対する感情的意味も強くなる。

メンバーはトライブの存在と強化に感情を注ぐ。彼らはトライブの存続と強化に感情的にのめりこみすぎて——グループの規範がこれを要求する場合が多いのだが——お互いを守るため、またグループの大義を向上するため、自分の利益は二の次にするようになる。あまりにも打ちこむと、トライブのメンバーに自分の命や子どもの命を犠牲にさせることまで求めるようになる。

3.

私は「トライブ演習」を、コントロールされた実験としてではなく、教室での演習として行った。各グループへの演習ではさまざまな質問を採用した。狭くて暗くて窮屈だと感じるように、部屋のデザインを変えた。感情的に興奮や緊張をもたらし続けられるように、強いドラムで演奏される音楽を流した。その他の点では、トライブ効果が増えそうな背景を自由につくらせた。しかし、同時に、トライブには必ず世界を救えるチャンスがあるようにしておいた。稀に世界が救われる結果になったとき、トライブはこの演習を軽く受け止め、新しくつくられたトライブのアイデンティティの持ち主だということをあまり重視していなかった。彼らは演習を単なるゲームと見なしていたのだ。しかし、彼らがファンタジーと現実の周辺にある世界に感情を持って臨むと、ほとんどの場合、世界は崩壊を避けられない。

4.

持続する調和のとれた関係にするため、コンフリクト解決に向けて3つの課題に取り組むべきである。第一に、土地やお金の分配といった、実質的な違いを解決しなければならない。第二に、お互いを敵同士から仲間同士へと変えて、人間関係の感情的な性質を転換しなければならない。第三に、修正された人間関係を自分のものにしなければならない。つまりコンフリクト解決には解決と転換と調和が存在し、それぞれがコンフリクト解決に必須の要素である。すなわち利益と感情とアイデンティティに対処しているのである。以下を参照。Kelman 1956, Rouhana 2004。

5.

私は"アイデンティティに基づくコンフリクト"という名前をつけることを、2つの理由から差し控えている。1つ目の理由は、どんなコンフリクトもより優れた、またはより劣る人のアイデンティティを暗示しているからだ。コンフリクトにおける感情は、人が苛立ちを感じた欲求や価値観や信念から来ている。ある人のアイデンティティは、その人が意味があると思うものを定義し、感情の反応の強さを測定している。だから、いくつかのコンフリクトだけをアイデンティティに基づくものだと指定しても、ほとんど意味がない。2つ目の理由は、アイデンティティだけがコンフリクトの基盤ではないからだ。アイデンティティに基づくコンフリクトというレッテルを貼れば、アイデンティティの包括的な優越性を推測することになる。神経生物学的な傾向からマクロ経済の力まで、あるいは社会学的な構造から政治的なモチベーションまでといった、ほかの可能な根拠を考慮しないことになるからである。

6.

たとえば、1994年のダマシオの論文を見てみよう。彼は特に感情と認知と意思決定の相互関係に焦点を当てている。

7.

以下を参照。Lerner et al. 2015 and Shapiro 2004。

8.

本書は感情によるコンフリクトに注目しているので、次の区別が重要である。（1）ポジティブな感情とネガティブな感情。これは元気が出るとか落ちこむといった、人間の感じ方を表現している。（2）役に立つ感情と問題のある感情。これは人間の感情の、行動に関する衝撃を表現している。同様なのは、ダライ・ラマの"苦悩"と"苦悩でないもの"との区別だ。もしも、あなたが恐怖に動揺して隣人を殺したら、感情はネガティブで苦悩の状態（問題のある状態）である。あなたが恐怖に動揺して自分の子どもの命を救ったら、感情はネガティブで苦悩のない状態（役に立つ状態）である。以下を参照。Dalai Lama 2005, 27-28。

9.

結婚生活に関する研究者のハーヴィル・ヘンドリックスとヘレン・ラケリー・ハントは、婚姻関係のコンテクストで同様の点を指摘している。人間関係の距離に関する議論については以下を参照。Hendrix and Hunt 2013, 54. Psychologist Ruthellen Josselson 1992。

10.

チャールズ・ホートン・クーリー（1902）は、人間の自己イメージは他者が自分をどう見ているかを理解することで現れるという理論を表すため、「鏡に映る自我」という言葉をつくった。

第3章 アイデンティティの2つの側面

1.

Lewis Carroll's Alice's Adventures in Wonderland (New York: Macmillan & Co.,1865). 60を参照。

2.

政治学者は、民族のアイデンティティが根源的（根本的に存在すること）なのか、構成的（人間の交流から生まれること）なのかを長期にわたって議論してきた。言い換えると、民族のアイデンティティには生来の性質があるのか、それとも、社会的な交流を通じて構成されるのかということだ。私はアイデンティティが、社会構造と政治的な力と文化的な前提と生物的な既知の事実の中で、どの人間もアイデンティティをつくるためにある程度の――充分ではないが――自由を持つことを暗示しながら構成されると信じている。

社会には、私が「アイデンティティ・テンプレート」と呼ぶものが存在する。「アイデンティティ・テンプレート」とは、自分自身について考えるための、いわば社会的な脚本である。人はこのテンプレートの中から自主的に選ぶことができる。ケンブニーとジョウロウスカが「アイデンティティは一貫性のある、統合的で社会的な慣例に組みこまれている」と述べているように（2002.4）。

文化的なアイデンティティは世代を超えて移動し、本源主義に見えるが、変化が可能な場合が多いし、実際に変化もする。デイヴィッド・レイティンは、国家的なアイデンティティのように文化的な同一化は不変だと説明する、説得力のある事例を示している（1983）。コンフリクト自体はグループのアイデンティティを変えられる。本源主義／構成主義の議論に関するほかの重要な観点については、以下の研究者の業績を参照のこと。サミュエル・ハンティントン、クリフォード・ギアツ、アレクサンダー・ウェント、ロバート・ヒスロープ。

3.

マルシアはアイデンティティの構築について2つの特徴を挙げている（1988）。調査と献身である。調査は存在の多様な方法を分類するプロセスであるのに対して、献身はさまざまな理想の採択を表す。いったん、ある理想に身を捧げたら、連続性や目的や

忠実性という感覚を得られる──それはアイデンティティの混乱への対抗手段である。Schwartz,2001.11も参照のこと。

4.

　政治学者や心理学者や社会学者はアイデンティティの定義を何百も生み出してきたが、当然ながら、この複雑なトピックを解説する完璧な方法はない。この章での私の解説は人生でのコンフリクトにもっとよく対処できるように、重要な概念を紹介する目的で考えられた。私はアイデンティティの包括的な定義をつくろうとしてきた。アイデンティティの研究者が、自らの狭い調査分野を通じてアイデンティティを概念化する場合が多いという事実に対応したものだ。たとえば、社会学者はアイデンティティを社会的な基準と見なす傾向があるが、物理的、精神的な性質については無視しがちである。

　アイデンティティに関する私の定義は大まかで不完全だが、実際的である。コンフリクトにおける衝突という性質に注目するには充分なくらいに範囲が狭いし、人を定義する特質を充分にとらえられるくらいには範囲が広い。人間には臓器や血液ポンプや、動く部分や相互に連結した組織を備えた肉体がある。人々や場所や物事に関する、安定して変化する記憶も備わっている。行動のかなり多くを支配する、さまざまなサブシステムを備えた、進化している個性もある。より強いものも、より弱いものもある、信念の概要も人は持っている。つかの間の思考や変化しやすい雰囲気、目に見える現実への自動的な心のプロセスとともに。人は子どもや親や同僚といった、さまざまな役割を演じている。このようなリストは無限に続くに違いないし、そのことが、コンフリクトにおいてアイデンティティがこれほど厄介な理由を示している。相互につながる部分があまりにも多いのである。

5.

　以下を参照。Stone, Patton, and Heen 1999。

6.

　詳細については別表IIを参照（p.261）。ダイナミックスを複雑にするアイデンティティのレベルをいくつか提示している。

7.

　以下を参照。William James 1890 and G．H．Mead 1934。彼らの"I"と"me"の使い方はシンボリック相互作用論と呼ばれる、ミードの社会学理論の中心を成すものである。

8.

　ある人の核となるアイデンティティの3つの面については、重要なのでぜひ述べておきたい。第一に、核となるアイデンティティはさまざまな状況や人間関係を通じてほぼ不変だから、"核"なのである。たとえば、苗字は核となるアイデンティティだ。交流する相手が変わるたびに、苗字が変わるわけではない。第二に、アイデンティティにはある人の最強の信念以上のものが存在している。人生の中心を成すものであれ、周辺的なものであれ、不変の性質をすべて含んでいるのだ。青よりも黄色が好きだという事実は、その人のアイデンティティの一部である。そんなことは両親への忠誠に比べれば、取るに足らない小さなものかもしれないが、第三に、アイデンティティは人が自分自身について自分で語る以上のものである。そこには交流する間、絶えず存在する無意識で生物学的な性質──思考や体──が含まれている。ジョナサン・ターナー教授は「核となるアイデンティティ」について、次のように同様の定義をしている。「個人が大半の人と接触するときの自分として、自分自身について持っている概念であり、感情である」（Turner 2012, 350）

9.

　以下を参照。Amartya Sen（2006, 30）。

10.

　以下を参照。Mlodinow, Subliminal: How Your Unconscious Mind Rules Your Behavior

(New York: Vintage Books, 2012), 153参照。さらなる資料としては以下を参照。(1) H.t. Himmelweit, Obituary: Henri Tajfel, FBPsS, Bulletin of the British Psychological Society 35 (1982): 288-89; (2) William Peter Robinson, ed., Social Groups and Identities: Developing the Legacy of Henri Tajfel (Oxford: Butterworth- Heinemann, 1996), 3-5; and (3) Henri Tajfel, Human Groups and Social Categories (Cambridge: Cambridge University Press, 1981)

11.

アイデンティティの目的は意味の発見だ、という私の前提の裏づけは、フレデリック・バートレットが数年前にこう述べていることだ。(人は)「あらゆる人間の認知的反応——受けとめること、想像すること、思い出すこと、考えること、理由づけること——を"意味づけのあとの努力"として語る」(Bartlett 1932, 44) 人は自分自身や自分の世界と交流するとき、自分の経験を意味づけるために精神的な策略——物語——を用いる。人には意味づけをする本能がある。だから心理学的な人生とは、個人的な意味づけをするために物語をつくったり応用したりするものと見なせるかもしれない。

12.

私は文字どおりのアイデンティティと、意味論的なアイデンティティとを区別している。文字どおりのアイデンティティとは、あなたや他者がお互いをどのように分類しているかというものだ。アメリカ人やドイツ人、教師や友人、というように。意味論的なアイデンティティとは、あなたがそのような分類にもたらす意味のことだ。アメリカ人であるとはどういう意味なのか？ドイツ人であるとは？ 教師や友人であるとはどういう意味か、というふうに。同様に、社会人類学者のフレデリック・バルトは「意味論的アイデンティティ」と「仮想上のメンバーシップ」との区別づけをした。

13.

人の社会的自己は完全に固定化されたものではない。以下を参照。Barth 1969。

14.

関係性のあるアイデンティティの理論は、他者との関係を通じて人が定義されると示している。これはフランスの哲学者のジャン・ポール・サルトルと共鳴する概念である。かつてサルトルはこう言った。「もしもユダヤ人が存在しなければ、反ユダヤ主義者はユダヤ人をつくり出しただろう」(Sartre 1965, 13)

関係性のあるアイデンティティの理論は、多民族国家での大規模な暴力的コンフリクトを避けようと活動している政策策定者にとって非常に役に立つ。暴力的なコンフリクトに対する社会の脆弱性を理解しようとする政策策定者には、以下の検討が大いに助けとなるだろう。（１）所属：ある特定のグループは、主要な政治的、社会的、経済的、文化的な政策から除外されたと感じているだろうか？ （2）自律性：ある特定のグループは、関係性のある政治的、社会的、経済的、文化的な面をめぐる意思決定プロセスに影響を与える自由が制限されていると感じているだろうか？ ある集団の所属や自律性への脅威がより大きくてより激しいと見なされるほど、欲求をかなえられないことに対してその集団が戦う可能性は高くなる。

関係性のあるアイデンティティの理論に基づき、オックスフォード大学のフランシス・スチュワート教授の研究は次のことを示している。多民族社会で暴力的なコンフリクトが起こる主な理由は、個人間の平等性の差（「水平的不平等」）ではなく、多民族集団間の不平等と見なされるもの（「垂直的不平等」）のせいである。スチュワートとブラウンは文化的な差（民族政治的、宗教的、ジェンダー、年齢、あるいはほかのどれに根差していても）がグループ間の経済的、政治的な差とともに生じるとき、根の深い怒りが暴力的な闘争を生み、育てると示している。(2007, 222)

15.

　人間は絶えず、社会的環境は、体や心が生き残るための脅威であると見なしている。社会的に生き残るには、自律性や所属への脅威を意識しなくても、調べることが必要だ。社会的な幸福や体の健康への脅威はあるが、制限はされない、広範囲にわたるさまざまな出来事の「関係性があるものの探知機」として、扁桃体はこの評価のプロセスに役立つかもしれない。以下を参照。Sander et al. 2003。

16.

　私はコンフリクト解決の実際の必要性に対処するため、関係性のあるアイデンティティの理論を発展させた。この理論はウィリアム・ジェームズ、ヘンリ・タジフェル、エリック・エリクソン、ジャン・ベイカー・ミラーといった、知の巨人たちの学識に基づいている。関係性のあるアイデンティティは精神分析の洞察を活用しているが、それに対する反応でもある。精神分析の元祖のジークムント・フロイトは、人間が喜びの原理に動かされると理論づけた。人は喜びを求め、苦痛を避ける。フロイトは人間を、自分の本能的な衝動を満たすために動くと見なした。精神分析学者のロナルド・フェアバーンは、人は喜びを追求するのではなく、対象を追求するものだと論じて、フロイトの前提からはっきりと距離を置いた。精神分析学の専門用語での"対象"とは、自分が関係している人間や集団の内なる表現のことである。したがってフェアバーンが言ったのは、人が他者と関わるのは自分の本能的な衝動を満たすためではなく、その逆だということだ。人は他者と関係するために喜びを追求する。関係を持ちたいという衝動に駆られるのである。

　フェアバーンの経験に基づいた研究は、関わりたいという本能を強調している。彼は虐待を受けた子どもが安全な避難所にいるよりも、家に戻りたがることを発見した。別の言い方をすれば、子どもは拒絶されると、母親から離れたがるのではなく、いっそうそばに寄りたがるということである。つな

がりに対する子どもの満たされない欲求は、母親によってのみ満たされるのだ。以下を参照。Celani 1994, 29。同様に、精神分析学者のD・W・ウィニコットは、経験における人間関係のシステム的な重要性を強調した。母親と子どものつながりを観察し、「存在の重要性の中心は個人の中から始まるのではない。それは全体的な組み立ての中にある」と述べた。

17.

　参照Barth 1969。Terrell Northrup（1989. 81）はアイデンティティのコンフリクトのダイナミックスを分析し、次のように結論づけている。解決のためのもっとも効果的な戦略は「このように始めるものだと思われる……人間関係の本質だと。なぜなら、このレベルでの変化への圧力は、集団のアイデンティティのレベルほど驚異的でないからだ」

18.

　関係性のあるアイデンティティは、あなたが築く人間関係ほどは、あなたの性質に関わっていない。実を言えば、関係性のあるアイデンティティは、"遠近法的な関係性"として定義されるかもしれない。人は他者と自分との関係をどう見なすかということに基づき、自らのアイデンティティを定義する。

19.

　さまざまな分野の学者たちの結論は、社会的行動をとらせる根本的な動機となる力が自律性とつながりだというものに落ち着いてきた。いくつか例を挙げる。

　メルヴィン・フリードマン、ティモシー・リアリー、エイベル・オソリオ、ヒューバート・ゴッフィ（1951）。支配／従順、所属／反抗の区別。

　キャロル・ギリガン（1982）は、正義と思いやりとの差別化をしている。

　アーヴィン・スターブ（1993）は、自律性の／個人主義的なアイデンティティと、関係性のある／集産主義的なアイデンティ

ティとを対比させている。

デボラ・コルブとジュディス・ウィリアムズ（2000）は、擁護とつながりの重要性を明らかにしている。

ロバート・ムヌーキン、スコット・ペペット、アンドルー・トゥルメロ（1996）は自己主張と共感との間の緊張を強調している。

エーリヒ・フロム（1941, 39-55）は分離したアイデンティティと世界との全体性を対比させている。

エドワード・デシ、リチャード・ライアンとその同僚たちは、感情と行動における自己決定の衝撃について述べている。Deci 1980, Deci and Ryan 2000を参照。

ローナ・ベンジャミン（1984）は、自律性とつながりとの緊張を、社会的行動の構造的分析（SASB）、H・マレーの「personology」における業績と派生したものとを体系化している。SASBは、焦点とつながりと自立（すなわち自律性）の観点から社会的交流を分類するシステムである。社会的な出来事の意味を人々がどのように見るかを、より鋭く理解する助けになる。

ジェリー・ウィギンス（1991）は、自律性とつながりと、それらの概念的な相互関連に関する研究を概説している。

デイビッド・バカン（1996）は媒介と共有の根本的な重要性への、深遠で説得力のある論拠を示している。彼はこう述べる。「私は生命体の存在における2つの根本的な様相を特徴づけるために"媒介"と"共有"という言葉を採用している。媒介とは、個人としての有機体の存在であり、共有とは、個人が一部となっている、より大きな有機体における個人の参与のためのものである。媒介は自己防衛、自己主張、自己拡張の中で姿を現している。共有は、あるものが他の有機体とともに存在する感覚に現れる。媒介は分離の構造に現れ、共有は分離が失われた状態で現れる。媒介は孤立、疎外、孤独の中で現れる。対照的に、共有は開放、統一の中で現れる。媒介は征服したいという衝動の中で現れ、共有は非契約の協力の中で現れる」（pp.14-15）

20.

自律性とつながりは、完全に流動的というわけではない。人間関係は、ある人が演じる役割や就いている社会的地位を通じて構造的に継続する。この構造は自律性とつながりが包括された形である。たとえば、カイロでの「トライブ演習」の参加者はたちまち敵対者の役割を演じるようになった。いったんその役割が確立すると、彼らは人間関係に何を期待すべきかがわかった。それはつながりと逆のもの、お互いの自律性を無視するものだった。

どんな役割を演じるかで、自分のつながりと自律性の範囲を予想できる。もしも私が毎年の健康診断のために医師のところへ行き、シャツを脱いでくれと言われたら、すぐさま従うだろう。私は患者としての役割において、体の状態を調べる自律性を医師に認め、私たちのつながりの中でプロフェッショナルな距離を維持してくれることを期待する。一方、もしも私が通りを歩いていて、見知らぬ人からシャツを脱げと要求されたら、即座に逃げ出すだろう。見知らぬ人という役割には、医師の場合のように自律性とつながりへの敬意を求めるわけにはいかないのだ。

あなたの人間関係にも、社会的地位を通じた継続性があるだろう——ある種のヒエラルキーにおける、他人と比較した自分の立ち位置が。たとえば、会社では公式な地位が高くなればなるほど、決定に権威を与えるために、より多くの自律性を絶えず持つことになる。しかし、非公式な社会的地位も人間関係を構築する。あるプロジェクトチームを例に取ろう。従業員は公的な意思決定の権限を持つ人間を知っているが、プロジェクトの助言や感情面でのサポートや楽しい会話を求めるべき人間も、なんとなくわかっている。

役割と社会的地位はかなり固定的なものだが、コンフリクトを解決する助けとなるように再定義できる。詳細はFisher and Shapiro 2005。

ポジティブで構造的な関係を築いていれば、より和解しやすくなるだろう。事実、

和解のゴールはポジティブで構造的な関係を内面化することである。これは「トライブ演習」で世界が救われた数例のうちの1つだ。中東で政府の首脳陣にワークショップを行っていたときに起きた。4つのトライブの代表者が交渉するために部屋の真ん中に集まった。数分もすると、彼らは完全に最終的な合意に達したのだ。私は驚いた。どうしてこんなことに？　偶然にも、4人の交渉者のうちの3人が軍服姿の軍人だった。交渉していたとき、新しくできたトライブへの忠義は、軍隊での一員としての共通の役目に比べて色褪せてしまったのだ。共通の役目と、予測どおりの地位によるヒエラルキーが明確な関係構造をもたらしたのである。

　関係性のある状況からは、暗黙の関係性のある契約の違反と同様に、自律性とつながりの限界について予想できる。こうした予測は人が演じる役割と、持っている社会的地位に明白に示されている。詳しくは以下を参照。McCall and Simmons 1978, Stets 2006, and Stryker 2004.

21.

　神経科学は、つながりに関する神経科学的な根拠に洞察を与えている。オキシトシンと呼ばれる神経ペプチドは、信頼を寄せる関係を促進する。信頼を寄せる人間関係がオキシトシンを生み出すのと同様に。ザックと彼の同僚たちの研究で（2005）、相手が信頼できると感じた交渉者からオキシトシンが出ていることが発見された。別の研究では、コスフィールドと同僚たち（2005）が被験者にオキシトシンを投与したところ、相手をより信頼しやすくなり、本物の現金を使って行われた投資ゲームでより多くのお金を投資するようになった。3つ目の研究では、ディツェンと同僚たち（2009）が鼻腔内にオキシトシンを投与すると、ポジティブなコミュニケーションが増え、コンフリクト関係にあるカップルのコルチゾールの量が減ることが発見された。

　ほかの分野の学者たちも、つながりの重要性という結論を出している。R・バウマイスターとM・リアリー（2000）はつながりの欲求に対する、実験に基づいた根拠の包括的な報告を行い、次のように結論づけた。「人間は根本的にまた一般的に、つながりたいという欲求によって動機づけられる。すなわち、個人的に親しい関係を長続きさせ、維持したいという強い欲求による。人々は長期にわたる、思いやりのある人間関係という状況で、感情的にポジティブな交流を頻繁に求めている」以下を参照。Baumeister and Leary 2000。

　社会科学者のドナルド・T・キャンベル（1971, 105）は、以下のように述べた。「近いという要素は、同じ組織の一部だと見なされる傾向が強い」キャンベルの見解は非常に示唆に富んでいる。もし、われわれがある性質に従って——信仰や髪の色やほかの特性で——"近い"という要素で人々を集団にしたら、彼らが同じアイデンティティを共有する傾向が見られるだろう。たった1つの特性によって、彼らは結合していると見なされるのである。

22.

Shapiro 2008

23.

Packer 2006

24.

以下を参照。Eisenberger et al.2003。

25.

以下を参照。Herman 1992, 51。

26.

　エドワード・デシ（1980）は、感情や行動への自己決定の衝撃を明らかにした。もし、自由の範囲を過度に狭められていると感じたら、人はネガティブに反応し、自己決定を求める気持ちを満足させるために「合理的」な関心をあまり持たないかもしれない。

27.

　こうした観点は、私と数名のリーダーが

コンフリクトについて双方と話していた中から生まれた。さらに、土地の名前に関する私の選択は米国国務省の正式な使用法に基づいている。しかし、北マケドニア共和国自体の呼び方は、「マケドニア」という名を使用する決定権を持つのは自分たちだけであるべきだと感じているギリシャ人の自律性を、意図的にではなくても、害しているかもしれない。

28.

自律性とつながりをめぐるコンフリクトは、象徴的なレベルでしばしば起こる。チェコの作家のミラン・クンデラの『無知』に印象的な例がある。この本の主要登場人物イレナはフランスで20年間過ごしたあと、故郷のチェコ共和国に帰ってくる。イレナの友人たちは彼女が外国にいた年月にまったく関心を示さない。まるでその歳月を彼らがイレナから切り離したかのように。イレナの核となるアイデンティティ——彼女のmeの面——の重要な部分を締め出すことによって、彼らは彼女がなりたいと思う自分になる自律性のまわりに壁を築くのだ。イレナはつながりをめぐって悩む。「私のどの部分を友人たちは受け入れてくれるのだろうか？ どの部分が拒絶されるのだろう？ 私は拒絶に耐えられるのか——それとも、こんな友だちづきあいをやめるべきか？」現実の人生では、こうした人間関係の問題は象徴的なメッセージを通じて、間接的に現れる。チェコの友人たちが、イレナがフランス産のワインを飲むことに何の関心も示さなかったときのように。(Kundera 2002)

29.

この儒教の説明はウィギンズ（1991）のもので、源泉はハケット（1979, 27-28）である。元の一体性という概念は、ダーウィン的な進化論の中にさえ見られる。それは人類の血統が、あらゆる生物と相互に連結しているという前提に基づく。その意味では超越的な統一への努力は、一体性というわれわれの元の状態に戻ることにすぎな

い。ダライ・ラマ（2005）は同様の点を強調している。

30.

私はアイデンティティのさまざまな"構造"——建築学——を述べているが、心理学者の洞察も認めている。ハリー・スタック・サリヴァンの洞察で、精神内部の構造は架空だというものである。現実には、こういった構造は物質的な本質ではなく、エネルギーの変革のパターンにすぎない。以下を参照。Greenberg and Mitchell 1983, 91。

第4章 コンフリクトに引きこまれるのを 避ける方法

1.

「トライブ効果」の、私たちVS彼ら、という考えを生み出すものは何か？ 関係性のあるアイデンティティ理論によると、自律性とつながりの重要な面への脅威があるときにトライブ効果が刺激されるという。現実的なコンフリクト理論は、グループの軍隊や政治や社会や財政の資源への脅威が、グループ内のアイデンティティや自民族中心主義を生むと説明している。社会的アイデンティティ理論によると、グループとの同一化だけでもコンフリクトが生まれるには充分ということだ。個人は自分をグループと重ね合わせ、ポジティブな独自性を目指す。現実的なコンフリクト理論についてもっと知りたい場合は以下を参照。Sherif et al.1961,155-84, and Campbell 1965。社会的アイデンティティ理論についてもっと知りたい場合は以下を参照。Tajfel and Turner 1979。

2.

厳密に言えば、私は「トライブ効果」を、関係性のあるアイデンティティに対する別の人間または集団の、不和を生じさせる硬直化だと定義している。

3.

「トライブ効果」は変化への抵抗かもしれないが、その機能は保護的である。この考え方は、アイデンティティにとってもっとも重要な人々と原理を守ることを目的としている。それどころか進化生物学者は、人が親族や種を外部の脅威から守る程度を数値化してきた。インドの生物学者のJ・B・S・ホールデンは種の選択に関する数学を研究し、こんな冗談を言った。「私は2人のきょうだいか、8人の従兄妹のために、人生を危険にさらすだろう」彼の観察は「ハミルトン則」に基づいている。これは種の選択の性質を$br-c>0$で計測する。この問題におけるbは「あらゆる社会的行動の受容者のダーウィン的な適合に、利益のある衝撃を与えるもの」で、cは「社会的行動をとる個人へのダーウィン的なコスト」で、rは「2つの集団間の関連性の係数」そして「この不等式の結果は、明らかな利他行動に、自然な選択が利益を与えるべきだという状況を詳しく述べている」(Mock 2004, 20)法則の不平等さが満たされるとき、人は利他的な行動をとる。それが満たされないとき、人は利己的な行動をとるのである。

4.

私は『American Psychologist』誌の記事で、トライブには役立つが、グループ間の和解をいっそう難しくすることも証明された、トライブ的なダイナミックスの性質についていくつか述べている。

（a）トライブへの忠誠が優先される。

トライブはかなり感情的な存在で、メンバーは自分がより関係しているところへ、より大きな犠牲を払う傾向がある。

（b）トライブの規範は忠誠心を強める。

とにかくトライブの根本的なタブーは、トライブの正当性や全員を1つに結びつけている関係を損なう行動をとることだ。トライブ自体は聖なるものと見なされているかもしれないし、存在を持続させることが聖なる任務となり得る。トライブのアイデンティティの物語に不実な態度をとると、恥ずかしい思いをしたり、辱められたり、排斥されたり、死に至らしめられたりする。

（c）トライブへの忠誠は、私が"共通の血統の神話"と名づけている、集団的なアイデンティティの物語をメンバーが分かち合うときに最強となる。

この分かち合う物語が、自分たちは同じ種族だ、共通の血統と運命でつながっているという信念を通じて、メンバーを1つに結びつける。危険が迫った集団は、メンバーが共通の血統という神話でつながっていると感じたとたん、トライブへと変わる。コンフリクトでは多国籍企業もトライブになるとはいえ、さらに団結したトライブ——そのために人々がもっとも犠牲になりたがるトライブ——は精神的な血統、あるいは実際の血統に基づく場合が多い。企業のビジョンのために戦うときよりも、神による運命を実現させるために戦うときのほうが、メンバーは公正さによっていっそう強化される。

（d）共通の血統という神話は変化に抵抗する。

トライブは勝利や敗北やトラウマや迫害だと見なしている歴史に基づいた物語をつくり、この物語は政治的変遷や社会的変遷に驚くほど抵抗する。(Volkan 1998) 多くの場合、トライブが物語を保護するのは、なくならない実在をつくる練習である。(shapiro 2010)

5.

トライブ効果は強いコンフリクトの基本的な側面で、コーザー (1956) の著名な書『社会闘争の機能』(Functions of Social Conflict) に述べられている、コンフリクトの特徴づけを連想させる。その特徴づけとは以下のようなものだ。コンフリクトが激しければ激しいほど、次のものがより多く生まれる。（1）各集団にとって明確な境界線（2）集中型の意思決定の構造（3）構造的、またはイデオロギー的な連帯（4）異議の抑圧、または私がタブーと呼ぶダイナミックスである逸脱。

6.

　トライブ効果は強烈な感情によって高められる。実験的研究から判明しているが、感情が高ぶると、社会的知覚の認知的複雑性が低くなり、偏った評価を相手にくだすことになる。(Paulhus and Lim 1994)個人にとってもコミュニティにとっても、絶えず恐怖や脅しや偏見の状態で暮らすことが規範になってしまう。事実、実験からわかっているが、死すべき運命に直面した人々は自分のグループと見なしているものの意義を高め、ほかのグループを軽視するという。(Greenberg et al. 1990)

7.

　傑出したドイツ人の政治批評家で、文学批評家でもあるハンス・マグヌス・エンツェンベルガー（1994）は、グループ内のコンフリクトの問題は分裂ではなく、自閉症であることだと述べている。グループは独善的な被害者意識の中に引きこもり、グループ外の人間からの声は聞こうともしなければ、聞こえることもなく、そこから学ぶこともない。彼らに欠けているのは共感と、他者の視点から学ぶための間接的な力である。

8.

　　Maalouf 2001,31.

9.

　トライブ効果の閉鎖的な性質の一部は、相手を自分と異なる存在としてカテゴリー化することから生まれる、共感に対する神経生物学的な障害から始まるのかもしれない。考えや感情について考えるときに作動する脳の重要な部分は、前頭前野腹内側部（vMPFC）と呼ばれている。驚くことに、それが活動するのは、自分と似ていると見なす人の考えを聞いているときで、自分と違うと見なす人の考えを聞いているときはあまり活動しない。共感は、自身の親族や種に対して見方が偏っているようだ。(Jenkins et al. 2007)。これは、コンフリクトの状況では相手に感情移入することを自分に"無理

強いする"必要があるという、私の説と一致している。トライブ効果の激痛の中では、敵への共感が自然に現れることはない。

10.

　ケリー・ランバートとクレイグ・ハワード・キンズリーは、われわれが実際の、または想像上の脅威に直面するときに似たような不安の反応を示すことを論じている(2010)。コンフリクト解決の学者であるテレル・ノーサップ（1989）は、アイデンティティに関与する、コンフリクトの激化の４段階について述べている。最初の段階は怯えさせられることで、次に無効化を避けるための社会的現実の歪みが続き、そのあとは世界の解釈の硬直化で、最後はコンフリクト的な関係を長引かせる中での共謀である。

11.

　アイデンティティへの脅威のせいで、自分のアイデンティティが崩壊するのではないかという恐怖に駆られる。したがって、不和を生じさせるダイナミックスは、敵意を煽り立てる防御の壁を築いて人を害悪から守るが、皮肉にも、存在に関するコンフリクトの状況をつくり出してしまうのだ。

12.

　精神分析学者のヴァミク・ヴォルカンは、アイデンティティの２つのタイプについて記述している（1996）。「個人的アイデンティティ」はその人だけが着ている服のようなもので、まわりの環境に存在する危険から保護してくれる。「社会的アイデンティティ」は「大きなカンバス製のテント」のようなもので、中にいる人間をすべて保護してくれるのだ。テントが強固な間はリーダーはそれを保ち続け、社会的アイデンティティが緊急の懸案事項になることはない。だが、もしも誰かがそのテントを揺さぶったら、そこにいる全員が安全を心配し、ふたたびテントを丈夫にしようとするだろう。社会的アイデンティティの理論の観点からすると、トライブ効果は集団間の分裂に衝

303

撃を与えることになる。なぜなら、それは他のグループとのポジティブな関係を抑え、グループ内の関係を固めている各自の社会的アイデンティティに光を当てるからだ。コンフリクトは「私たち」と「彼ら」という視点をつくり出すのである。(Korostelina 2007, 44)

しかし、強力なアイデンティティはコンフリクトを煽り立てるだろうか？ それとも、コンフリクトからわれわれを守ってくれるのか？ 一方では、強力な社会的アイデンティティが他グループの価値を貶め、グループ内のコンフリクトの可能性を高めることによって、われわれの自尊心を向上させるかもしれない。もう一方では、エリック・エリクソン（1956,1968）が示しているように、強力な自我同一性があるため、人は危険なコンフリクトをあまり起こさないのかもしれない。今の自分に自信を持っていると、コンフリクトを通じて自己の優越性を証明する必要がないのである。微妙な観点については以下を参照。Ashmore編集によるMarilyn Brewerの章（2001）とGibsonの章（2006）。

最後に、トライブ効果を煽り立てるのは攻撃的な衝動だけではない。ときには、人々がただ退屈してしまい、人生をエキサイティングにしておくために喧嘩を始めることもある。私はこれを「退屈症候群」と呼んでいる。そして人々が思う以上に、これがコンフリクトを高める大きな要因だと考えている。たとえば、きょうだいの年下のほうが退屈したとしよう。その子はほかのきょうだいをからかい始め、トライブ効果が煽り立てられるというわけだ。私が行うトライブ演習も同様である。もっと興味をそそられてスリルのある演習にするため、口論を始めたり、強い態度をとったりする人がいることを私は目にしている。始めのうち、彼らの意図は演習をもっと面白くすることだったのだが、たちまち自尊心が顔を出し、トライブ効果が場を支配するようになるのだ。

13.

小さな差異のナルシシズムには、進化的なルーツがあるかもしれない。ダーウィンは「存在のための努力」について論じた。これは種同士の競争ではなく、何世代にもわたって生き延びる二次的な群れを可能にする遺伝的な革新のための、関係が近いもの同士の戦いなのだ。種のレベルでの生存競争は、種と種の競争によってではなく、同じ種での競争によって、もっとも危険なものになりがちである。以下を参照。Lorenz 1966。

14.

インターネットやそれと関連するテクノロジーを通じて世界がますますつながっていくにつれて、小さな差異のナルシシズムが展開するチャンスが増える。われわれが他者と比べるための社会的フィールドが大いに広がり、独自性という感覚を維持するためのアイデンティティの心理的な境界を守るにはかなり努力しなければならない。

15.

関係性のあるマトリックスとは、人間関係の主観的な分野を簡素化して表したものだ。自律性とつながりはそれぞれ多次元になっている。たとえば、神への忠誠を誓ったある信仰深い男は、神のために自律性を犠牲にしている。しかし、それと同じ行動により、彼は永遠に続く平安をもたらすと信じている力とのつながりを通じて、自律性も拡大しているのだ。別の例だが、口論している恋人たちは相手への大きな愛を感じながら、同時に腹立ちも感じているかもしれない。彼らはいくつかの問題をめぐって自律性を感じているが、相手に制約されているとも感じるのだ。

16.

スザンヌ・レジンガーとトーマス・シェフは（2000）長期化するコンフリクトの根が「二面性の疎外感」にあると主張した。つまり、グループ間の孤立と、各グループに巻きこまれることである。これはトライ

ブ効果と一致し、その中でわれわれは他の
トライブと距離を置き、"われわれ自身の種"
と融合している。

さらに、人は自分自身の中でもトライブ
効果を経験する。たとえば、私が妻と口論
したと想像してみてほしい。私は妻の考え
に共感し、正当だと認めるべきだとわかっ
ている。だが、私の心の中では、自分の別
の"部分"同士のトライブ的な全面戦争が起
こっているのだ。心理学者のディック・シ
ュワルツ（1995）は、このような部分で
の相互作用を「内部家族システム」と呼ぶ。
私には家族全員の部分が存在していて、ど
の部分も支配し、服従し、適応し、反抗す
るかもしれない。だから私の心には、話に
耳を傾けて和解しなさいと促す"母親"がいる。
また、"父親"はさっさと問題を解決し、そ
れに対処しろと命じる。私の"プライド"は
自分が妻に共感する前に、彼女のほうが共
感を示すべきだと告げている。そして、私
の"コンフリクト解決のエキスパート"は問
題を平和的に、また効果的に解決する努力
をしているのだ。こういう部分同士は私の
心の中で死闘を演じ、"プライド"は話に耳
を傾けてもらえないと腹を立てる一方、"母
親"は冷静になって仲直りを申し出なさいと
告げている。

17.

緊張は、人間の動機づけに関する理論の
多くで核となる構成要素である。宗教の
聖なる書物は善と悪、光と影の間の緊張を
描写している。心理学者は大きな影響力が
あるジークムント・フロイトの業績にさか
のぼって、コンフリクトの建設的な力と破
壊的な力を明確に述べてきた。フロイトは、
死の力（タナトス）と生の力（エロス）の
間にある基本的な緊張を主張したのだ。ア
ルベルト・アインシュタインへの有名な手
紙の中で、フロイトは人が攻撃的な本能を
抑えられるかどうかに悲観的な考えを表
し、こう述べている。「われわれが試みたほ
うがよさそうなのは、人の攻撃性を戦争以
外の流れにそらすことだ……もし、戦争を
したがる傾向が破壊的な本能に起因するな

ら、いつでもその逆の主体はある。エロス
だ……人と人との感情の絆をつくるすべて
のものは、戦争への対抗手段として差し出
されるに違いない」（Freud 1932）

40年後、コロンビア大学のモートン・ド
イッチ教授は相互の利益または損失へと人
を向かわせる力を明らかにしながら、建設
的なコンフリクトと破壊的なコンフリクト
とを区別した。心理学者のスティーブン・
ピンカー（2001）は、暴力的なコンフリ
クトが5つの「内なる悪魔」（捕食的、ま
たは道具的な暴力、支配、復讐、サディズ
ム、イデオロギー）によって刺激される一方、
4つの「善なる天使」（共感、自己コントロ
ール、道徳観、理性）が平和的な共存を促
進すると主張している。

関係性のあるアイデンティティの理論で、
私はこういったダイナミックスとしての内
なる悪魔と善なる天使との葛藤を目にして
きた。そんなわけで、私は内なる悪魔を「ト
ライブ思考の5つの誘惑」と呼び、それと
反対の力を「統合されたダイナミックス」
とはっきり述べている。統合されたダイナ
ミックスは、本書に記された4ステップの
方法を通じて促進される。ピンカーの理論
は重要な洞察をもたらす一方、悪魔だの天
使だのは圧倒的に分離した、不活発な概念
である。私の理論は、コンフリクト解決が
ダイナミックスであり実際的であることを
強調するうえで、ピンカーの理論に基づい
ている。それは長続きする調和のとれた共
存の状態に達するために、論争者に「実践
的なプロセス」をつくるように求めている。

18.

「5つの誘惑」は、意識からネガティブな
感情を追い出すために用いられる内的なプ
ロセスに見えるかもしれない。もし、誰か
がタブーを犯したり、神聖なものを貶めた
り、古いパターンをまた試みたり（そして、
ポール・ラッセルの概念化である"感じな
い"状態だったり）しても、人はそんな我慢
できない相手を心の中から追い出せば、許
すことができる。フロイトは抵抗と抑圧へ
の構造的な策略を練って、こう示している。

「不適切な思考を無意識へと追放し、その結果、病因となる影響を与える思考がすぐに解放されることから感情的な負債を阻止する」(Greenberg and Mitchell 1983, 33)

5つの誘惑のせいで協調の見込みは減ってしまう。たとえば宗教は、異教徒同士のカップルが結婚するまでは、あまり大きな要因ではなかったかもしれない。夫婦が離婚し、子どもをどの宗教で育てるかを決めなければならなくなるまでは。突然、夫婦のどちらも狂信的に信仰深くなる。神聖なものへの攻撃によって彼らはトライブ効果へと誘いこまれたのだ。そこから抜け出すのは難しいだろう。

19.

ダライ・ラマによれば、7世紀の仏教徒の哲学者だった法称（ダルマキールティ）は、正反対の2つの状態は、片方がもう一方を弱体化させなければ共存できないという精神的法則を提案したそうである。法称は、片方の状態がより強ければ、もう一方の状態はより弱いと主張した。あなたが熱ければ、冷たくはない。あなたが幸福ならば、悲しくはない。ダライ・ラマ（2005, 146）は次のように推測した。「親愛の情を育てれば、しばらく経つうちに心の中の憎悪の力が減るだろう」と。これは「5つの誘惑」を無力化させようと多くのエネルギーを費やすよりも、ポジティブな感情を活性化する分野横断的なつながりをつくる努力をしたほうがいいことを示している。しかし、感情的な傷が強いなら、それを癒すことが、ポジティブな関係をつくる必須条件である場合が多い。

第5章　バランス喪失

1.

私はバランス喪失の概念を、『めまい：交渉における強い感情の、混乱させられる影響』と呼ばれる論文から思いついた。これは〈ハーバード交渉プロジェクト〉の研究結果報告書である。私はそれに続くヴァネッサ・リューとの共著論文でコンフリクト後の状況の概念を採用した。"The Psychology of a Stable Peace" (Shapiro and Liu 2005)

人はバランス喪失のせいで時間と場所の感覚がゆがむため、共感覚として知られる、普通ではない状態に陥るが、そこではさまざまな感覚が結びついている。ロシアのジャーナリストのS・V・シェレシェフスキーは共感覚の状態に陥り、自分の経験を心理学者のアレクサンドル・ルリヤにこう語った。「食事しているときに本を読むと、何を読んでいるのか理解するのに苦しむ――食べ物の味が感覚をかき消してしまうのだ」(Foer 2006, 9)。バランス喪失でも同じような経験をすることになる。そこでは敵対的な感情がほかの感情をかき消してしまう。感情的な世界に入りこんだ人は強烈な感覚と感情でいっぱいになり、ものの見方や聞こえ方、他者との関係での感じ方に影響を受けるのだ。

2.

バランス喪失はやわらげるのが難しいと証明されている。なぜなら、バランス喪失を強く経験すればするほど、それを持続するための感情の勢いが激しくなるからだ――そして進路を変えることへの抵抗も大きくなる。酒を飲みすぎる人間のようなものだ――酒を飲めば飲むほど、飲み続けたくなり、やめろという警告に抵抗するのである。

3.

現代の医学では"めまい"という言葉を、「体位性めまい」とか「回転性めまい」といった、状態を指す診断上の指標として用いている。それぞれが目の回る感覚のタイプを描写したものだ。かつてウィリアム・ジェームズはめまいについて研究した――おそらく船酔いを経験したせいだろう。彼は急速にほどかれて揺れているロープに座ったハーバード大学の学生200人中、めまいを経験しなかったのが1人だけだったと発見した。また、519人の難聴の子どもの大半は、ほとんどめまいを経験しなかったこ

とが報告された。これは、めまいにとって内耳が重要であることを明確に示している。さらにコンフリクトの状況では、ほかの人よりもめまい（バランス喪失）の状態になりやすい人がいそうだとも考えられる。私は、人よりも強い自我同一性のある人や特に自己認識を持つ人間は、バランス喪失の状態に陥りにくいと推測している。めまいに関するジェームズの研究をさらに知りたければ、以下を参照。James 1882 and Milar 2012.

4.

　　バランス喪失について2点、指摘しておく。1つめは、バランス喪失が必ずしも悪いものではないことだ。大恋愛中のティーンエージャーたちは、ふらふらしながらもポジティブなバランス喪失を獲得しているだろう。彼らをバランス喪失から目覚めさせられるものはない。そのような経験を表現するフレーズ——好意が強まる、恋に落ちる、心を奪う——さえ、バランス喪失の力強い性質を描写している。もちろん、バランス喪失には暗黒面もある。バランス喪失のせいで、ショッピングセンターに来ていた夫婦は刺激され、上品な態度からトライブ効果に捕まった状態へと変わった。恋に落ちるのと同じように、人は憎悪の状態に陥るのだ。恋に落ちることが自分を高める経験であるのに対して、憎悪に陥ることは自分を脅かす経験である。人はアイデンティティに及ぼされる害を避けるため、自己防衛の意欲をかきたてる。本書では「バランス喪失」という言葉を、ネガティブな側面を描写するために用いている。もっとも、最善の交渉プロセスには、強烈にポジティブなフロー状態、つまりポジティブなバランス喪失状態になった論争者がいると私は信じているのだが。
　　2つめは、バランス喪失が「扁桃体ハイジャック」とは明確に区別されることだ。これはダニエル・ゴールマンによってつくられた言葉で、独創性に富んだ著書の『EQ こころの知能指数』（講談社）に出ている。扁桃体ハイジャックの状態では、脳

の感情をつかさどる部分が合理的な部分に勝ち、その結果として短期的な怒りが爆発する。バランス喪失は扁桃体ハイジャックと共存できるが、短期的な感情の反応よりは合理的な考え方をしている。人はバランス喪失のせいで消耗し、その状態は数日から数カ月続く。ショッピングセンターにいた教授と妻はコンフリクトを解決したかもしれないが、お互いの敵意のせいで消耗した感覚はしばらく続くだろう。同様に、2つの民族政治的なグループは和平協定にサインしたあとも、数十年にわたって敵意を感じながら生きることになるかもしれない。

5.

　　アリストテレスは五感——視覚、聴覚、嗅覚、味覚、触覚——の存在を主張したが、6番めの感覚というものがある。バランス感覚だ。バランス喪失のせいで、すべてを奪われかねない人間関係の消費状態になるが、そこでは感情の安定という感覚が失われている。

6.

　　もし、立ち上がってぐるぐる回ってから止まったら、実際に見えるものがゆがんで見えるだろう。それはまわりの世界よりも、あなたの心をもっとよく表しているものだ。バランス喪失もそれと同じである。

7.

　　五感のすべてにはバランス喪失の感覚を高める力がある。たとえば、音を例にとってみよう。戦いで太鼓を叩く音は人々を興奮させ、共通の敵との戦いに向けて一丸となるようにさせる。私はトライブ演習で、参加者の気持ちを高揚させるために熱狂的な太鼓の音楽を流すことにしている。参加者は自分のトライブの優越性を主張することに集中するあまり、感情を煽り、攻撃的な行動に駆り立てる音の途方もない衝撃に気づかない場合が多い。

8.

　　人はバランス喪失に慣れても、「扁桃体ハ

イジャック」には慣れないものだ。離婚の手続き中の夫婦は苦痛を伴う離婚の詳細をめぐって何カ月も人間関係の消耗を経験するかもしれないが、周期的な喧嘩の最中に直面することになるのは「扁桃体ハイジャック」だけである。

9.
　バランス喪失の2つの根本的な方法によって、人の相関的な視点は変わる。われわれは（1）自己完結的になる。安全のために自分の中へ引きこもり、紛れもなく独善的な傾向になる。そして（2）他者を物と見なすようになる。相手を対象としてではなく、1つの物として見る。バランス喪失の状態が強ければ強いほど、相手の主観性に気づく能力が減っていく。要するに、自分が主体になればなるほど、相手は客体になるということだ。

10.
　バランス喪失はセックス体験と同じような現象である。それぞれの経験が激しければ激しいほど、関係性のある経験の裏のあらゆるものにいっそう気づきにくくなる。

11.
　以下を参照。Fiske and Neuberg 1990。

12.
　社会心理学者のゴードン・オールポートは（1954, 9）賢明な見解を述べている。「新しい知識が紹介されたときに見解を変えられない場合、予断は偏見になる」

13.
　集団がお互いを敵であると分類すると、自分の苦痛にますます集中するようになり、相手の人間性を認めるための能力が減っていく。社会心理学者のスーザン・フィスクとステファン・ノイベルク（1990）は『印象形成の連続体モデル』で次のように述べている。ある人間を最初に知覚したとき、人は年齢や性別や人種によって相手を分類する。これはすばやく行われ、容易である。

次のような場合、人は相手に関する自分の分類に固執する傾向がある。（1）観察しているものが、最初の分類と一致している場合。（2）相手についてもっと知りたい気持ちにならない場合。後者の場合は、スピードと正確さの間に緊張関係が生まれる。いっそう正確に知覚を働かせようとすればするほど、いっそう時間がかかって、より多くの努力が必要になるのだ。ゴードン・オールポート（1954）の専門用語を使うなら、「再度、塀で囲うこと」（「私の親友の中にはイタリア人がいる。しかし……」）という分類法が行われるかもしれない。フィスクとノイベルクは（1990）作業を相互依存の状態で行えば、相手のユニークな性質を称賛するようになることを発見した。これは職場でチームとして仕事に取り組んでいる場合でも、チェスで対戦している場合でも、あるいは上司をもっとよく理解しようとしている場合でも起こる。このような行動はどれも相互依存の作業を必要とする。

14.
　バランス喪失のせいで、内省する能力が劇的に減るため、私が「不承認の結合」と呼ぶものがつくり出される。緊張したコンフリクトを抜け出すための唯一の方法は、相手があなたの苦痛や観点を認めてくれることだと思える。しかし、バランス喪失状態のどちらの側も相手の苦痛を認識しそうにない。お互いが客観化しているのだからなおさらである。相手もあなたも「不承認の結合」状態にあるので、前進する唯一の方法はコンフリクトを高めることだと思えてしまうのだ。

15.
　バランス喪失は時間の知覚に影響を与えるが、これは時計で測る時間よりも柔軟性がある。地質学者のマイケル・シフレ（1964）は、時間に3つのレベルがあると推測した。生物学的時間（体のリズム）、知覚的時間（時間が過ぎる感覚）、そして客観的時間（時計が告げるもの）である。23歳の時、マイケルは極寒の地下の洞窟にたっ

た1人で2カ月間過ごした。そこで彼は地質学のさまざまなパターンを研究し、過ぎていく時間について自分の知覚を調べた。2カ月後の9月14日にふたたび外に出たとき、彼は8月20日だと思っていた。知覚的時間はゆがんでいたのだ。しかし、注目すべきことがある。マイケルは毎日のように助手たちに電話して自分がいつ目を覚まし、食事し、眠ったかを報告していたのだが、彼らが時間を追跡したところ、明らかに生物学的なパターンが見られたのだ。結論：生物学的時間はかなり厳しく統制されているが、知覚的時間はもっと流動的で、状況に依存している。

バランス喪失は、外部に焦点を当てる感情を呼び起こし——屈辱に浸らないで、怒りを楽しむ——、時間の経過という知覚に影響を及ぼす。相手に注意を集中することによって、人は時間の経過の感覚を失い、時が経つのを短く感じる。一方、退屈や屈辱や憂鬱といった自意識の強い感情は時間の感覚をゆっくりにさせてしまう。ウィリアム・ジェームズ（1890）は、そのような状況では「時間の経過そのものに注意深くなる」ため、時間がのろのろ進むと述べた。ちょうど1分間、目を閉じているときのようだ。目をつぶっている時間は、開けているときよりもはるかに長く感じられる。クローディア・ハモンド（2012,34）によれば、「実験から確かめられたのは、落ち込んでいる人々は、落ち込んでいない人の平均して2倍、時間を長く感じることである。言い換えると、時間は普通の半分のスピードで進んでいるということだ」という。ある研究で、研究者たちは被験者の一部には拒絶されたと感じさせ、ほかの被験者には自分が人気があると感じさせることにした。それから研究者は各被験者を個室へ連れていき、ストップウォッチを動かして40秒経ったあとで止め、どれくらい時間が経ったかと尋ねた。かなり好意を持たれたと感じた被験者は平均して42.5秒が経ったと判断したのに対して、拒絶されたと感じた被験者は平均して63.6秒経ったと判断した。（Twenge et al.2003）

16.

バランス喪失の状態での時計の時間は、喧嘩していた夫婦が思ったよりも速く進んでいた。つまり、時計の時間は知覚の時間よりも長いということだ。以下に示すように：

時計の時間の経過	20分
知覚的時間の経過	5分

17.

バランス喪失のせいで、通常の時間の流れの感覚がゆがんでしまう。バランス喪失に陥ると、時間は本質的に非対称になる。過去から未来へ動くという観点から見ると、時間にバイアスがかかっているのだ。バランス喪失は人の注意を過去からの出来事に向けたあと、不安な未来へ向け、また元に戻ってくることによって時間を非対称にする。また、苦悩を感じる時間には、注意力が働かなくなりそうなときもある。時間の非対称についてもっと知りたい場合は以下を参照。Davies 1974.

バランス喪失は、神経科学者のアントニオ・ダマシオが「心の時間」と呼ぶものに混乱させられているようだ。地質学者のマイケル・シフレの時間の理論と同様に、ダマシオ（2002,66-73）は人が2つの明確な方法で時間を経験する様子を描写している。つまり、体の時間と心の時間である。体の時間は人の生物学的時計を管理する。それは暗闇と光のリズムが交互に訪れるようにセットされた時計で（概日性のリズムである）、視床下部に存在している。心の時間は「時間の経過と、人が年代順の配列をどのように行っているか」と関係がある。この方法にとらえられると、時計がカチカチと鳴るとき、時間の経験は速くなったり遅くなったり、短くなったり長くなったりするように思われる。心の時間は絶えず活動している。2つの音符が演奏される間の沈黙の時間の長さから、ある友人と最後に会ったとき以来の時間の長さまで、すべての知覚を助けているのだ。ダマシオは、記憶喪失になった人の体の時間は損なわれていないが、心の時間の機能には障害が出る

ことを観察した。

　脳のダメージを受けた患者たちの研究に基づくと、時間の経過を認識するには3つの領域がとりわけ重要であるように思われる。

（1）海馬。これは新しい記憶の形成を助けている。海馬が損なわれると、人は前向性健忘症を経験する。長期にわたって新しい記憶を保持できないのである。

（2）側頭葉。これは時間を記録するための記憶を形成したり思い出したりするのに重要である。側頭葉へのダメージは逆行性健忘症と関わりがあるらしい。特定の時間や場所や状況で起きた個人的な出来事を思い出す能力に損傷を受けるということだ。

（3）前脳基底核。これは過去の出来事の年代順配列を確認するために重要な役割を果たしている。前脳基底核が損なわれると、出来事は覚えていられても、起きた順番は覚えていられなくなる。

18.

　生存が危険にさらされていると感じるとき、感情のせいで時間の知覚の速度は遅くなる。「1分間が弾力性のあるものとなり、まるで15分間のように感じられる」とクラウディア・ハモンド（2002, 25）は述べている。たとえば、スカイダイビングの初心者はほかのスカイダイバーが落下する時間を実際よりも短く感じてしまうが、自分が空にいる時間は実際よりも長く感じる。生命が脅かされそうなとき、知覚の時間はゆっくりになる（p. 27）。それは戦闘地帯にいる人やトラウマを覚える生存環境にいる人にとって、苦痛を覚える人生が永遠に続くように感じる理由を説明してくれるだろう。

19.

　恐怖と時間の拡張との関係はさまざまな実験で裏づけられている。ある研究で、神経科学者のデイヴィッド・イーグルマンは被験者たちを遊園地に招待し、150フィートのタワーを上らせた。そこから下に張ってあるネットまで自由落下し——逆さまになり、命綱なしで——、飛び降りてから約3秒後に到着するというわけだ。驚きでもないが、この経験のせいで被験者はかなりの恐怖を与えられた。彼らは固い大地に戻ってくると、質問された。急速に落下していた時間はどれくらいでしたか？　それから、ほかの人が落ちるのを眺めたあとで、被験者は別の質問をされる。あの人が落ちるまでどれくらいでしたか？　平均すると、被験者は自分が落ちた時間を、地上からほかの人が落ちるのを観察していたときよりも、平均して36パーセント長く見積もっていた。落下している最中、被験者は恐怖心のせいで時間を遅いものに感じ、時間が拡張しているように思えたのだ。

　もっと一般的には、時間が影響を受けやすいことについての興味深い資料がある。手始めにいくつかの論文をあげておく。Gardner 1967; Whitrow 1972; McTaggart 1908; Dennett and Kinsbourne 1992; Johnson and Nishida 2001; Angrilli et al. 1997.

20.

　ほとんどどんな感情にも、時間の感覚や空間の感覚をゆがませる力がある——愛さえも。リチャード・ワイズマン（2009）はロンドンのキングズクロス駅で1日過ごし、1人の人や、抱擁し合っているカップルに尋ねてみた。「失礼ですが、心理学の実験にご協力いただけませんか？　私が『失礼ですが』と言ってから、何秒経ったでしょうか？」ワイズマンによると、抱擁していたカップルは過ぎた時間の合計をかなり少なく見積もる傾向にあった。

21.

　バランス喪失のダイナミックスを、関係性のあるアイデンティティの図解から理解できる（図a）。

　関係性のあるアイデンティティは人間関係のフィールドに存在する。これはある交流の中での空間と時間という、あなたの経験を現したものである。このフィールドでのあなたの位置は常に他者の位置と関係している。コンフリクトの状況で、あなたは

図表a

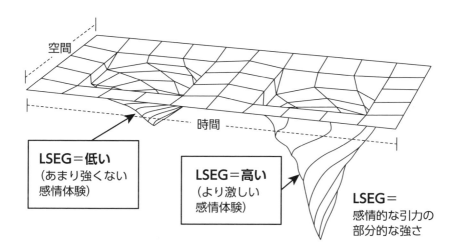

LSEG＝低い
（あまり強くない感情体験）

LSEG＝高い
（より激しい感情体験）

LSEG＝感情的な引力の部分的な強さ

空間／時間

見晴らしの利く地点から時間と空間を経験するだろう。ちょうど相手も彼らの地点から経験しているのと同じように。あなたは時間が速く過ぎるという経験をしているのに、相手はゆっくり過ぎるという経験をしているかもしれない。そのフィールドでの両者が知覚する地点次第だろう。

関係性のあるフィールドすべてに時間と空間のゆがみがある。その中に落ちたら、バランス喪失の、方向感覚を失わせる性質の時間と空間の中に入っていくのだ。

あなたが落ちる強さは、私が「感情的な引力の部分的な強さ」と呼ぶもの次第である。アイデンティティの神聖な柱は、関係性のあるフィールドの特定の領域に位置している。こうした領域では、感情的な引力の部分的な力は強い。柱のどれかを誰かに攻撃されたら、感情が強烈に反応するだろう。あなたはこの時間と空間のゆがんだ領域へ急速に落下するようなものだからだ。感情的な引力の強さのせいで、これらのコンフリクトは感情的にきついだろうし、心の時間は時計の時間よりもはるかに速く感じられる。

アイデンティティの不充分な面は、人間関係のフィールドのほかの領域に存在している。こうした領域での感情的な引力の一部は弱い。だから、領域のどれかがゆがんだとしても、あなたはそれほど速く落下していかないし、そんなに激しく落ちない。結果的に、コンフリクトが感情的にきついとは感じられないだろう。心の時間の経過と、時計の時間の経過との差はほとんど感じられないはずだ。

感情的な引力が強い領域にいるときは、自分の方法を変えることにかなり抵抗を覚えるだろう。自分のやり方に"しがみついている"と感じ、引力によって下に引っ張られる気がする。微妙な問題が起きて自分が危険にさらされていると感じたときは、感情的な引力の部分的な力が強い、関係性のあるフィールドの領域にいるだろう。

22.

デイヴィッド・イーグルマン教授は、繰り返して与えられる刺激は、同じ時間だけ与えられる新しい刺激よりも短く感じられることを示す研究を行った。これは新しく学んだものが、時間の内なる感覚を遅くさせる可能性を物語っている。(Eagleman and Pariyadath 2009)

23.

バランス喪失の状態でも、拡張した時間という、つかの間の時間を経験するかもしれない。

24.

以下を参照。Sebenius and Curran 2001。

25.

同上

26.

以下を参照。Volkan (2004)。

27.

"1941、1841、または1441" Ignatieff 1997

28.

「未来の記憶」についての私の考えは、脳での記憶の働き方に基づいている。たいていの人間は過去、現在、未来という時間の流れの中で人生を経験しているが、こういう経験を脳が時間順に分類する必要性に理由はない。確かに、脳はさまざまな異なった方法で経験を分類している。ある記憶は感情的な意味や、トラウマになるような衝撃や、単に繰り返して思い出すとか、馴染みがあるといったことに基づいて、よりアクセスしやすいだろう。情報の時間系列的な蓄積をゆがませる別の要因もある。ある特定の記憶をいつ、どこで、どのように獲得したかを思い出せない症状の病気である。この健忘症を引き起こしそうなメカニズムは、アルツハイマー症や前頭葉損傷から、知覚するあらゆる刺激をたくわえようとする無益な行動までいろいろ種類がある。さ

らに、エリザベス・ロフタス教授は記憶が変容するものだと示している。人の頭には間違った情報が簡単に植えつけられ、偽りの出来事を本物として"思い出す"状態になるのだ。

その結果、起こったこともなければ、起こりそうにもない結末を確かなものだと思いこむことになる。そういう「未来の記憶」は過去の記憶よりも有害だろう。なぜなら、コンフリクトを煽る先制攻撃へとあなたを駆り立てながら。存在の根本的な構造をはっきりと危険にさらすものだからだ。そんなわけで数学的観点からすれば、未来の出来事についての記憶は、それをより実現させやすくしている。出来事は既成事実であるかのように見え、感じられる。未来の出来事は過去の出来事ほど予測できないが、恐怖を感じる未来として残った記憶は、実際の出来事をいっそう起きやすくさせる。そういう意味で、過去は未来の最高の予言者ではないかもしれない。未来の記憶のほうが、コンフリクト的な行動パターンを示しているかもしれないのだ。差し迫った脅威に自分がさらされていると思うとき、恐怖を感じる未来の記憶によって、行動を起こさねばという気に駆り立てられるのである。

29.

電気ショックが意識の経験を変えるように、関係性のあるショックは関係性のある意識の経験を変える。これは必要なものだ。バランス喪失のせいで、人は不活発な感情的システムに閉じこめられてしまうからである。コンフリクトのさらに奥深くへ落ちていき、出口が見つからなくなる。だから、人間関係にショックを与えることは、枠組みを超えるための戦術なのだ。あなた自身の主観性という、ものの見方を広げることである。人間関係にショックを与える方法は、社会心理学の祖父と言われるクルト・レヴィン（1948）がコンフリクト解決に不可欠だとして提案した、実践的なものだ。つまり、困難なシステムを"解凍する"ものである。リーダー的存在の学者のロニー・ハイ

フェッツ（1994）と交渉学の専門家のウィリアム・ユーリー（1991）のどちらも、枠組みを超えるための別の戦術を提案している。コンフリクトの状態にあるとき、バルコニーから自分自身を観察している自分を思い描け、というものだ。

30.

交渉でサプライズを用いるのはリスクがある。サダト大統領のエルサレム訪問がイスラエルとエジプトの関係に前向きな衝撃を与えたとはいえ、彼の行動はエジプトとアラブ世界に大きな結果をもたらした。カイロに予想外の政治的な悪影響を与え、アラブのコミュニティのいくつかに、連帯が弱体化したという感覚を与えたのである。

31.

この事例は実際の状況から採用した。詳細は利害関係者を守るために変えている。

32.

これは、当時のアメリカの中東特使だったデニス・ロス（2002）の言葉の引用で、彼はさらにこう述べていた。「このような状況、人生そのものを獲得するサイクルで私がいつも懸念していたのは、あなたが1歩下がって立ち止まり、考えるための理由を人々に与える方法を見つけなければならないことだ。物事がいつまでも制御不能な回転状態ではないように。当時はまさにそんな状況だったので、基本的にここに持ち出せるような考えを思いついたのだ」

33.

バランス喪失から逃れるためには、コンフリクトにおける主観的な反応を充分に経験する必要がある。それと同時に、第三者の視点をコンフリクトに取り入れ、私が「メタ視点」と呼ぶものからコンフリクトを理解しなければいけない。こういった2つの世界をまたぐ「推移する環境」が必要であるのが普通だが、これはバランス喪失の中に自分を閉じこめ続けているものや、バランス喪失を克服したらどんな気持ちになるかを探る空間や時間のことだ。関連する考え方としては、Pizer 1988を参照。「推移する環境」にはただ有害な感情があるだけではない（Bion 1967）。そこでは人間関係を信じるための基盤が作られるのだ。だからこそ、「推移する環境」を作ることが重要なのである。それはお互いの安全の上に築かれ、利害関係者のひとりひとりから正当なものだと見なされている。

34.

以下を参照。White (1998)。

35.

以下を参照。Wild and Ellmann 1969, 389。

36.

ネガティブなものを客観化する好例を、心理療法士のロザムンド・ストーン・ザンダーのものからあげよう。彼女は別れ話が出ていた夫婦のセラピーを行っていた。夫が引きこもる習慣に妻は激怒し、自分のことを愛していないと言って責めた。ロザムンドはうっかり口走った。「そんな行動をとっていたら、あなたを愛せる人なんていませんよ」たった今言ってしまったことにぞっとして、ロザムンドは続けた。「でも、それはあなたが話している内容のせいではありません……ほかのもの、つまり復讐です。あなたの声には復讐が現れているのです。あなたの肩に載っている生き物のようなもので、それは何があろうとご主人をつかまえようとしています。たとえ、その過程であなたを破壊しなければならなくなるとしても」ロザムンドは妻の様子に気づいた。「（妻には）悪意のある輪が見えていた。その中で彼女（妻）は正気を保つためだけに、自分の理不尽な行動を夫のせいにしなければならず、その間、"復讐の生き物"が勝利を祝っていたとわかった」（Zander and Zander 2000, 189）

313

第6章　反復強迫に抵抗する

1.

Burroughts 1993より

2.

チャップリンの映画『モダンタイムス』（1936）より。この映画のワンシーンは反復強迫に関する学術論文を通じて知った。David Kitron (2003)

3.

以下を参照。Freud 1920。

4.

フロイト（1920,16）は以下のように反復強迫の力を強調していた。「人間関係を結んでいる人々はみな同じ結果になる。お互いに違ってはいても、しばらくすると、庇護を受けている人全員から、怒りにまかせて見捨てられる慈善事業家……あるいは、友人による裏切りで、友情がすっかり終わりになった人。人生の道において何度も何度も、私的または公的に権威のある地位に誰かを昇進させ、ある程度の間を置いたあと、その権威ある人を苦しめて新しい人を代わりに据える人。女性との恋愛がいつも同じ道をたどって同じ結果になる恋人に」

5.

フロイト（1920）は社会秩序を乱す行為を繰り返す衝動脅迫を、解放を求める欲求によるものと見なした。それはヤコブ・モレノの「行動渇望」という概念を連想させる。この概念によると、人は心理劇の間、過去からの特定の場面を上演したい気持ちにさせられるという心の病にかかる。(Moreno and Moreno 1946)

6.

コンフリクト的な行動を変えることに人が抵抗する主な理由を3つ挙げる。習慣、実用性、同一化である。

（1）習慣。これは変化に対する最初の抵抗である。夫から批判されるたびに、妻は批判的なことを言い返すかもしれない。この夫婦はどうやり取りするかを考える必要がない。単にやり取りするだけだ。習慣とは、刺激と反応のつながりにすぎない。習慣のせいで夫にも妻にも敵意が生まれるかもしれないが、習慣にそんなことは関係ない。習慣は人を喜ばせたり、褒美を与えたり、罰したりしようとして躍起になっているわけではないのだ。習慣とは、単に刺激（夫が批判すること）と反応（妻が反論すること）の結びつきにすぎない。人が習慣的な行動をとればとるほど、習慣は強固になる。ある行動や思考や感情を人がなかなか変えようとしないのは、「いつもそうしている」からというだけだ。

習慣は長所にもなり、短所にもなる。歯磨きは良い習慣で、喫煙は悪い習慣である。これまでの全習慣によって、人は今の人生と結びついている。習慣によって社会が結びついているのと同様に。ウィリアム・ジェームズ（1917, 142）は、習慣が社会の「もっとも保守的な媒介」であると気づいた。人を「しきたりの範囲内に」とどめ続けるものである、と。さらにジェームズはこう述べている。ある習慣によって「裕福な子どもたちは貧しい人の妬みによる反乱から救われている。もっとも困難でもっとも不快な人生の道に入る人たちは、ただ習慣のせいでその状態を受け入れる。習慣のせいで、漁師や甲板員は冬の間も海から離れない。習慣のせいで、炭鉱作業員は暗闇に居続け、田舎の人間はログキャビンに居座り、雪の数カ月間も孤独な農場を離れずにいる。習慣のせいで、われわれは砂漠や寒帯の先住民たちによる侵略から守られている」

（2）実用性。人は現在の行動パターンに実用性がある場合も、変化に抵抗する。死についての強い不安から解放してくれる喫煙を、祖母がやめるはずがあるだろうか？現在の行動によって政治力が持続するなら、政界の反乱者が「汚いゲス野郎」と見なす人の殺害をやめるはずがあるだろうか？実用性とは、何か目に見えるもの、行動や

感情や思考の繰り返しから、人が個人的な利益を得ることである。こういった行動をやめるべき道徳的な理由や健康上の理由があるかもしれないが、道徳心が欠けていて、費用対効果の分析に基づいて計算する功利主義者はそんなことを気にかけない。近視眼的な功利主義者——感情によるコンフリクトをしている多くの人間——は、現在の自分の行動パターンを、もっと建設的な行動パターンと比べて長所や短所を考えることさえしない。そんな人たちが自問するのは「私は戦いを続けるべきか、それとも交渉すべきか？」ではない。「戦いの長所は、短所を上回るだろうか？」なのだ。長所が短所を上回れば、戦い続けることになる。

心理学者は「機能的分析」という用語を使っている。これは行動や思考や感情のパターンを繰り返すことによって得られる、個人的な利益を研究したものだ。基本的に、機能的分析は、一見したところでは機能不全に思える行動から得られそうな個人的な利益を見積もる。なぜ、ある夫婦は来る日も来る日も些細なことをめぐって喧嘩するのか？　おそらくキューピッドの恋の矢が偶然にこの2人を結びつけたのだろうが、彼らのコンフリクトにはもっと根が深い、機能的な目的があるのだろう。喧嘩するたびに、彼らは苛立ちを口に出し、あとでより親密感を覚えるのだ。あるカップルは激しいコンフリクトから、より合理的な実用性を得られるのかもしれない。

（3）同一化。もっとも根が深い抵抗——反復強迫を煽り立てるもの——は、自分という存在の一部を変えることのプレッシャーから生じる。反復強迫を煽るのは習慣や実用性かもしれないが、核となるのは他者と交流する特別な方法との同一化である。アイデンティティへの脅威のせいで、過去に自分を守ってくれた行動パターンを繰り返したい衝動に駆られる。人は何度もこのパターンを、感情に動かされた物語を行動で示す。その行動によって、実際に生き延びることにどれほどおぞましい影響を与えられようと、危害や絶滅から自分のアイデン

ティティを守るために、無意識の努力をする。

7.

Russell 2016参照。さらにDenise Shull（2003）も参照のこと。彼女は反復強迫の神経生物学を裏づける証拠を示している。彼女の主張によれば、子ども時代の経験が脳組織と脳内の化学成分——基本的な手続き記憶へのシナプスの配列——に影響を及ぼすという。その後の学習や認知、行動へのフィルターがつくられるのだ。人は脳のメカニズムと、アドレナリンやドーパミンやオキシトシンによって支えられている扁桃体のような構造との関係に基づいて、小さいころの行動パターンを繰り返すのかもしれない。

8.

以下を参照。LaPlanche and Pontalis, 1973, p.78。この2人は次のような観察をしている。「具体的な精神病理学のレベルでは、反復強迫は無意識の中に生じる制御できないプロセスである。その活動の結果、被験者は意図的に自分を苦悩の状況に置き、昔の経験を繰り返すが、この原型は思い出さない。逆に、被験者は現在の環境によって、この状況が完全に決定づけられているという強い印象を抱くのだ」

衝動的な行動と強迫的な行動との重要な違いに目を留めてほしい。普通の場合、人は短期的な報酬を獲得するために、自分の行動の結果がどうなるかをほとんど考えないで衝動的に行動する。たとえば、衝動に駆られすぎる人は、自分がケーキを食べすぎていることにはケーキがなくなるまで気づかない。衝動的な行動は自我同調的である。ある人がそんな行動をとるのは、そうするときの感情が気に入っているからだ。逆に、人は不安や苦悩から解放されるために強迫的な行動をとる傾向がある。友人のパーティに招かれなかったとき、見捨てられた気がして、その友人に電話してわめきたいといった場合だ。強迫は自我異和的である。人はそんな感情が好きではなく、それをな

くそうとして行動する。

9.

ポール・ラッセル（1998,45）はこう述べている。「精神へのトラウマは、肉体へのトラウマと同様に修復が必要なダメージを与える。つながりや付属といった絆は新しくつくられなければならない」

10.

人の脳は、神経科学者が「自己連想神経ネットワーク」と呼ぶものを備えている。これは脳にある記憶のテンプレートで、非常に些細で小さな情報から何かの状況を完全に描き出すことができる。仮に、私が地所の法的な境界線をめぐって隣人と争っているとしよう。相手と私は「話し合う」ために腰を下ろすが、そのときに私の心は無意識に、高校時代に腹が立った傲慢なフットボールの花形選手との関係という、関連した古いテンプレートを引っ張り出す。このテンプレート——自己連想神経ネットワーク——は2つの強力な効果を生み出す。1つめは、この古いテンプレートを使いながら、私が隣人についての曖昧さを自動的に埋めていることだ。隣人が怒っていようといまいと、私はたちまち彼のあらゆる言葉や行動にネガティブな意図や傲慢さを認めてしまうのだ。もし、彼が「会えてうれしいよ」という言葉で話し合いを始めたとしたら、私はこう思うかもしれない。"きっとこいつは私をいい気分にさせて操りやすくしようと、こんなことを言っているに違いない"2つめは——ここで心理は本当にゆがんでしまうのだが——現実には違うものを、私が"雑音"として無視することだ。いったん自己連想神経ネットワークのスイッチが入ったら、私は心の中のテンプレートに例外を認めなくなる。隣人はこちらの要求に応じ、怒りに共感してくれるかもしれないが、私は彼の意図が見えなくなっている。彼の傲慢な態度しか見えずに横柄に接してしまい、向こうも横柄になる。私は彼が敵なのだと思いこんだとおりに、彼を敵に仕立ててしまうのだ。

フロイト（1920）は、反復強迫は生きようとする本能から生じるのではなく、死を埋め合わせる本能から生じているかもしれないと主張した。「物事のより早い状態を回復させるための、本質的な生命における衝動」と。そんなわけで、反復の目的は破滅的な死の本能を征服することなのである。

11.

以下を参照。Russell 1998。

12.

私の学生が気づいたのだが、聖書はこの現象に注意を呼びかけている。マタイによる福音書の7章の3にこう書いてある。「なぜ、兄弟の目にある塵を見ながら、自分の目にある梁に注意を払わないのか？」

13.

ポール・ラッセル（1998、2）はこう書いている。反復強迫は「不気味な感じがする……苦痛に満ちた反復を予期したり、避けたり、あるいは修正したりするための学習におけるあらゆる努力に対して作動するように思える、何らかの強烈な抵抗がある。反復強迫は教育されることに抵抗するのだ」

14.

これは反復強迫に関するポール・ラッセル（1998、46）の理論と一致する。感情が傷つけられること（トラウマ）への反応は反復強迫である。トラウマは人に2つの道を示す。（1）成長し、傷ついた感情を征服する、または（2）反復強迫にしがみつき、新しい存在方法を学ぼうとしない、のどちらかが可能なのだ。情動的要因を持つ反復強迫は「まだ解決されていない、関連性の問題の形をまさに変える」のである——たとえば、遺棄されたとか、能力がないとか、価値がないといった感情だ。

15.

ポール・ラッセル（2006、41）は反復強迫を「その人のある部分について完璧に確信しているので、新しい出来事として起こり、

現在によってすべてが決定される」ものと
して経験されると述べている。

16.

　　以下を参照。Russell 1998。

17.

　　フロイトは、反復を防御のメカニズムだ
と考えた。不適切とか失望、放棄の感情に
対する防御方法だと。不適切だという感覚
を修正するために、人は何度も自分を変え
ようとする。

18.

　　反復強迫から自由になるには、困難な内
面の交渉が必要である。ポール・ラッセル
（1998,111）はこう述べている。「（反復強
迫を変えるために）1つだけ効果があるのは、
交渉だ。すなわち、物事が今度も同様に起
きるべきかどうかをめぐる交渉である」と。
言い換えると、あなたは過去を繰り返すつ
もりなのか——すべての費用をかけて——そ
れとも、もっと望ましい未来へと努力する
つもりなのか、ということだ。このジレン
マを解消するには、困難な内面の交渉が必
要である。

19.

　　ラッセル（1998,20）はこう述べている。
「反復強迫は災厄への招待である。反復は
単独でも起こるが、災厄は単独で起こらな
い」私のTCIモデルは、アルバート・エ
リスの認知行動療法のABCモデルとかな
り似ている。認知行動療法のABCモデルは、
活性化している出来事や態度や結果を見極
めるため、感情的な苦痛に取り組む人々の
助けになる。大きな相違点の1つは、エリ
スのモデルが個別の行動に焦点を当ててい
るのに対して、TCIモデルは不一致のサ
イクルに焦点を当てていることである。

20.

　　ソマティック・マーカーについてさらに
知りたい場合はDamasio 1994を参照。

21.

　　反復強迫から解放されるための重要な戦
略は、"炎になる前に火花を捕まえること"
である。反復強迫に先立つ行動の意図に
気づくことだ。行動に現れているパターン
の活動を抑えるために絶好のチャンスがあ
る。これは私が人間関係のスペースと呼ぶ
ものの変形で、無意識の反復パターンを壊
す力が出せる場である。よく知られている
研究だが、神経科学者のベンジャミン・リ
ベットは、被験者に時計を見て、好きなと
きに手を動かすようにと命じる——それから、
手を動かそうと決めた正確な時間を記録す
るようにと言った。被験者は脳の電気活動
を測定するEEG（脳波計）につなげられ
る。リベットが確信したのは、被験者が手を動
かすことを決めたと報告した時間よりも約
1秒半前にEEGの誤差が起こったことだ
った。

22.

　　反復強迫は、変化に抵抗する感情の力で
ある。これに対抗するには、不自然な気が
してしまう、変化を拒む気持ちと戦わねば
ならない。

23.

　　この事例と区分は以下から引用。Russell
2006,39.スキーの事例は彼の論文からの引
用である。

24.

　　同上。

25.

　　強迫の誘惑に負けないで、それを認める
ためには自我の強さが必要だ。変わらずに
いながら、変化を求めるという矛盾がある。
反復強迫から逃れても、核となるアイデン
ティティを変えてはいけないのだ。この矛
盾に耐えるための自我の強さの重要性につ
いては以下を参照。Russell 1998, 12。

26.

　　ここに挙げた質問は以下から引用。Russell

317

2006, 39。

27.

James (1899)を参照。

28.

同様に、アルコール依存症に関する専門家のジョセフ・C・マーティン神父は以下のように警告した。「無防備な瞬間に用心しよう」（彼のビデオ『Relapse（再発）』を参照。Kelly Production, Inc., 1985）

29.

ロナルド・フィッシャー教授は、キプロスのコンフリクトをめぐる集団間の対話を手助けしたときの経験を述べている。トルコ系キプロス人はトラウマに満ちた過去の出来事が繰り返されることを恐れ、平和構築への動きに抵抗した。フィッシャーと同僚のハーバート・ケルマンは議論を促し、その中でそれぞれの側はトラウマに満ちた相手の歴史を認識し、そんな行動が二度と繰り返されないことを保証した。その後、参加者は協調的な活動に関する議論に移ったのだ。（Fisher 2010）

第7章　タブーを認識する

1.

以下を参照。Sobelman 2010。

2.

コミュニティの大きさは二者（夫婦のように）から大きな社会的集団（社会のように）までさまざまである。

3.

ラドクリフ＝ブラウン（1939）はタブーの概念を明確にしている。「ポリネシアの言語では、この言葉は単に"禁じること""禁じられること"を意味し、あらゆる禁止事項に適用される。エチケットのルール、首長による命令、年長者の持ち物に手を出すことを子どもに禁じることなどは、すべて"タブー"という言葉で表される」

R・D・レイン（1969,77）は、さらにタブーの社会的ジレンマを詳しく説明している。もっとも、彼は"タブー"という言葉にははっきりと言及していない。レインはある事柄を家族がどうやってタブーにするかについて記している。タブーについて話すことすらタブーであり、家族のダイナミックスをかき立てる事柄をめぐって二重の拘束がされる結果になる。「起こっている事柄を突き止めることに対する家族みんなの抵抗がある。また、全員を何もわからない状態に置くという複雑な戦略があり、その状態では誰もが何も知らない。行動することを禁じられていなければ、また、行動を禁じられていると気づくことを禁じられていなければ、もっと状況がわかるだろう」

4.

タブーは社会的に構築され、全体の状況で定義される。言い換えると、タブーであるかないかの境界線によって、人間関係の種類や目の前の出来事の性質が変わるのだ。フィスクとテトロックは人間関係の4つのタイプ（共同的な分かち合い、市場的な交換、権威の序列、平等性の一致）を明らかにして、次の仮説を立てた。「人々は交換を自然なものと見なし、社会的に意味のある関係と、関係性のある構造のもとに定義された活動の限界までは理解できる」その限界を超えた交換はタブーだと感じられる。フィスクとテトロックは恋人の言葉を例に挙げている。「私はもっとキスしたい。あなたが今の2倍、キスしてくれれば、私は今の2倍、あなたを抱きしめよう」この交換が間違ったものに思われると彼らは言う。なぜなら、共同的な分かち合いに基づいた人間関係を、市場的な交換のように扱っているからだ。タブーであるものの規範は、人間関係のタイプによって異なる。

フィスクとテトロックは、異なったタイプにおける人間関係のコンフリクト——コミュニティに義務を感じるVS権威に義務を感じる——がとりわけストレスの多いものだと主張している。「もし、危篤の母親に

会いに行けば、戦時の役目を放棄して軍隊の名を汚すことになる場合、あなたは行くべきだろうか？　戦時に母親が敵のためにスパイをしていることがわかったら、あなたは彼女の裏切りを当局に報告すべきだろうか？　かつてあなたのために罪を犯した親友を守るために、大罪を犯すべきか？」

　フィスクとテトロック（1997）のジレンマは感情を刺激するものだ。なぜなら、私が"トライブの根本的なタブー"と呼ぶものに挑戦しているからである。自分のアイデンティティのグループを裏切るということだ。こういったジレンマは忠誠の定義を強いる——忠誠への犠牲のレベルも強いているのだ。結局、こういった質問は、何をもっとも聖なるものと見なしているかという決断に人を向き合わせるものである。

5.
　傑出した社会心理学者のリー・ロスとリチャード・ニスベット（2011,9）は、社会心理学の祖父と呼ばれるクルト・レヴィンの重要な洞察を強調している。「何かをするための馴染みの方法を人に変えさせる場合、もっとも制御できそうな非公式の仲間による社会的な圧力と制約が発揮されるが、乗り越えなければならない。同時に、それは成功を得るために活用されるもっとも強力な力でもある」

6.
　タブーを感情的に守るものは恐怖と恥だ、と私は考えている。人はタブーを破ることによる政治的、社会的、肉体的、経済的な結果を恐れている。また、社会から拒絶されるという屈辱も恐れているのである。

7.
　スタンレー・シャクター教授は、重要な出来事への敬意があれば、集団がある程度の逸脱を容認することを発見した。それ以上の逸脱だと、グループは違反者を社会的に拒絶するか、追放する。

8.
　タブーは保守的で社会的なメカニズムである。恥ずかしいと感じたり、所属しているコミュニティから追い出されたりすることを好む人はいない。だから、タブーは受け入れ可能な行動に社会的な制約をつくっている。タブーの境界線を越えた人は辱めを受けたり、疎外されたりする危険を冒すことになるだろう。しかし、タブーは公益を提供する、価値あるものを常に守るとは限らない。2009年10月7日にアメリカ国務省を訪れたとき、私はルイ・デバカ大使と面談するリーダーグループの中にいた。デバカ大使は、コミュニケーションの核となる意味をタブーがしばしば隠してしまうことや、タブーのせいで人が真実から離れてしまうことについて語った。彼の話では、社会は「レイプ」よりも「性的暴力」、「奴隷制度」よりも「人身売買」、「殺人」よりも「家庭内暴力」という言葉のほうを用いるとのことだった。デバカ大使はタブーの言葉に向き合うことと認めることの重要性を主張した。

9.
　心理学者のR・D・レイン（1970,1）は、人々を結びつける「絆」に関する記述でタブーをこう表現している。「彼らはゲームをしている。ゲームをしていないように見えても、彼らはゲームをしているのだ。もし、私に見えている彼らの姿を示せば、私はルールを破ることになり、罰せられるだろう。私は彼らのゲームをしなければならない。見えているのに、ゲームが見えないふりをしなければならないのだ」破滅的なコンフリクトを促進する感情的な絆を解きほぐすことが役に立つだろう。

10.
　テトロック（2000）はこれを「単なる熟慮の効果」と呼んでいる。この理論の仮定は、あなたがあるタブーの交換を熟慮していると思われれば思われるほど、相手はいっそうあなたに道徳的な憤りを感じるだろうというものだ。以下を参照。Tetlock et

al.2000。

11.

これはアフガニスタンやソマリアやパキスタンでの事実である。以下を参照。"Riots Over US Koran Desecration", BBC, May 11, 2005.

12.

北朝鮮の最高指導者の金正恩は、北朝鮮でのバスケットボールの模範試合で初めてデニス・ロッドマンと会った。彼らはたちまち親密な関係となり、のちにロッドマンは金正恩を「生涯の友達」と呼んだ。以下を参照。Silverman 2013. 多くのアメリカ人がロッドマンのコメントや考えを耳にした。"ロッドマンはバカなのか？ バカに違いない！ さもなければ北朝鮮の理不尽な暴君と友達になれるはずはないだろう"ＣＮＮさえ「北朝鮮：現実ＶＳデニス・ロッドマンの話による世界」というタイトルの記事を報道した。(Levs 2013)。どれも私の指摘を正確に伝えている。Blake 2013も参照。

13.

この物語の大半は以下の記事から引用している。"Balkans' Idolatry Delights Movie Fans and Pigeons,"by Dan Bilefsky, in the New York Times, November 11, 2007.

14.

New York Timesの記事（前述）の中で、銅像の制作を依頼する基金を立ち上げた28歳の地元のカメラマン、ボヤン・マルセタはこう言った。「1990年代の戦争に関する人物や、元のユーゴスラビアに関する人は記念像にふさわしくない。我々の指導者たちがやったのは、国民を進歩から遠ざけることだけだったからだ……私の世代には手本とする人物が見つからないので、ほかを探さなければならない。ハリウッドが答えを与えてくれるだろう」

15.

以下を参照。"Rocky to Knock Out Disas-

ter News", Metro, February 7, 007.

16.

タブーに触れたあとで自分を浄化させるという考えは、少なくともクック船長が太平洋を航海した時までさかのぼる。彼はこう述べている。「偉大な要人に恭しいお辞儀をしたことでタブーに触れてしまったら、こうして簡単に洗い落とせる」(Cook 1785) 確かに、多くの宗教には浄化の儀式がある。キリスト教の司祭への懺悔のように。それは神の代理として、司祭が罪の許しを与える結果になる。浄化のプロセスについての心理学的洞察を知りたければ、以下を参照。Tetlock et al. 2000。

17.

ここにあげた質問はスタンフォードの心理療法医のIrvin Yalom's work (1985, 147)から引用。

18.

クルト・レヴィン教授は (1948) Maccoby et al.の章の中で「門番」の重要性を強調している。門番は相当な力を持っている。たとえば、ある組織の社長の決断に影響を与えたいとすれば、その人がもっとも信頼している人間と話すのが賢い方法だろう。

19.

Mandela 1999

20.

同上

21.

歴史的に有名な歴史をつくるものは何か？ タブーを破ることだ。その点をマンデラは証明した。彼は人種の平等に対する長年のタブーを破る勇気を人々に与えた──そして歴史を変えたのだ。タブーが破られなければ、反復脅迫が勝利を収めただろう。

22.

ハーバードの社会心理学者、ダニエル・ギルバート（2005）の感情予測に関する調査によると、人間は将来の幸福レベルの予測が得意ではないという。タブーを破るという衝撃についてもっと良い視点を得るための1つの方法は、信頼できる友人や同僚に助言を求めることだ。

23.

このセクションは、経済学者のケネス・ボールディング（1978,16-17）の論文の一部に基づいている。ボールディングはこの無言の同意を「消極的な社会契約」と呼んでいる。

24.

ボールディングは、戦争と平和の差はタブー次第だと示している。アメリカ合衆国は平和な時に、論争している同盟国に爆弾を落とすことは可能だが、そんなことはしない。それはタブーだからだ。「紛争当事者と非当事者の本質的な違いは何か？　この質問への基本的な答えは、当事者がかかわっているタブーのシステムの性質に見られるだろう……紛争当事者の観点からすれば、平和から戦争への移行は、主としてタブーの境界の位置づけにおける移行だ。平時にはタブーであるあらゆる種類の行動も、戦時にはタブーでなくなる」

ボールディングはさらに、各集団の自己イメージが最も重要だと述べている。「フォード・モーターはゼネラルモーターズと熾烈な競争を経験したかもしれない。しかし、フォード・モーターの管理者に、ゼネラルモーターズの管理者を暗殺して彼らの設備を吹き飛ばそうという考えが浮かんだとしても、そんな考えが役員会で発表されたかどうかは非常に疑わしい。物理的には可能でも、フォード・モーターの自己イメージがそんな行動を許すはずはないからである」（同上）。彼はこのような但し書きで締めくくっている。「当然、自己イメージはストレスの裏で変化するし、ストレス不足の裏でも蝕まれ、変化している」（同上、pp.15-

16）。

同様に、アメリカ合衆国の大統領が主要な方針についてローマ法王と意見が合わなくても、タブーがあるので、アメリカがバチカンに爆弾を落とすことは考えられない。残念ながら、悲劇的な暴力行為——学校での子どもたちの大量殺人や、戦争での化学兵器の利用——は、タブーの境界線をネガティブな方向へ引っ張る。タブーを中立的なものにして、そういった行為を、不安定な少数のために可能にしてしまうのだ。1つの対策は、建設的なタブーの境界線を再び主張することだ（「我々はこんな非人間的な行動に耐えられない」と）。境界線をできるだけ補強し、修正された境界線を、影響力ある悪人のコミュニティに所属する門番的な役割の人を通じて合法化するのだ。実際、人類学が証明しているが、平和な社会には、暴力に対するタブーが決定的に重要である。以下を参照。Fry 2006。

25.

タブーは、コミュニティの中で構造的な権力を握っている人やグループから力を得る場合が多い。禁止だというせいで、コミュニティの権力構造を脅かしかねない行動は抑止されるのだ。

26.

以下を参照。Boulding (1978,16-17)。

27.

国際関係の安定化さえタブー次第である。たとえば、国際法には究極的な実行のメカニズムがあるわけではない——1つの世界政府というものがないのと同様だ——ということは、国際法違反に対するタブーは、世界の中で社会的に阻害されるという結果とともに、重要な強制のメカニズムになるに違いない。

さらに、タブーはアイデンティティ・ポリティックスでのツールでもある。もし、ある国の大統領が国の軍事介入に疑問を持つことを「非愛国的」だと断言するなら、タブーが植えつけられていたということだ。

もちろん、草の根的な組織は軍事介入そのものが「非愛国的」だと宣言して、反政府キャンペーンを行うことができるだろう。さて、このように何をタブーと考えるべきかをめぐってコンフリクトが起こる。軍事介入か、それとも、軍事介入に疑問を呈することか、と。

以下を参照のこと。Economic Forum's Report on the Middle East Summit 2008, Geneva, Switzerland. 私のセッションの描写（「平和を築く、タブーを破る」）は以下を見てほしい。http://www.weforum. org/pdf/SummitReports/middleast08/workspace. htm "Building Peace, Breaking Taboos"

第8章　神聖なものに敬意を払い、攻撃してはならない

1.

哲学者であるミルチャ・エリアーデは、神聖なものには「現世的なもの」がすべて含まれており、それが私たちの価値観の源になっていることから、とても重要だと唱えている。倫理的問題に直面したときに、私たちは聖なる価値観を元に選択をする。よって、もし誰かが神聖な価値観を侮辱する場合、それは私たちの人生の基盤となるものを脅かしていることになるのだ。

神聖なものに対する冒瀆は、究極の精神的苦痛である。例として、精神科医であるロバート・ジェイ・リフトン（2001）は、2001年9月11日に起こったアメリカ同時多発テロ事件のすぐ後、サウジアラビアを含む中東の「神聖な場所」に米軍が侵入したことによって醸成された中東での反米精神がどのくらい強いものであったかを論じている。

2.

フィリップ・テトロックと彼の同僚（2000, 853）は、神聖な価値観を「ある倫理的共同体が明示的または暗示的に共有しているもので、比較や交換、または世俗的な考えと混ざり合っているものを排除する、絶対的もしくは超越的な価値観」と定義づけている。私の仮説と似ていて、彼らは神聖な価値観には絶対的な力があり、それは取って変えたり、譲歩したりすることができないと考えているのだ。

神聖なものは私たちが「どうあるべきか」について影響を与えている。ルドルフ・オットー（1917, 40）は神聖なるものを崇拝する行為を「ヌミノーゼ」（神秘的な意識）としている。これは「合理的でも、知覚的なものでもなく、自分にとって中心的なものが自分の外側にあるような感覚」であるとした。この感覚は、神聖化されたものに惹かれる魅力的な神秘と、絶対的な権威に対して慄く戦慄的な神秘の二つの背面性を持っている。

神聖なものはどのような役割を果たしているのか？　いくつか挙げられる。

心理的な側面から考えると、私たちは超越した感情を持つことを生来から必要としている可能性がある。神聖なるものはそういった感覚を目覚めさせ、自分の存在を超えて、さらなる権威に対して敬意を払い、神との関係や繋がりを認識させるものなのだ。似たように、神聖なものは、信者たちに全能に対する信仰を無意識のうちに深めさせているかもしれない。全能とは、アイデンティティや繋がりを主観的・間主観的に感じるものであり、ある人やコミュニティーが不安定な時期に安心や安全を感じる場所でもある。詳しくはLaMothe（1998）を参照。

社会的な側面から考慮すると、神聖なるものは説明することができないくらいの熱量を持った集団精神からきている可能性があり、エミール・デュルケームはこれを「集合的沸騰」と呼んでいる。神学的な側面としては、影響力のある神学者のパウル・ティリッヒは、人類が喪失や絶滅に対して持つ根強い不安を落ち着かせる役割を持つとしている。彼はどんな治療法でも、この恐れは鎮めることができないとした。

3.

エミール・デュルケームは（1912, 52）、

「神や聖霊と呼ばれるものを簡単に理解してはならず、岩や木、小石や木材、家などどんなものでも神聖なものになりえる」と唱えた。また彼は、神聖なものの力は、それ本来の聖なる要素から生まれたのではなく、それを冒瀆するような考えに対する社会的反発からきているとも考えた。

4.
どんなものでも神聖なものと考えられる。重要なのは信者が何を信じるかである。この原則にしたがって、学者たちは、本来合理的であるはずの決断をする必要があるときにおいての政治的対立を考察した。たとえば、デッガーニ教授（2009）によるイランの核問題における交渉の分析を参照していただきたい。

5.
古代インドの哲学書であるウパニシャッドに、あることわざがある。「夕陽や山の美しさを見たとき、あなたは立ち止まって『ああ』というのだ。あなたは神聖なものに触れているのだとわかるのである。」（Campbell and Moyers, 1988, 258）

6.
神聖なものは、何が起ころうと一部欠けたりすることのないものである。しかしながら、神聖なるもの自体は変化しないということではない。定義を再度作り直して、矛盾をなくす人間の能力は素晴らしいが、例えば、宗教のリーダーは聖書を再解釈して、破ってはならない掟への理解を再定義することがある。

7.
エミール・デュルケーム（1912）は2つの世界を対比させている。1つは平凡な毎日での経験で構成される世俗的なもので、もう一つがある物事を区別して禁止したりする神聖なものだ。宗教はこれらの二つの世界がまったくの別物として捉えられているものだと彼は信じていた。

8.
プリンストン大学のウェブサイトである、イランデータポータル（2015）を参照、ウェブサイト：https://www.princeton.edu/irandataportal/laws/supreme-leader/khomeini/rushdie-fatwa/

9.
ニューヨーク・タイムズのレポーターはラシュディに、彼と似たような恐怖を持つ作家に対してアドバイスはあるかと聞いた。彼は「妥協しないことだ。それは…あなたがどんな人で、何をして、何故あなたがそれをしたのかを知ることに繋がる」と答えた。詳しくは、ニューヨーク・タイムズ、"Life During Fatwa: Hiding in a World Newly Broken,"（2002年9月18日）の記事参照（この記事ではチャールズ・マグラスがサルマン・ラシュディに質問をしている）。

10.
ある集団が神聖な目的に基づいて紛争を引き起こそうとした時、対立している集団も同様に紛争を起こそうとする傾向がある。例えば、ウサーマ・ビン・ラーディンがアメリカに対して聖戦の宣言をしたように、テロリストは神聖な意義を持ってアメリカ同時多発テロ事件を引き起こしたとした。アメリカも、命や自由、米国の神聖なる価値観を元に反撃を行ったとしている。

11.
このたとえは、1999年5月31日に出版されたニューヨーカーのマイク・トゥーヒーによる漫画からきたものである。その漫画では、カップルがパーティーに行ったときに、幹事に「ワインを買ってくる時間がなかったんだ。でもこれが僕たちが用意していたワインのお金だよ」と言いながら現金を手渡ししているシーンが描かれている。

12.
バーロンとスプランカは、人の決断において神聖な価値観が持つ役割をいち早く研究していた。彼らは神聖な価値観を「守ら

れている価値観」として、現世的価値（経済的価値）と交換することのできないものと表した。彼らは、なぜ現世的価値と交換しづらいか、神聖なる価値観の特性を5つ挙げた。それらは、「量との無関係性」「代理関係性」「倫理的義務感」「現世的価値を交換しようとするときに出てくる怒り」「現世的価値と交換する必要があることを否定する理想的な考え」だ。彼らがいう「量との無関係性（quantity insensitivity）」は私がこの章で説明した点に関連しているが、神聖なる価値観に対する攻撃はどんな小さなものであっても、感情に大きな打撃を与えるということを指す。バーロンとスプランカ（1997）、スコット・アトランとロバート・アクセルロッド（2008）は、「量との無関係性」の例として、兵士たちがいくつかの神聖なる任務を果たすためにたくさんの兵士の命を犠牲にすることを挙げた。またフリップ・テットロックは、神聖なる価値観を巡ってのコンフリクトは、交渉が難しく、行き詰まる可能性が高いことを示した。また、彼と彼の同僚（2000）は、神聖なる価値観への脅しは相手の道徳的な怒りや硬直状態を引き起こすことにおいて実証的な根拠を提示している。神聖なる価値観が関与する交渉において駆け引き戦略を行うことはこういった状態に陥りやすい。神聖なる価値観について対立するのではなく、あくまでも「利点とコスト」について交渉の焦点を切り替えることで、ある一方はスタンスを変えて、タブーについて感情的にならなくなるだろう。

　なぜ神聖なる価値観における交渉が解決困難に繋がりやすいのか。1つの理由としては、神聖なる価値観を巡ってコンフリクトを引き起こすべきかしないかを決断する際に、従来の「利点とコスト」を考えるモデルでは通用しないからだ。紛争するかしないかの決断について満足するかしないかは時間を経てわかるものであるが、神聖なる世界では時間が永続的である。神聖な世界では短時間、長時間といったものが存在せず、ただ無限に続いていく価値観しかない。神聖なものは無限にその価値が続いていくものだと捉えらているため、神聖なものに対する侮辱は容赦無く大きな感情を引き起こすものになるのだ。

13.

　トーテムは神聖なものとして捉えられているが、それは本やもの、聖書などさまざまある。交渉相手が何をトーテムとして考慮しているのか、注意深く傾聴する必要がある。そうすると、彼らが紛争において何を重視しているかのヒントを得ることができるだろう。

14.

　ある人がどのような人になったかの物語は、過去との繋がりからその人のアイデンティティが醸成されていることから、私は「原点のミュトス」と呼んでいる。また、ある人の人生の目的については「預言のミュトス」と呼んでいる。なぜなら、未来との繋がりからその人のアイデンティティが作られているからだ。

15.

　進化論は学校でどのように教えられるべきかという問題について考えて欲しい。ある教徒は原点のミュトスを支持し、世界は権威ある神によって作られたと主張するだろう。一方で他の教徒は、人類は必ずしも神の介入によって地球に現れたのではなく、時間をかけて遺伝や行動特性、適者生存に対応することでこれまで進化してきたという概念を原点のミュトスを基に考慮するだろう。

16.

　「アイデンティティの領域」は私たちが大切にしている信念や価値観が実際に物理的に現れる領域のことを指すために使用している。

17.

　アブラハム・ヨシュア・ヘッシェル教授は、ユダヤ教の安息日を時間の聖化としており、「安息日は私たちにとっての大聖堂のような

空間だ」としている。

18.

ベイザーマン、テンブランセル、ウェイド・ベンツォーニ（2008）は、交渉相手が神聖なものに訴えてきたとき、3つのシナリオが想定されるとしている。

（a）交渉における問題がまさに神聖なものに関するものである場合。著者はこの問題においては議論や譲歩がそもそも不可能であると主張した。一方で、この章では、私はこれらの問題は交渉可能だとしているが、それは神聖な概念を再解釈するときにのみ可能だと考えている。また、神聖な言葉で話して、相手側のアイデンティティに対する自分のメッセージを伝えることを試みることもできる。

（b）交渉における問題は神聖なものに関するものではないが、神聖なものに関与すると意図的に捉えられている場合。交渉を終わらせるための方法として取られる。

（c）偽りの神聖である場合。つまり、一部神聖なものに関するが全部は関与していない場合を指す。

これに続く研究として、テンスブルンセルと彼の同僚（2009）は、交渉を断つという強硬な代替案を持っているときにおいて、神聖な価値観を巡っては紛争になりやすいという根拠を示した。このような状況において、交渉者はそれぞれの主義に基づいて行動する「余裕」があるのだ。神聖な価値観における交渉は、交渉者がこの問題に対して極端か極端でない見方をしているかによって、代替案として交渉を断つことをするかしないかの度合いに現れるとした。この研究は、どの程度人々が神聖な価値観を伴うと考慮するかによって交渉における関係が変わるということを示した。しかしながら、究極の神聖なものに対する問題に関しては、それが関わらないという場合もある。

19.

エリアーデ（1958, 7）は神聖なものは作られたものではなく、それ自体が現れてい

ると信じている。彼は神聖なものの現れはヒエロファニーと表現した。国旗は国民のために作られたものであるが、国家主義者にとってそれは神聖なものである。それと同じように、信者にとって神話は物語ではなく、ヒエロファニーなのだ。

20.

フィリップ・テトロックと彼の同僚（2009）は3種類の交換を提案する：

ルーティーン交換：
現世的な価値　対　現世的な価値
タブー交換：
現世的な価値　対　神聖な価値観
悲劇交換：
神聖な価値観　対　神聖な価値観

テトロック（2003, 323）は、タブー交換に直面した際に、交渉和解に辿り着くためにモラルの境界線を妥協することを回避する方法を興味深い記事で考察した。たとえば、「有毒物除去の効率専門家は、剰余金を一般収入ではなく他の方法で命を救うことのために充てることによって、タブー交換の疑いから逃れることができる」と彼は記載した。したがって、タブー交換は悲劇交換へと変わる。また、すべてが修辞的なリフレーミングの対象とはなるわけではないとも記した：「妊娠中絶の権利、人種差別、エルサレムやカシミールの神聖な土のようないくつかのタブーは、特定の歴史的な瞬間に過剰に侵害され、妥協を提案することは、撤回できない中傷に自分をさらすということを意味する」。

象徴的な譲歩（たとえば、率直な嘘偽りない謝罪）は神聖な問題が論点の際に妥協の可能性を高めることができる。ジェレミー・ゲンゲス教授、スコット・アトラン教授、ダグラス・メドリン教授とカリール・シカキ教授（2007）は実験を行い、神聖な問題を交渉する人は具体的な報奨物を提示されると妥協に対する抵抗が増加すると証明した。また、一方で、象徴的な妥協を提示されると妥協への反対が薄くなった。この実験はイスラエルーパレスチナ間の問題

に注目し、その問題に直接的な影響を受けた人々を実験対象とした。

アトランとアクセルロッド（2008）は相手の神聖な価値観を認めるといった、神聖な価値と関係のある論争を扱う戦略を提供する。たとえば、第二次世界大戦後、人類学者のルース・ベネディクトとマーガレット・ミードは米国政府に日本の天皇に敬意を表すべきだと訴えかけた。何故ならそれは天皇を崇拝した日本人が天皇を救うために死ぬまで戦う可能性を軽減するからだ。

21.

以下を参照。Raz 1986。

22.

コンフリクトの中心に神聖な問題がある場合、人々は機械的な費用効果分析の適用を避ける傾向にあり、むしろモラルや直感を適用する。この重要な違いについては以下で展開されている。Ginges et al. 2007。さらに、研究者たちは象徴的な譲歩がモラル絶対主義者の平和協定に対する反対を減少させることを発見した。

23.

ここでタブー交換が悲劇交換へと変わる例を追加で2つみてみよう。講演者のリリー・コング（1993）はシンガポール政府が公営住宅、工業団地、都市再生（現世的な懸念）のための場所を確保するために宗教施設（神聖な施設）を手に入れ、高い頻度でそれらを取り壊すことについて論じた。

政府は、このタブー交換（神聖な懸念 対 現世的な懸念）を悲劇交換（神聖な建物 対 神聖な公共利益）として再構成するし、宗教的買収と社会基盤の変化の共同価値が、神聖な建物自体の価値に取り替わるものだと訴えかけることにより、地元の抵抗を鎮圧した。たとえば、コングはあるメソジスト教徒をインタビューしました。そのメソジスト教徒は、もし宗教的な建物が道を広げて交通渋滞を緩和するために取り壊されるとしたら、それはすべての人の利益になるものであり、キリスト教の教え

によると、「我々は国にとって良いことをすべきであり、自分自身を最優先すべきではない。

2つ目の例は、パレスチナ人に支配権を戻すためにガザのイスラエル植民地を明け渡したいと思ったイスラエルの元首相、アリエル・シャロンに関するものだ。彼の戦略をのちに国防会議のシニアメンバーが以下のように記載した。「（ガザから追放されることになっていた）植民者たちに対し、イスラエルの資金を無駄にし、兵士の命を危険に晒していることを叱責すべきではなかったことにシャロンは気づくのが遅すぎた。シャロンは、象徴的な譲歩を行い、彼らをさらなる犠牲を払ったシオニストの英雄と呼ぶべきだったことに気づいたと私に打ち明けた。（Atran et al., 24 August 2007, 1040）。

24.

ウィリアム・ジェームズは神聖なものは個人が所有するものだと捉えたが、デュルケームは「社会を肯定し、個人を社会に結びつける社会要請」と捉えた。（Coleman and White 2006）。言い換えると、ジェームズは神聖の「プライベートな心情の中で生き延びる」という要素に着目しているが、デュルケームは神聖なもの、そして広く宗教というものを、社会機能の役割を果たしており、社会的な継続性を維持する共同の価値観を制定するよう人々を動機付ける強力な絆を築くものだと捉えている。

私の関係性のあるアイデンティティ理論によると、共通の神聖な信仰は友好関係の源泉となり、双方を繋げるものとなる場合もある。これはデュルケームの神聖なものが共同機能である理論と一致している。それでも、神聖なものへの信仰は逆説的にあなたの自律性を高めたり、減少させたりする。神聖なものに服従するとき、あなたは神聖なものの神聖さに疑問を投げかける自身の自律性を制限すると同時に、神聖なものの無限の価値へのつながりを通じて自律性を拡張する。

注釈

25.

ロバート・ジェイ・リフトン（1979）は「象徴的な不朽」という単語を作り出し、以下5つの方法でその感覚を掴むことを提唱した。生物学的な不朽（私の血統は死ぬ私よりも長く生きる）；創造的な不朽（私の作品は死ぬ私よりも長く生きる）；神学的な不朽（私の魂は死ぬ私よりも長く生きる）；自然的な不朽（自然は死ぬ私よりも長く生きる：「ちりから成り、ちりへと戻る」）；そして経験的な卓越（私の経験は死ぬ私をその外へと連れ出してくれる）。

26.

神聖化のプロセスの詳細については、Pargament and Mahoney 2002を参照。人々はまた、儀式や巡礼の旅等に従事することによって、一般的に神聖な意味を生み出す。

27.

以下を参照。Sadat 1978。

28.

金銭的な誘因は宗教過激派の暴力行為を思いとどまらせるためには十分でないことが多々ある現代のグローバル社会でも同じことが言える。一部では、過激派の視点から正当と見なされる宗教指導者のためのグローバルプラットフォームが必要であり、そのプラットフォームは暴力は価値観に基づく違いに対処するための効果的な手段ではないと周知することを目的とする。

29.

ベン・デュプル（2009、72–75）によると、原理主義の概念は、20世紀初頭に起きたアメリカのキリスト教原理主義の運動に由来する。アメリカのキリスト教原理主義は以下に対する反応だった「「リベラル」な神学者の傾向を変えるため…すなわち、異なる宗教的原理主義の統一テーマは、神（または神々）と彼（または彼ら）の人類との関係性に関する本質的かつ基本的な真実を含む単一の権威のある教えがあるという確信である。神聖な文章は神の文字通りの言葉であり、断固として解釈や批判に対応していない。同様に、文章に含まれている道徳的命令およびコードは、言葉の通り従われるべきである」

私が「原理主義者」と呼ぶアイデンティティの領域は、スコット・アトランが紛争解決の「献身的な演者」モデルと呼んでいるものに関連している。それは、合理的な演者モデルとは対照的に、成功の見込める可能性とはまったく関係のない、または、まったく比例していないような過激な犠牲を払う覚悟のある人たちを描写している。このグループへの献身の概念は、世界を救うことよりも、新しく確立された親類のために死ぬことを選ぼうとしたトライブ演習の参加者の一見不合理な行動を説明するのに役立つ。献身的な俳優モデルの詳細については、Atran 2003を参照。テトロックと彼の同僚（2000）は、神聖な意思決定の似たような概念を提唱する。それは、直観的な道徳神学者である。

30.

驚くべきことに、宗教熱狂者と厳格な生物学決定論者のどちらもこの原理主義のアイデンティティの領域を占めている。どちらも、自らがコントロールできない力によりアイデンティティが形成されると信じている。宗教熱狂者は自らのアイデンティティのパラメーターは神の力により定められると信じ、生物学的決定論者は生物学やDNAの構造などによりアイデンティティが形成されると信じている。あなたが現在のあなたでいる理由は、神聖な儀式のテンプレートまたはあなたの身体の予め形成された生物遺伝学的コードのどちらかである。

実際、私たちは皆、原理主義者かもしれない。構成主義者はアイデンティティに対する自らの見方を基本的には信じているが、それは宗教熱狂者がそうでないと説得されないのと同じ程度である。実際、自分のアイデンティティに致命的であると考えるものに対する貢献から個人を引き離すことはできない、と神経心理学的証拠は示唆している。研究者たちは、個人が客観的な主

張（2+2 =4）または主観的な主張（神は本物）のどちらを評価しても、それぞれが感情、味覚、匂いに関連する脳の主要な場所において、信念または不信の印を取得することを発見した。Harris et al. 2008参照。

31.

　　私は「無我の人」という単語をかなり狭く使用している。宗教学者のリチャード・オクセンバーグ教授との会話（2015年7月20日の電子メール）の中で、彼は次のように述べた。「無我の人の仏教的学説は形而上の学説よりも機能的である。それは、自分自身がすべてに対して反対しており、切り離されている阻害された存在であると熟考することをやめるように設計されている。しかし、ニルバーナの意識を持つ人は、自分はアイデンティティがないと見なすのではなく、（ある意味で）すべてと同一視されていると見なす。それはアイデンティティを排除するものではなく、拡大するものである。それを排除するものではありません。それは、みんなで一丸と「一体」であるという感覚だ。したがって、それは、私ではない世界に反対し、それに脅かされている私（阻害された己）であるという感覚に関連する二元的意識の克服です。まさにこの意味で、ティク・ナット・ハンは、ニルバーナの意識を持つ人は死の恐怖を超越すると言う。なぜなら、その人は自分自身のことを「彼」の先に起こり、「彼」を生き延びさせることの延長戦とみなしているからだ。」

　　ダライ・ラマ（2005、46–50）は空の仏教的理論を訴える。その理論とは、「物や出来事は「空」であり、不変の本質、本質的な現実、または独立を与える絶対的な「存在」のいずれにも当てはまらない、と仮定する。この「物事の本当のあり方」の根本的な真実は、仏教の書物では「空」またはサンスクリット語のシュニヤータ（shunyata）として説明されている。」ダライ・ラマは、「量子レベルで、物質が見た目よりも固定されておらず、定義できる場合、科学が空虚と相互依存に対する仏教の瞑想的な洞察に近づいているように私には見え

ます」と述べる。

　　ダライ・ラマは仏教哲学者ナガルジュナの2つの真実の違いを引用している。(1) 因習的な真実（conventional truth）：コアアイデンティティを含む私たちが体験するままの現実 (2) 究極の真実（ultimate truth）：これは存在論的でより深いレベルの現実。ダライ・ラマは対象が個別の存在であることを仮定することは倫理的危険を伴うことを示唆する：「私は一度物理学者の友人デヴィッド・ボームに次の質問を聞いた。「現代科学の観点から…物の独立した存在を信じることの何がいけないのか？…彼曰く、人種差別、極端な国家主義、マルクス主義階級闘争など、人類を分断する傾向があるさまざまなイデオロギーを調査すると、それらの起源の重要な要素の一つは、物が本質的に分断され、繋がっていないものとして理解する傾向があることだと彼は答えた。この誤解から、それぞれの分類が本質的に独立していて、自立しているという信念が生まれる」

　　思考や感情の仏教的哲学に関するさらなる洞察については、以下を参照。*Thoughts without a Thinker: Psychotherapy from a Buddhist Perspective*, by Mark Epstein (New York: Basic Books, 1995)。

32.

　　私は、ハーバード・メディカル・スクールの精神医学の講師であるスティーブ・ニセンバウム博士が個人的な電子メールでこの点を強調したことをありがたく思います。

33.

　　解釈学とは、文章の解釈の学問である。対話とは解釈の対象となる生の文章であると捉えることができる。哲学者マルティン・ハイデガー（1962）は自己と文化の解決できない繋がりを理解する方法として解釈学の良い印象を説明している。これを彼は「世界にいること（being-in-the-world）」と呼ぶ。職人は自身の商売、つまり道具や木材やワークショップとは切り離しておらず、完全に繋がっているものだと描いている。

ハイデガーは、職人は「世に打ちのめされ、世界に逆らう」のではなく、文化的意味が吹き込まれた活動に積極的に参加している存在であると述べている。それらはより広い全体の統合された部分である。言い換えると、文化と自己は独立していないが、本質的に相互に繋がっている。つまり、紛争解決においては、イベントの文化的構成を変化させるために自己認識を変更できるように、自己認識を変えるために文化的理解を変えることができる。

文化的理解を変えて自己認識を変えることができるのと同じように、自己認識を変えてイベントの文化的枠組みを変えることができます。

34.

社会心理学者のカート・ルウィンは、組織のために犠牲を払うことはその組織への忠誠心を高めると述べている。どんな紛争においても、「私たち」側のために戦うことで犠牲を払うことは、私たち側への忠誠心を高めると私は信じている。もし、争う双方が同意のために同等のスケールと見受けられる犠牲を共同で払うと、それは両者を結びつけることに役立つ可能性がある。

第9章　アイデンティティ・ポリティックスを用いて統一する

1.

アリストテレスは国家というものを、自然の産物であると信じていた。国家の中で存続するために、人間は生まれつき"政治的な動物"なのである、と。この考え方は私の「トライブ効果」の理論と直接的に関係がある。アリストテレスはこう述べた。「生まれつき、または偶然にではなく国家に属さない人間は、人間を超えた存在か、人間以下の存在である。そういう人間はホメロスの非難によれば、部族を持たず、法を持たず、かまどを持たない──戦を愛する追放者である。一羽で飛んでいる鳥になぞらえられ

るかもしれない」この個人は充分に自立し、所属をまったく気にかけず、道徳的な秩序の外にいて、内面の必要性を満たすためのどんな手段でも追及しかねない。これはトライブのポジティブな価値への強い主張である。「トライブ効果」は攻撃につながりやすいが、その機能は自分が関わっている人たちとトライブを守ることだ。部族的なつながりがなければ、われわれは"かまどを持たない"存在になるリスクを負うのである。

2.

Horold Laswell. Politics: Who Gets What, When, How (New York: Whittlesey House, 1936)

3.

私は「アイデンティティ・ポリティックス」という言葉を、中立的で心理的な影響力のメカニズムを呼ぶために使っている。これはこの言葉を従来のように、しばしば自由主義者が政治的に用いる場合と対照的だ。従来は公民権運動やフェミニズムの動きといった中で高まりつつあった政治的な力のために、抑圧された少数派が戦うときに用いている。こうした「アイデンティティ・ポリティックス」は、彼らの社会的、法的な権利を拡大するために政治的なシステムを変えることを主張している。

4.

フーコー（1984）は、アイデンティティとはわれわれが持っている"もの"ではなくて、人間の交流に現れた特質だと主張している。その結果、アイデンティティは勢力関係を定義するツールになっている。ある政府が「あの人々」よりも「この人々」のために資源を優先する場合のように。以下を参照。Gagnon 1994。

5.

民族の分裂がコンフリクトを生み出すのだろうか？　それとも、政治が民族のコンフリクトを生み出すのか？　バントン教授によると、政治は伝統的に、平和的な民族

集団に暴力の時代を経験させて民族の分裂の特徴を強めているという。ブルンジとルワンダの民族であるフツとツチにとって、社会の変化が暴力につながり、民族のアイデンティティの特質を強めてきた。バントン教授（1997,76）はこう結論づけている。「ルワンダとブルンジの最近の歴史が示しているのは、民族意識がコンフリクトをつくったのではなく、その逆だということだ。コンフリクトのせいで民族意識が大いに強まることになったのである」ハーバード大学の学部長であるマーサ・ミナウ教授は（1998,119）、同様の意見を主張している。「忘れたり思い出したりする行為自体が、権力という道をはっきり見えるものにしている」言い換えると、政治は権力のダイナミックスを形づくり、それが民族関係を形づくるということである。

6.　　策略に長けたリーダーは、政治を操るためのツールとして歴史を利用できる。脅威を感じた集団は、ヴァミク・ヴォルカン（2001）が「選ばれたトラウマ」や「選ばれた栄光」と呼ぶものになりがちである。「これらはあるグループのアイデンティティの指標となった、過去の大惨事や大勝利の精神状態が共通して現れたものである……「選ばれたトラウマ」の例では、彼らはきちんと嘆き悲しむことがなかった恥辱や喪失を抱えたままで、実際にそういった出来事が起きたのは何世紀も前なのに、そのイメージをグループのアイデンティティの感覚に深く留めている。そんなイメージが再活性化されると、今でも攻撃性をかき立てられたり、自分たちは犠牲者だという感覚を煽られたりするかもしれない」ヴォルカンは、多くのリーダーが政治的な影響を与えるためのツールとして、「選ばれたトラウマ」や「選ばれた栄光」を刺激する方法を本能的に知っていると主張している。

7.　　以下を参照。de Waal 1982, 207。

8.　　「ウタニ」はトライブ同士や村同士の絆である。つながりのある個人はお互いを「ウタニ」と呼ぶ——人々はウタニを通じて結びついている。ウタニは良質なユーモアや気前の良さ、たとえばウタニの一員の葬儀で料理をしたり掃除をしたりといった困難なときの支援を通じて、友情を制度化し、政治的な暴力から保護している。以下を参照。Tsuruta 2006。

9.　　以下を参照。Brubaker 2004,13。

10.　　以下を参照。Putnam 1988 and Walton and McKersie 1965。彼らは組織的な交渉という背景における単一の当事者の前提が虚偽であることを証明している。さらにLax and Sebenius 2006を参照。彼らは意思決定のプロセスに影響を与えるさまざまな内的、または外的な力を分析する有益なフレームワークを提供している。

11.　　幸い、私の隣人はマラソン大会で負傷しなかった。

12.　　以下を参照。Fisher and Shapiro 2005。ＥＣＮＩメソッドは〈ハーバード交渉プロジェクト〉の相談役であるマーク・ゴードンによって開発された「バケット・システム」の改訂版である。決定方法への同様のアプローチを知るのなら、以下を参照。Vroom and Yetton 1976 and Bradford and Allan Cohen 1998.

13.　　以下を参照。Sebenius and Green 2014。

14.　　このグループは、リベリアの元大統領のマダム・ルース・サンド・ペリーに率いられていた。ディオプによると、その国際的

なコミュニティは〈コンゴ人間協議〉が解体するまで支援しており、彼らのアフリカの女性リーダーのチームはこの目標に貢献した。

15.

コンフリクト解決の分野でのパイオニア的存在であるメアリー・パーカー・フォレットは、人に対する権力（強制）と、人とともにふるう権力（共同作業）とを区別した。

16.

ニエレレの与党の基本的な原理は「アフリカ統一の妨げになる、部族主義やほかの要素と戦うこと」だった。以下を参照。M.H.Abdulaziz, "The Ecology of Tanzanian National Language Policy." in Language in Tanzania, eds. Edgar C. Polome and C.P.Hill (Oxford: Oxford University Press, 1980)

17.

ニエレレ大統領のリーダーシップに関するこの見解は、2010年5月6日にタンザニアのダルエスサラームでの〈世界経済フォーラムサミット〉で、タンザニアの外交官との会話から生まれたものである。

第10章 コンフリクトを解決する架け橋：4つのステップ

1.

超越的な統一は、和解の究極の目的である。エリン・ダリー教授とジェレミー・サーキン教授（2007）は、和解を次のように描写している。「かつては結びついていたが、ばらばらに引き裂かれていたものを一緒にすること——現実であれ、想像上であれ、元へ戻ることまたは以前の状態の改造」
和解はわれわれ自身の中で起こり得る。人はコンフリクトの感情同士の緊張状態を解決できるのだ。ベイカン教授（1966,45）はフロイトの精神分析理論を活用し、神経症の変化を感情的な調和として語っている。（1）人は好きなものと嫌いなものを分けて

いて、嫌いなものを抑制する。（2）人は感情的な状況を征服しようとする。（3）人は抑圧された感情を否定する。（4）人は否定された感情を見守る。というわけで、精神分析の最終的な課題は「分離や抑圧の裏にある内面の調和」を発見することだ。(48)統合的なダイナミクスとともに、超越的な統一のためには分断の裏にあるものを見つけることが目標なのだ。
抑圧を発見する1つの方法は、ジークムント・フロイト（1925,235）が"否認"と呼んだ概念を通じたものだ。ある患者がフロイトに言った。「夢に現れたこの人物が誰なのかとお尋ねになるのですか。それは私の母ではありません」このような言葉を聞いて、その人物とは母親であるとフロイトは確信する。「否認の助けを借りて、抑圧のプロセスの1つの結果だけが残った——すなわち、意識に届いていない、抑圧されたものという事実が。この結果は、抑圧されたものを頭で受け入れるということだ。それと同時に、抑圧の主張に不可欠のものを受け入れるのである」(236)

2.

以下を参照。Fisher and Ury 1981。

3.

オレンジの事例は以下から引用した。Fisher and Ury 1981。私は最初、このセクションの事例の批評を、1999年のアマーストのマサチューセッツ大学における学位論文のプレゼンテーションで述べた。実験に基づいた論文に加えて、私は審査委員会に手書きの漫画を提示した。2人の少女が1つのオレンジをめぐって喧嘩し、オレンジを皮と中身に分けたあと、それとは無関係の問題で口論するというものだった。

4.

共同での問題解決は、強くてネガティブな感情に直面した場合は非常に難しくなる。ある研究を紹介しよう。人間は誰かが自分と似ていると思うとき、自分の心の中を探るのと同様に、その人の精神的特徴を内省

するが、自分と似ていないと見なす人々の精神的特徴を考えることはできない。以下を参照。Jenkins et al.2008。

嫌悪は、問題を解決しようとする努力にとってさらなる障害となるかもしれない。私は「トライブ効果」が根づくように、人は相手の見解のせいで相手に嫌悪感を覚えるのであって、自分たちの見解に共感してもらえないからではないと考えている。嫌悪のせいで、嫌悪の対象を始末したり、合理的な判断を無にする強いネガティブな反応が引き起こされたりする。以下を参照。Han et al.2000。

5.

ジョセフ・キャンベル教授は超越について次のように述べている。「あらゆる神秘的な認識の本質的経験である。人は肉体が滅び、精神へと生まれる。肉体は単なる媒介でしかないという意識と生命を持って、人は自分自身を見きわめる」(Campbell and Moyers 1988, 134)

6.

平和研究のパイオニア的存在であるポール・レデラック(1997)は、"アイデンティティのジレンマ"についてこう語っている。長引くコンフリクトの論争者たちは、敵対的なアイデンティティが自分たちにとってお馴染みであるため、平和に抵抗するかもしれない。

7.

ウィリアム・ジェームズ(1958、165)は『宗教的経験の諸相』で、宗教的な転向の心理学について論じ、"感情的エネルギーの習慣的な中心"の概念を紹介している。このセクションは彼の洞察を参考にしている。

8.

神経系統に影響を与えるセロトニンは、有害な嫌悪感を強化すると紹介されている。以下を参照。Crockett et al.2010。

9.

コロンビア大学のピーター・コールマン教授は「ダイナミカルシステム理論」の先駆者だが、この理論はコンフリクトの複雑な大義や、前進するさまざまな方法について、論争者がより理解を深める助けとなる。コールマン教授とJ・K・ロウ(2007)は、長期化するコンフリクトの解決に有益な4つのカギとなる変数を突き止めている。(1)認知的複雑性:各集団の複雑な背景を理解すること。(2)矛盾への寛容性:あなたの背景と矛盾する情報を許容し、さまざまな問題や解決の単純化に抵抗すること。(3)開示性と不確実性:矛盾した情報を求めること。(4)心の修復:感情を建設的な行動に向かわせるために、感情に対処する戦略に携わること。

民族政治的なコンフリクトを和解させることは、犠牲者や違反者がいるし、癒しを与えたり正義を煽ったり、真実を追求したり、賠償したりといったさまざまな方法があるので、とりわけ複雑である。グループ内の和解における優れた資源については以下を参照。Bloomfield 2013.

10.

ジョン・ブルーワー教授(2017,127)はこう主張している。「平和のプロセスには、未来を想像するとともに、過去の感情を封印することが求められる」

11.

エリン・デーリー教授とジェレミー・サーキン教授(2007,134)は、過去についての重要な疑問をこう述べている。「何が目的で、われわれは過去を記憶しているのか？激しい怒りや復讐の気持ちを保ち続けるためや、犠牲者を守るためかもしれない」

12.

トラウマを理解する能力──そして、さらにコンフリクト解決──には政治的支援が必要である。ハーバード大学のトラウマ関係のエキスパートであるジュディス・ハーマン(1992,9)はこう述べている。「人

権への強力な政治的運動がない状態では、証拠を生み出す活動的なプロセスは、忘却という活動的なプロセスに移行することを避けられない」

第11章　アイデンティティの神話を解明する

1.

　ジェローム・ブルーナー教授（2002、89）はこう主張している。ナラティブはわれわれにとって「自分自身や他人のものでもある、人間の強い願望や試練を表現するための好ましい、必須とさえ言えそうな媒体だ。われわれのストーリーは構造も強要する。それは哲学的なスタンスであっても、われわれが経験しているものへの抵抗し難い現実である」ブルーナー（1990、77）は、ナラティブには経験に必要な視点があると断言している。それは「声のない」ものではあり得ない。

2.

　ストーリーとはプロットを伴った説明である。ナラティブはストーリーに視点を与えてくれる。ストーリーをある建物として見なし、ナラティブをその建物の解釈だと想像してもいい。同じ建物を10人が見ても、それぞれが異なった解釈をする。コンフリクトでは、ストーリーは展開しているドラマであり、ナラティブはそのドラマについての各自の見解である。ナラティブはストーリーがなくても存在できる。たとえば、私がブルースを聴くとき、個人的なナラティブが展開していることを経験するが、そこにストーリーのプロットは欠けている。統合されたダイナミックスの目的は、集団が各自のナラティブ──アイデンティティの神話──を明らかにして認めるのを助けることだ。それによって、コンフリクト全体のストーリーを形づくっている、標準とは違った見解が明らかになる。

3.

　「敵の隠れた歴史を読むことができたら、あらゆる敵意を一掃するのに充分なほどの悲しみや苦しみが見つかるだろう」とヘンリー・ワーズワース・ロングフェローは語った。以下を参照。Henry Wadsworth Longfellow, Prose Works of Henry Wadsworth Longfellow, vol.1 (Boston: James R. Osgood and Company, 1873), 452.

4.

　2007年2月15日、マイケル・ウィーラー教授によって企画された、ハーバード・ビジネス・スクールでの小規模なアカデミックの集まりで、感情に関する研究者のポール・エクマンはこう述べた。「理解してもらえると思ったら、多くの人は自分の話を語りたくてたまらないだろう。理解されたくないと思う人は非常に少ないはずだ。自分のストーリーをどう見てもらうかではなく、人生でやってきたことの理由を知ってもらうことが大事なのだ。他人に自分のストーリーを語りたいという欲望をさえぎるものは軽蔑だけである──相手に対する軽蔑なのだ」お互いの神話を理解することにより、人は自分の人生というストーリーを生きる理由を理解する。

5.

　エリートたちは資源の配分に道徳的に健全な計画を立てるため、哲学者のジョン・ロールズの作品を引き合いに出すこともできた。ロールズは、資源や権利の配分のために社会的な原理を決定する集団は、「無知のベール」の裏側から決定にアプローチすべきだと提案した。この方法だと、個人的なバイアスや偏見は最小限に抑えられる。社会のあらゆるメンバーを、同等の倫理的価値観で取り扱うからである。エリートたちが無知のベールの裏から資源の分配を決定したら、意思決定のやり方をより大きな集団にも発表したかもしれないし、それによって低所得者階級の怒りがいくらかは鎮まっただろう。

6.

この特徴はジョセフ・キャンベル（1988,60-61）の、ユング派の元型と、神話の不朽性におけるユング派の役割についての議論から導き出している。キャンベルはこの章でカギとなるコンセプトをいくつか与えてくれたが、日々の生活における神話の力と目的に関するコンセプトが特にそうである。

7.

以下を参照。Jung 1936。

8.

ユングは人の無意識が2つの主な要素から成り立っていることを理論化した。個人的無意識と、集団的無意識である。人の個人的無意識は隠れた感情や秘密の妄想、抑圧されたトラウマの本拠地だ。対照的に、集団的無意識には個人的な経験と無関係に形作られた、あらゆる人間が分かち合う思考やイメージがある。すでに述べたように、元型は集団的無意識である。

9.

厳密に言えば、ユング（1968,5-6）は元型（集団的無意識に永続的にとどまっているもの）と、元型的なイメージ（意識に侵入し、世界の直感的な理解を形づくるもの）とを区別していた。私は「元型」という言葉を、元型的なイメージを呼ぶために用いている。元型そのものは決して見えない。元型が、元型的なイメージを通じて現れるのを見るのである。ユング自身の言葉では以下のとおりだ。「そんなわけで、『元型』という言葉は『集合表象』に間接的に当てはまるだけである。なぜなら、それはまだ意識的な同化に屈服しておらず、したがって精神的な経験の迅速なデータである精神的な内容のみを示しているからだ。この意味で、元型と、元型が生み出した歴史的なやり方との間にはかなりの違いがある。とりわけ、難解な教えという高い次元では、意識的な同化の重要性と、評価されるような影響を明らかにする形で元型が現れてい

る。たとえば、夢やビジョンの中で見るように元型がすぐさま現れることは、神話の中で見るよりもはるかに個人的で理解しにくく、よりナイーブなものだ。元型は、意識的になったり認識されたりすることによって修正される、本質的には無意識の内容で、それが現れる個人の意識によって特徴づけられる……。原始的な人間は明白なものを客観的に説明することにさほど関心はない、しかし、不可欠の欲求を持っている——というより、無意識の心理には抑えがたい衝動があるのだ——それは、内心の心理的な出来事を経験するために、外的感覚を理解したいという衝動である」

10.

元型は原始的に構築されていて、社会的に構築されているのではないと「証明」することはとても難しい。完璧に形づくられていなかったり、目に見えなかったりするのなら、科学者は潜在的な元型を現実にどう実証すべきなのか？　実際、心の中のどこに元型が存在しているのだろうか？　コンフリクト解決という目的のためには、元型の現実を気にかけなくていい。コンフリクトはナラティブの形から発生し、どんなナラティブにも基本的なテーマがある。結局、元型を探ることとはコンフリクトにおける感情や認識、行動をかき立てるうえでの核となるテーマを探すことだ。

11.

以下を参照。Chomsky 1972 and Cook et al. 2007。

12.

これには「能動的想像法」が求められる。C．G．ユングによって作られた言葉である。ユングは目覚めている状態で無意識の内容を明らかにするためのテクニックとして、「能動的想像法」を描写した。（Stevens 1990）

13.

以下を参照。Eliade 1958。

注釈

14.

創造的な内省は、各論争者の相手に対する典型的な、関係性のあるアイデンティティをはっきりさせるプロセスである。

15.

ブライアン・アラオとクリスティ・クレメンズは「勇気あるスペース」という概念を発展させ、「不賛成のものに賛成する」批評について論じた。以下を参照。Brian Arao and Kristie Clemens, "From Safe Spaces to Brave Spaces", in L. Landreman, ed., The Art of Effective Facilitation: Stories and Reflections from Social Justice Educators (Sterling, VA: Stylus, 2013), 135-50.。「勇気あるスペース」に関して私があげた考えの多くは、彼らの優れた著書から取っている。さらに、以下も参照のこと。R. Boostrom, "Safe Spaces: Reflections on an Educational Metaphor," Journal of Curriculum Studies 30, no. 4 (1998): 397-408。

16.

以下を参照。Arao and Clemens（同上）。

17.

ヴァミク・ヴォルカン教授（1999)は、コンフリクトで注目すべき一連の有益な感情的ダイナミックスを明らかにしている。
１．小規模のコンフリクトに置き換える：集団の対話中には小さな危機が生まれるが、それは緊張を煽る大きな懸念事項が凝縮された形の、象徴的な啓示である。
２．エコー現象：集団は自分たちに敵対するアイデンティティを暗示している、最近の外的な出来事に同調する。
３．選択したトラウマと、栄光を表す競争：集団は他者の痛みや苦痛を重視したがらず、長い間に悪化した不満について争う。
４．アコーディオン現象：各グループがお互いにより親密になったり、疎遠になったりするというパターンを何度も繰り返す。
５．投射：集団が自分たちのアイデンティティの不快な面を他者に投影する。
６．時間の崩壊と、トラウマの継代伝達：

集団は過去のトラウマに現在の経験を融合させ、トラウマに伴う感情を呼び起こす。
７．些細な差異のナルシシズム：集団はアイデンティティにおける小さな差異に大きな重要性を割り当て、自分側のコア・アイデンティティと相手側のコア・アイデンティティとの間に境界を設け、アイデンティティをダメージや崩壊から守る。

18.

感情に関する研究者のN・H・フリージャ（1988）は、懸念を「世界の特定の状態を選ぶための、多かれ少なかれ恒久的な性質」と定義している。

19.

以下を参照。Fisher and Shapiro 2005。

20.

Fisher et al. 1991。

21.

私の相対的な疑問の概念の一部は、C・スルツキー（1992, 2）の理論的な洞察に見ることができる。スルツキーは次のように提唱している。（物語は）「自動制御された意味論的なシステムで、プロット（何が）と登場人物（誰が）と状況（いつ、どこで）が含まれている。こうしたナラティブの構成要素はまとめられて制御される。また、調整、物語の道徳的秩序（意味、あるいは全体のテーマ）は代わりの解釈を効果的に封じている。物語の性質を変化させる有益なテクニックの１つは、次のような質問をして、さまざまなレッテルを行動へと変化させることだ。『あなたはどのような状況で感じますか……？』」

22.

このような質問の大半はサラ・コブ教授（2003）による記事から引用したものである。コブ教授は質問のこの形を「循環的質問」と呼んでいる。これはイタリアのミラノで、システミック家族療法のセラピストによって1980年代に発達したテクニックで

335

ある。「循環的質問」は、時間や対立する集団や人間関係を超えた比較の誘因となる質問を生み出す。

23.

仲介者やファシリテーターは、相手の神話に心から耳を傾けるようにと両者を助ける必要があるかもしれない。ラッツィンガーとシェフ（2000,76）は次のように強く主張している。「おそらく、コンフリクトに伴う交渉の最大の障害となるのは集団の片方、あるいは両方が自分たちの話は語られていないと感じたり、語られていたとしても、耳を傾けてもらえないと感じたりすることだろう。両者が話をまともに聞いてもらっていると心から感じれば、雰囲気は交渉が始まりそうな点まで変わるかもしれない。そのようなケースでの仲介者の任務は、感情を無視されずに話を聞いてもらうための物語を構成するように集団に手を貸すことだ。そして話をしたときは、確実に認識されるようにすることである」

24.

これに関してフィリップ・ウィルキンソンとニール・フィリップは、次のように述べている。（2007,15）「神話は詩と同じように、メタファーを通じて機能する。神話は互いが触れ合ったり融合したりできないほど別々のものに世界を折りたたんでしまう。このような神話に相当するものは、われわれの真の姿を示している」

25.

ある人間の神話を理解するには、政治的、社会的、経済的な影響といった「コンテキスト的な要素と同様に」、その人のコンフリクトへの衝撃を理解しなければならない。社会心理学の祖父と言うべきケルト・レヴィン（1997,337）は、予測される行動と概念的に似ている方法を主張した。行動（B）は人間（P）の機能であり、彼または彼女の環境（E）である、と。要するに、B＝ f（P,E）である。レヴィンはこう説明した。「行動を理解するため、または予測するために、人間とその環境は、相互に依存する事柄の1つの集まりであると見なされなければならない」（338）。これは和解のための暗示だ。ある神話は単に個人または環境の産物というだけでなく、「結び合わされた結果」の産物でもあるのだ。

26.

歴史学者のジョーゼフ・キャンベルは、人は神話によって自身の意識を超えた自分の一部と接触できると提唱している。

27.

このワークショップは世界経済フォーラム中東会議と関連して、トルコのイスタンブールで2013年5月に開催された。

28.

以下を参照。Neu and Volkan 1999.

29.

人間の経験が象徴的に描写されているおかげで、行動の現世的な分析を超えて、より深遠で精神的な原動力まで見ることができる。たとえば、儀式を分析すれば、精神的な意味への渇望を満たす象徴的な慣習に焦点を当てられる。

30.

ここに挙げた力の出典はB・H・レイブンから取った。"A Power Interaction Model on Interpersonal Influence: French and Raven Thirty Years Later,"Journal of Social Behavior and Personality 7, no.2 (1992):217-44。レイブンは1965年にパワーの6つめの基盤 —— 情報 —— をつけ加えた。以下を参照。B.H.Raven, "Social Influence and Power," in Current Studies in Social Psychology, eds. I.D.Steiner and M. Fishbein (New York: Holt, Rinehart, Winston, 1965),371-82。

31.

不均整なパワー・ダイナミックスとのコンフリクトにおいて、各集団は話をするこ

とに抵抗を示すかもしれない。自分をもっと強力だと考えている人々は力を失うことを恐れ、自分たちのナラティブを共有したがらないかもしれないのだ。自分にはあまり力がないと思っている人々は報復を恐れ、自分たちのナラティブの共有に抵抗するかもしれない。

しかし、一方の側しかナラティブを共有しなくても、両者にメリットはあり得る。著名な社会心理学者のアーヴィン・スターブの著書を考えてみよう。彼はフツ族とツチ族とにおける大量虐殺後の回復を進めるため、ルワンダで介入を指揮した。コンフリクトによって100万人以上が亡くなったが、過激派のフツ族が、ツチ族と穏健派のフツ族を殺害したことによる結果が大半だった。スターブがルワンダにいたとき、ツチ族が政権を握っていたが、彼はフツ族とツチ族が混ざった集団とともに働いていた。フツ族は物語を共有しようとしなかったが、スターブは彼らにツチ族の物語を聞かせることで共感が育ち、和解のプロセスに役立つと気づいた。以下を参照。Staub and Pearlman 2001, 203。

第12章　感情の苦痛を克服する

1.

以下を参照。Joseph Glatthaar 2008, 151。

2.

報復は、戦略としては有益な動きかもしれない――しかし、それは意識的な決定の結果であるべきで、反射的な行動であってはならない。12歳のニックと弟のジョーの関係を考えてみよう。もしもニックが、ジョーがとても大事にしている本を盗んだら、ジョーはニックのお気に入りの本を盗むことによって仕返しするかもしれない。事実上、こんなメッセージを伝えることになる。「ふざけるなよ」と。しかし、ジョーが次にニックの顔を殴ったら、最初の仕返しには意図したような効果がないかもしれない。感情の苦痛を克服するという目的は、攻撃と

思われるものに闇雲に仕返しするのではなく、最適な戦略の追及を確実にすることなのだ。

3.

ヘレン・ルイス（1971)は次のように述べている。われわれの大半にとって、自分自身を裏返しにするよりは世界を上下逆さまにするほうがいい、と。

4.

一般的なルールとして私が提唱するのは、癒しも痛みも、アイデンティティの同じ尺度で生じるべきだということだ。つまり、個人的、社会的、精神的に同じ尺度ということである。もし、フットボールの「ニューイングランド・ペイトリオッツ」チームが屈辱的な敗北（ファンの社会的アイデンティティにとっての苦痛）を喫したら、ニューイングランド地方の人に共通する精神は傷つくだろう。そして個人にとっての心理療法として最も治療効果があるのはその週の間、チームが勝利することだろう。対照的に、きょうだい喧嘩の結果として生まれた感情的な傷は、相手と腹を割った会話をしない限り癒えそうにない。人は苦痛と同じ程度に癒しを育てなければならないのだ。

5.

その論争者たちに感情のすべての領域を必ず把握させよう。社会心理学者のジェームス・イブリル（1982)は、人が利他的な感情を自分のものであると見なしても、怒りやそれに関連した悲惨な感情への責任を放棄する傾向にあることを観察した。慈善家は気まぐれに行われた寛大な寄付について謝罪しないが、自分のビジネス手法を批判する人間にわめきちらすことについては言い訳を見つけようとする。

6.

このアプローチは、ネガティブな独り言に気づいて自分を守るために反応せよ、と人々に助言する認知行動療法と似てい

337

る。インドの哲学者のクリシュナムルティ（1991,215）はこういう思考を見つけるために記録が大事だと思っていた。「この回転する機械は、観察ができるように速度を落とさねばならない。だから、思考や感情をすべて書きだすことは役に立つかもしれない。スローモーションで動く映像のように、あなたはあらゆる動きを見ることができる。だから心の中の速度を遅くすると、あらゆる思考や些細なことや重要なことが観察できるだろう」

7.
　　感情の苦痛を分かち合うことによって自意識が育まれる。人は判断されることを恐れ、屈辱を恥だと感じるかもしれない。シェフ（1988）はこれを「恥のスパイラル」と呼んでいる。そのような環境で、人は他人の目に映る自分のイメージにとても敏感になるかもしれない。チャールズ・ホートン・クーリー（1902,179-85）が「鏡に映った自己」に関する理論で述べたように。彼はこのように言った。「人は他人の心の中に、自分の姿やマナーや目的や行動についていくつか想像し……それにさまざまな影響を受けている。この種の自分についての考えには、3つの主な要素があるように思われる。他人に対する自分の外見のイメージ、その外見についての自分の判断のイメージ、そしてプライドとか悔しさといった、ある種の自己感情である」（p. 184）。恥は認めるのが最も難しい感情の中に存在して働く傾向がある。怒りが、あなたやほかの人がやったことに対するものであるのに対して、恥はあなたが誰であるかということに対するものだ。

8.
　　以下を参照。Brian Arao and Kristi Clements,"From Safe Spaces to Brave Spaces,"in L.Landreman, ed., The Art of Effective Facilitation: Stories and Reflections from Social Justice Educators (Sterling, VA: Stylus,2013), 135-50。

9.
　　仲介者は、論争者が恥や屈辱に取り組むのを助けるうえでとりわけ役に立ちそうだ。通常、こういった感情は隠れている。そんな感情について語れば、さらに恥ずかしい思いが生まれかねない。コンフリクトの解決に関する従来の方法は、感情を「発散させる」ことを勧めているが、これは相手側を辱めることになり、絆を台無しにする可能性がある。しかし、直接話すのに弱腰になることも、双方に恥ずかしい思いをさせることになる。したがって、感情が高ぶったコンフリクトでは、仲介者は勇気あるスペースをつくり、クライアントがお互いの神話や、拒絶や阻害や屈辱の感情を無事に認められるように手を貸していい。エスカレートするコンフリクトにおける恥のパワーについてさらに詳細を知りたい場合は、ジェームズ・ギリガン教授の論文（1996）を参照。

10.
　　リフトン（1979）は、人は損失を嘆かずにはそれを乗り越えられないと主張している。ヴォルカン（1981）は、地域社会でのコンフリクト後といった、集団による悲嘆を促進させるために、集団は過去の損失を現在の状況に結びつける対象物をつくることができる、と提唱している。それはこの目的を示してくれる、記念碑や休日、そのほかの儀式といったものである。

11.
　　フロイトは、無意識の意識をつくることが精神療法に必要だと信じていた。「思い出し、繰り返し、克服する」という論文で、フロイトはトラウマに満ちた記憶に対処するための2つの道について論じている。（1）行動で示す。そうすることで、人はトラウマとなる記憶を無意識に覚えていて、態度に表す。行動の機能不全のパターンを再現しながら。そして（2）意識的に覚えておき、それに折り合いをつけることによってトラウマに対処する。以下を参照。The Standard Edition of the Complete

Psychological Works of Sigmund Freud, vol. 12, 1950（最初の出版は1914年）,145-56.『喪とメランコリー』の中で、フロイトは喪失に対する反応が２つあると論じている。（１）メランコリーは喪失に対する無意識の反応で、人を感情的に消耗させる喪失対象への病的な執着である。いっぽう、（２）喪は、喪失を嘆き悲しむ意識的なプロセスである。人は喪失を受け入れるようになり、喪失対象や人から感情的に切り離し、感情を別のところに振り替える。以下を参照。The Standard Edition of the Complete Psychological Works of Sigmund Freud, vol.. 14, 1950（最初の出版は1917年）, 237-58。

12.

以下を参照。Herman 1997 and Van der Kolk 1988。

13.

ハーバード・ロー・スクールの交渉に関するプログラムの、儀式と地球の基本的要素との関係に関する洞察についてポリー・ハーマンに心から感謝している。

14.

以下を参照。C.S. Lewis, Letters to Malcolm Chiefly on Prayer: Reflection on the Intimate Dialogue Between Man and God（New York: Harvest Book, 1963）, 106。

15.

以下を参照。Gobodo-Madikizela 2003, 117。

16.

南アフリカの大司教のデズモンド・ツツと娘のムポ・ツツは、ある人間関係を取り戻すのか、それとも手放すのかを決断する必要があると強調している。人間関係を取り戻すことは、その関係において相手を許し、先へ進んでいくことだ。人間関係を手放すことは、そこから立ち去るということだ。著者たちは次のことを強調している。「常

に優先されるのは、再開か和解の方向へ進むことである。ただし、安全が問題となるときは例外だ……人間関係を取り戻すとは、許しによって種を植えられた果実をどのように収穫するかということである……昔の人間関係の事実にかかわらず、新たな人間関係を構築することは可能だ。暴力から生まれた人間関係を取り戻すことすら可能なのである」（Tutu and Tutu 2014, 148）。

17.

ジョナサン・コーエン教授（1999）は、謝罪の法的な特徴に関する優れた論文を執筆した。彼は次のように主張している。「弁護士は謝罪について、クライアントともっとたびたび議論すべきである。それによってクライアントがより良い状態になることが多いからだ……多くの場合、謝罪が潜在的に持つ利点は大きい。そして、どのように謝罪するかについて配慮が払われる場合——調停のように、「安全な」法的メカニズムの中で、そして保険の補償範囲が問題になっているとしたら、法的責任を考慮せずに落ち度を認めるといった意味合いに注意して——謝罪のリスクは小さい」（p.1068）。

18.

エンライトとコイル（1988）は謝罪を、恩赦や言い訳や忘却や否定や和解と区別している。

第13章 横断的なつながりをつくる

1.

以下のビデオを参照。Five Skills for Getting to Yes (1996) with Roger Fisher。

2.

この物語には３つの出どころがある。（１）タンザニアでの世界経済フォーラム・アフリカサミットで、ロエルフ・マイヤーとの個人的な話。（２）2014年４月11日、ハーバード・ロー・スクールの交渉に関するプログラムにおけるマイヤーのプレゼン

テーション。（3）ロジャー・フィッシャー教授によってビデオ撮影された、釣りの体験と、アパルトヘイトを終結させるための交渉プロセスにおけるインパクトに関するシリル・ラマフォサとロエルフ・マイヤーのインタビュー。（フィッシャーのビデオ参照（同上））。

3.　　ハーバード大学のゴードン・オールポート教授の『contact hypothesis』（1954,267）によると、2つの集団をただ集めるだけでは、グループ内の人間関係を向上させるのに充分ではない。つながりの性質が人間関係の性質に影響を及ぼすのだ。オールポート教授は次のように述べている。「偏見は……共通の目標を追う中で、多数の集団と少数の集団とが同等の立場で接触することによって減少するかもしれない。この接触が制度的なサポート（たとえば、法律や慣習、あるいは地元の雰囲気）によって認められているのなら、または、2つの集団のメンバー間における共通の関心や共通の人間性という認識へつながるものである場合、影響は相当強まるだろう」

4.　　人間の絆のさまざまな面を概念化する、関連したモデルについては以下を参照。Josselson 1992。

5.　　つながりは、遊びにおいて核となる変数である。受け入れられるといい気持がするのと同様に、のけ者にされるといやな気分になる――そして、人が体の痛みを経験するのと同じ脳の部分に影響が現れる。カリフォルニア大学の研究者たちは、ボールの受け渡しというコンピュータゲームをやっている被験者たちの脳を機能MRIで調べた。被験者はほかのふたりの参加者とゲームをしていると思っていたが、そのふたりは実を言えば、コンピュータによる架空の人間だった。最初のうち、全員がボールを前後にやり取りした。それからコンピュータによる架空のふたりは意図的に被験者をのけ者にするようになった。こうして仲間外れにされたことにより、人が痛みを感じるときに活性化する、脳の主要な分野の前帯状皮質背側部（dACC）が活性化することがわかった。研究者たちが発見したのは、自分をのけ者にするようにとあらかじめコンピュータのプログラムがセットされていたことを知っても、やはり拒絶されたように被験者が感じることだった。（Eisenberger et al. 2003）。

神経回路は、拒絶されたことによる苦痛をやわらげるために存在している。ある研究で、研究者たちは被験者の半数に3週間、鎮痛剤のタイレノールを投与し、もう半数には偽の薬を投与した。どちらのグループも自分が飲んでいる薬を知らなかった。毎晩、被験者たちはのけ者にされた経験をどう感じたかについての質問票に回答した。実験が始まって9日目までには、タイレノールを服用しているグループのほうが、偽薬を与えられているグループよりも社会的苦痛を感じる度合いが少ないことを報告するようになった。日を追うごとに社会的苦痛という感情の差は広がった。それに続く研究で、3週間にわたってタイレノールを服用した被験者たちは、ボールの受け渡しのコンピュータゲームで、誰も自分にボールを投げてくれない場合でも、仲間外れにされたと感じなかった。（DeWall et al. 2010）。このような研究から、常識――仲間外れにされると傷つくが、その苦痛は癒すことができる――は裏づけられるが、いかにしてその苦痛をやわらげるべきかという難しい疑問が生まれる。戦争をしている2国に、タイレノールを服用せよと告げることは的外れだろう。

6.　　あなたに対する影響力を得る手段として、あなたを無視する人がいるかもしれない。たとえば、ある強力な国家は反政府集団を正当化することを避けるために、その集団を政治的に認識しない可能性がある。

注釈

7.

以下を参照。Iacoboni 2009。

8.

タニア・シンガー教授と同僚たち（2004）は、共感的な経験が反映されることを示す画期的な研究を行い、2つの重要な発見をした。1つ目は、あなたやパートナーが攻撃されたとき、両側の島皮質（とうひしつ）や、吻側前帯状皮質（ふんそくぜんたいじょうひしつ）、脳幹、小脳を含めて、あなたの脳の母体の痛みを生む部分が活性化することだ。言い換えると、パートナーの痛みに共感するとき、「あなたの神経回路網が活性化」するので、あなたはパートナーの痛みを文字通り感じてしまうのである。2つ目は、あなたはパートナーの痛みを経験に基づいては感じないことだ。共感はパートナーの痛みの「感情的な調子」を再現するが、感覚としての経験はあまりないのが普通である。あなたはパートナーの不安を感じるかもしれないが、胸がつかえたり締めつけられたりすることはない。以下も参照のこと。de Vignemont and Singer 2006。

追跡研究から、さまざまな状態で、痛みが関係する共感はあなたが知らない相手にまで拡大することが示唆されている。見知らぬ人の片手の甲に針を突き刺すビデオを見ていると、意外なことに、見ている人も痛みを感じてたじろいでしまう。しかし、人はあらゆる人の痛みや喜びを感じられるわけではない。なぜなら、自分自身の感情のためのスペースが脳内に残らなくなるからである。感情的共感は、あなたにとって感情的に意義があったり、重要だと見なされたりする人間関係で活性化する傾向がある。例として以下を参照。Morrison et al. 2004。

9.

愛着というものの私の定義は、心理学者のメアリー・エインスワースが提唱した古典的な定義（Ainsworth and Bell, 1970, 50）によって成り立っている。エインスワースは愛着理論に関する先駆者的存在で、愛着を次のように定義した。「ある人間またはある動物が、自分自身とほかの具体的な個体との間に形成する愛情ある絆——空間で両者を結びつけ、長い間持ちこたえる絆」愛着理論のもうひとりの先駆者であるジョン・ボウルビィ（1969・1982,194）は愛着をこう定義した。「人間の間で持続する精神的なつながり」

10.

以下を参照。Malcolm X., The Autobiography of Malcolm X: As Told to Alex Haley (New York: Ballantine Books, 1964), 346-47。

11.

厳密に言えば、私はこれを「避けられない未来の記憶」と呼んでいる。なぜなら、論争者たちは未来の心的イメージをあまりにも生き生きと、また具体的に描きたがるため、それ以外の未来という現実を想像すらできないからだ。

12.

このワークショップは、2008年にエジプトのシャルムエルシェイクで開かれた。私は中東でのその後のワークショップでは、これと同じアプローチを用いたものである。

13.

分野横断的なつながりのカギとなる利点は、それぞれの利害関係者が人間関係において感情的な投資をすることである。これを結婚のように見なす人もいるだろう。「最小の利益の原理」は、人間関係で最小の利益しか持たない人間が最大の力を持つことを示唆している。もし、人間関係における双方が同じような投資をしていたら、それぞれがそこにとどまるために同程度の献身を示すだろう。（Waller 1938）。

14.

2012年11月29日、ハーバード・ビジネス・スクールで話していた時に、スルジャ・ポポビッチがこのテクニックを私に教えて

くれた。

15.
　マシュー・リーバーマン（2013）の発見によると、人の脳は10歳になるまでに人々や集団を理解するために1万時間を費やしているという。脳が休息しているときでさえ、われわれは社会について考えている可能性がある。

16.
　ジョン・ゴットマン教授（2002, 209）は「つながろうとする努力」という言葉をつくった。

17.
　儀式に関するこのセクションのアイデアの多くは以下を参考にしている。Gottman 2002,229。

18.
　ツツ大主教は2012年にスイスのダボスでの「世界経済フォーラム年次大会」の閉会プレナリーで、人間のつながりに関するこの洞察を発表した。

第14章　人間関係を再構築する

1.
　パーク51の状況は事実に基づいたものだ。私はこの章でカギとなるいくつかの点に注目させるため、部分的に脚色している。たとえば、実際の状況では、ブルームバーグ市長はコミュニティセンターとモスクの場所を維持するためのパーク51の権利をおおいに支持した。さらに、本書を執筆している時点では、この状況についての決定的な解決策は出ていない。私はパーク51をめぐる交渉プロセスに関わっていなかった。

2.
　アメリカ合衆国では、人種間の関係に関する国内での議論は、全体的な人種不公平のたった1つのエピソードが引き金とな

る場合がよくある。それは、この問題についてより広く対話する要因となる。

3.
　ドナルド・ホロウィッツ教授（1985、64-65）は、民族の分裂と融合に関するいくつかのプロセスを解明している。融合、合併、分裂、増殖（こうしたものにおいて、集団は階層内で付加的な集団を生み出す）。以下も参照。Byman 2000。

4.
　調和には犠牲を伴う。アメリカ合衆国の偉大さを軽視する誤った指令に従ったとしてオバマ大統領を批判する人もいる（"Obama Draws Fire for Bow to Japanese Emperor" 2009）。

5.
　ウィリアム・ジェームズによると（1958,165）、あなたの「個人的エネルギーの習慣的な中心」のため、あなたの存在にとって周辺的なアイデアを変化させたときに転換から結果が生まれるという。

6.
　グループ間の人間関係を促進する方法には、人工的に見えるものもあるかもしれないが、結局は人工的なものではない。統治と結びつきを分かち合う包括的な天蓋を持たない多文化主義は、統合体というものの茶番にすぎないのだ。るつぼ理論は間違いなく、統合体のための方法ではなく、共通のグループ・アイデンティティに全員が適応するための方法である。統合体は各トライブに、トライブのコミュニティを築く程度まで、共通グループとしてのアイデンティティを通じて他トライブとの提携を求める一方、自立したアイデンティティの保護を求める。つまり、目的は自律性と提携の両方を最適化することなのである。集団内のアイデンティティについてもっと知りたい場合は以下を参照。Gaertner et al.1993。

7.

　社会哲学者のカリーナ・コロストリーナ（2007）は、モロッコの国王がアラブの独立党とベルベル人のトライブの衝突するアイデンティティを統合した方法を述べている。1956年から1958年までを含めて、すべての政治ポストをアラブ人が占めるようにと独立党が命じ、ベルベル語の放送番組を禁じたとき、ベルベル人は政治的、社会的に排除された。ムハンマド国王は平和と治安を確実にするには、統合されたアイデンティティが唯一の方法だと認識した。コロストリーナは以下のように述べている。「モロッコ国王は『アラブ化したベルベル人』という概念を生み出し、統合された国家というフレームワーク内のアラブ人（全学校でアラビア語を教えている）とベルベル人（彼らの政党を認識している）のもっとも重要な懸念を安堵させた」

　政治学者のドナルド・ホロウィッツ（1985、598）は、統合を促進するためにさまざまな構造的な配列を提供している。（１）１つの焦点への熱を冷ますため、パワーの核心を急速に増加させることによるコンフリクトを消失させる。たとえばアメリカのシステムのように、中心となる制度内の力を分散させるのである。（２）異人種間の差異から注意をそらさせる、民族内の差異を強調する。（３）やる気を起こさせる、異人種間の協力という方針を策定する。（４）民族性よりは、利益による協力を勧める方針を策定する。（５）グループ間の格差を減らす。

8.

　グループ内のコンフリクトへのカテゴリーに基づいた解決策を表現している関連モデルについては以下を参照。Haslam（2004,128）。

9.

　社会的アイデンティティ理論は、ロバート・フロストの「よい垣根がよい隣人を作る」という主張を複雑にしている。垣根は分かれているが、それは社会的比較のための土台を築いて可能な差別をしながら、人と他者との境界も定めているのである。以下を参照。Tajfel and Turner 1979。

10.

　以下を参照。Pogatchnik 2008。

11.

　分離についてもう１つ考慮すべきなのは、再統合の難しさである。たとえば、政府はどうやって平和の壁を取り去るべきか？明らかな反応はこうだろう。「そんな壁など、ただ取り壊せばいい！」しかし、このプロセスはコミュニティに政府の意志を無理強いしているので、変化を起こす準備はされないかもしれない。変化の強要はトライブ効果を引き起こすリスクがある。北アイルランドの元司法大臣のデイヴィッド・フォードが述べた別のアプローチは、コミュニティの同意が得られた場合だけ、平和の壁を取り壊すというものだ。これは地元の感情的な意見に対処するためのより良い方法かもしれないが、時間がかかるし、調整や資源も必要である。

12.

　たとえば、大学のある研究——圧倒的に多い白人と、これもまた数の多い黒人——によると、多数を占めるグループは同化論者の方針を好んだのに対して、少数派のグループは多元的な方針を好んだという（Hehman et al. 2012）。

13.

　以下を参照。Rodriguez-Villa 2009, 27。

14.

　同上。

15.

　以 下 を 参 照。J.Shapiro, Bill Clinton Endorses Muslim Center Near Ground Zero, in DNAinfo, September 21, 2010, http://www. dnainfo.com/ new-york/20100921/downtown/bill-clinton-endorses-muslimcenter-near-ground-zero.

第15章　弁証法を操る

1.
　哲学者のゲオルク・ヴィルヘルム・フリードリヒ・ヘーゲルは、テーゼ・アンチテーゼ・ジンテーゼのモデルの形成はカントの功績によると考えていた。ヨハン・フィヒテはこの考えに磨きをかけて世に広めた。(Buytendijk 2010, 11)。

2.
　ヘーゲルは弁証法の目的を次のように概念化した。「それ自身の存在と動機の中で物事を学ぶこと。それによって理解の部分的なカテゴリーの有効性を示すことである」(Hegel 187,149)。

3.
　ヘーゲルの弁証法は、カール・マルクスとフリードリヒ・エンゲルスに刺激を与え、「唯物弁証法」が生まれた。これは、ソビエト連邦の共産主義システムの科学と自然の基礎を成す哲学である。マルクスは、中産階級（資本家や地主）と労働者階級（肉体労働者）との弁証法的な葛藤が、革命の予測可能なサイクルを生み出すと論じた。言い換えると、金を儲けている人々はみな富を楽しんでいる（テーゼ）一方、肉体労働者たちはかなり少ない対価を得るために肉体的にきつい仕事をしているということだ（アンチテーゼ）。肉体労働者は当然ながら不満を抱き、反乱を起こすようになる。新しいエリートたちが権力を握り、新たな暴動が起きるとき、政治システムは最終的なジンテーゼ——共産主義——へいっそう近づいていく。共有と、物質的な欲望ではなくて必要性に基づいた満足感を土台にした、階級も国籍もない社会へ。

4.
　「矛盾だらけの人物」という言葉は、アンネ・フランクによって『アンネの日記』の

5.
　James 1926,393-94。

6.
　以下を参照。Beck 1999。さらに以下も参照。Burns 1980。

7.
　ギリシャ神話にはラテン語で「復讐の女神たち（Fury）」として知られる、3人の復讐する神たちが出てくる。アレクト（絶え間ない怒り）、ティシホネ（復讐）、メガエラ（恨み）である。ボブ・ベイリー・マッカー（2004,16）によると、以下のようだという。「古代ギリシャ人は彼らの怒りを非常に恐れていたので、彼らを名前で呼ぶことさえめったになかった」コンフリクトにおいては、関係がある3つの経験——怒り、復讐、恨み——が破壊的なダイナミックスをおおいに駆り立てている。

8.
　もし、相手から意図的に危害を加えられていると感じたら、われわれは少なくとも自分が受けているのと同程度の害を与えてやりたい衝動に駆られるものだ。これは昔ながらの「目には目を」という感情である。部外者は彼らにとって些細だと思えるものに、われわれが与える報復の大きさを理解しにくいかもしれない。しかし、内部の関係者は強い復讐の気持ちを正当化しながら、アイデンティティへの大きな攻撃と同じ行動をしているのだろう。同様に、14世紀のイタリアの詩人であるダンテ・アリギエーリは『神曲』の中で、地上での人々の罪がどのような報復を受けるか、彼らの魂がその罪と同等の罰をどのように地獄で受けるかを描いている。たとえば、ダンテが「肉欲の悪人」と呼ぶ姦通者の魂は激しい嵐の猛烈な風を耐える。欲望に基づいた、肉欲のお粗末な判断にふさわしい罰である。実際、もしも自分を犠牲者と感じるなら、われわれは相手に対してダンテ風に「因果応

報」の罰を渇望するかもしれない──つまり、犯した罪自体と似ているか、対照的な方法で罰したくなるということだ。

9.

　カタルシスの概念には物語で知られている、知的な歴史がある。アリストテレスはもともとカタルシスという言葉を、悲劇の裏にある感情的な力を説明する隠喩として用いた。『ロミオとジュリエット』では、薄幸の恋人たちが自分たちの恋愛の犠牲となって自殺し、カタルシスは彼らの一家の長年続く争いの和解として現れる。その何世紀もあとに、オーストリアの医師のヨーゼフ・ブロイアーはカタルシスの概念を心理学に導入した。彼はトラウマを抱えた患者に催眠術をかけ、症状を治すことを主張して、トラウマ周辺の抑圧された感情を表現しろと励ました。ブロイアーの弟子のジークムント・フロイト（1925）はカタルシスを精神分析学に取り入れ、人に育った感情はケトルの中の蒸気のようにそれを吐き出すか、さもなければ「爆発する」というプレッシャーをかけると論じている。これは感情の水理模型として知られている。

10.

　以下を参照。de Quervain et al. 2004。

11.

　以下を参照。Carlsmith et al. 2008。この研究では、経済的な交換で「労せずして利益を得る人」を罰した被験者たちは仕返しという行為後にもっと気分がよくなるだろうと予想されたが、実際は前よりも気分が悪くなった。

12.

　以下を参照。C.Tavris, Anger: The Misunderstood Emotion (New York: Touchstone, 1989, rev.ed.)。

13.

　「怒りや攻撃の認知的新連合理論」は、怒りについて考えると、より怒りをかき立て

られる理由を説明するのに役立つ。以下を参照。Berkowitz 1993。

14.

　以下を参照。Bushman 2002。

15.

　嫌な相手のことをあれこれ考えながらサンドバッグを打った被験者は、自分の体の健康のことを考えながらサンドバッグを打った被験者よりも、さらに攻撃的だった。もっとも、この差は統計的に意味のあるものではなかった。

16.

　思いやりの心を持てる人なら、贖罪の気持ちを持つこともできる。思いやりが先天性のものだという確かな証拠がある。カリフォルニア大学バークレー校のダッチャー・ケルトナー教授は、人間が思いやりを本能的に持ち、幼い子どもにさえもそれが見られることを提唱した。言葉を話すようになる前の子どもも、話せる子どもも「多様な状況で、目標を達成しようとする他人を助けることを少しもためらわない」と。(Warneken and Tomasello 2006)。

17.

　以下を参照。Baston (1998)。彼は思いやりを「共感的な懸念」と呼んでいる。

18.

　P. Valdesolo and D.A.DeSteno. "Synchrony and the Social Tuning of Compassion." Emotion, 11 no.2 (2011):262-66.

19.

　以下を参照。Lutz et al. 2008。これらの研究者たちはLKMの定期的な実践と結びついていた──つまり、瞑想の習慣を通じて自分や他者へのポジティブな感情を儀式的に育てていたのだ──共感や視点と関連する脳内回路とつながっていた。

20.

以下を参照。Fredrickson et al.。思いやりに基づく瞑想は、共感や計画された動きをつかさどる分野で脳の活動を増加させる。他者からの害を取り除くために、瞑想が脳や体に準備させるかもしれないことを暗示しながら。以下を参照。Luts et al. 2008。

21.

以下を参照。Sharon Salzberg, Lovingkindness: The Revolutionary Art of Happiness (Boston MA: Shambhala, 2002)。

22.

社会的誓約は、社会的契約よりもさらに深い同意を示している。社会的契約には人々の権利や責任を定義する有益な協定が含まれる。社会的誓約は道徳的な同意である。政府と市民であれ、経営者と従業員であれ、両親と子どもであれ、信頼が損なわれたグループ間のポジティブな関係を作り上げることができるのだ。私がメンバーを務める、世界経済フォーラムの価値観に関するグローバル・アジェンダ委員会はビジネスや政治のリーダーたちに、価値に基づいたリーダーシップを促進するために自分たちの社会的誓約を作り出すことを奨励する取り組みを考案している。社会的誓約を作ることによって、人は自分が誰であるか、どんな人になりたいかといった、特徴を定義することに関する答えにくいさまざまな質問に直面する。価値観は前進するための正確な道を与えてくれるのではなく、決断の根拠となる基本的な原理を提供している。

23.

バクスターとモンゴメリー（1996）は、一体化したいという願望と、いくらか自律性を維持したいという願望が結びついて感じるダイナミックスを指摘しながら、自律性と依存性の弁証法的性質を強調している。

第16章　和解の精神を育てる

1.

ノーマン・ヴィンセント・ピールは言った。「可能性を信じる人になりなさい。どれほど状況が暗く見えようとも、あるいは実際に暗い状況でも、目標をより高く設定し、可能性を見つめなさい──常に可能性を見るのです。なぜなら、可能性はいつでも存在しているのですから」以下を参照。http://www.quotes.net/quote/4490。

2.

可能性を信じる人は、良いものや邪悪なものに対して想像力を用いることができる。ナチスは長年にわたって大量虐殺の技術を磨き、近距離からの一斉射撃を行い、その後、ガス室と遺体焼却炉が有効だと気づいた。アウシュビッツの強制収容所では1日当たり約4400人が火葬された。とはいえ、人間の性質を向上させるために想像力を用いる人たちの無数の例は相変わらず存在している。

3.

ミケランジェロはダビデ像の彫刻過程を、像から余分な素材を取り除く努力であると表現した。同様に、私は建設的なコンフリクト解決という挑戦を、共通の人間性を発見するために、人間関係から余分な素材を削ぎ落す手伝いをすることだと信じている。

謝辞

「誰も島ではない（人はひとりでは生きていけない）」と詩人のジョン・ダンは書いたが、彼の言葉は本書を執筆した私の経験と共鳴している。この本を書くにあたってはさまざまな視点から、また大勢の人々との交流を通じて、対立解決の分野を研究することが求められた。家族や友人、そして同僚たちの感動させられる、このようなコミュニティと旅ができたことを私は光栄に思っている。

学者たちのコミュニティ

ハーバード・ロー・スクールの故ロジャー・フィッシャー教授との共同研究を通じて学んだことすべてに心から感謝している。ジョン・ホプキンズ大学のジェローム・D・フランクにも。彼は私の祖父の信念、つまり、「不可能とは、少しばかり困難が多いことにすぎない」を分かち合ってくれた。〈ハーバード・ロー・スクール交渉プログラム（PON）〉の長であるボブ・ムヌーキンにも感謝する。また、〈ハーバード・交渉プロジェクト〉の部長であるジム・セベニウスにも感謝を。彼はとても価値のある知的な支援をしてくれ、絶えず励ましてくれた。途方もない支援と洞察を与えてくれた、PONの担当責任者のスーザン・ハックレー、そして副部長のジェームズ・カーウィンに心からお礼を申し上げる。

学者たちのより広いPONコミュニティは、いっそう広い範囲での交渉の重要なさまざまな面に私の心を開かせてくれた。それぞれがどんな重要な方法で本書の考え方に影響を与えてくれたかについては、まるまる1章でも書けるところだが、簡潔にするため、心からの感謝を以下の方々に表わすだけにする。アイリーン・バビット、マックス・ベイザーマン、ガブリエラ・ブラム、ロベルト・ボルドネ、ハンナ・リレー・ボウエルズ、ダイアナ・チャイガス、ジャレド・カーハン、フロリー・ダーウィン、デイヴィッド・フェアマン、メアリー・フィッツダフ、マーシャル・ガンズ、シューラ・ジラド、デビー・ゴールドスタイン、シェイラ・ヒーン、デイヴィッド・ホフマン、ケスリー・ホン、ピーター・カミンガ、ハーバート・ケルマン、キンバーリン・リアリ、アラン・ランペレール、ジェニファー・ラーナー、ジャミル・マフアド、ディーパック・マルホルタ、ブライアン・マンデル、メリッサ・マンワリング、ハル・モビウス、ブルース・パット

ン、ハワード・ライファ、ナディム・ロウハナ、エスワルド・サラキューズ、フランク・サンダー、デイヴィッド・セイベル、オファー・シャロン、ボスコ・スタンコフスキー、ダグ・ストーン、グハン・スブラマニアン、ローレンス・サスキンド、ジュリアン・トッド、ウィリアム・ユーリー、ジョシュア・ワイス、マイケル・ホイーラー、そしてロバート・ウィルキンソン。ＰＯＮのスタッフとコンサルタントたちにも感謝する：ウォレン・デント、アビゲイル・アーネス、アレックス・グリーン、ベス・ハンケス、クリスティ・ハンスタッド、ポリー・ハムレン、キース・ルッツ、ゲイル・オデニール、ケイティ・ションク、シオーナ・サマービル、ナンシー・ウォーターズ、トリシア・ウッズ。

　本書のさまざまなアイデアには、心理学の分野で最高の知性の持ち主たちとの共同研究を通じて得たものもある。傑出した神経科学者である、ハーバード大学と提携しているマクリーン病院の院長兼精神科医のスコット・ローチには、知的な支援および道徳面でのサポートに深く感謝している。そして、ドクター・フィリップ・レベンダスキーへの称賛の気持ちを表わせる言葉は見つからない。ハーバード・メディカルスクールとマクリーン病院の心理学科の伝説的な指導者である彼は、支援と導きの指針となる人だった。私の研究は次の方々のたぐいまれな忠告と支援からも恩恵を受けている。スロストゥル・ビョルグビンソン、ブルース・コーエン、キャシー・クック、スー・デマルコ、ジェイソン・エリアス、ロリ・エトリンガー、ジュディス・ヘルマン、リサ・ホルヴィッツ、ロバート・ジェイ・リフトン、マイケル・ミラー、スティーブ・ニーゼンバウム、セシリア・オニール、レイチェル・ペンロッド＝マーティン、モナ・ポッター、ブルース・プライス、リチャード・シュワルツ、ブルース・シャックルトン。

　より大きくなったハーバードのシステムは知的な霊感の源となってくれた。ハーバード・グローバル・ヘルス・インスティテュートと、その提携団体とスタッフに感謝している。とりわけ、以下の人々にありがとうと言いたい。アシシュ・ジャハ、デイヴィッド・カトラー、スー・ゴールディに。私は〈バーク・グローバル・ヘルス・フェローシップ〉の奨学金を受けたことを光栄に思っている。おかげで本書の理論に磨きをかけ、教科課程の活動に転換させることができた。さらに、対立解決のより深い面を探っているので、ハーバード神学校の「宗教と平和演習」の構想に参加できたことから恩恵を得られた。これはディーン・デイヴィッド・ハンプトンと博士課程の学生、エリザベス・リー＝フッドによって広められたものだ。

　もっとも学んだことのいくつかは、ハーバード大学の私の学生との共同研究から生ま

れている。学生たちの新鮮な視点と鋭い頭脳のおかげで、私は注意を怠ることがなかったし、見逃していたさまざまな点に気づかせてもらえた。現在と、そして以前の〈ハーバード・インターナショナル交渉プログラム〉の研究助手と同僚たちに特別な感謝を捧げる。アミラ・アブラフィ、サラ・アブシャー、ウラジミール・ボク、マリサ・ブロック、アレクサンダー・ダギ、ハーリーン・ガンバール、ジェニー・ガスライト、ブシュラ・グエノン、メルダ・グラカー、エイミー・ガットマン、エリック・ヘンディー、ジョゼフ・カーン、アダム・キノン、マリア・レヴィン、ブルック・マクレイン、アビゲイル・モイ、ジョイ・ナスル、ケンドラ・ノートン、ジャスミン・オメク、アシュリー・オニール、ミランダ・ラヴィッツ、サラ・ローゼンクランツ、ジョニー・タン、デイヴィッド・タン＝クアン、タイ・ウォーカー、ケルシー・ワーナー、ベシー・チャン、アリ・ズビ。ハーバードでの教師仲間にも感謝する。ミカエラ・ケリゼイ、カシフ・カーン、ソラポップ・キアトポンサン、マイハン・リーに。教師仲間の長で、〈ハーバード・インターナショナル交渉プログラム〉の特別部門の副部長でもあるレベッカ・ゲットマンにも感謝している。

国際的なコミュニティ

　独立した国際機関である〈世界経済フォーラム〉は重要な実世界の研究機関であることを証明したが、そこから私は実践に基づいた調査を行った。この機関の刺激的な創設者であるクラウス・シュワブ教授には恩義を感じている。彼はわれわれの世界を単に共通点のない部分の集まりではなく、地球規模のシステムと見なしているのだ。私がダボスで「トライブ演習」を行ったのは、シュワブ教授の励ましによるものである。

　本書は多くの傑出した学者や国際的な政治リーダーやビジネスリーダーとの協力に恩恵を受けている。〈世界経済フォーラム〉で私と共に活動した方々の名前をあげよう。バーティ・アハーン、デイヴィッド・エイクマン、ブルース・アリン、クゥエシ・アニング、ルイーズ・アーバー、ロニット・アヴニィ、セレーネ・ビフィ、ベティ・ビゴンベ、トニー・ブレア、ケベル・ボンデヴィーク、ウィリアム・ボールディング、ハイメ・デ・ボルボン＝パルマ、ラクダール・ブラヒミ、キャロライン・ケーシー、ミニヤ・チャタルジー、アンドルー・コーエン、ジェニファー・コリエロ、チェスター・クロッカー、ラギーダ・ダーガム、キリル・ディミトリエフ、ビネタ・ディオプ、ジョン・ダットン、メアリー・ガレッティ、キャサリン・ギャレットコックス、ピエール・ゲンティン、マック・ギル、ジェームズ・ギリガン、フルンド・グンステイン、ジュリアン・ハ

ー、デイヴィッド・ハーランド、シャミル・イドリス、マーティン・インディク、パラグ・カンナ、スティーブ・キルリー、ティム・リーバーレヒト、アンドルー・リー、ゲイル・ルンデスタッド、ダニエル・マラン、ジェシカ・マシューズ、ミシェル・ミスチェル、ミレク・ミロスラフ、アムル・ムーサ、クリスチャン・ムメンタラー、オクサーナ・ミシロフスカ、プリヤ・パーカー、アーロン・ペイロラ、ジョナサン・パウエル、ギルバート・プルースト、メアリー・ロビンソン、アルバロ・ロドリゲス、マリー＝フランス・ロジャー、カリム・サジャプアー、ハーバート・ソルバー、マリア・シュミット、デニス・スノーワー、ジロー・タムラ、メイベル・ファン・オラニエ、ポール・ヴァン・ジル、ジム・ウォリス、ステュアート・ウォリス、スコット・ウィーバー、ヴィクター・ウィリー、ヤン・シュエトン、カイル・ジマー。さらに〈世界経済フォーラム〉の活力を生み出す若手のグローバルなリーダーたちの長い長いリストがある。

　私の国際的な業務は、ヤシャール・ジャラールとキャレド・エル＝ゴハリとの協調や、中東での長期にわたる協調を通じて強化されてきた。また、明確なビジョンを持った平和推進者のシャフィク・ガブル、ボウイ・リー、さらに彼らの感動的な家族とのパートナーシップも同様である。ロメロ・ブリットには本当にお世話になった。彼は私のハーバードのクラスに何度となく参加してくれ、本書における重要な原理を描写している、視覚による傑作を作るためにうちの学生たちと活動してくれた。最後に、ほかにも多くの友人や同僚に、インスピレーションを与えてくれたお礼を申し上げたい。トム・エイブラハム、メリッサ・アゴーチ、オリバー・アムライン、ウーリッヒ・アショフ、ダンとシモーナのバキュー夫妻、マイケル・バルマゼル、アンドレ・ビサソール、メリッサ・ブローデリック、ハビエル・カルデロン、モニカ・クリステン、イレーヌ・チュー、ピーター・コールマン、ナディア・クリサン、ジェニファー・デルムス、アレクサンドラ・ディミトリアディス、リオール・フランケンシュタイン、マリコ・ガキヤ、ヨランダ・ガルソン、〈ノースウエスタン・スクール・オブ・プロフェッショナル・スタディ〉のディーン・トム・ギボンズ、デイヴィッド・グランフェルド、マヤ・ハレット、ジュリアン・ハワリー、アシュラフ・ヘガジー、ポール・ヘンリー、ルイス・ハーランズ、パトリック・ヒダルゴ、アンジェラ・ホムシ、クリス・ハニーマン、ガウリ・イシュワラン、ワリド・イッサ、ヴェラとイワンのジャニク夫妻、カイル・ジョーンズ、ジョン・ケネディ、イーハブ・ハティーブ、シヴァとウルワシーのクヘムカ夫妻、〈チェアマン・ヤングホーン〉のデイヴィッド・キム、クレア・キング、オードリー・リー、エヴェリン・リンドナー、ヴァネッサ・リュー、メアリー・マクダビッド、オリバー・マクター

ネン、ビート・メイヤー、マシュー・ミラー、ジェニファー・モロー、マイケルとエステルのマルロイ夫妻、サンドロ・ムリ、ジョーン・ミーレ、ジョセフ・ナイ、ユライ・オンドレジェコビック、ユダ・ポラック、ソニア・ローシュッツ、ハビエル・ロホ、カタリナ・ロハス、スザンナ・サムスタッグ、ゾーイ・セガール＝ライシュリン、オフェル・シャロン、カリム・スエド、ケヴィン・スタインバーグ、エリカ・シューター＝ガンツ、ジロー・タムラ、ステファニー・テタリス、Ｈ・Ｅ・アブドゥラ、アル・タニ、リズ・ティペット、ルイ・ペドロ・トロパ、グスタヴォ・ルイ・ベラスケス、ローリー・ヴァン・ルー、フランク・ホワイト、デボラ・ホイットニー、レベッカ・ウルフ、イアン・ヤノフスキー、クレイグ・ゼリザー、ケイティ・マリー・ゾーハリー。

批評家のコミュニティ

国際的な学者と専門家のスターたちが総出演で本書を批評的に評価してくれ、詳細で鋭いフィードバックをくれた。国際的に著名なジャーナリストのミナ・アル＝オライビ。〈組織における感情的な知性の研究協会〉の共同責任者のキャリー・チャーニス教授。マクリーン病院の戦略的計画と実施に関する副総長のキャサリン・ギルデスゲイム。エクアドルの元大統領のハミル・マワ、ＭＩＴスローン経営大学院のロバート・マッカーシー教授、フロリダ大学とノースウエスタン大学のレオナルド・リスキン教授。ＭＩＴで行政監察官を育成しているメアリー・ロウ教授。〈ピース・アピール財団〉の長であるジェフ・スール。そしてハーバード大学の大勢の研究者たち。

出版会のコミュニティ

〈バイキング〉でのトライブは驚異的である。並外れた編集者のリック・コットは、ここに書かれたどの言葉も議論もできるだけ鋭くて説得力のあるものにしてくれた。彼は出版のプロセスを通じて私を導き、昼でも夜でも電話に応えてくれ、本書ができるだけ確かなものになるように心から熱望してくれたのだ。リック、あなたには心の底から感謝を申し上げたい。

〈バイキング〉チームは圧倒されるほどの出版のプロセスを、ポジティブな冒険へと変えるように手助けしてくれた。ブライアン・タート、アンドレア・シュルツ、キャロライン・コールバーン、メレディス・バークス、ケイト・スターク、リディア・ハート、メアリー・ストーン、クリス・スミス、ディーゴ・ヌーニェスにお礼を申し上げる。

出版業界には隠れたすばらしい方々がいる。『O, The Oprah』誌の編集員のケイティ・

アーノルド=ラトリフ。私は早くから彼女に編集協力を求めた。彼女は編集者の弓とでも言うべきものを使い、いくつものページやパラグラフや言葉を刈り取り、読みやすくしてくれた。私は彼女の本能を信じ、おかげで本書はさらに良いものとなった。

　出版界の複雑な迷路を導いてくれた、たぐいまれなエージェントたちに感謝する。アンドルー・ワイリー、サラ・チャルファント、そしてジャッキー・コーに。

　本の執筆とは、さまざまな考えを他人に広めることである。次の方々に感謝したい。ハリー・ローズ・ジュニア、クリスティーン・ファレル、講演エージェントの〈ワシントン・スピーカーズ・ビュロー〉。また、マーク・フォティア、コートニー・ノビル、そのほかの出版チームのみなさまにも感謝する。私が自分の考えをより広い範囲の聴衆に伝えられるように助けてくれてありがとう。

聖なるコミュニティ

　家族という私の内なるサークルであるトライブは、滋養の源である。私が世界を理解する方法に、両親ほど影響を与えた人間はいない。両親が私の人生にいてくれることに心から感謝している。彼らは人間が世界をより良い場所に変えられると信じ、その目標に向けて私の情熱をかきたててくれた。聡明な姉、マデリンの支援にも心から感謝している。また、同様にすばらしい彼女の夫のマイクにも。私が知っている中でもっとも創造的なカップルである、弟のスティーヴと妻のシーラにも感謝する。スーザン・ドールは私のもうひとりの母親である——義母と呼ぶ人もいるだろうが、それはあまりにも機械的な呼び方だろう。なぜなら、彼女は身も心も私たちの家族の一員だからだ。スーザンとジョンに心からの感謝を捧げる。

　ピーターおじとベッツィおばにお礼を申し上げる。成果を上げるリーダーになるとはどういうことかについて、計り知れないほど貴重な意見を提供してくれ、快く教えてくれたのである。おばのマーガレットは、意識していないといとも簡単にこぼれ落ちてしまう、存在のより深い面を理解する手助けをしてくれた。

　妻と子どもたちの愛情と支援に対して、私が感じている感謝の深さを言い表わせる言葉はない。私はしばしば息子たちに向き合い、彼らの純粋なものの見方から学んだものだ。子どもたちは理論的な複雑さの裏にあるシンプルな真実を自然に見抜く。彼らの洞察の中にはこの本に載っているものもある。だからありがとう、ノア、ザッカリー、リアム。パパはきみたちを無限の無限倍も愛しているよ。最後に、妻のミアに最大の感謝を捧げる。きみと過ごす日々の一瞬一瞬を私は大事に思っている。そしてこの本の出版

が実現するのを助けるため、大きな犠牲を払ってくれたことにいつまでも感謝するだろう。地球上の誰よりも、きみから学んだことが多い。きみと私との相違点はわれわれの強みだし、類似点は変わることのないものだ。そして、きみへの私の愛は交渉不可能なものである。

監訳者謝辞

　本書は、多くの方々のご協力なくしては出版できなかった。

　まず、一緒に監訳に当たってくれた隅田浩司先生、翻訳者の金井真弓さんには格別のご尽力をいただいた。慶應義塾大学田村研究会の学生および大学院生たちもすばらしいチームワークで協力してくれた。特に当時大学院生だった下川祐佳さん（現Milken Institute）、当時大学生だった中河莉子さんと山下晴加さんには改めてここでお礼を申し上げたい。また、原稿の校正にご協力いただいた田上由紀子さん、出版まで常に細やかな配慮と適切なアドバイスで導いてくださったダイヤモンド社の佐藤和子さん、柴田むつみさんに、深く御礼申し上げたい。

　最後に、常に励まし支え続けてくれた両親と妻の妙子、二人の息子、允と錬に、心からの感謝を伝え、本書を捧げたい。

田村次朗

参考文献

A

Ainsworth, M., and S. Bell. "Attachment, Exploration and Separation: Illustrated by the Behavior of One-Year-Olds in a Strange Situation." *Child Development* 41 (1970): 49–67.

Allport, G. *The Nature of Prejudice*. Cambridge, MA: Addison-Wesley, 1954.

Angrilli, A., P. Cherubini, A. Pavese, and S. Manfredini. "The Influence of Affective Factors on Time Perception." *Perception and Psychophysics* 59, no. 6 (1997): 972–82.

Atran, S. "Genesis of Suicide Terrorism." *Science* 299 (2003): 1534–39.

——, and R. Axelrod. "Reframing Sacred Values." *Negotiation Journal* 24 (2008): 221–46.

——, and R. Davis. "Sacred Barriers to Conflict Resolution." *Science* 317 (2007): 1039–40.

B

Bailey-Mucker, B. *Classical Mythology: Little Books About Big Things*. New York: Fall River Press, 2014.

Bakan, D. *The Duality of Human Existence: An Essay on Psychology and Religion*. Chicago: Rand McNally, 1966.

Banton, M. *Ethnic and Racial Consciousness* 2nd ed. London: Longman, 1997.

Baron, J., and M. Spranca. "Protected Values." *Organizational Behavior and Human Decision Processes* 70, no. 1 (1997): 1–16.

Barth, F. *Ethnic Groups and Boundaries: The Social Organization of Culture Difference*. Oslo: Universitetsforlaget, 1969.

——. *Guided and Guarded: German War-Corporal Turns to Mormonism*. Salt Lake City: Barth Associates, 1981.

Bartlett, F. *Remembering: A Study in Experimental and Social Psychology*. New York: Macmillan, 1932.

Baseel, C. "The Unfortunate Implications of Seoul's Tsunami-Shaped City Hall." *Rocket News* 24, November 7, 2013.

Bateson, G., D. Jackson, J. Haley, and J. Weakland. "Toward a Theory of Schizophrenia." *Behavioral Science* 1, no. 4 (1956): 251–64.

Batson, C. "Altruism and Prosocial Behavior." In *The Handbook of Social Psychology*, edited by D. Gilbert, S. Fiske, and G. Lindzey, New York: McGraw-Hill, 1998, 282–316.

Baumeister, R., and M. Leary. "The Need to Belong: Desire for Interpersonal Attachments as a Fundamental Human Motivation." In *Motivational Science: Social and Personality Perspectives*, edited by E. Higgins and A. Kruglanski, 24–49. Philadelphia: Psychology Press, 2000.

Baxter, L., and B. Montgomery. *Relating: Dialogues and Dialectics*. New York: Guilford, 1996.

Bazerman, M., A. Tenbrunsel, and K. Wade-Benzoni. "When 'Sacred' Issues Are at Stake." *Negotiation Journal* 24, no. 1 (2008).

Beck, A. *Prisoners of Hate: The Cognitive Basis of Anger, Hostility, and Violence*. New York: HarperCollins, 1999.

Benjamin, L. "Principles of Prediction Using Structural Analysis of Social Behavior." In *Personality and the Prediction of Behavior*, edited by A. Zucker, J. Aranoff, and J. Rubin, New York: Academic Press, 1984, 121–73.

Berkowitz, L. *Aggression: Its Causes, Consequences, and Control*. New York: McGraw-Hill, 1993.

Berreby, D. *Us and Them: Understanding Your Tribal Mind*. New York: Little, Brown, 2005.

Bilefsky, D. "Balkans' Idolatry Delights Movie Fans and Pigeons." *New York Times*, November 11, 2007.

Blake, A. "Dennis Rodman: Kim Jong-Eun Is My 'Friend.' " *Washington Post*, March 13, 2013.

Blakeslee, S. "Cells That Read Minds." *New York Times*, January 10, 2006.

Bloomfield, D. *Reconciliation After Violent Conflict: A Handbook*. Stockholm: International IDEA, 2003.

Boulding, K. *Stable Peace*. Austin, TX: University of Texas Press, 1978.

Bowlby, J. *Attachment and Loss*. Vol. 1, *Attachment*. New York: Basic Books, 1971.

———. *Separation: Anxiety and Anger*. New York: Basic Books, 1973.

Bradford, D., and A. Cohen. *Power Up*. John Wiley & Sons, 1998.

Brewer, J. *Peace Processes: A Sociological Approach*. Cambridge: Polity Press, 2010.

Brewer, M. "Ingroup Identification and Intergroup Conflict: When Does Ingroup Love Become Outgroup Hate?" In *Social Identity, Intergroup Conflict, and Conflict Reduction*, edited by R. Ashmore, L. Jussim, and D. Wilder, Oxford: Oxford University Press, 2001, 17–41.

———. "The Social Self: On Being the Same and Different at the Same Time." *Personality and Social Psychology Bulletin* 17 (1991): 475–82.

Brubaker, R. *Ethnicity Without Groups*. Cambridge, MA: Harvard University Press, 2004.

Bruner, J. *Acts of Meaning*. Cambridge, MA: Harvard University Press, 1990.

———. *Making Stories: Law, Literature, Life*. New York: Farrar, Straus and Giroux, 2002.

Burns, D. *Feeling Good: The New Mood Therapy*. New York: Morrow, 1980.

Burroughs, E. *The Beasts of Tarzan*. Charlottesville, VA: University of Virginia Library, 1993.

Bushman, B. "Does Venting Anger Feed or Extinguish the Flame? Catharsis, Rumination, Distraction, Anger, and Aggressive Responding." *Personality and Social Psychology Bulletin* 28, no. 6 (2002): 724–31.

Buytendijk, F. *Dealing with Dilemmas: Where Business Analytics Fall Short*. New York: John Wiley & Sons, 2010.

Byman, D. "Forever Enemies? The Manipulation of Ethnic Identities to End Ethnic Wars." *Security Studies* 9, no. 3 (2000): 149–90.

C

Campbell, D. "Ethnocentric and Other Altruistic Motives." In *Nebraska Symposium on Motivation, 1965, Current Theory and Research on Motivation*, vol. 13, edited by D. Levine, Lincoln: University of Nebraska Press, 1965, 283–311.

Campbell, J., and B. Moyers. *The Power of Myth*. New York: Doubleday, 1988.

Carlsmith, K., T. Wilson, and D. Gilbert. "The Paradoxical Consequences of Revenge." *Journal of Personality and Social Psychology* 95 (2008): 1316–24.

Celani, D. *The Illusion of Love: Why the Battered Woman Returns to Her Abuser*. New York: Columbia University Press, 1994.

Chomsky, N. *Studies on Semantics in Generative Grammar*. The Hague: Mouton, 1972.

Cobb, S. "Fostering Coexistence Within Identity-Based Conflicts: Toward a Narrative Approach." In *Imagine Coexistence: Restoring Humanity After Violent Ethnic Conflict*, edited by A. Chayes, San Francisco: Jossey-Bass, 2003, 294–310.

Cohen, J. "Advising Clients to Apologize." *Southern California Law Review* 72, no. 4 (1999), 1009–69.

Coleman, E., and K. White. "Stretching the Sacred." In *Negotiating the Sacred: Blasphemy and Sacrilege in a Multicultural Society*, edited by E. Coleman and K. White. Canberra: ANU E Press, 2006.

Coleman, P., and J. Lowe. "Conflict, Identity, and Resilience: Negotiating Collective Identities Within the Israeli and Palestinian Diasporas." *Conflict Resolution Quarterly* 24, no. 4 (2007): 377–412.

Cook, J. *A Voyage to the Pacific Ocean*. London: H. Hughes, 1785.

Cook, V., and M. Newson. *Chomsky's Universal Grammar*. 3rd ed. Malden: Wiley-Blackwell, 2007.

Cooley, C. *Human Nature and the Social Order*. New York: Scribner's, 1902.

Coser, L. *The Functions of Social Conflict*. Glencoe, IL: Free Press, 1956.

Crockett, M., L. Clark, M. Hauser, and T. Robbins. "Serotonin Selectively Influences Moral Judgment and Behavior Through Effects on Harm Aversion." *Proceedings of the National Academy of Sciences* 107, no. 40 (2010): 17433–38.

D

Dalai Lama. *The Universe in a Single Atom: The Convergence of Science and Spirituality*. New York: Morgan Road Books, 2005.

Daly, E., and J. Hughes. *Reconciliation in Divided Societies: Finding Common Ground*. Philadelphia: University of Pennsylvania Press, 2007.

Damasio, A. *Descartes' Error: Emotion, Reason, and the Human Brain*. New York: Putnam, 1994.

———. "Remembering When." *Scientific American*, September 1, 2002, 66–73.

Darley, J., and C. Batson. " 'From Jerusalem to Jericho': A Study of Situational and Dispositional Variables in Helping Behavior." *Journal of Personality and Social Psychology* 27, no. 1 (1973): 100–108.

Davies, P. *The Physics of Time Asymmetry*. Berkeley: University of California Press, 1974.

Deci, E. *The Psychology of Self-Determination*. Lexington, MA: Lexington Books, 1980.

———, and R. Ryan. "The 'What' and 'Why' of Goal Pursuits: Human Needs and the Self-Determination of Behavior." *Psychological Inquiry* 11, no. 4 (2000): 227–68.

Dehghani, M., R. Iliev, S. Sachdeva, S. Atran, J. Ginges, and D. Medin. "Emerging Sacred Values: Iran's Nuclear Program." *Judgment and Decision Making* 4, no. 7 (2009): 930–33.

Dennett, D., and M. Kinsbourne. "Time and the Observer: The Where and When of Consciousness in the Brain." *Behavioral and Brain Sciences* 15, no. 2 (1992): 183–247.

de Quervain, D., U. Fischbacher, V. Treyer, M. Schellhammer, U. Schnyder, A. Buck, and E. Fehr. "The Neural Basis of Altruistic Punishment." *Science* 305 (2004): 1254–58.

Deutsch, M. *The Resolution of Conflict: Constructive and Destructive Processes*. New Haven, CT: Yale University Press, 1973.

de Vignemont, F., and T. Singer. "The Empathic Brain: How, When and Why?" *Trends in Cognitive Sciences* 10, no. 10 (2006): 435–41.

de Waal, F. *Chimpanzee Politics: Power and Sex Among Apes*. London: Cape, 1982.

DeWall, C., G. MacDonald, G. Webster, C. Masten, R. Baumeister, C. Powell, D. Combs, D. Schurtz, T. Stillman, D. Tice, and N. Eisenberger. "Acetaminophen Reduces Social Pain: Behavioral and Neural Evidence." *Psychological Science* 21 (2010): 931–37.

Ditzen, B., M. Schaer, B. Gabriel, G. Bodenmann, U. Ehlert, and M. Heinrichs. "Intranasal Oxytocin Increases Positive Communication and Reduces Cortisol Levels During Couple Conflict." *Biological Psychiatry* 65, no. 9 (2009): 728–31.

Dunbar, J. "Seoul City Hall's Metamorphosis Pleases Book Lovers." Korea.net, October 25, 2012.

Dupre, B. *50 Big Ideas You Really Need to Know*. London: Quercus, 2009.

Durkheim, E. *The Elementary Forms of Religious Life*. New York: Free Press, 1912.

E

Eagleman, D., and V. Pariyadath. "Is Subjective Duration a Signature of Coding Efficiency?" *Philosophical Transactions of the Royal Society B: Biological Sciences* 364, no. 1525 (2009): 1841–51.

Eisenberger, N., M. Lieberman, and K. Williams. "Does Rejection Hurt? An FMRI Study of Social Exclusion." *Science* 302 (2003): 290–92.

Eliade, M. *The Sacred and the Profane: The Nature of Religion*. New York: Harvest Book, 1959.

Enright, R., and C. Coyle. "Researching the Process Model of Forgiveness Within Psychological Interventions." In *Dimensions of Forgiveness: Psychological Research and Theological Perspectives*, edited by E. Worthington, Philadelphia: Templeton Foundation Press, 1988, 139–61.

Enzensberger, H. *Civil Wars: From L.A. to Bosnia*. New York: New Press, 1994.

Erikson, E. *Identity, Youth, and Crisis*. New York: W. W. Norton, 1968.

———. "The Problem of Ego Identity." *Journal of the American Psychoanalytic Association* 4 (1956): 56–121.

F

Fisher, Roger. *Five Skills for Getting to Yes*. Video. 1996. Produced in association with CMI Concord Group, Inc., Wellesley, MA.

———, and D. Shapiro. *Beyond Reason: Using Emotions as You Negotiate*. New York: Viking, 2005.

———, and W. Ury. *Getting to YES: Negotiating Agreement Without Giving In*. Boston: Houghton Mifflin, 1981.

Fisher, Ronald. "Commentary on Herbert Kelman's Contribution to Interactive Problem Solving." *Peace and Conflict: Journal of Peace Psychology* 16, no. 4 (2010): 415–23.

Fiske, A., and P. Tetlock. "Taboo Trade-offs: Reactions to Transactions That Transgress the Spheres of Justice." *Political Psychology* 18, no. 2 (1997): 255–97.

Fiske, S. T., and S. L. Neuberg. "A Continuum of Impression Formation, from Category-Based to Individuating Processes: Influences of Information and Motivation on Attention and Interpretation." In *Advances in Experimental Social Psychology*, vol. 23, edited by M. P. Zanna. New York: Academic Press, 1990, 1–74.

Foer, J. "How to Win the World Memory Championships." *Discover: Mind & Brain*, April 2, 2006.

Foucault, M. *The Foucault Reader*. New York: Pantheon, 1984.

Frederickson, B., M. Cohn, K. Coffey, J. Pek, and S. Finkel. "Open Hearts Build Lives: Positive Emotions, Induced Through Loving-Kindness Mediation, Build Consequential Personal Resources." *Journal of Personality and Social Psychology* 95, no. 5 (2008): 1045–62.

Freedman, M., T. Leary, A. Ossorio, and H. Goffey. "The Interpersonal Dimension of Personality." *Journal of Personality* 20, no. 2 (1951): 143–61.

Freud, S. "Negation." *Standard Edition* 19 (1925): 235–39.

———. "Beyond the Pleasure Principle." *Standard Edition* 18 (1920): 1–64.

———. "Why War? (Einstein and Freud)." *Standard Edition* 22 (1933): 195–215.

Fridja, N. "The Laws of Emotion." *American Psychologist* 43 (1988): 349–58.

Fromm, E. *Escape from Freedom*. New York: Farrar & Rinehart, 1941.

Fry, D. *The Human Potential for Peace: An Anthropological Challenge to Assumptions About War and Violence*. New York: Oxford University Press, 2006.

G

Gaertner, S., J. Dovidio, P. Anastasio, B. Bachman, and M. Rust. "The Common Ingroup Identity Model: Recategorization and the Reduction of Intergroup Bias." *European Review of Social Psychology* 4, no. 1 (1993): 1–26.

Gagnon, V. "Ethnic Nationalism and International Conflict: The Case of Serbia." *International Security* 19, no. 3 (1994): 130–66.

Gardner, M. "Can Time Go Backward?" *Scientific American*, January 1, 1967, pp. 98–108.

Geertz, R. "Religion as a Cultural System." New York: Fontana Press, 1965.

Gibson, J. "Do Strong Group Identities Fuel Intolerance? Evidence from the South African Case." *Political Psychology* 27, no. 5 (2006): 665–705.

Gilbert, D. *Stumbling on Happiness*. New York: Vintage Books, 2005.

Gilligan, C. *In a Different Voice: Psychological Theory and Women's Development*. Cambridge, MA: Harvard University Press, 1982.

Gilligan, J. *Violence: Reflections on a National Epidemic*. New York: Vintage, 1996.

Ginges, J., S. Atran, D. Medlin, and K. Shikaki. "Sacred Bounds on Rational Resolution of Violent Political Conflict." *Proceedings of the National Academy of Sciences* 104, no. 18 (2007): 7357–60.

Glatthaar, J. T. *General Lee's Army: From Victory to Collapse*. New York: Free Press, 2008.

Gobodo-Madikizela, P. *A Human Being Died That Night: A South African Woman Confronts the Legacy of Apartheid*. Boston: Houghton Mifflin, 2003.

Gottman, J., and J. DeClaire. *The Relationship Cure: A 5 Step Guide to Strengthening Your Marriage, Family, and Friendships*. New York: Harmony, 2002.

Greenberg, Jay, and S. Mitchell. *Object Relations in Psychoanalytic Theory*. Cambridge, MA: Harvard University Press, 1983.

Greenberg, Jeff, et al. "Evidence for Terror Management Theory II: The Effects of Mortality Salience on Reactions to Those Who Threaten or Bolster the Cultural Worldview." *Journal of Personality and Social Psychology* 58 (1990): 308–18.

H

Hackett, S. *Oriental Philosophy: A Westerner's Guide to Eastern Thought*. Madison: University of Wisconsin Press, 1979.

Hammond, C. *Time Warped: Unlocking the Mysteries of Time Perception*. Toronto: House of Anansi Press, 2012.

Han, S., J. Lerner, and R. Zeckhauser. "Disgust Promotes Disposal: Souring the Status Quo." Harvard Kennedy School Faculty Research Working Paper Series RWP10-021 (2010).

Harris, S., S. Sheth, and M. Cohen. "Functional Neuroimaging of Belief, Disbelief, and Uncertainty." *Annals of Neurology* 63, no. 2 (2008): 141–47.

Haslam, S. *Psychology in Organizations: The Social Identity Approach*, 2nd ed. New York: Sage, 2004.

Hegel, G. *The Logic of Hegel, Translated from the Encyclopaedia of the Philosophical Sciences by William Wallace*. London: Oxford University Press, 1817.

Hehman, E., S. Gaertner, J. Dovidio, E. Mania, R. Guerra, D. Wilson, and B. Friel. "Group Status Drives Majority and Minority Integration Preferences." *Psychological Sciences* 23, no. 1 (2012): 46–52.

Heidegger, M. *Being and Time*. 1927. Reprint, New York: Harper, 1962.

Heifetz, R. *Leadership Without Easy Answers*. Cambridge, MA: Harvard University Press, 1994.

Hendrix, H., and H. Hunt. *Making Marriage Simple: 10 Truths for Changing the Relationship You Have into the One You Want*. New York: Crown Archetype, 2013.

Herman, J. *Trauma and Recovery*. New York: Basic Books, 1992.

Heschel, A. J. New York: Farrar, Straus and Giroux, 2005.

Higginson, J. "Rocky to Knock Out Disaster News." *Metro UK*, February 7, 2007. Himmler, K., and M. Mitchell. *The Himmler Brothers: A German Family History*. London: Macmillan, 2007.

Hitler, A. *Mein Kampf*. Munich: Eher Verlag, 1925.

Hong, K. "Soul Spectacle: The City Hall, the Plaza and the Public." In *City Halls and Civic Materialism: Towards a Global History of Urban Public Space*, edited by S. Chattopadhyay and J. White, New York: Routledge, 2014, 276–95.

Horowitz, D. *Ethnic Groups in Conflict*. Berkeley: University of California Press, 1985.

Hurlbert, A. "Learning to See Through the Noise." *Current Biology* 10 (2000): R231–33.

I

Iacoboni, M. "Imitation, Empathy, and Mirror Neurons." *Annual Review of Psychology* 60 (2009): 653–70.

Ignatieff, M. *The Warrior's Honor*. Toronto: Viking, 1997.

J

James, H. *The Letters of William James*. Boston: Little, Brown, 1926.

James, W. *Talks to Teachers on Psychology: And to Students on Some of Life's Ideals*. New York: Henry Holt and Company, 1899.

———. *The Principles of Psychology*. New York: Henry Holt, 1890.

———. *Psychology, Briefer Course*. London: JM Dent & Sons, 1917.

———. *The Varieties of Religious Experience: A Study in Human Nature*. New York: New American Library, 1902.

———. "The Sense of Dizziness in Deaf Mutes." *American Journal of Otology* 4 (1882): 239–54.

Jenkins, A., C. Macrae, and J. Mitchell. "Repetition Suppression of Ventromedial Prefrontal Activity During Judgments of Self and Others." *Proceedings of the National Academy of Sciences* 105, no. 11 (2008): 4507–12.

Johnson, Allan. *Privilege, Power, and Difference*. 2nd ed. Boston: McGraw-Hill, 2006.

Johnson, Alan, and S. Nishida. "Time Perception: Brain Time or Event Time?" *Current Biology* 11, no. 11 (2001): R427–30.

Josselson, R. *The Space Between Us: Exploring the Dimensions of Human Relationships*. San Francisco: Jossey-Bass, 1992.

Jung, C. G. *The Archetypes and the Collective Unconscious,* 2nd ed. New York: Routledge, 1968. Translated by R.F.C. Hull.

K

Kaufman, S. *Modern Hatreds: The Symbolic Politics of Ethnic War*. New York: Cornell University Press, 2001.

Kelman, H. "Compliance, Identification, and Internalization: Three Processes of Attitude Change." *Journal of Conflict Resolution* 2 (1956): 51–60.

Keltner, D. *The Compassionate Instinct: The Science of Human Goodness*. New York: W. W. Norton, 2010.

Kempny, M., and Jawlowska, A., eds. *Identity in Transformation: Postmodernity, Postcommunism, and Globalization*. Westport, CT: Praeger, 2002.

Kitron, D. "Repetition Compulsion and Self-Psychology: Towards a Reconciliation."*International Journal of Psychoanalysis* 84, no. 2 (2003): 427–41.

Kolb, D., and J. Williams. *The Shadow Negotiation: How Women Can Master the Hidden Agendas That Determine Bargaining Success*. New York: Simon & Schuster, 2000.

Kong, L. "Negotiating Conceptions of 'Sacred Space': A Case Study of Religious Buildings in Singapore." *Transactions of the Institute of British Geographers, New Series* 18, no. 3 (1993): 342–58.

Korostelina, K. *Social Identity and Conflict Structures, Dynamics, and Implications*. New York: Palgrave Macmillan, 2007.

Kosfeld, M., M. Heinrichs, P. Zak, U. Fischbacher, and E. Fehr. "Oxytocin Increases Trust in Humans." *Nature* 435 (2005): 673–76.

Krishnamurti, J. *The Collected Works of J. Krishnamurti*. Dubuque, IA: Kendall/Hunt, 1991.

Kundera, M., and L. Asher. *Ignorance*. New York: HarperCollins, 2002.

L

Laing, R. *Knots*. London: Routledge, 1970.

———. *The Politics of the Family.* London: Tavistock, 1969.

Laitin, D. "The Ogaadeen Question and Changes in Somali Identity." In *State Versus Ethnic Claims: African Policy Dilemmas*, edited by D. Rothchild and V. Olorunsola. Boulder, CO: Westview Press, 1983, 331–49.

Lambert, K., and C. Kinsley. "Disorders of Anxiety: Obsessive-Compulsive Disorder and Tourette's Syndrome." In *Clinical Neuroscience*, 2nd ed. New York:
Worth, 2010.

Lamothe, R. "Sacred Objects as Vital Objects: Transitional Objects Reconsidered."*Journal of Psychology and Theology* 2 (1998): 159–67.

Laplanche, Jean, and Jean-Bertrand Pontalis. Translated by D. Nicholson-Smith. *The Language of Psych-Analysis*. New York: W. W. Norton, 1973.

Lax, D., and J. Sebenius. *3-D Negotiation: Powerful Tools to Change the Game in Your Most Important Deals*. Boston: Harvard Business School Press, 2006.

Lederach, J. *Building Peace: Sustainable Reconciliation in Divided Societies*. Washington, DC: United States Institute of Peace Press, 1997.

Lerner J. S., Y. Li, P. Valdesolo, and K. Kassam. "Emotion and Decision Making."*Annual Review of Psychology* 66 (2015): 799–823.

LeVine, R., and D. Campbell. *Ethnocentrism: Theories of Conflict, Ethnic Attitudes, and Group Behavior.* New York: Wiley, 1971.

Levs, J. "North Korea: Reality vs. The World According to Dennis Rodman." CNN, September 10, 2013.

Lewin, K. "Group Decision and Social Change." In *Readings in Social Psychology*, edited by E. Maccoby, E. Newcomb, and E. Hartley, 265–84. New York: Holt, 1948.

———. *Resolving Social Conflicts: Selected Papers on Group Dynamics.* New York: Harper, 1948.

Lewis, H. *Shame and Guilt in Neurosis.* New York: International Universities Press, 1971.

Liberman, V., S. Samuels, and L. Ross. "The Name of the Game: Predictive Power of Reputations Versus Situational Labels in Determining Prisoner's Dilemma Game Moves." *Personality and Social Psychology Bulletin* 30, no. 9 (2004): 1175–85.

Lieberman, M. *Social: Why Our Brains Are Wired to Connect.* New York: Crown/Archetype, 2013.

Lifton, R. *The Broken Connection: On Death and the Continuity of Life.* New York: Simon & Schuster, 1979.

———. Transcript of PBS interview by Bill Moyers, September 17, 2001. See http://www.pbs.org/americaresponds/moyers917.html, accessed on November 22, 2015.

———. *Witness to an Extreme Century: A Memoir.* New York: Free Press, 2011.

Lindner, E. "Healing the Cycles of Humiliation: How to Attend to the Emotional Aspects of 'Unsolvable' Conflicts and the Use of 'Humiliation Entrepreneurship.'"*Peace and Conflict: Journal of Peace Psychology* 8, no. 2 (2002): 125–38.

Loftus, E. "Planting Misinformation in the Human Mind: A 30-Year Investigation of the Malleability of Memory." *Learning & Memory* 12 (2005): 361–66.

Lorenz, K. *On Aggression.* New York: Harcourt, Brace & World, 1966.

Lutz, A., J. Brefczynski-Lewis, T. Johnstone, and R. Davidson. "Regulation of the Neural Circuitry of Emotion by Compassion Meditation: Effects of Meditative Expertise." *Public Library of Science (PLoS) One* 3, no. 3 (2008).

M

Maalouf, A. *In the Name of Identity: Violence and the Need to Belong.* New York: Arcade, 2001.

Mack, J. "The Enemy System." In *The Psychodynamics of International Relationships.* vol. I, *Concepts and Theories*, edited by V. Volkan, D. Julius, and J. Montville. Lexington, MA: DC Heath, 1990.

Mahoney, A., K. Pargament, G. Ano, Q. Lynn, G. Magyar, S. McCarthy, E. Pristas, and A. Wachhotz. "The Devil Made Them Do It? Demonization and the 9/11 Attacks." Paper presented at the Annual Meeting of the American Psychological Association, Washington, DC: 2002.

———, T. Jewell, A. Swank, E. Scott, E. Emery, and M. Rye. "Marriage and the Spiritual Realm: The Role of Proximal and Distal Religious Constructs in Marital Functioning." *Journal of Family Psychology* 13 (1999): 321–38.

Mandela, N. Transcript of interview conducted on *Frontline*, PBS, May 25, 1999. See http://www.pbs.org/wgbh/pages/frontline/shows/mandela/etc/script.html, accessed on November

22, 2015.

Marcia, J. "Common Processes Underlying Ego Identity, Cognitive/Moral Development, and Individuation." In *Self, Ego and Identity: Integrative Approaches*, edited by D. Lapsley and F. Power. New York: Springer-Verlag, 1988, 211–66.

McCall, G., and J. Simmons. *Identities and Interactions*. New York: Free Press, 1966.

McTaggart, J. "The Unreality of Time." *Mind: A Quarterly Review of Psychology and Philosophy* 17 (1908): 456–73.

Mead, G. H. *Mind, Self, and Society: From the Perspective of a Social Behaviorist*. Chicago: University of Chicago Press, 1934.

Milar, K. "William James and the Sixth Sense." *Monitor on Psychology* 43, no. 8 (2012): 22–24.

Minow, M. *Between Vengeance and Forgiveness: Facing History After Genocide and Mass Violence*. Boston: Beacon Press, 1998.

Mlodinow, L. *Subliminal: How Your Unconscious Mind Rules Your Behavior*. New York: Pantheon Books, 2012.

Mnookin, R., S. Peppet, and A. Tulumello. "The Tension Between Empathy and Assertiveness." *Negotiation Journal* 12 (1996): 217–30.

Mock, D. *More Than Kin and Less Than Kind: The Evolution of Family Conflict*. Cambridge, MA: Belknap Press of Harvard University Press, 2004.

Modern Times. Motion picture. 1936. Directed by Charlie Chaplin.

Moreno, J., and Z. Moreno. *Psychodrama*. New York: Beacon House, 1946.

Morrison, I., D. Lloyd, G. di Pellegrino, and N. Roberts. "Vicarious Responses to Pain in Anterior Cingulate Cortex: Is Empathy a Multisensory Issue?" *Cognitive, Affective, & Behavioral Neuroscience* 4, no. 2 (2004): 270–78.

N

Neu, J., and V. Volkan. "Developing a Methodology for Conflict Prevention: The Case of Estonia." Special Report Series, Conflict Resolution Program, The Carter Center, 1999.

Niederhoffer, K., and J. W. Pennebaker. "Sharing One's Story: On the Benefits of Writing or Talking About an Emotional Experience." In *Oxford Handbook of Positive Psychology*, 2nd ed., edited by C. Snyder and S. Lopez. New York: Oxford University Press, 2009, 621–32.

Northrup, T. "The Dynamic of Identity in Personal and Social Conflict." In *Intractable Conflicts and Their Transformation*, edited by L. Kriesberg, S. Thorson, and T. Northrup. Syracuse, NY: Syracuse University Press, 1989, 55–82. "Obama Draws Fire for Bow to Japanese Emperor." Foxnews.com, November 16, 2009.

O

Otto, R. *The Idea of the Holy*. Oxford: Oxford University Press, 1917.

P

Packer, G. "The Lesson of Tal Afar." *New Yorker*, April 10, 2006.

Pargament, K., and A. Mahoney. "Sacred Matters: Sanctification as a Vital Topic for the Psychology of Religion." Working Paper Series (02-17), Bowling Green State University, Center for Family and Demographic Research, 2002.

Paulhus, D., and D. Lim. "Arousal and Evaluative Extremity in Social Judgments: A Dynamic Complexity Model." *European Journal of Social Psychology* 24, no. 1 (1994): 89–99.

Pinker, S. *The Better Angels of Our Nature: Why Violence Has Declined*. New York: Viking, 2011.

Pizer, S. "Facing the Nonnegotiable." In *Building Bridges: The Negotiation of Paradox in Psychoanalysis*. Hillsdale, NJ: Analytic Press, 1998.

Pogatchnik, S. "Despite Peace, Belfast Walls Are Growing in Size and Number." *USA Today*, May 3, 2008.

Putnam, R. "Diplomacy and Domestic Politics: The Logic of Two-Level Games."*International Organization* 42, no. 3 (1988): 427–60.

R

Radcliffe-Brown, A. *Taboo: The Frazer Lecture 1939*. Cambridge: Cambridge University Press, 1939.

Raz, J. *The Morality of Freedom*. New York: Clarendon Press, Oxford University Press, 1986.

Retzinger, S., and T. Scheff. "Emotion, Alienation and Narratives: Resolving Intractable Conflict." *Mediation Quarterly* 18, no. 1 (2000): 71–85. "Riots Over US Koran 'Desecration.' " BBC, May 11, 2005.

Rodriguez-Vila, F. "Why Reconciliation? *Poder Enterprise*, March 1, 2009.

Rosenhan, D. "On Being Sane in Insane Places." *Science* 179 (1973): 250–58.

Ross, D. "Transcript of WBGH Interview by Will Lyman," 2002. From WBGH *Frontline*, produced and directed by Dan Setton and Tor Ben Mayor. See http://www.pbs.org/wgbh/pages/frontline/shows/oslo/etc/script.html, accessed on November 22, 2015.

Ross, L., and R. Nisbett. *The Person and the Situation*. Padstow, UK: Pinter & Martin, 2011.

Rouhana, N. "Identity and Power in the Reconciliation of National Conflict." In *The Social Psychology of Group Identity and Social Conflict: Theory, Application, and Practice*, edited by A. Eagly, R. Baron, and E. Hamilton. Washington, DC: American Psychological Association, 2004.

Russell, P. "The Compulsion to Repeat." *Smith College Studies in Social Work* 76, nos. 1–2 (2006): 33–49.

———. "The Role of Paradox in the Repetition Compulsion." In *Trauma, Repetition, and Affect Regulation: The Work of Paul Russell*, edited by J. Teicholz and D. Kriegman. New York: Other Press, 1998.

———. "Trauma and the Cognitive Function of Affects." In *Trauma, Repetition, and Affect Regulation: The Work of Paul Russell*, edited by J. Teicholz and D. Kriegman. New York: Other Press, 1998.

S

Sadat, A. *In Search of Identity: An Autobiography*. New York: Harper & Row, 1978.

Sander, D., J. Grafman, and T. Zalla. "The Human Amygdala: An Evolved System for Relevance Detection." *Reviews in the Neurosciences* 14 (2003): 303–16.

Sartre, J., and G. Becker. *Anti-Semite and Jew*. New York: Schocken Books, 1965.

Schacter, S. "Deviation, Rejection and Communication." *Journal of Abnormal and Social Psychology* 46 (1951): 190–207.

Scheff, T. "Shame and Conformity: The Deference-Emotion System." *American Sociological Review* 53, no. 3 (1988): 395–406.

Schwartz, R. *Internal Family Systems Therapy*. New York: Guilford Press, 1995.

Schwartz, S. "The Evolution of Eriksonian and Neo-Eriksonian Identity Theory and Research: A Review and Integration." *Identity: An International Journal of Theory and Research* 1, no. 1 (2001): 7–58.

Sebenius, J., and D. Curran. " 'To Hell with the Future, Let's Get On with the Past': George Mitchell in North Ireland." Harvard Business School Case 801-393, 2001; revised March 2008.

———, and L. Green. "Tommy Koh: Background and Major Accomplishments of the 'Great Negotiator, 2014.' " Harvard Business School Working Paper, 2014.

Sen, A. *Identity and Violence: The Illusion of Destiny*. New York: W. W. Norton, 2006."Seoul's New City Hall Opens." *Chosun Ilbo* (English edition), 2012. See http://www.pbs.org/wgbh/pages/frontline/shows/oslo/etc/script.html, accessed on November 22, 2015.

Shapiro, D. "Emotions in Negotiation: Peril or Promise?" *Marquette Law Review* 87, no. 737 (2004): 737–45.

———. "The Greatest Weapons in Iraq." *Harvard Crimson*, March 19, 2008.

———. "Relational Identity Theory: A Systematic Approach for Transforming the Emotional Dimension of Conflict." *American Psychologist* 65, no. 7 (2010): 634–45.

———, and V. Liu. "Psychology of a Stable Peace." In *The Psychology of Resolving Global Conflict: From War to Peace*, edited by M. Fitzduff and C. Stout. Westport, CT: Praeger, 2005.

Shapiro, J. "Bill Clinton Endorses Muslim Center Near Ground Zero." *DNAinfo*,
September 21, 2010.

Sherif, M., O. Harvey, B. White, W. Hood, C. Sherif, and J. White. *Intergroup Conflict and Co-operation: The Robbers Cave Experiment*. Rev. ed. Norman, OK: University Book Exchange, 1961.

Shull, D. "The Neurobiology of Freud's Repetition Compulsion." *Annals of Modern Psychoanalysis* 2, no. 1 (2003): 21–46.

Siffre, M. *Beyond Time*. New York: McGraw-Hill, 1964.

Silverman, J. " 'Vice' Season Finale on HBO Gives Fresh Look at Dennis Rodman's Meeting with North Korea's Kim Jong-Un." *New York Daily News*, May 29, 2013.

Singer, T., B. Seymour, J. O'Doherty, H. Kaube, R. Dolan, and C. Frith. "Empathy for Pain Involves the Affective But Not Sensory Components of Pain." *Science* 303 (2004): 1157–62.

Sluzki, C. "Transformations: A Blueprint for Narrative Changes in Therapy." *Family Process* 31, no. 3 (1992): 217–30.

Sobelman, B. "Israel: Officials Find Morocco a Tough Room These Days." *Los Angeles Times*, October 31, 2010.

Staub, E. "Individual and Group Selves: Motivation, Morality, and Evolution." In *The Moral Self*, edited by G. Noam and T. Wren. Cambridge, MA: MIT Press, 1993.

———, and L. Pearlman. "Healing, Reconciliation, and Forgiving After Genocide and Other Collective Violence." In *Forgiveness and Reconciliation: Religion, Public Policy, & Conflict Transformation*, edited by R. Helmick and R. Petersen. Philadelphia: Templeton Foundation Press, 2001.

Stets, J. "Identity Theory." In *Contemporary Social Psychological Theories*, edited by P. Burke. Stanford, CA: Stanford Social Sciences, 2006.

Stevens, A. *On Jung*. London: Routledge, 1990.

Stewart, F., and G. Brown. "Motivations for Conflict: Groups and Individuals." In *Leashing the Dogs of War: Conflict Management in a Divided World*, edited by C. Crocker, F. Olser Hampson, and P. Aall. Washington, DC: United States Institute of Peace Press, 2007.

Stone, D., B. Patton, and S. Heen. *Difficult Conversations: How to Discuss What Matters Most.* New York: Viking, 1999.

Stryker, S. "Integrating Emotion into Identity Theory." In *Theory and Research on Human Emotions (Advances in Group Processes),* vol. 21, edited by J. Turner, 1–23. Emerald Group Publishing Limited, 2004.

T

Tajfel, H. *Differentiation Between Social Groups: Studies in the Social Psychology of Intergroup Relations.* London: Academic Press, 1978.

———. "Experiments in Intergroup Discrimination." *Scientific American* 223, no. 5 (1970): 96–103.

———, and J. Turner. "An Integrative Theory of Intergroup Conflict." In *The Psychology of Intergroup Relations,* edited by S. Worchel and W. Austin, 33–47. Monterey, CA: Brooks/Cole, 1979.

Tenbrunsel, A., K. Wade-Benzoni, L. Tost, V. Medvec, L. Thompson, and M. Bazerman. "The Reality and Myth of Sacred Issues in Negotiation." *Negotiation and Conflict Management Research* 2, no. 3 (2009): 263–84.

Tetlock, P. "Thinking the Unthinkable: Sacred Values and Taboo Cognitions." *Trends in Cognitive Science* 7, no. 7 (2003): 320–24.

———, O. Kristel, S. Elson, M. Green, and J. Lerner. "The Psychology of the Unthinkable: Taboo Trade-offs, Forbidden Base Rates, and Heretical Counterfactuals." *Journal of Personality and Social Psychology* 785 (2000): 853–70. Tillich, P. *Dynamics of Faith.* New York: Harper, 1958.

Tsuruta, T. "African Imaginations of Moral Economy: Notes on Indigenous Economic Concepts and Practices in Tanzania." *African Studies Quarterly* 9, nos. 1–2 (2006): 103–21.

Turner, J. *Contemporary Sociological Theory.* Newbury Park, CA: SAGE Publications, 2012.

———, P. Oakes, S. Haslam, and C. Mcgarty. "Self and Collective: Cognition and Social Context." *Personality and Social Psychology Bulletin* 20, no. 5 (1994): 454–63.

Tutu, D., and M. Tutu. *The Book of Forgiving: The Fourfold Path for Healing Ourselves and Our World.* New York: HarperOne, 2014.

Twenge, J., K. Catanese, and R. Baumeister. "Social Exclusion and the Deconstructed State: Time Perception, Meaninglessness, Lethargy, Lack of Emotion, and Self-Awareness." *Journal of Personality and Social Psychology* 85, no. 3 (2003): 409–23.

U

Ury, W. *Getting Past No: Negotiating with Difficult People.* New York: Bantam Books, 1991.

V

Van der Kolk, B. "The Interaction of Biological and Social Events in the Genesis of the Trauma Response." *Journal of Traumatic Stress* 1 (1988): 273–90.

Volkan, V. " Bosnia-Herzegovina: Ancient Fuel of a Modern Inferno." *Mind and Human Interaction* 7 (1996): 110–27.

———. *Chosen Trauma, the Political Ideology of Entitlement and Violence.* Berlin, 2004. See http://www.vamikvolkan.com/Chosen-Trauma%2C-the-Political-Ideology-of-Entitlement-and-Violence.php, accessed on November 22, 2015.

———. *Killing in the Name of Identity: A Study of Bloody Conflicts*. Charlottesville, VA: Pitch-stone, 2006.

———. *Linking Objects and Linking Phenomena: A Study of the Forms, Symptoms, Metapsy-chology, and Therapy of Complicated Mourning*. New York: International Universities Press, 1981.

———. "Psychological Concepts Useful in the Building of Political Foundations Between Nations: Track II Diplomacy." *Journal of the American Psychoanalytic Association* 35, no. 4 (1987): 903–35.

———. "September 11 and Societal Regression." In *Group Analysis,* 456–83.

———. "The Tree Model: A Comprehensive Psychopolitical Approach to Unofficial Diplomacy and the Reduction of Ethnic Tension." *Mind and Human Interaction* 10 (1999): 142–206.

Vroom, V., and P. Yetton. *Leadership and Decision-Making*. University of Pittsburgh Press, 1976.

W

Waller, W. *The Family, a Dynamic Interpretation*. New York: Cordon Company, 1938.

Walton, R., and R. McKersie. *A Behavioral Theory of Labor Negotiations: An Analysis of a So-cial Interaction System*. New York: McGraw-Hill, 1965.

Warneken, F., and M. Tomasello. "Altruistic Helping in Human Infants and Young Chimpan-zees." *Science* 311, no. 5765 (2006): 1301–3.

White, F. *The Overview Effect: Space Exploration and Human Evolution,* 2nd ed. Reston, VA: AIAA, 1998.

Whitrow, G. *What Is Time?* London: Thames & Hudson, 1972.

Wiggins, J. "Agency and Communion as Conceptual Coordinates for the Understanding and Measurement of Interpersonal Behavior." In *Thinking Clearly About Psychology: Personality and Psychopathology,* vol. 2, edited by D. Cicchetti and W. Grove. Minneapolis: University of Minnesota Press, 1991, 89–113.

Wilde, O., and R. Ellmann. *The Artist as Critic: Critical Writings of Oscar Wilde*. New York: Ran-dom House, 1969.

［著者］

ダニエル・L・シャピロ （Dr. Daniel L. Shapiro）

ハーバード大学准教授、ハーバード国際交渉プログラムディレクター、心理学博士

ハーバード国際交渉プログラムの設立者でディレクター（責任者）。政府のトップリーダーや、フォーチュン500に名を連ねる企業等に対するコンサルティング、国際紛争、人質交渉、国家間交渉等に数多く携わる。その効果的解決案に対し、世界的に実績が評価されている。ダボス会議（世界経済フォーラム）のグローバル・アジェンダ・カウンシルの「交渉と紛争解決」委員会で3年間委員長を務めた。彼が開発したコンフリクト・マネジメント・プログラム参加者は今や20カ国以上100万人にのぼる。

［監訳者］

田村次朗 （たむら・じろう）

慶應義塾大学法学部教授、ハーバード国際交渉プログラムインターナショナル・アカデミック・アドバイザー

専門は、経済法、国際経済法、および交渉学。日米通商交渉、WTO（世界貿易機関）交渉等に携わり、ダボス会議（世界経済フォーラム）の「交渉と紛争解決」委員等、要職を歴任。日本における「交渉学」研究のパイオニア。

隅田浩司 （すみだ・こうじ）

東京富士大学経営学部教授

慶應義塾大学法学部法律学科、同大学大学院法学研究科民事法学専攻後期博士課程単位取得退学（博士〔法学〕）。専門は経済法、国際経済法、交渉学。東京大学先端科学技術研究センター特任研究員を経て現職。慶應義塾大学グローバルセキュリティ研究所客員上席研究員等兼任。

［訳者］

金井真弓 （かない・まゆみ）

翻訳家、大妻女子大学非常勤講師。おもな訳書に『ハーバード・ビジネス・レビュー公式ガイド　社内政治マニュアル』（ダイヤモンド社）、『＃Me Too時代の新しい働き方　女性がオフィスで輝くための12カ条』（文藝春秋）などがある。

＊カバーマーク：Getty Images

決定版 ネゴシエーション3.0
――解決不能な対立を心理学的アプローチで乗り越える

2020年9月8日　第1刷発行

著　者――ダニエル・L・シャピロ
監訳者――田村次朗／隅田浩司
訳　者――金井真弓
発行所――ダイヤモンド社
　　　　　〒150-8409　東京都渋谷区神宮前6-12-17
　　　　　https://www.diamond.co.jp/
　　　　　電話／03・5778・7233（編集）　03・5778・7240（販売）

編集協力――田上由紀子
装丁―――――竹内雄二
本文デザイン―布施育哉
図表作成――うちきばがんた（G体）
DTP ―――桜井　淳
校正―――――加藤義廣（小柳商店）
製作進行――ダイヤモンド・グラフィック社
印刷・製本――勇進印刷
編集担当――柴田むつみ

©2020 Jiro Tamura / Koji Sumida / Mayumi Kanai
ISBN 978-4-478-11118-5
落丁・乱丁本はお手数ですが小社営業局宛にお送りください。送料小社負担にてお取替えいたします。但し、古書店で購入されたものについてはお取替えできません。
無断転載・複製を禁ず
Printed in Japan

◆ダイヤモンド社の本◆

上司、部下、同僚……などビジネスでかかわるあらゆる人たちと良い関係を築く話し方とは？

心理学、行動科学、物語力、演出法など、多様な視点からのコミュニケーション論。相手を納得させるために、何を、どう話すべきか。演出法や説得術の分析など、多面的研究に基づく効果的な意思伝達の方法を伝授します。

ハーバード・ビジネス・レビュー コミュニケーション論文ベスト10
コミュニケーションの教科書
ハーバード・ビジネス・レビュー編集部［編］
DIAMONDハーバード・ビジネス・レビュー編集部［訳］

●46判並製●定価（1800円＋税）

http://www.diamond.co.jp/

◆ダイヤモンド社の本◆

リーダーシップを習得するために！
斯界の権威によるリーダー論10選

日本企業や日本社会が課題とする「リーダー育成」のための指南書です。コッター、ドラッカー、ベニス、コリンズ……ハーバード・ビジネス・レビューに掲載されたリーダーシップ論から選び抜かれた実践的な論文集です。

ハーバード・ビジネス・レビュー リーダーシップ論文ベスト10
リーダーシップの教科書
ハーバード・ビジネス・レビュー編集部 ［編］
DIAMONDハーバード・ビジネス・レビュー編集部 ［訳］

●46判並製●定価（1800円＋税）

http://www.diamond.co.jp/

◆ダイヤモンド社の本◆

ビジネスで成功するために的確な意思決定ができるようになる！

ノーベル経済学賞受賞者の学者や経営学の大家、有力コンサルタントが、科学的な方法と長年の経験から構築した方法論を提示します。脳科学や心理学、行動経済学などの先端理論を駆使することで最適な選択を行う方法を示します！

ハーバード・ビジネス・レビュー 意思決定論文ベスト10
意思決定の教科書
ハーバード・ビジネス・レビュー編集部［編］
DIAMONDハーバード・ビジネス・レビュー編集部［訳］

●46判並製●定価（1800円＋税）

http://www.diamond.co.jp/